Marie Cupalová, Katerina Wolf (Hrsg.)
Tschechoslowakei

Marie Cupalová, Katerina Wolf (Hrsg.)

Tschechoslowakei

Ein politisches Reisebuch

VSA-Verlag, Hamburg 1989

Fotos von: Petr Dvořák, Jan Malý, Jan Snětzrák, Zdeněk Svoboda, Anna Reisnerová, Katerina Wolf, Thomas Zayer

Titelfoto: Andrej Reiser/Bilderberg

Bitte Prospektmaterial anfordern

Satz: Satz & Repro Kollektiv GmbH, Hamburg
Druck und Buchbindearbeiten: Plambeck und Co., Neuss
ISBN 3–87975–454–3

Inhalt

Lebendige Geschichte

Politik und Wirtschaft

Reisen durch das Land

Tips und Informationen 287

Vorwort

»Was? Du verbringst Deinen Urlaub in der Tschechoslowakei? Schon wieder?« Die meisten meiner Freunde, Bekannten, Verwandten tun sich schwer mit meiner Vorliebe für unser östliches Nachbarland. Ja,natürlich — sie kennen Prag, haben dort drei oder auch fünf Tage verbracht, sind auf den Hradschin gestiegen, durch die Altstadt geschlendert. Böhmisches Gulasch, Pilsener Bier sind gut und billig, und ab und zu läßt sich auch in den Antiquariaten der Hauptstadt noch eine Rarität entdecken. Aber der Rest des Landes?

Die Tschechoslowakei besitzt keinen Zugang zum Meer, keine größeren natürlichen Seen. Weite Teile ihrer Wälder sind zerstört, zahlreiche Bauwerke zerfallen. Und wer kann aus dem Stegreif drei tschechische Maler nennen, drei Schauspieler, drei Musikgruppen? Was also zieht mich nach Böhmen, Mähren, die Slowakei? .....Zunächst sind da Kleinigkeiten: Jugendstilornamente in den Straßen und wilder Mohn in Getreidefeldern. Die Skulpturen im Park von Konopiště, das schiefe Kreuz der Stephanskrone auf der Turmspitze des St.Martins-Doms in Bratislava. Aber mich fasziniert noch mehr: Nur in wenigen Ländern gibt es wohl ähnlich viele, ähnlich schöne Marktplätze. Viereckig sind sie und umgeben von Renaissance- oder Barockhäusern. Wenn das erste Stockwerk vorragt, entstehen Laubengänge. Lange kann der Besucher vor abwechslungsreichen Giebeln, ausdrucksstarken Pestsäulen stehen. Und in wenigen Ländern gibt es wohl auch ähnliche viele, ähnlich gut erhaltene Burgen und Schlösser.

Und schließlich die Menschen. Auch viele von ihnen verstehen nicht, was mich in die Tschechoslowakei zieht.Doch sie schimpfen auf das System und lieben ihr Land. Vor der Besichtigung auch des letzten Schloßes ihres Heimatortes wollen sie mich nicht weiterfahren lassen. Gründlich lerne ich so die ČSSR kennen — und langsam. Das nächste Mal...

Seit dem 21. August 1988, als zehntausend Prager und Pragerinnen auf den Straßen der Hauptstadt gegen die zwanzigjährige Besetzung ihres Landes und gegen die fortdauernde Verletzung der elementarsten Menschenrechte demonstrierten, ändern sich die politischen, die gesellschaftlichen Verhältnisse. Überall und auf den verschiedensten Ebenen entstehen unabhängige Gruppen, wächst die Forderung nach Perestroika und Glasnost. Mehr als zuvor lohnt daher heute (wieder) die Reise nach Brno, Gottwaldov, Bratislava.

Fast alle Autoren und Autorinnen dieses Buches haben sich nach langen Überlegungen entschlossen, ihre Artikel unter einem Pseudonym zu veröffentlichen. Wir alle — TschechInnen und SlowakInnen, Deutsche, Emigranten und im Lande Lebende — möchten für unsere Beiträge nicht mit einem Einreiseverbot oder ähnlichen restriktiven Maßnahmen »belohnt« werden. Der Dank der Herausgeberinnen gilt allen Freunden und Bekannten in der ČSSR, der BRD und Österreich. Ohne sie alle wäre unser Reisebuch Tschechoslowakei in der vorliegenden Form nicht möglich geworden.

Ein unbekannter Nachbar

»Workcamp for peace« lautete einer der Titel der Angebote des IJGD, der Internationalen Jugendgemeinschaftsdienste. Zwei Wochen sollte das »Arbeitslager« dauern, gearbeitet werden mußte in einem der Neubauviertel der Südstadt Prags, verkrautete Rasenflächen warteten dort auf ihre Reinigung. Reizvoll an einem solchen Urlaub bei unserem östlichen Nachbarn schienen die Kontakte zu jungen Leuten, v.a. aus Osteuropa, befreit vom lästigen Zwangsumtausch wurde auf diese Weise ein längerer Aufenthalt in einem »realsozialistischen« Land möglich.

Jenseits des Bayrischen Waldes begann eine andere Welt. Die Farben verblaßten, ein Schmutzschleier überzog die Häuser, Autos, Wirtshausschilder. Auf den breiten, geflickten Straßen der böhmischen Dörfer trugen dick verpackte Bäuerinnen in Filzschuhen oder Gummistiefeln prall gefüllte Einkaufstaschen, schoben junge Frauen in Nylonkleidern, weißen Söckchen und hochhackigen Sandalen ihre Kinderwagen. Die hügelige Landschaft war durchsetzt von Obstbäumen. Rechts und links der Gleise lagen Abfallhalden, standen verrostete Eisenbahnwaggons. Im Schrittempo fuhr der »Westexpress« an dem romantischen Flüßchen Berounka entlang.

Die Ankunft gestaltete sich schwieriger als erwartet. Es galt, die Jugendherberge, die während der Ferienmonate in einem der Studentenwohnheime eingerichtet wird, zu erreichen. Einen Stadtplan fand ich nicht, kannte nur die Nummer des benötigten Busses, doch dieser hielt nicht am Hauptbahnhof. Als ich schließlich in Strahov, einem Hügel über Prag, in unmittelbarer Nähe des riesigen Spartakiadestadions ankam, war die Herberge verlegt worden. Die Verständigung mit dem hilfsbereiten Mitglied des SSM, des Sozialistischen Jugendverbandes, erfolgte englisch und war erfolgreich. Da es bereits spät am Abend war, entschloß er sich, mich in seinem Auto zu meiner Unterkunft zu bringen. Unterwegs tauschte ich meine DM gegen seine Kronen.

Alltag

Blau und grau waren die nächsten Tage. Wir lernten Prag von seiner häßlichsten und seiner schönsten Seite kennen. Wenn es stundenlang und in Strömen regnete, bildeten sich auf den Straßen riesige, dreckige Pfützen. Wir begannen zu verstehen, warum sich Besitzer und Besucher beim Betreten einer Wohnung als erstes die Schuhe ausziehen. An Sonnentagen begann die Stadt unter der drückenden Hitze zu stöhnen. Wer schwimmeen konnte, fuhr hinaus an den Stausee Slapy, an die Moldau, zum Schwimmbad Podolí. Vor den Eingängen bildeten sich lange Schlangen. Ganz Prag lebte von Melonen und Eis. In unserem Zimmer standen drei Betten, drei Schränke, drei Stühle, ein Tisch. An den Wänden hatten die jedes Jahr wechselnden Bewohner ihre Spuren hinterlassen. Ungewöhnlich für ein tschechisches Wohnheim waren Dusche und Toilette, die zu unserem »Appartement« gehörten. Doch tagelang floß das Wasser nicht, und als wir einmal vergaßen, den immer wieder zur Probe geöffneten Hahn zuzudrehen, fanden wir das Zimmer bei unserer Rückkehr überschwemmt. Der Rohrbruch war inzwischen behoben worden.

Gegessen wurde in der Kantine des Betriebs, der uns beschäftigte. Die verteilten Essensmarken, ausgestellt auf den jeweiligen Tag, durften auf keinen Fall verloren gehen. Ersatz war unmöglich. Während wir Lagerteilnehmer uns schon bald über das gereichte Menü zu beschweren begannen, schienen die mit uns das Wohnheim teilenden Koreaner und auch die Angestellten und Arbeiter an fettiges Fleisch, lauwarmes Gemüse und trockene Knödel gewöhnt zu sein. Doch erhielt der einzige Vegetarier stets Gurken und Tomaten.

An den Nachmittagen und Abenden wurde diskutiert. Die wenigen anwesenden TschechInnen, denen es mit viel Mühe gelungen war, an dem internationalen workcamp teilnehmen zu können, wurden mit Fragen überhäuft. Warum gibt es in den Läden oft nur Äpfel, Zwiebel und Kraut, warum keine Theaterkarten? Warum schließen die Kneipen bereits um zehn Uhr? Kann sich eine Familie einen Fernseher leisten? Ist die Zeit des Prager Frühlings vergessen? In ihrer Kritik am System der Planwirtschaft und denjenigen, die sie eingeführt hatten, waren sich die Antwortenden einig. Unmengen von frischem Gemüse verderben durch zu lange Lagerung und umständlichen Transport, ein Großteil der Karten für kulturelle Veranstaltungen werden direkt an die Betriebe verteilt, ein Teil an Verwandte, Bekannte und für Devisen weggegeben, für den freien Verkauf bleibt wenig. Der Alltag der ČSSR beginnt früh, viele müssen schon zwischen vier und fünf Uhr morgens aufstehen, und so können nur wenige bis Mitternacht in Restaurants oder Kneipen sitzen. Für einen rund 15.000 Kronen teueren Farbfernseher muß — durchschnittlich — das Einkommen eines halben Jahres gezahlt werden. Doch da frau und man verdienen, andere als Luxusartikel geltende Waren selten sind, ist die Nachfrage groß. Und natürlich ist die Erinnerung an die Liberalisierung in den sechziger Jahren noch lebendig. Für viele war es die einzige Zeit, in der nach Faschismus und Stalinismus frei diskutiert werden konnte. Bisher verbotene Filme und Bücher durften erscheinen, in den Betrieben begann eine wirkliche Selbstverwaltung zu entstehen.

Alternativen

In Brno lernte ich Petr und Jan kennen. Der eine kurzgeschoren, mit schwarzer Brille, Zigarettenspitze. Der andere, langhaarig, trägt Jeans und einen bunten handgestrickten Pullover. Auch in der Tschechoslowakei unterscheiden sich die Jugendlichen seit einigen Jahren nach »peergroups«. Polizei und Bürger wurden durch das Auftauchen von Punks überrascht. Doch anders als im Westen sind die Grenzen zwischen den einzelnen Gruppen oft flie-

Blumenmarkt in der Prager Havelská

ßend. Jan und Petr sind enge Freunde, gemeinsam hören sie die von Hand zu Hand gehenden Rockmusikkassetten, ziehen ziellos, aber immer wieder Freunde treffend durch die Stadt, schimpfen auf den ihnen bevorstehenden Wehrdienst.

In Brno lebt auch *Jaroslav Šabata,* einer der bekanntesten Politiker der demokratischen Opposition der ČSSR. Die Kontaktaufnahme zu dem Unterzeichner der Charta 77 ist nicht einfach, große Probleme mit den staatlichen Organen können aus dem verabredeten Gespräch mit Vertretern westlicher Friedensgruppen weniger für uns als für ihn entstehen. Šabata gehört zu jenen Reformkommunisten des Prager Frühlings, die heute davon ausgehen, daß sich politische Veränderungen nur mit Hilfe eines starken Drucks »von unten« durchsetzen können. Daher verbindet er seine Hoffnung mit einer, inzwischen auch in der Tschechoslowakei entstandenen, unabhängigen Friedensbewegung. Zerlesene, in- und ausländische Publikationen füllen die Regale der weitläufigen Brünner Altstadtwohnung. Mit viel Mühe haben sich die oppositionellen Intellektuellen Zugang zu westlicher Literatur geschaffen. Gute Bücher sind rar und wertvoll.

Anfänge

Die Tschechoslowakei zum erstenmal. Nach Hause zurückgekehrt, suche ich in Buchhandlungen und Bibliotheken nach weiterführender Literatur. Doch das Interesse für das Nachbarland scheint mit dem Jahr 1968 zu enden. Und bereits seit 1948 gehört die Tschechoslowakei in unserem politischen Denken zu Osteuropa, dem Ostblock, dem Machtbereich der Sowjetunion. Die Entfernung zwischen Prag und Moskau erscheint uns geringer als die zwischen Prag und Paris. Wird im Westen des geteilten Kontinents über »Europa« gesprochen, so ist damit in der Regel die europäische Gemeinschaft, der europäische Markt, gemeint. Vor allem tschechische Schriftsteller versuchen sich in letzter Zeit gegen diese enge Begrifflichkeit zu wehren. In seiner »Tragödie Mitteleuropa« erinnert *Milan Kundera* an gemeinsame historische und literarische Traditionen: »Mitte des 14. Jahrhunderts, aus der aufkeimenden Idee an eine multinationale Gemeinschaft, in der jedes Volk das Recht auf eine eigene Sprache hat, heraus, sammelten sich in Prag alle Intellektuellen aus der Tschechoslowakei, aus Österreich, Bayern, Sachsen, Polen, Litauen, Ungarn und Rumänien. Andere Ereignisse folgten. Das Entstehen des Habsburgerreiches als Einheit dreier unabhängiger Staaten — Böhmen, Ungarn und Österreich. Die Kriege gegen die Türken, die Gegenreformation des 17. Jahrhunderts. In dieser Zeit trat der eigentümliche Charakter mitteleuropäischer Kultur in einem besonderen Ausbruch von Barock ans Licht, ein Phänomen, das das ganze große Gebiet — von Salzburg bis Wilna — vereinigte. Die Eltern Sigmund Freuds kamen aus Polen, aber der junge Sigmund verlebte seine Jugend in Mähren, in der heutigen Tschechoslowakei. Edmund Husserl und Gustav Mahler verbrachten ihre Jugend ebenfalls dort. Der große tschechische Dichter Julius Zeyer wurde in einer deutschsprachigen Familie in Prag geboren; es war seine eigene Entscheidung, Tscheche zu werden. Die Muttersprache Herman Kafkas dagegen war Tschechisch, während sein Sohn Franz das Deutsche vorzog... Und alle Menschen, die ich genannt habe, sind Juden. Mit der Zerstörung des Habsburgerreiches verlor Mitteleuropa sein Bollwerk. Hat es nicht seine Seele in Auschwitz verloren? Und besteht Mitteleuropa überhaupt noch als solches, seit es 1945 von Europa abgeschnitten wurde?«

Während Europa in den Bücherregalen und im Denken der »Ost«europäer lebt, verwechseln Westeuropäer Budapest, Belgrad und Bukarest. Jedoch erfuhr 1988 nach dem in der ČSSR spielenden Buch auch der Film »Die unerträgliche Leichtigkeit des Seins« in der Bundesrepublik großes Interesse. Die Zahl der Urlaubs- und Städtereisen nach Mittel- und Osteuropa wächst, seit dem 1.1.1989 werden tschechoslowakische Visas direkt an einigen Grenzübergängen ausgestellt. Anfänge.

Die unerträgliche Leichtigkeit des Seins?

Der Wecker klingelt um halb fünf. Die guten Vorsätze des letzten Abends sind vergessen...noch eine Weile. Die Nacht war so unruhig, immer wieder ist Martin aufgewacht. Vierzehn Tage nach seiner letzten Krankheit hustet er schon wieder. Um halb sechs gibt es keine Ausrede mehr, ich muß raus. Zum Glück, Martin hat kein Fieber, er kann in den Kindergarten, muß, denn heute habe ich eine wichtige Sitzung, wenn ich zu spät oder gar nicht komme, ist der Abteilungsleiter sauer. Schnell unter die Dusche, Butterbrot für die ältere Tochter, heute bin ich wirklich spät dran. Dabei habe ich noch Glück, daß wir erst um halb acht anfangen, manche Eltern sind mit ihren Kindern schon um sechs unterwegs. Zuzanna muß eben heute allein zur Schule gehen. Hoffentlich schafft sie das. Zum Metzger zu gehen habe ich nun auch keine Zeit mehr. Doch was soll ich dann kochen, schon am Samstag habe ich kein Fleisch bekommen, um halb zehn war es bereits ausverkauft. Kaltes Abendessen hatten wir diese Woche schon zweimal, bei der Auswahl an Käse und Wust und angesichts der hohen Preise ist das mehr als genug. Eier essen die Kinder nicht besonders gern und sicher nicht öfter als einmal in der Woche, das kommt also auch nicht in Frage. Seit zehn Tagen gibt es mal wieder keinen Fisch, Hähnchen hatten wir am Sonntag. Jetzt, im Spätherbst kann ich auch nicht mit Gemüse rechnen. Spinat und Wirsing war diese Woche schon auf dem Tisch. Vielleicht kaufe ich also ausnahmsweise ein paar belegte Brötchen, die sind zwar nicht billig, schmecken aber immer...

Mitten in der Sitzung klingelt das Telefon, ich werde verlangt, der Abteilungsleiter kommentiert: »Aber ich habe euch doch gesagt, daß während der Wochensitzungen keine privaten Telefongespräche...«. Es ist der Kindergarten. Der Junge hat Fieber, ich soll gleich kommen, er atmet schwer. Wie viele Kinder leidet er bereits unter Asthmaanfällen. Was nun? Ich versuche, die Kinderfrau anzurufen, seitdem sie bei uns mit der Ganztagespflege aufgehört hat, kümmert sie sich nur noch um ihre Enkel. Hoffentlich hat sie Zeit. Sie müßte Martin zum Arzt bringen, denn, daß er ins Haus kommt ist nicht üblich. Zwei Stunden später ist es geschafft, Martin hat zwar 38° C, doch nun liegt er zuhause im Bett, ein Termin beim Kinderarzt ist abgemacht. Aber es gibt auch negative Nachrichten. Unter dem Kühlschrank bildete sich eine Pfütze, schon wieder ist er kaputt. Angesichts seines Alters wird sich eine Reparatur kaum mehr lohnen, um einen neuen zu kaufen, muß ich einen Kredit beantragen. Dafür jedoch brauche ich zwei Bürgen, die sich einen ganzen Vormittag — denn solange dauert die Prozedur — frei nehmen können. Dar-

Warten auf neuangekommene Bücher

über kann ich jetzt nicht nachdenken. Zum Glück ist es draußen kalt, zwischen den Fenstern ist genug Platz für Lebensmittel.

Nach der Arbeit eile ich in den Gemüseladen. Vorgestern sagte mir die Verkäuferin, daß heute vielleicht Orangen kommen. Die wären für den kranken Martin gut. Doch nach einer Stunde in der Schlange sind sie ausverkauft, auch die beiden vor mir haben nichts mehr bekommen. Jetzt aber nach Hause. Wie schlecht ist die Luft heute wieder. Noch hektischer scheinen die Menschen an solchen Tagen.

Gegen 23 Uhr sind Geschirr und Küche sauber, Zdeněk konnte wieder nicht helfen, in seinem Betrieb ist gerade Inventur. Endlich hätte ich jetzt Zeit etwas zu lesen, doch meine Gedanken lassen mich nicht zur Ruhe kommen. Wie schaffe ich meinen monatlichen Arbeitsplan, wenn ich wegen Martins Krankheit nun schon wieder mindestens drei Tage zu Hause bleiben muß? Ein Aufenthalt am See wäre nötig, aber wenn ich nun auch noch einen neuen Kühlschrank kaufe, kriege ich das Geld dafür nicht zusammen. Und die Gedanken gehen weiter: Hat der Mann hinter mir in der Schlange nicht ein merkwürdiges Gesicht gemacht, als ich über die Mängel unserer Lebensmittelversorgung schimpfte ? War er ein Informant der Staatspolizei ? Wenn ja, mich zu finden wäre kein Problem. Aber ich übertreibe sicherlich, schließlich schimpft jeder bei uns und ein großes Verbrechen ist das ja auch nicht. Aber immer wieder hören wir doch von solchen Fällen. Man weiß nie, wann

»die« ein abschreckendes Beispiel brauchen, ihre Macht demonstrieren wollen. Und jetzt habe ich auch noch dieses Buch aus dem Samizdat zuhause. Lesen kann ich es so oder so nicht mehr. Zwei Tage »Leihfrist« ist einfach zu kurz. Aber Jana, meine Freundin, hat Angst, daß »sie« mich erwischen, niemand darf erfahren, vom wem ich das Buch habe. Warum ist sie so überängstlich? Ich lebe nicht so, wie die Regierung sich das wünscht, aber wer tut das schon? Meine Meinung erfahren dürfen sie freilich nicht. Dann wäre Schluß mit unserem Urlaub am Meer, mit meiner Stelle und auch den Ausbildungsmöglichkeiten für die Kinder....Gedanken. Totmüde falle ich ins Bett.

Um die Ängste vieler zu verstehen, muß man in die fünfziger Jahre zurückgehen. In seinem Roman »Der Scherz« beschreibt *Milan Kundera* diese Zeit aus der Sicht eines Mitglieds der Kommunistischen Partei: »Ich konnte vor verschiedenen Kommissionen Dutzende von Gründen dafür anführen, warum ich Kommunist geworden war, was mich an der Bewegung am meisten bezauberte, ja berauschte, war das Lenkrad der Geschichte in dessen Nähe ich mich befand. Damals entschieden wir nämlich tatsächlich über Schicksale von Menschen und Dingen, und gerade an den Hochschulen: Im Lehrkörper gab es damals nur wenige Kommunisten, so daß die Hochschulen in den ersten Jahren fast ausschließlich von den kommunistischen Studenten selbst geführt wurden, indem sie über die Besetzung von Lehrstühlen, über Unterrichtsformen und Studienpläne entschieden. Den Rausch, den wir durchlebten, nennt man gewöhnlich Machtrausch, ich könnte aber auch weniger strenge Worte wählen: wir waren behext von der Geschichte; wir waren berauscht davon, daß wir uns in den Sattel der Geschichte geschwungen hatten und sie unter uns spürten; gewiß, er artete in den meisten Fällen später wirklich in widerliche Machtgier aus, aber es lag darin auch vor allem für uns Junge, die absolut ideale Illusion, daß gerade wir jene Epoche der Menschheit einleiten, da der Mensch, jeder Mensch weder außerhalb der Geschichte noch unter ihrer Fuchtel lebte, sondern diese dirigieren und erschaffen würde.« Die geschichtlichen Erfahrungen, der »Verrat« des Münchner Abkommens und die nazistische Okkupation begünstigten den damaligen Enthusiasmus. Und tatsächlich kam es zu einschneidenden gesellschaftlichen Veränderungen. Obwohl 200 bis 250 000 Arbeiter in höhere soziale Schichten aufstiegen, vergrößerte sich die Arbeiterklasse statistisch um 400 000 Personen. Dies war möglich, weil aus ideologischen Gründen nun auch Beamte, Angestellte, Handwerker und die Angehörigen der Intelligenz, die sogenannten Kopfarbeiter, ihr zugerechnet wurden. Die gewaltsame Mobilität führte nicht nur zu einem stetig wachsenden Gefühl sozialer Unsicherheit aller gesellschaftlichen Gruppen. Sie waren begleitet von Veränderungen des gesamten Wertesystems. Traditionelle Ziele, wie Fleiß und Bildung, zu denen die Menschen erzogen worden waren, traten hinter die nun geforderte politische Konformität, die äußere Angepaßtheit zurück. Öffentliche Meinung und privates Denken waren für viele unvereinbar geworden. Mit der »Liquidierung des Klassenfeindes« begann die Angst zu wachsen. Von 12,7 Millionen Einwohnern der ČSR wurden zwischen 1948 und 52 ca. 200 000 verhaftet, 233 zum Tode verurteilt, 178 von ihnen hingerichtet. Daneben existierten Zwangsarbeitslager, die durch ein Gesetz legalisiert wurden und zur Umerziehung von Personen im Alter von 18 bis 60 Jahre bestimmt waren. In ihnen wurden weitere 150 bis 220 000 TschechInnen und SlowakInnen interniert. Laut offizieller Anweisung waren in die Lager Klassenfeinde zu schicken, die in den Familien ehemaliger Kapitalisten, unter Stadtstreichern, in Gaststätten, die Glücksspiele und feindliche Propaganda dulden, unter Rechtsanwälten, Lehrern und Ärzten, die Faulenzer krank schreiben, zu suchen waren. Örtliche Funktionäre mußten sich die Frage stellen: Gibt es den Klassenfeind in unserem Dorf? Warum gibt es Menschen, die gut leben obwohl sie nicht arbeiten? Worüber und weswegen unterhalten sich bestimmte Personen hinter unserem Rücken? Warum hissen manche Hausbesitzer bei Staatsfeiertagen nicht die Staatsflagge? Warum gibt es kein Interesse an sowjetischen Filmen? Hinter der — oft angeblichen — Sabotage verschiedener Anweisungen wurde immer der Feind gesehen — und der gehörte ins Lager. Die Dauer des Aufenthalts betrug in der Regel zwei Jahre, die Frist konnte allerdings auch gekürzt oder verlängert werden. Ein Bauer aus Most berichtet: »In den fünfziger Jahren bewirtschaftete ich mit meiner Familie den Hof meiner Mutter, der 14 ha groß war. 1952 wurde ich wie alle Großbauern ›liquidiert‹ und wegen der Nichterfüllung der Lieferpflicht zu einer zweijährigen Gefängnisstrafe verurteilt. Meine Familie mußte ausziehen, aller transportable Besitz wurde beschlagnahmt, alle Einsprüche waren erfolglos. Meine Mutter bat den damaligen Sekretär des Nationalausschußes auf den Knien, er jedoch warf sie aus dem Zimmer. Zu der Zeit meiner Verhaftung war die Ernte noch auf den Feldern, und so mußte ich die Bestellung des Bodens bis zu der Zeit, da ihn die Genossenschaft übernahm bezahlen. Noch 1964 wurde mir monatlich etwas vom Lohn abgezogen, insgesamt waren es 14 000 Kronen. Und auch von meiner Rente werden sie mir als ›verurteilter Bauer‹ etwas nehmen.«

Um sich ein vollständiges Bild von der Repression zu machen, ist auch noch eine andere Art der Strafinstitution anzuführen: Im Sommer 1950 wurden die sog. Technischen Hilfsbataillone im Rahmen der Armee eingerichtet. Wie bei den Zwangsarbeitslagern hatte man auch in diesem Fall »politisch schädliche« Personen im Visier, häufig solche außerhalb des Wehrdienstalters. Sie wurden zu schweren Arbeiten im Bau- und Bergwerkswesen herangezogen. Die Arbeitsbedingungen in diesen Militärabteilungen glichen oft denen in den Lagern.

Kundera schrieb: »...ein neues, wirklich ganz anderes Leben hatte begonnen, und das Gesicht dieses Lebens, wie es in meinen Erinnerungen haftengeblieben ist, war ernst und starr, wobei dieser Ernst die sonderbare Eigenschaft hatte, daß er kein böses, sondern ein lächelndes Gesicht zeigte, ja, diese Jahre behaupteten von sich, die freudigsten aller Zeit zu sein und jeder, der sich nicht freute, wurde augenblicklich verdächtigt, daß ihn der Sieg der Arbeiterklasse betrübe, oder, — was kein geringeres Verbrechen war — daß er als Individualist in seine private Traurigkeit versunken sei... Wenn ich mich an meinen damaligen Zustand erinnere, denke ich als Analogie an die uneingeschränkte Macht des Christentums, das dem Gläubigen eine fundamentale und permanente Sündigkeit einredete; auch ich — und wir alle — standen der Revolution und ihrer Partei mit ständig gesenktem Haupt gegenüber.«

Von nun an wurde Kollektivität verlangt, Kultur und Lebensweise der Arbeiterklasse eroberte sich mit Gummistiefeln, Hubertusmantel und Kopftuch die Straßen der Stadt. Unzählige Stunden wurden dem Aufbau der neuen Gesellschaft gewidmet. Abgesehen von Klassenfeinden stellten Wissenschaftler, Politiker und Publizisten die Gesellschaft als eine einheitliche dar, aus Kultur und Geschichte wählten sie das aus, was ins offizielle Bild paßte. Pablo Picasso malte nur Friedenstauben, der einzige bekannte schwarze Musiker war der Friedenskämpfer Paul Robeson, die russische Literaturgeschichte mußte ohne Dostojevskij und die sowjetische Avantgarde auskommen.

Nach der kurzen Zeit der Liberalisierung in den sechziger Jahren, die für viele die einzige Zeit war, in der sie sich nahezu unbehindert mit dem beschäftigen konnten, was sie wollten, begann die Angst in der Phase der sogenannten »Normalisierung« erneut zu wachsen. Zwar erreichten die Säuberungen nicht das Ausmaß der fünfziger Jahre, doch gab es nun auch keinen Rausch, keinen Enthusiasmus, keinen Glauben an eine bessere Zukunft mehr. Die Entlassungen aus den Betrieben, die Ausschlüße aus der KP nahmen nun nicht mehr begeisterte Kommunisten, sondern Funktionäre, denen es allein um die Erhaltung ihrer Macht ging, vor. Dies wird natürlich nicht offen ausgesprochen, offiziell geht es um den Kampf gegen Konterrevolutionäre und so muß die Ursache für die Absurdität des Alltags in der uns umgebenden Scheinwirklichkeit gesucht werden. Die Realität hat Kafkas Roman »Der Prozeß« schon lange eingeholt, viele Alltagssituationen werden in der ČSSR als »Kafkárna« oder »Kafkas Schloß« bezeichnet. Wenn etwas nicht klappt, was klappen sollte, oder wenn umgekehrt etwas völlig Hoffnungsloses doch noch zustande kommt, heißt es: »Alles ist anders, sagte der weise Rabbi.«

Alltag in der Tschechoslowakei: Das sind die überfüllten Verkehrsmittel, die sich oft nicht um Fahrpläne kümmern. Das sind die Ausfälle der Elektrizität infolge von Stromsparmaßnahmen, das ist der Mangel an Warmwasser oder des Wassers überhaupt. Alltag in der Tschechoslowakei, das ist die offiziell fehlende Heizkohle, die um so vieles billiger schwarz gekauft werden kann. Einmal in der Woche bieten Zigeuner sie an der Haustüre an. Auf Korruption stößt man überall und immer: Instalateure verlangen, obwohl sie natürlich Gehalt beziehen, von den Kunden eine Gegenleistung für Reparaturen. Ärze lassen sich für Operationen bezahlen, Verkäufer für auf die Seite geschaffte Waren. Ein gutes Nebeneinkommen haben die Mitglieder der Kommissionen, die die Plätze für begehrte Studienfächer, wie z.B. Medizin vergeben. Alltag in der Tschechoslowakei, das sind überfüllte Wartezimmer bei Kinderärzten, Schlangen vor Metzgereien, Obst- und Gemüseläden, beim Autohändler. Das ist der, wenn auch nur zeitweilige Mangel an Toilettenpapier, Damenbinden, Ketschup, Marmelade. Bestimmt fehlt immer die Nudel- oder Nagelsorte, die man gerade benötigt.

In den Begegnungen unseres Alltags ist die Frage »Was sind Sie von Beruf?« sinnlos geworden. Denn während auf der einen Seite viele ihre Stelle nicht ihrem Können, sondern ihrer Kaderakte verdanken, arbeiten andererseits entlassene Universitätsprofessoren als Heizer, Fensterputzer oder Hilfsarbeiter. So sind zur Einschätzung der Menschen nicht ihre soziale Stellung, sondern ihre Freunde wichtig. Werden neue Kontakte geknüpft, so beginnt das Gespräch meist mit den Worten: »Ich bin eine Bekannte ...«.

Kleine Fluchten

Undenkbar, hätte der tschechische Alltag nicht auch ein anderes, freundlicheres Gesicht. Gerade in letzter Zeit vermehren sich die Nischen, in denen man und frau aufatmen und Kräfte sammeln kann, die von einer alternativen Kultur und kommunikativen Lebensweise geprägt sind. Denn während Kafkas Helden allein der unheimlichen Macht entgegentraten, stößt sie heute auf

In der Metro. Gelesen wird auch im Stehen

die Ablehnung einer Mehrheit. Die notorische, versteckte Unangepaßtheit, der Überlebenswille sind Gründe für das überall anzutreffende Streben nach Kontakten und Kommunikation, nach der Integrierung des Einzelnen in eine breite Gemeinschaft. Auf die Solidarität der Freunde und Gleichgesinnten kann man sich verlassen. TschechInnen und SlowakInnen besitzen die Fähigkeit Tragisches mit Komischem zu verknüpfen. Obwohl vieles eher zum Weinen ist, versuchen sie zu lachen. Oft genug gibt ihnen das System dazu die Möglichkeit.

Ivan Binar schreibt: Es gibt drei Möglichkeiten das Leben in der Tschechoslowakei zu meistern. Man kann Johannisbeeren züchten, emigrieren oder sich verhaften lassen. Gerade die erste, die verbreitetste, wird von oppositionellen Intellektuellen oft negativ bewertet, gilt ihnen als Zeichen oder sogar als Grund der politischen und bürgerlichen Passivität.

Johannisbeeren züchten, das heißt in der ČSSR »Chalupářství«. Das Wort läßt sich nicht genau übersetzen, die Wortwurzel liegt in »Chalupa«, der Bezeichnung für ein Kleinbauernhaus. Chalupářství meint eine Tätigkeit, die aus einer konkreten Situation heraus entstand. Ende des Zweiten Weltkriegs gab es nach der Vertreibung der Deutschen viele leerstehende Häuser, die nach und nach das Interesse der Städter auf sich zogen. Damals war der Begriff noch unbekannt, das Landhaus diente v.a. als Feriensitz. Zur Bewegung entwickelte sich Chalupářství Anfang der sechziger Jahre, seit der Mitte dieses Jahrzehnts wurde sie vom Verband für Natur- und Denkmalschutz unterstützt. Die wachsende Autoproduktion verstärkte die Mobilität.

Die staatliche Anregung, die leerstehenden Häuser zu nutzen, fiel aufgrund des eklatanten Wohnungsmangels auf fruchtbaren Boden. In der Stadt mußten viele Familien unter unzumutbaren Bedingungen zusammenleben. Oft teilten sich Eltern, Kinder und Enkel eine Zweizimmerwohnung, die nach fleißigen Umbauarbeiten — die Küche richtete man im Badezimmer ein, von der Diele wurde Raum für Bad und WC abgezweigt, Räume wurden mit Stellwänden geteilt und so multifunktional genutzt — zwar praktischer, nicht aber auch größer wurde. Der Wochenendaufenthalt in Haus und Garten war so eine angenehme Abwechslung vom stressgeplagten Alltag.

Teile der tschechischen Dorfbevölkerung verließen ihre Häuser, um in der Stadt einen Arbeitsplatz zu finden. Diese Migration war häufig ökonomisch bedingt, denn die Löhne für landwirtschaftliche Tätigkeit in den Genossenschaften blieben zu Anfang auf sehr niedrigem Niveau.

In den siebziger und achtziger Jahren, in denen das Leben in den Großstädten die Bewohner immer mehr belastete, und auch die letzten Hoffnungen auf liberal-demokratische Reformen aufgegeben wurden, nahm die Chalupářství Massencharakter an. Manche Ältere richten sie so weit her, daß sie dort ihren Lebensabend verbringen können, obwohl auch viele junge Leute in der Stadt inzwischen eine eigene Wohnung haben, fahren sie an ihren freien Tagen ins Grüne.

Beim Bau des Hauses helfen Verwandte und Freunde

Paradoxerweise steckte der Wochenendhaustrend auch die Dorfbewohner an. So besitzt z.B. eine Familie ein Haus im Dorf und wenige Kilometer entfernt zumindest eine »chata«, ein aus Holz, manchmal auch Stein errichtetes Häuschen. Die neuen Eigentümer richten die früheren Bauernhäuser oft im ländlichen Stil ein, und fast jeder sucht nach originellen alten Gegenständen. Manche Besitzer respektieren beim Umbau oder den Reparaturen, die oft ein riesiges Ausmaß annehmen, die örtlichen architektonischen Gegebenheiten sowie alte Baupläne. Diese Nachahmungen verlangen viel Zeit und Kraft, sodaß das Alltagsleben in der Stadt unter der Woche sehr stark von der Arbeit an den Wochenenden mitbestimmt ist. Eine meiner Bekannten beschrieb es mir, als ich sie nach einem freien Abend für ein gemeinsames Treffen fragte: »Montagmorgen kommen wir zurück und gehen direkt zur Arbeit. Abends muß ich Wäschewaschen, die aus dem Wochenendhaus und auch die andere. Dienstag stopfe ich, im Sommer und Herbst mache ich das vom Lande mitgebrachte Obst und Gemüse, die gesammelten Pilze ein. Das dauert bis Mittwoch, dann müssen wir spätestens mit dem ›Organisieren‹ von Dingen anfangen, die wir für das Haus benötigen, Baumaterial, Farben, Gartenbedarf... . Am Donnerstag koche ich für das Wochenende, damit wir damit dort keine Zeit verlieren. So sieht jede Woche aus.« Oft höre ich jetzt auch von Leuten, die in ihrem Wochendhaus Hühner halten, oder gar ein Schwein. Voraussetzung dafür ist natürlich, daß während der Woche die Nachbarn das Tier füttern und versorgen. Die ganze Woche wird somit zur Vorbereitungs- und Erwartungsphase für das Wochenende. Freitags, direkt nach der Arbeit, zu der alle bereits mit vollbepackten Taschen und fürs Wochenende angezogen kommen, fährt man so schnell wie möglich los. Obwohl auch im Westen die Menschen an den Wochenenden ihren Alltag zu vergessen versuchen, besteht der Unterschied zur Tschechoslowakei darin, daß sie dort ihre Zeit in viel größerem Ausmaß mit harter Arbeit verbringen.

Im Versuch, sich aus den vielfältigen Abhängigkeiten in der Stadt zu lösen suchen TschechInnen und SlowakInnen auf dem Land nach einer freieren, unverfälschteren Lebensweise. Sie fühlen sich im Dorf fast wie Einheimische. Denn auch diese arbeiten oft in der Stadt oder verfügen nur über ein Haus und ein kleines Stück Eigenland, wenn sie Mitarbeiter in einer Genossenschaft sind. So gibt es keine Unterschiede zwischen den beiden sozialen Grup-

Mährischer Sliwowitz hebt die Stimmung

pen der Dorfgemeinschaft. Es ist leicht, Kontakte zu knüpfen, in fast jedem Garten können Einheimische und Chalupáři abends am Lagerfeuer zusammensitzen. Man grillt, erzählt sich Geschichten, es werden Lieder gesungen und Gitarre gespielt. Die Leute aus der Stadt können an Veranstaltungen der Gemeinde teilnehmen oder auch eigene organisieren. In einer Gemeinde unweit Prags, in der fast nur Besitzer von Chalupas leben, arrangieren alle zusammen Fastnachtsumzüge mit alten, traditionellen Masken und Sprüchen. In einem Dorf im Böhmerwald fanden »Wildwest-Spiele« statt. Eine chalupa wurde zum »Saloon«, die Pferde kamen aus dem Dorf, alle trugen entsprechende Kostüme. Solche Initiativen sind aber eher eine Ausnahme als die Regel.

Die Chalupářství-Bewegung hat Vorfahren, ihre Geschichte reicht bis in die Zwischenkriegszeit zurück. Damals waren es junge Leute, sogenannte Tramps, die jede freie Minute zum Aufenthalt in der Natur nutzten. Am liebsten hielten sie sich im Wald oder in der Nähe von Gewässern auf. Die Gruppen waren sozial homogen, ihre Mitglieder kamen aus den unteren Schichten, viele Arbeitslose waren darunter. Außerhalb der Großstädte bauten sie sich mit bescheidenen Mitteln kleine Holzhäuschen. Die günstigen Verkehrsmöglichkeiten erlaubten es den Tramps aus dem »Großstadtdschungel« in ihre »osady«, Kolonien zu gelangen. Ihre Gründer orientierten sich an den Ideen des Anarchismus, ihre Siedlungen trugen die Namen Chikago oder Amerika. Sie kehrten dem bürgerlichen Leben den Rücken und fühlten sich in der »wilden Natur« wie Pioniere. Auch für sie war die abendliche Runde am Lagerfeuer typisch. Sie sangen sentimentale Natur- und Liebeslieder, aber auch solche von Solidarität und Kameradschaft. Bis heute blieb eine Reihe von ihnen erhalten, gerne werden sie noch gesungen. Aus jener Zeit stammt auch die zwischen Freunden und Bekannten heute noch übliche Begrüßung »Ahoj«. Manche, die in solchen »osadas« herangewachsen sind, verbringen dort immer noch ihr Wochenende oder ihren Urlaub.

Während die Tramps junge Leute waren, die die Natur im Kollektiv genießen wollten, kultivieren die Chalupáři die Natur im Garten und sind familienorientiert. Das Kollektiv wird nur noch auf nachbarschaftlicher Ebene gesucht. Gemeinsam ist beiden die Suche nach einer anderen Form und einem anderen Sinn des Lebens. Dabei bilden die Besitzer der Wochenendhäuser keine homogene Gruppe. Funktionäre und Handwerker, von denen viele durch Korruption und Schwarzarbeit gut verdienen, unterscheiden sich von den Chataři, den »Hüttenleuten« dadurch, daß ihre Häuser größer und repräsentativer sind und meistens in Stadtnähe stehen.

Die Massenbewegung Chalupářství ist kein Zufall, sondern drückt ein bestimmtes gesellschaftliches Bedürfnis aus. Dabei geht es nicht nur um die Flucht aus der Stadt, die Flucht vor Entfremdung durch die technische Zivilisation, sondern auch um eine Flucht vor dem kollektiven Leben unter staatlicher Kontrolle. Es ist ein Ausweichen vor unangenehmen öffentlichen Pflich-

Slowakisches Paradies. Das Wochenende verbringen viele Jugendliche im Grünen

ten, ein Rückzug ins Private, in andere Verhältnisse und Beziehungen. Es ist also nicht nur die Flucht vor etwas, sondern auch zu etwas. Es ist die Suche nach einer Übereinstimmung von Ort, Natur und Arbeit, die Suche nicht nur nach einer lokalen, sondern einer grundlegenden Identität. Diese ist in den gegenwärtigen sozialistischen Staaten nur schwer zu finden. Denn neben der für Industriegesellschaften typischen Entfremdung von Natur und Arbeit kommt es in ihnen zusätzlich zur Entfremdung zwischen Machtstruktur und restlicher Gesellschaft. Während in westlichen Demokratien der Großteil der Bevölkerung in den verschiedensten Bereichen des öffentlichen Lebens mitwirken und frei seine Meinung äußern kann, sind diese Möglichkeiten in realsozialistischen Systemen nicht vorhanden. Selbst alle Mängel in Rechnung gestellt, sind die Erscheinungsformen der nationalen und internationalen Kultur breiter als in Systemen, in denen jedes Konzert, jede Theatervorstellung, jedes Buch gemäß dem geleisteten Beitrag zum »Aufbau des Sozialismus« zugelassen oder verboten wird, beschränkte Reisemöglichkeiten internationale Anregungen behindern. Dieser Mangel sowie zementierte Machtstrukturen bewirken einen Bruch nicht nur zwischen den Machtträgern und dem restlichen Teil der Gesellschaft, sondern auch in den kommunikativen Lebensformen. Während in einer demokratischen Gesellschaft die Kommunikation von unten nach oben und von oben nach unten funktioniert, wirkt in den Systemen sowjetischen Typs die offizielle staatliche Kultur nur von oben. »Unten« bildet sich eine zweite, solidarische Kommunikationsebene, die auf direkten Kontakten basiert.

Die mündliche Nachricht — Erzählungen im Alltag

Die Bewertung der offiziellen Nachrichten wird aus dem folgenden Witz deutlich: Der Prager Rundfunk bietet drei Arten von Meldungen: die wahren, die wahrscheinlich wahren und die Lügen. Die Zeitansage gehört zu der ersten , die Wettervorhersage zu der zweiten, alle anderen zu der dritten Kategorie.

Die Tradition der mündlichen Berichte reicht bis in die Protektoratszeit zurück, massenhafte Anwendung fand sie jedoch erst nach dem 21. August 1968. Da es damals nicht möglich war mit Waffen zu kämpfen, kämpfte man mit Worten. In ganz Prag, aber auch in anderen Städten und Dörfern waren die Straßen voll mit Aufschriften, die auf traurige oder witzige Art die Ereignisse dieser Tage und Wochen kommentierten. Auf diese Weise versuchte man den Armeen, die die »brüderliche Hilfe« gebracht hatten, unsere Situation und unseren Standpunkt klar zu machen. Auf einmal, ganz spontan und unverhüllt, offenbarte sich, trotz der jahrelangen Beeinflußung durch die Politik der Verbündeten, eine eigene öffentliche Meinung. Bereits vor dem Einmarsch waren verschiedene Geschichten und Balladen entstanden, danach kamen Erzählungen auf, die von sowjetischen Soldaten handelten, die nachweislich nicht über den Zweck ihres Einsatzes in der ČSSR informiert worden waren. Es gab aber auch heimliche Berichte über Rotarmisten, die alles durchschauten. Von ihnen hieß es, daß sie erschossen oder nach Sibirien verbannt worden seien. Denn nur so hätte man sie daran hindern können, in der Heimat die Wahrheit zu erzählen. Mit der Veränderung der politischen Situation in der Tschechoslowakei änderte sich auch die Form der Information. Da praktisch keine wichtigen politischen Neuigkeiten veröffentlicht wurden, nahmen mündliche Erzählungen, die die Beschlüsse des Politbüros zum Thema hatten, zu. Verbreitet wurde dabei Wahres und Erdachtes. Offizielle Geheimnistuerei war und ist die beste Voraussetzung für Gerüchte. So gibt es bei uns z.B. viele Geschichten über die Unverdaulichkeit der Milch. Unsere Soldaten, die ja gesund bleiben müssen, dürfen demnach nur einmal im Monat Milch trinken, weil sie sonst Ekzeme o.Ä. im Mund bekommen könnten. Wird diese Geschichte nun jemandem erzählt, ist sie zugleich eine Probe, mit der erkundet werden soll, welcher Partei, d.h. Seite, der Gesprächspartner angehört, ob er zu den Herrschenden und deren Handlangern gezählt werden muß. Denn in diesem Fall würde er die Behauptung sofort als Lüge zurückweisen. Gehört er aber zu den Regimegegnern, wird er weitere Geschichten hinzufügen. Daher ist diese Form der Kommunikation ein wichtiger Indikator für Einstellungen, Meinungen und Gefühle der Nachbarn, Kollegen usw..

Die Erzählungen lassen sich in vier Gruppen einteilen: Zur ersten gehören Geschichten, in denen Ansichten verschlüsselt artikuliert werden. So verbreitete sich z.B. nicht nur in Prag das Gerücht, daß ein Vietnamese eine Krankenschwester und einen Arzt, die ihm keine Bescheinigung der Arbeitsunfähigkeit ausstellen wollten, erstochen habe. Obwohl es unterschiedliche Varianten der Erzählung gab, versteckte sich dahinter immer eine Kritik an der Bündnispolitik der UdSSR. Denn hinter jeder Art von Hilfe für einen anderen Staat wird eine sowjet-imperialistische Politik vermutet, die entweder Verbündete oder die Möglichkeit sie zu beherrschen sucht. Ungeheure finanzielle Investitionen in Ländern der »dritten Welt«, die Ausbildung von Studenten, der Import von dort ist nach Meinung eines Teils der Bevölkerung Schuld an den wirtschaftlichen Schwierigkeiten und damit am sinkenden Lebensstandart der ČSSR.

Zur zweiten Gruppe gehören Geschichten, die offen Stellung beziehen. Geschimpft wird auf einen Ministerpräsidenten, der — eben immer angeblich — einige Villen besitzt und mit seinem Sportflugzeug und einer Sängerin an Bord zum nachmittäglichen Bad nach Jugoslawien fliegt. Daneben gibt es Erzählungen über spezielle Farmen, auf denen Getreide ohne Kunstdünger angebaut wird, wo Vieh und die Hühner für Partei- und Regierungsmitglieder noch nach der herkömmlichen Methode ohne künstliche Mittel und Chemikalien gezüchtet werden. Gesprochen wird auch über Betriebe, die Waffen und Experten für Revolutionen liefern. Manche dieser von einem zum anderen getragenen Informationen mag ihre Quelle in ausländischen Zeitschriften oder Rundfunksendungen haben.

Bei der dritten Gruppe handelt es sich um konkrete Fakten, die auf gesellschaftlich relevante Ereignisse — auf eine Verteuerung der Preise, den Rücktritt eines Ministers, eines Parteimitglieds, Reiseerleichterungen...— Bezug nehmen. Zu diesem Thema kursiert der Witz, daß noch während der geheimen Sitzung eines zentralen Ausschußes der Partei der »Sender Freies Europa« darüber berichtete. Diese Form der Nachrichtenübermittlung wird angeblich auch von der offiziellen Politik ausgenützt. Geschichten kommen in Umlauf, z.B. daß die Preise für bestimmte Waren um 100% erhöht werden sollen. Beträgt die reale Erhöhung dann nur 80%, ist die Bevölkerung schon fast wieder erleichtert.

Die vierte Gruppe setzt sich aus Erzählungen zusammen, die aus persönlichen Erfahrungen bei Behörden resultieren und dem Zuhörer so die Möglichkeit der Orientierung bei der Lösung bestimmter Probleme geben. Da viele staatliche Anordnungen nicht schriftlich vorliegen und von verschiedenen Seiten der Bürokratie unterschiedlich gehandhabt werden, sind wir auf die Erfahrungen von anderen Bürgern angewiesen, die schon in der selben Situation waren. Aus ihnen wird ein eigenes Handlungskonzept abgeleitet.

Eine andere Form der mündlichen Kultur ist der Protestsong. »Es ist ein Erlebnislied aus bewußt subjektiver Sicht, das nicht manipuliert, sondern zum Nachdenken anregen will«, schreibt der tschechische Musikwissenschaftler *V. Karbusický*. Ebenso wie der Rock, dient der Folk- oder Protestsong — zwischen beiden Genres existiert in der ČSSR kein wesentlicher Unterschied — als bevorzugte Ausdrucksform der Jugend. »Wir sind dafür nicht

Szene aus dem Film »Proč?« (Warum?)

verantwortlich !« — Von dieser besonders unter Jugendlichen anzutreffenden Haltung berichtet nicht nur John Updike. Auch offizielle Zeitungen des Landes enthalten immer häufiger Artikel über die ablehnenden Einstellungen, das fehlende politische Engagement junger TschechInnen und SlowakInnen. Inoffizielle Statistiken enthalten drastische Zahlen drogenabhängiger Jugendlicher. *Jan Pelc,* der Autor des in der Tschechoslowakei heftig umstrittenen Buches »Kinder des Paradieses« schreibt: »Ihr habt für uns nur tausend und eine Belehrung: wir seien infiziert, böse, rücksichtslos, wir wollen von sozialer Unterstützung leben und auch nicht arbeiten. Doch was habt ihr uns gegeben? Den Husák auf der Burg, die Sowjetarmee in Milovice, das Drama mit den Abtreibungen. Wir haben nur eine Sünde begangen, wir sind in diese Situation hineingeboren worden.« Ihren Ausweg aus der Einsamkeit suchen die Jugendlichen in der Musik, die ihre Gefühle artikuliert und eine allen gemeinsame Ebene des Verstehens schafft. Die Familie, die infolge der Berufstätigkeit der Eltern nicht nur vater- sondern auch mutterlos ist, bietet keine Voraussetzung dafür. So fahren sie auf eigene Faust mehrere hundert Kilometer weit zu einem Konzert, andere wandern und singen auf diesen Streifzügen durch die Natur Protestsongs, die bereits in den sechziger Jahren nach den Vorbildern Bob Dylan oder Simon- and Garfunkel enstanden waren. Die Lieder der nach 1968 emigrierten Sänger *Hutka Veit* oder *Karel Kryl* sind immer noch populär.

Die zweite Kultur

Immer wieder spricht die demokratische Opposition der Tschechoslowakei vom »Zerfall der Nation«, von »Isolationismus« und »Getrenntheit«. Doch während sich nach 1968 das gesellschaftliche Leben einerseits atomisierte, entstand durch die Abspaltung von der gleichgeschalteten offiziellen zugleich eine zweite, alternative, parallele Kultur. Ein gesellschaftliches und geistiges Zentrum entwickelte sich, seine Mitglieder leben hinter geschlossenen Türen. Manches erinnert an das 19. Jahrhundert, an die Soireen der Patrioten, aber es fehlt das naive Pathos. Denn ein wesentlicher Zug der Parallelkultur ist die Ironie, die Groteske. Ich erinnere mich an einen Faschingsball, den wir, eine Gruppe von Freunden und Kollegen, in einer Wohnung veranstalteten. Jeder Besucher wurde an der Tür mit alttschechischem Brot und Salz begrüßt. Gegen Mitternacht spielten die Besucher einen alten Brauch nach, dazu wurden Reime vorgetragen.

Besonders wichtig sind unabhängige Veranstaltungen natürlich für die Unterzeichner der Charta 77, denn sie leben vom Rest der Gesellschaft isoliert. So finden in Hinterhöfen Ausstellungen, in Wohnungen Lesungen und Theatervorstellungen, in Dorfgasthäusern Konzerte statt. Bei Geburtstags- und Hochzeitsfeiern, die vom tschechischen underground »Festivals der Alternativ-Kultur« genannt werden, spielen verbotene Rockgruppen.

Nicht nur die tschechische Mentalität, sondern auch die lange Unfreiheit des Volkes gab ihm die Fähigkeit allem Negativen etwas Positives abzugewinnen. Um Depressionen zu überwinden flüchtet man sich in den Witz, betont die lächerliche Seite politischer Entwicklungen. So enthält diese Form der Alltagskultur Anzeichen einer notorischen Unangepaßtheit, eines latenten Widerstandes. Daß sie die Grundlage einer Revolte, eines breiten Protestes bilden können, zeigte nicht zuletzt der 21. August 1988. Ein großer Teil der etwa 10 000 Demonstranten, die am 20. Jahrestag der Besetzung ihres Landes auf die Straße gingen, waren Träger und Besucher von Musik- und Theaterveranstaltungen, die von den Behörden nur ungern oder überhaupt nicht bewilligt worden waren.

Heilt die Zeit die Wunden?

Leben auf dem Land

Die Dörfer in der Tschechoslowakei machen auf den Besucher einen unterschiedlichen Eindruck. Die Grenzdörfer, besonders in Westböhmen, sehen etwas traurig, manche von ihnen fast trostlos aus. Obwohl fast keine Ruinen mehr zu sehen sind, bleibt ein ständiges Gefühl der Leere. Nur allmählich werden in letzter Zeit die Häuser repariert, erst nach 40 Jahren beginnen sich die Leute hier zu Hause zu fühlen. Demgegenüber wirken die Dörfer im Landesinnern gepflegt, oft, speziell in Südmähren, wo — laut den Gerüchten — schon einige Millionäre leben, scheint es so, als ob es der Bevölkerung an nichts fehlte.

Statt einem alten Hof findet sich eine Villa, in der Garage steht ein Wagen. Es sind die Gegenden, wo nach zwanzig Jahren Veränderung das ursprüngliche Dorf mit Hütten und kleinen Bauernhöfen nicht mehr existiert, und es stattdessen überall nur Familienhäuser und kleine Villen gibt. Z.B. im Gebiet von Ostrava, wo infolge des sozialistischen Aufbaus fast alle Männer der breiten Umgebung in der Grube oder Schwerindustrie arbeiten, ist dies eine Folge der Industrialisierung. Die Ernte des armen Bodens, der früher nur schwer eine Familie ernähren konnte, leistet jetzt lediglich einen Beitrag zum Haushalt. Man muß nicht so viel für Essen ausgeben und man kann sparen. Hier allerdings wurden meistens auch keine Genossenschaften gegründet, und wenn, dann im Gebirge nur für die Viehzucht.

Auch die anderen Dorfbewohner können viel auf die Seite legen. Wenn ein Familienmitglied in der Genossenschaft arbeitet, so verfügt er über das sog. záhumenek — ein Stückchen Land, wo er für den Familiengebrauch einige Tiere halten, oder auch Kartoffeln oder Getreide anbauen kann. Dazu kommt noch das Einkommen von der Genossenschaft für die geleistete Arbeit, das früher sehr niedrig war (7—10 Kčs am Tag). Doch meist arbeitet aus der Familie nur einer in der ländlichen Genossenschaft, die anderen können jeden Tag in die Stadt zur Arbeit fahren, wo sie gut verdienen. Weil die böhmischen Länder schon vor dem Zweiten Weltkrieg industrialisiert waren und mit der weiteren Welle der Industrialisierung, die mit dem Aufbau des Sozialismus verbunden ist, die Anzahl der in der Industrie oder im tertiären Sektor beschäftigten Menschen stieg, ist der Anteil der in der Landwirtschaft arbeitenden Menschen eigentlich gering.

In der ČSSR arbeiten heute (1980) von der Gesamtzahl der Bevölkerung 5,9% (in der ČSR-5,4%, in der SSR-6,9%), von der Anzahl der Werktätigen in der Volkswirtschaft - 12,5% (ČSR-11,2%, SSR-15,5%) in der Landwirtschaft. Der Anteil der Landwirte und das gesamte sozioberufliche Profil einzelner

Auf dem Land

dörflicher Lokalitäten schwankt verständlicherweise: das hängt von den Naturbedingungen, von der Entfernung zwischen der Gemeinde und den Industriezentren, von der örtlichen Industrie, von der Größe und dem Charakter der Gemeinde, von ihrer Ausstattung mit Dienstleistungen u.ä. ab.

Gewissermaßen vereinfacht kann man sagen, daß die Älteren mehr in der Landwirtschaft wirken, die Jüngeren in der Industrie und im tertiären Sektor.

Der relative Wohlstand bei manchen Familien, die auf dem Land leben, im Vergleich zu den in der Stadt lebenden Menschen, ließ die Zeit der Kollektivierung vergessen, die auf gewaltsame Weise durchgeführt wurde. Z.B. wurden 35.000 Menschen in den fünfziger Jahren interniert in Arbeitslagern, oder verhaftet. Die Methoden waren hart, die Landwirte mußten höhere Staatsabgaben zahlen, wobei ihnen die Maschinen abgenommen wurden. Obwohl nach dem Grundgesetz vom 9.4.1954 Privateigentum bis 50 ha bewilligt worden war, wurden diejenigen, die mehr als 7 ha Eigentum hatten, später als sog. Kulaken bezeichnet.

Im Prinzip war das tschechische Dorf nicht das Dorf der großen Bauern. In Mittelböhmen erreichte die Mehrzahl der Bauernhöfe eine Größe von bis zu 4 ha. Nur ein Zehntel war bis zu 15 ha groß. Wegen Nichterfüllung der Abgaben wurden die Menschen verhaftet. Die Agitation für die Genossenschaften setzte die Menschen unter Druck; unter der Androhung von Gefängnis unterschrieben sie die Beitrittserklärungen. Manche Landwirte begingen Selbstmord. An die Spitze der Genossenschaften traten Menschen ohne Erfahrung, in den Anfangsjahren wurde so ein Großteil der Ernte vernichtet. Die Weisheit der Alten galt nichts mehr, riesige Felder entstanden, das Ausmaß der Bodenschäden wird erst heute erkennbar. Wegen der Benutzung von Düngemitteln ist das Wasser fast in der ganzen Republik voller Stickstoffe. Die riesigen Felder sind nicht vor Wetterschäden geschützt worden. Der kultivierte Boden verringert sich. Und der Alltag? Die Menschen, die auf dem Land leben, sind in ähnlichen Arbeitsverhältnissen wie alle anderen Werktätigen. Auch in der Erntezeit müssen sie nicht mehr arbeiten als sonst, zur Hilfe kommen ihnen Brigaden aus der Stadt. Doch oft ärgern sich diese, wenn die Landarbeiter während der Hochsaison ihren Urlaub beanspruchen und einen Ausflug machen. Die Lebensweise der Landwirte unterscheidet sich daher nicht sehr von der der Städter. Wie jeder Berufstätige einen Teil seiner Freizeit im Stadtverkehr verbringt, so verliert der Bauer Zeit bei seinem täglichen Pendeln zwischen Dorf und Betrieb.

Natürlich gibt es in den Städten ein größeres Unterhaltungsangebot. Jedoch kommen auf Einladung der Genossenschaftsleitung oder der Dorfverwaltung Musik- und Theatergruppen auf's Land, werden Fahrten zu kulturellen Veranstaltungen durchgeführt. Die Nähe zur Natur sowie die guten Kontakte zu den Nachbarn, die man bei Tanzveranstaltungen, Hochzeiten, Faschingsumzügen, Maifesten etc. immer trifft, werden von der Landbevölkerung als ein Vorzug gegenüber dem Leben in der Stadt geschätzt.

Auf dem Land

»Aus dem Fenster sah man auf einen Berghang, der mit alten, knorrigen Apfelbäumen bewachsen war. Der Horizont darüber wurde von einem Wald begrenzt, und die Wellenlinie der Hügel verlor sich in der Ferne. Am Abend stand der weiße Mond am blassen Himmel, und das war die Zeit, da Teresa auf die Türschwelle trat. Der Mond hing am noch unverfinsterten Himmel und kam ihr vor wie eine Lampe, die man am Morgen vergessen hatte auszulöschen und die den ganzen Tag über in einer Totenkammer leuchtete.

Auf dem Berghang wuchsen knorrige Apfelbäume, und keiner von ihnen konnte den Ort verlassen, wo er Wurzeln geschlagen hatte, genauso wie Teresa und Tomas, die nie mehr aus diesem Dorf würden weggehen können. Sie hatten das Auto, den Fernseher und das Radio verkauft, um ein kleines Haus mit Garten zu erstehen von einem Bauern, der in die Stadt gezogen war.

Auf dem Lande zu leben war die einzige Fluchtmöglichkeit, die ihnen geblieben war, denn hier herrschte dauernd ein Mangel an Arbeitskräften, während genügend Wohnraum vorhanden war. Niemand war daran interessiert, die politische Vergangenheit derer zu untersuchen, die bereit waren, auf den Feldern und in den Wäldern zu arbeiten, und niemand beneidete sie.

...An jenem Tag, als Teresa in dem Kurort mit den russischen Straßennamen den Vorsitzenden der örtlichen Genossenschaft kennengelernt hatte, hatte sie in ihrem Inneren plötzlich das Bild vom Landleben entdeckt, wie es Erinnerungen an Bücher oder ihre Vorfahren in ihr zurückgelassen hatten: die Welt einer Gemeinschaft, in der alle Mitglieder eine Großfamilie bildeten, die durch gemeinsame Interessen und Bräuche miteinander verbunden war: durch die sonntägliche Andacht in der Kirche, das Wirtshaus, in dem die Männer sich ohne ihre Frauen trafen und den Saal dieses Wirtshauses, in dem samstags eine Kapelle dem Dorf zum Tanz aufspielte.

Unter dem Kommunismus jedoch glich das Dorf nicht mehr diesem uralten Bild. Die Kirche befand sich im Nachbardorf, und keiner ging hin, die Wirtsstube war zu einem Büro geworden, für die Männer gab es keinen Ort zum Biertrinken, für die Jugend keinen Raum zum Tanzen. Kirchliche Feste durften nicht gefeiert werden, staatliche Feiertage interessierten niemanden. Das nächste Kino gab es in der zwanzig Kilometer entfernten Stadt. So kam es, daß sich die Leute nach getaner Arbeit, während der sie sich noch fröhlich zugerufen und in den Pausen miteinander geplaudert hatten, in die vier Wände ihrer modern möblierten Häuschen zurückzogen (durch die wie ein Luftzug die Geschmacklosigkeit wehte) und die Augen auf den Bildschirm des Fernsehers hefteten. Sie besuchten sich nicht mehr und gingen höchstens vor dem Abendbrot auf einen Sprung zum Nachbarn, um ein paar Worte zu wechseln. Alle träumten davon, in die Stadt zu ziehen. Das Dorf konnte ihnen nichts bieten, was das Leben auch nur annähernd interessant gemacht hätte.

Vielleicht hat der Staat die Macht über das Dorf gerade deswegen verloren, weil niemand hier Wurzeln schlagen will. Ein Bauer, dem sein Boden nicht mehr gehört und der nur noch Feldarbeiter ist, hängt weder an der Landschaft noch an seiner Arbeit, er hat nichts zu verlieren, sich um nichts zu sorgen. Dank dieser Gleichgültigkeit hat das Land sich eine beachtliche Autonomie und Freiheit bewahrt. Der Vorsitzende der Genossenschaft wird nicht von Außenstehenden eingesetzt (wie alle leitenden Verantwortlichen in den Städten), sondern direkt von den Dorfbewohnern gewählt; er ist einer von ihnen.«

Aus: Milan Kundera, Die unerträgliche Leichtigkeit des Seins, München 1984

Acht Stunden sind kein Tag

Frauenalltag und Emanzipation

Dana ist 27 Jahre alt, geschieden und Mutter von zwei Kindern, dem siebenjährigen Jan und der vier Jahre alten Jiřina. Sie arbeitet als Textilfacharbeiterin in einer Kammgarnspinnerei am Stadtrand von Prag. Die 3-Zimmer-Neubauwohnung, in der sie mit den beiden Kindern und ihrem geschiedenen Mann lebt, liegt fast eine dreiviertel Stunde von ihrem Arbeitsplatz entfernt. Jeden Morgen legt sie den weiten Weg in überfüllten Bussen und Straßenbahnen zurück.

Nach ihrer Scheidung vor einem Jahr hatte Danas Mann Ludvík versucht, eine Wohnung für sich zu finden oder ihre gemeinsame Neubauwohnung gegen zwei kleinere Wohnungen zu tauschen. Aber die Wohnungsnot in Prag ist groß, und die Zeitungen sind voll mit Anzeigen von Paaren, die in der gleichen Situation sind wie Dana und Ludvík: »Tauschen eine Wohnung gegen zwei« — spaltenweise. In der Tschechoslowakei wird jede dritte Ehe geschieden, und die Mehrzahl der Anträge auf Ehescheidung werden von Frauen eingereicht. Die ökonomische Unabhängigkeit aufgrund ihrer Erwerbstätigkeit (1983 waren von 7.492.827 Erwerbstätigen 3.432.528 Frauen) und die Tatsache, daß der Status einer Frau in der ČSSR nicht an dem ihres Mannes gemessen wird, trägt dazu bei, daß die »Hemmschwelle« für Frauen, angesichts einer gescheiterten Beziehung die Scheidung einzureichen, in der ČSSR niedriger ist als in der BRD. Ein weiterer Grund für die relativ hohen Scheidungsziffern vor allem unter jungen Ehepaaren könnte das niedrige Durchschnittsalter sein, in dem sich TschechInnen zur Ehe entschließen (bei Frauen 21 Jahre, bei Männern 23 Jahre).

Auch Dana hat mit 20 Jahren geheiratet. Wie die meisten Tschechinnen der jüngeren Generation hatte sie eine berufstätige Mutter und wurde in einem partnerschaftlichen Verständnis von Ehe und Familie erzogen. Obwohl auch in ihrem Elternhaus die Hausarbeit hauptsächlich von ihrer Mutter erledigt wurde, war sie überzeugt, daß sie innerhalb der Ehe die Hausarbeit mit ihrem Partner teilen würde.

Die Realität sah und sieht anders aus — sowohl für Dana als auch für den Großteil der tschechischen Frauen. Bei einer Untersuchung zur Arbeitsteilung im Haushalt gaben 40% der tschechischen Männer an, »manchmal« im Haushalt zu helfen; es wurde errechnet, daß die berufstätigen Frauen durchschnittlich 4,4 Stunden an Arbeitstagen und 6 Stunden an freien Tagen mit Hausarbeit zubringen.

Die »Mithilfe« Ludvíks am gemeinsamen Haushalt beschränkte sich auf die Pflege des Trabis am Wochenende und darauf, die anfallenden Reparaturen in der Wohnung zu erledigen — angesichts des Handwerkernotstandes in

Prag zwar eine Beruhigung für Dana, aber im Hinblick auf die Geschirr- und Wäscheberge, die sie alle gemeinsam produzierten, weniger hilfreich.

Vor zwei Jahren war Dana erneut schwanger. Nach vielen Überlegungen entschloß sie sich zu einem Schwangerschaftsabbruch. Obwohl beide schon manchmal an ein drittes Kind gedacht hatten, sah sich Dana in ihrer damaligen Lebenssituation außerstande, neben ihrer Arbeit im Betrieb, der Hausarbeit und den Bedürfnissen von Jan und Jiřina noch die Zeit und die Geduld für ein drittes Kind aufzubringen. In der ČSSR ist die Zahl der Schwangerschaftsabbrüche relativ hoch — jede dritte Schwangerschaft endet mit einer Abtreibung. 1984 kamen auf 228.000 Lebendgeburten 113.000 Abtreibungen. Bereits 1958 wurde das Indikationsmodell in der Tschechoslowakei eingeführt und die Fristenlösung aufgrund des sich abzeichnenden starken Geburtenrückgangs abgelehnt. Über den Antrag auf Schwangerschaftsunterbrechung entschied bis Ende 1985 eine dreiköpfige Kommission, die sich aus ÄrztInnen, PsychologInnen und SoziologInnen zusammensetzte. Durchschnittlich wurden über 90% der Anträge positiv beschieden. Seit Anfang 1986 können die tschechischen Frauen bis zum Ende der 6. Schwangerschaftswoche legal abtreiben. Erst danach muß ein Antrag an die staatliche Kommission gestellt werde. Im Verlauf des Jahres 1986 wurde fast ein Drittel der Anträge abgelehnt. Die hohe Zahl der Schwangerschaftsabbrüche ist vor allem Ausdruck der ungenügenden Aufklärung über Familienplanung und ein Zeichen der schlechten Qualität der Präservative und der hormonalen Antikonzeptiva. Auch Ludvík und Dana vertrauten vor zwei Jahren den Kondomen aus sozialistischer Produktion.

Seit ihrer Scheidung vor einem Jahr hat sich Danas Alltag kaum verändert. Gegen 6 Uhr geht sie an Werktagen zusammen mit Jiřina aus dem Haus und bringt ihre kleine Tochter in die Kindertagesstätte, die der Betrieb, in dem sie arbeitet, eingerichtet hat. Die Tschechoslowakei begann in den 50er Jahren, ein Netz von Kinderkrippen und Kindertagesstätten aufzubauen. Dies lag im Sinne der sozialistischen Frauenemanzipationstheorie, die eine Rückführung der Frauen in den Produktionsprozeß und damit verbunden eine Vergesellschaftung der Erziehungsarbeit vorsah. Die Erkenntnisse über die primäre Sozialisation des Kindes und die sinkenden Geburtenzahlen in der ČSSR brachten zu Beginn der 60er Jahre ein Umdenken in bezug auf die Kindererziehung mit sich. Der Schwerpunkt der Erziehung, vor allem der kleinen Kinder, wurde wieder innerhalb der Familie gesehen. Als Konsequenz dieser Erkenntnis folgten Ende der 60er Jahre einige familienpolitische Maßnahmen, die das Ziel hatten, die Mutterrolle wieder aufzuwerten und die Vereinbarkeit von Beruf und Familie für die Frauen zu erleichtern. Leitbild blieb aber nach wie vor die berufstätige Frau. Mutterschaft wurde lediglich als kurze Unterbrechung der Berufstätigkeit gesehen, für die die Voraussetzungen geschaffen werden mußten.

Mittagszeit im Kindergarten

Vor einigen Jahren wurde der Mutterschaftsurlaub auf 28 Wochen ausgedehnt. Während dieser Zeit zahlt der Betrieb 90% des Gehaltes. Für die Erziehung des Erstgeborenen kann ein Elternteil ein Jahr, bei allen anderen Kindern bis zu drei Jahren zuhause bleiben. Zusätzlich zum Kindergeld erhält er dann ein Erziehungsgeld, welches beim ersten Kind 600 Kronen, beim zweiten 800 und beim dritten 900 Kronen pro Monat beträgt. Bei Krankheit eines Kindes kann ein Elternteil unbegrenzt zuhause bleiben, um das Kind zu versorgen. Auch die Anrechnung von Erziehungszeiten in der Rentenversicherung (3 Jahre pro Kind) wurde eingeführt. Obwohl Erziehungsurlaub und Freistellung bei Krankheit des Kindes auch von Männern in Anspruch genommen werden könnte, machen die tschechischen Väter von diesen Rechten kaum Gebrauch.

Auch Dana blieb nach der Geburt ihrer Tochter zwei Jahre zu Hause. Für sie stand allerdings fest, daß sie in jedem Fall wieder berufstätig sein wollte, selbst wenn sie finanziell die Wahlmöglichkeit gehabt hätte, zu Hause zu bleiben. Mit der Berufstätigkeit sind finanzielle Eigenständigkeit und soziale Kontakte verbunden, und das ist für sie, wie für die meisten Tschechinnen, ausschlaggebend.

Jiřina und Jan können beide den ganzen Tag in der Tagesstätte bzw. in der Schule bleiben. Jans Schule hat eine Schulküche, und am Nachmittag kann er zusammen mit seinen MitschülerInnen unter Aufsicht die Schulaufgaben machen. Allerdings ist die Betreuung unzureichend, da für die große Schülergruppe aus unterschiedlichen Klassenstufen nur eine Fachkraft zur Verfügung steht. Dana geht meist am Abend die Aufgaben mit ihrem Sohn noch einmal durch.

Danas Arbeitstag ist um fünf Uhr nachmittags zu Ende. Dann beginnt für sie, mit Jiřina an der Hand, der zeitraubende Einkauf. Das Sortiment von Mangelwaren ist groß, und vielen Dingen des täglichen Bedarfs, abgesehen von den Grundnahrungsmitteln, muß frau buchstäblich nachjagen. Schlange stehen, zu verschiedenen Läden laufen, immer wieder nachfragen kostet Zeit und Nerven — beides haben Frauen wie Dana nur in sehr bescheidenem Umfang angesichts der Doppelbelastung von Erwerbs- und Familienarbeit.

Dana ist dazu übergegangen, einen großen Teil der Kleidung für sich und die Kinder abends selbst zu nähen, nahezu eine Notwendigkeit vor dem Hintergrund der chronischen Mangelversorgung und der schlechten Qualität der Konfektion. Im Sommer und Herbst ist sie außerdem abendelang damit beschäftigt, Obst und Gemüse aus dem Garten ihrer Mutter einzukochen und zu Marmelade zu verarbeiten, um die Palette von Nahrungsmitteln, die sie nur selten in den Regalen der Lebensmittelgeschäfte findet, zu erweitern.

Der Leiter ihres Kollektivs hat Dana vor kurzem vorgeschlagen, ein halbes Jahr lang an zwei Abenden in der Woche einen Fortbildungslehrgang zu machen. Sie sieht sich außerstande, das Angebot anzunehmen, obwohl sie sich gerne weiterbilden würde; aber dazu fehlt ihr die Zeit und die Kraft.

Die Rahmenbedingungen von Danas Alltagsproblemen treffen auf einen Großteil der tschechischen Frauen im erwerbsfähigen Alter zu: Sie sind verheiratet bzw. geschieden, sind voll erwerbstätig, und die tschechische Durchschnittsfamilie hat wie Dana zwei Kinder. Für die Tschechinnen stellen Beruf und Familie keinen Widerspruch dar, in ihren Köpfen sind beide Rollen vereinbar, nur die Realität steht diesem Bewußtsein entgegen. Das sozialistische Frauenemanzipationsmodell hat mit der Erwerbstätigkeit der Frau und dem Versuch, die daraus resultierende Doppelbelastung über Vergesellschaftung der Erziehungsarbeit abzumildern, seine Ziele erreicht. Über Frauenpolitik wird in der Tschechoslowakei kaum diskutiert — frau arrangiert sich mit den Unzulänglichkeiten. Auch Themen, die die autonome Frauenbewegung bei uns an die Öffentlichkeit brachte und problematisierte, wie Gewalt gegen Frauen, Vergewaltigung in der Ehe und der sexuelle Mißbrauch von Mädchen, sind in der ČSSR tabu. Es fehlen Strukturen außerhalb der Partei, in denen Frauen zusammenkommen und über sich selbst, ihre Ängste und Probleme reden könnten.

Bei einer Umfrage gaben 45% der Tschechinnen an, daß ihrer Ansicht nach die Gleichberechtigung bereits erreicht sei, und begründeten dies mit der Statusunabhängigkeit vom Mann, der Erwerbstätigkeit und dem ausgeglichenen Bildungsniveau zwischen Männern und Frauen. Ihr stärkeres Engagement für die Familie steht für die meisten Frauen nicht im Widerspruch zur Gleichberechtigung. Was sie bemängeln, ist vielmehr die nach wie vor bestehende Lohndiskriminierung und die geringe Repräsentanz von Frauen in leitenden Positionen der Wirtschaft und der Politik. Das insgesamt wesentlich niedrigere Durchschnittseinkommen von Frauen liegt vor allem an dem Lohngefällge, das zwischen der Schwerindustrie, der Konsumgüterindustrie und dem Dienstleistungssektor besteht. Die Berufsgruppen der letzten beiden Sektoren, in denen vor allem Frauen arbeiten, werden im Gegensatz zur Schwerindustrie erheblich schlechter bezahlt.

Die Statusunabhängigkeit der Frau in der ČSSR, eines der genannten Kriterien der Gleichberechtigung, hat seine Grundlage auch in dem verfassungsrechtlichen Status von Ehe und Familie. 1948 wurde die formalrechtliche Gleichstellung der Frau in der Verfassung der ČSSR festgelegt und gleichzeitig, entsprechend dem Leitbild der berufstätigen Frau, die Rollenteilung innerhalb der Familie definiert. Auch in der ČSSR gilt die Ehe als Grundpfeiler für die Familiengründung und genießt besonderen Schutz. Das tschechoslowakische Familienrecht geht dabei allerdings vom ›Prinzip der Gleichheit‹ aus und schreibt Männern und Frauen die gleichen Rechte und Pflichten zu. Dazu gehören die Pflege der Kinder und des gemeinsamen Haushaltes. Damit wird die Frau nicht mehr ausschließlich über ihre familiären Pflichten definiert, sondern die Ehe wird als ›personale Verbindung zweier ökonomisch unabhängiger Partner‹ verstanden.

Das offiziell propagierte Leitbild der berufstätigen Frau, das sich auch in den Medien niederschlägt, hat sicher seinen Teil zu diesem Selbstverständnis beigetragen. Die Reduzierung und Vermarktung der Frau als Sexualobjekt, wie sie in der bundesrepublikanischen Werbung häufig anzutreffen ist, fehlt bei unseren tschechischen Nachbarn.

Die zweite Basis der Gleichberechtigung im Verständnis der tschechischen Frauen ist die verwirklichte Chancengleichheit in bezug auf den Zugang zu Bildung und Qualifikation. Tatsächlich ist das Bildungsniveau, vor allem unter jüngeren Frauen, enorm angestiegen. Von den Personen unter 50 Jahren, die eine höhere Schule besucht haben, sind 56% Frauen, und unter den HochschulabsolventInnen, die jünger als 40 Jahre sind, stellen sie sogar einen Anteil von 57%. Dieses höhere Bildungs- bzw. Qualifikationsniveau findet allerdings keine Entsprechung in den beruflichen Positionen, die Frauen innehaben. Sie finden sich vor allem in unteren und mittleren Berufspositionen, und ihr Durchschnittseinkommen liegt weit unter dem der Männer. Lediglich 5% der Führungspositionen sind mit Frauen besetzt, und in dieser Hinsicht entsprechen sich die Zahlen in der ČSSR und in Westeuropa.

Natürlich steht auch in der ČSSR den Frauen ihre ›biologische Funktion‹, Kinder gebären zu können, im Wege, wenn sie sich um Führungspositionen bewerben. Die Möglichkeit, auf eine qualifizierte Kraft durch den Erziehungsurlaub verzichten zu müssen, wird häufig ausgeschlossen, indem man den männlichen Bewerber bevorzugt, der in der Regel weniger Schwierigkeiten mit der Vereinbarkeit von Beruf und Familie hat. Aber viele tschechische Frauen entscheiden sich auch ganz bewußt für die Präferenz der familiären Aufgaben vor dem beruflichen Aufstieg.

Eklatant ist auch die geringe Beteiligung von Frauen an der politischen Macht. Während in Basisorganisationen die Frauen bis zu einem Viertel der Mitglieder stellen, weisen die politischen Führungsgremien einen Frauenanteil von 7 bis 11% auf. Dies ist einerseits ein Ausdruck der starren, patriarchalen Strukturen innerhalb des Parteiapparates, andererseits auch ein Zeichen dafür, daß Frauen diese Positionen, die mit einer starken Formalisierung von Handlungs- und Verhaltensweisen verbunden sind, für wenig erstrebenswert halten. Für diese Annahme spricht das starke Engagement von Frauen während des Prager Frühlings und innerhalb der Charta 77, wo Frauen, nachdem die formalisierten Politikstrukturen aufgehoben waren, in großer Zahl bereit waren, sich auf politische Funktionen einzulassen.

Politische Partizipation von Frauen und die gleiche Verteilung von Machtpositionen in Wirtschaft und Gesellschaft sind Fragen, die sich Frauen wie Dana, angesichts der Probleme, die der Alltag mit sich bringt, nicht stellen. Sie würde sich wünschen, daß sie die Möglichkeit hätte, weniger zu arbeiten und dennoch genügend zu verdienen, um sich und die Kinder ernähren zu können. Doch eine Diskussion um andere Arbeitsformen und eine Flexibilisierung der Arbeitszeit für Männer und Frauen spielt sich im Moment nur in den Wunschträumen mancher Tschechinnen und Tschechen ab.

Die böhmische Küche

Wer großen Wert auf kulinarische Höchsterlebnisse mit eleganter Atmosphäre in der Gaststätte legt, dem wird die Tschechoslowakei (von einigen Ausnahmen abgesehen) nicht viel zu bieten haben. Auch für Kalorienzähler und Vollwertesser gibt es nur wenige Angebote. Die Tschechen essen gerne und viel, deftige Hausmannskost mit Fleisch, Fett und Mehlspeisen bildet die Grundlage Ihrer Küche bis heute. Daß sie weniger häufig als in Deutschland zum Essen ausgehen, liegt zum ersten an der geringeren Zahl der Speiselokale (hauptsächlich in den Dörfern und Kleinstädten), zum zweiten daran, daß viele tschechische Hausfrauen davon überzeugt sind, daß kein Koch der Welt den Schweinebraten mit Kraut, den Sauerbraten mit Knödeln, das Gulasch oder Rindsrouladen besser zubereiten kann als sie selbst. Die Gastronomie ist ein Teil des staatlichen Sektors »Dienstleistungsgewerbe«. In der letzten Zeit gibt es zaghafte Versuche, einen Teil der Gaststätten zu reprivatisieren, die jedoch bis jetzt kein großes Echo gefunden haben. Sämtliche Lokale sind in vier Preisklassen (cenová skupina) eingeteilt. Dies steht sowohl auf der Speisekarte als auch als Aushang im Lokal selbst. Außer über die Preise besagt diese Einteilung auch einiges über die Ausstattung der Lokale, die Breite des Angebots und das Niveau der Tischkultur. Die Qualität des Essens und des Services ist jedoch Glücksache. Es gibt Lokale der niederen Preisklasse, wo sehr gutes und billiges Essen angeboten wird, ebenso kann man in der 1. Preisklasse sehr viel für ein miserables Essen bezahlen. Mit der Bedienung verhält es sich ähnlich. Im allgemeinen muß man etwas längere Wartezeiten in Kauf nehmen und nicht überrascht sein, daß man von mehreren Kellnern bedient wird, wovon der eine für das Essen, der andere für die Getränke und ein dritter für das Kassieren zuständig ist. Die Freundlichkeit der Bedienung ist nicht davon abhängig, wie teuer und vornehm ein Speiselokal erscheint, sondern allein von der Organisationsgabe der Gaststättenleiter (pan vedoucí) und seiner Mitarbeiter. Die Tschechen sind im allgemeinen sehr gastfreundlich und bei der Auswahl der Speisen und der Übersetzung der Speisekarte (in vielen Lokalen auch auf deutsch) gerne behilflich. Nur in den ausgesprochenen Touristenlokalen wie z.B. »U kalicha« und »U Fleků« in Prag kann es passieren, daß nicht besonders freundlich bedient wird. Dies liegt zum Teil am Personalmangel und dem ständigen Andrang der Reisenden in diesen Häusern. Daher sind sie eher als Sehenswürdigkeit als ein Ort des gemütlichen Beisammenseins zu empfehlen.

Neueröffnetes Café in der Prager Celetná

Das Frühstück

In den Hotels wird überall ein »kontinentales Frühstück« angeboten, es gehört aber nicht zum Übernachtungspreis. Semmeln oder Brot mit Butter, Käse, Wurst oder eventuell Eier — man kann sich die Folge und Menge selbst zusammenstellen. Da die Tschechen zu Hause zum Frühstück Tee trinken und der Kaffee einen ganz anderen Stellenwert in ihren Essensgewohnheiten besitzt, ist es schwierig, einen guten Kaffee zum Frühstück zu bekommen. Kannenweise Kaffeetrinken ist fast unbekannt. Man bestellt am besten Tee oder mehrere Tassen Kaffee nacheinander. Der Kaffee wird auf türkische Weise zubereitet. Feingemahlenes Kaffeepulver wird in einer Tasse mit kochendem Wasser überbrüht. Die Tasse ist sehr klein. Man trinkt ihn schwarz mit viel Zucker und zu jeder denkbaren Gelegenheit von morgens bis spät in die Nacht. Bei Besprechungen, im Büro, nach dem Mittagessen, bei jedem noch so kurzen Besuch, nach dem Abendessen oder einem ausgiebigen Trinkfest — überall wird Kaffee auf diese Weise angeboten. Das Ritual des nachmittäglichen »Kaffee und Kuchen« kennen die Tschechen jedoch nicht. Wer unterwegs ist und nicht in einem Hotel frühstückt, wird mit einer anderen typischen Einrichtung Bekanntschaft machen. In den »bufets«, Schnellimbißläden, findet man frühmorgens bis spätnachmittags ein großes Angebot an warmen und kalten, sehr billigen Speisen. Fast alle Restaurants öffnen erst gegen Mittag (frühestens ab 10 Uhr). Daher ist es ratsam, sich morgens, aber auch tagsüber, in diesen Läden zu verköstigen. Es gibt hier dicke Suppen wie

Gulasch-, Kuttelfleck- oder Bohnensuppe, Wurstwaren wie Wiener Würstchen, warmer Fleischkäse o.ä., einfache Tellergerichte sowie Schweinebraten mit Kraut, gekochtes Rauchfleisch, Linsen usw. Die Auswahl an kalten Speisen ist sehr groß, und es sind hier besonders die kleinen belegten Brötchen (chlebíčky) zu empfehlen. Die besten werden in speziellen Feinkostimbissen verkauft. Auch verschiedene Salate, die eher unseren Partysalaten gleichen, sind sehr gut. Man bekommt hier auch kalte und warme Getränke sowie Süßigkeiten. Für ein Frühstück ist u.a. die »Mléčný bar«, die Milchbar, wo es neben Milchprodukten Kakao und die sehr beliebten kalten Milchcocktails gibt, zu empfehlen. In Schnellimbißläden wird kein großer Wert auf gepflegte Tischkultur gelegt, man ißt meistens im Stehen, es geht hier laut und etwas schmuddelig zu. Sie sind jedoch bei den Tschechen sehr beliebt und für Beobachter interessant.

Das Mittagessen

Die meisten Speiselokale gehören der 2. oder 3. Preisklasse an. Es gibt natürlich auch innerhalb dieser Klassen sehr große Unterschiede, und es ist ratsam, sich an den Rat der Einheimischen zu halten. In den Dörfern gibt es fast nur einfache Dorfschenken, die keinen Mittagstisch anbieten. Zum richtigen Speiserestaurant muß man schon in die nächste, größere Stadt fahren. An den Autobahnen und großen Verbindungsstraßen findet man Raststätten mit gutem Speiseangebot. Sie sind aber relativ selten. Das Mittagessen besteht aus einer Suppe, einem Hauptgericht und der Nachspeise. Oft trinkt man noch einen Kaffee hinterher. Man kann selbstverständlich auch einzeln bestellen, aber für große Esser empfiehlt sich diese Folge, da die Portionen viel kleiner als bei uns gewohnt sind.

Die Tschechen sind Knödelesser. Zum Sauerbraten, Schweine- und Rinderschmorbraten, zum Gulasch und Nierenragout werden überall in Scheiben geschnittene Semmelknödel angeboten. Auf jeder Speisekarte gibt es auch Kartoffeln und Reis als Beilage — Nudeln dagegen sind nur ganz selten zu finden. Außer den fertigen Tellergerichten (hotová jídla) bekommt man auch Speisen »auf Bestellung« (jídla na objednávku). Es ist meist Kurzgebratenes — Steaks, Rostbraten u.ä. Sie sind teurer, und man muß länger warten. Dazu werden eine Art Pommes Frites gereicht, die sehr fett und nicht gerade schmackhaft sind. Eine Spezialität sind gebackene Champignons und gebackener Käse. Auch Fisch (besonders Karpfen) und Hähnchen gibt es fast immer im Angebot. Fisch ist sehr gut und preiswert, Hähnchen dagegen eines der teuersten Gerichte. Vom Gemüse halten die Tschechen nicht sehr viel. In den Lebensmittelläden werden nur wenige Sorten angeboten; in den Restaurants findet man nur selten etwas anderes als Kraut, Wirsing oder Spinat als Beilage zum Fleisch und zu Knödeln. Auch die Zubereitung der Salate gehört nicht gerade zu den Meisterwerken der traditionellen böhmischen Küche. Gurken-, Tomaten- oder grüner Salat in sehr kleinen Portionen sind eher ei-

Semmelknödel

1/4 Liter lauwarme Milch und 30 g Hefe aufgehen lassen, 1 Ei zugeben und verquirlen, in eine Schüssel mit etwa einem Pfund grobem Mehl gießen, 1 Teelöffel Salz zugeben, den Teig gut kneten bis sich Luftblasen zeigen. Semmeln kleinschneiden und in Butter rösten, kalt zu dem Teig geben und an einen warmen Platz stellen. Den Teig ca. 45 Minuten gehen lassen, dann Hände mit kaltem Wasser befeuchten und zwei Teigrollen formen. In kochendes Wasser geben und eine halbe Stunde bei nicht ganz geschlossenem Deckel kochen lassen. Nach einer Viertelstunde die Teigrollen umdrehen. Herausnehmen und mit Zwirnfaden Scheiben abschneiden.

Schweinebraten

Am besten das Fleisch der Schulter oder Schweinehals verwenden. Schwarte einschneiden. Für etwa 1 kg Fleisch eine Knoblauchzehe, etwas Kümmel und Salz als Gewürze zugeben. Zuerst etwa eine halbe Stunde auf dem Herd mit etwas Wasser dünsten, danach in den heißen Backofen (200°C) schieben und backen, bis die Schwarte knusprig und der Braten bräunlich ist (ca. 90 Min.). Immer wieder Wasser zugießen.

Sauerkraut

Das gut auseinandergezupfte Sauerkraut wird mit etwas Salz, Wasser und Kümmel kalt aufgesetzt. Um es etwas milder und auch sämig zu machen, reibe man eine rohe Kartoffel hinein. Das Kraut nicht zu lange kochen lassen, damit nicht zu viele der Nährstoffe verloren gehen. In einem gesonderten Töpfchen eine Mehlschwitze, statt Fett kann man etwas gewürfelten Speck auslassen, nach Belieben kann man eine Zwiebel feingeschnitten mit andünsten.

ne Garnierung als eine eigenständige Beilage. Auf jeder Speisekarte gibt es auch einige fleischlose Gerichte. Hier ist besonders gebackener Blumenkohl und Süßspeisen wie Buchteln, Germknödel, Palatschinken o.ä. zu empfehlen. Letztere essen die Tschechen gerne auch als Nachspeise neben dem Eisbecher und den vielen Varianten der Torten und Konditoreiwaren. In jedem Kaffeehaus, an denen es in den Städten keinesfalls mangelt, findet man unzählige Sorten von süßen Stückchen oder Teilchen (kousky od cukráře) und Sahnetorten. Obstkuchen, die auch sehr beliebt sind, gibt es nur selten im Angebot, sie werden hautpsächlich zu Hause gebacken. Die Kaffeehäuser in den böhmischen Städten haben eine lange Tradition und sind bis heute ein Ort, wo man sich trifft: zum Plaudern, Diskutieren, Zeitung- oder Bücherlesen — man hat hier die Zeit. Wer mit Freunden und Bekannten gemütlich beisammen sein möchte, geht am besten in ein Kaffeehaus.

Geht man abends zum Essen aus, sucht man sich ein besonders nettes und gemütliches Lokal. Es gibt viele Weinstuben und Restaurants in den Städten, jedoch reichen sie nicht aus für alle Hungrigen und Durstigen. Es ist sehr zu empfehlen, die Plätze in einem guten Lokal vorher reservieren zu lassen, möchte man nicht vor geschlossenen Türen stehen und die halbe Nacht von Lokal zu Lokal wandern. Dies gilt besonders für Touristenstädte wie Prag, Karlovy Vary, Brno, Bratislava und Liberec.

Mal deftig, mal süß

Die Auswahl der Lebensmittel in den Geschäften der Tschechoslowakei ist verglichen mit unserem Angebot sehr beschränkt. Die Lebensmittelläden gehören alle dem Staat und den durch die staatliche Aufsicht kontrollierten Genossenschaften; so auch die ganze landwirtschaftliche Produktion im Lande. Die Distribution der landwirtschaftlichen Güter ist ebenfalls zentral und staatlich organisiert. Es gibt festgesetzte Preise, die für das ganze Land gelten und auf abgepackten Lebensmitteln überall angezeigt werden müssen. Bei Saisonprodukten wie frischem Obst und Gemüse schwanken die Preise ein wenig. In den größeren Städten gibt es neuerdings private Märkte, wo Einzelpersonen oder Landwirtschaftsgenossenschaften ihre Produkte direkt anbieten. Die Bedeutung dieser Privatmärkte ist allerdings für die gesamte Lebensmittelversorgung sehr gering.

Die Preise für die meisten Lebensmittel sind sehr hoch. Das wird einem Reisenden nicht sofort bewußt, da der Umrechnungskurs sehr günstig ist und man umgerechnet für das meiste nur einen Spottpreis zahlt. Die Tschechen jedoch geben für die Lebensmittel den größten Teil ihrer monatlichen Einnahmen aus. Insbesondere in den Familien, wo viele oder große Esser sind, bildet der Posten für Lebensmittel die größte Belastung des Etats. Trotzdem oder gerade deswegen wird am Essen nie gespart. Gut essen ist für die Tschechen schon immer wichtig gewesen und ist in der letzten Zeit bei vielen zu einem Statussymbol, einem Merkmal des Wohlstandes geworden. Da sie zudem sehr gastfreundlich sind — dem Gast wird immer das Beste vom Besten und möglichst reichlich vorgesetzt — ist es angebracht, sich bei Einladungen auch die erhebliche finanzielle Belastung der Gastgeber vor Augen zu halten.

Abgesehen von den Grundnahrungsmitteln wie Brot und anderen Getreideprodukten, Milch und Kartoffeln, die sehr billig sind, gibt es eine ganze Reihe von Lebensmitteln des täglichen Konsums, deren Preise verhältnismäßig hoch sind: Butter, Fleisch und Wurstwaren, Obst und Gemüse, Kaffee, um nur die wichtigsten zu nennen. Die Tschechoslowakei importiert Lebensmittel hauptsächlich aus sozialistischen Ländern (Polen — Fleisch, Geflügel; Bulgarien — Obst, Gemüse; China — Konserven; DDR — Fisch usw.). Die Preise dieser Importe sind erschwinglich — aus anderen Ländern importierte Ware, beispielsweise Südfrüchte, Kakao, Kaffee u.ä. dagegen sehr teuer.

Die tschechische »Hausfrau« ist im allgemeinen keine Hausfrau, sondern

Vor Ostern und Weihnachten werden auf den Straßen frische Karpfen verkauft

eine voll berufstätige Frau, die ihre Familie nach Feierabend betreut und versorgt. Über die Arbeitsteilung zwischen Männern und Frauen (was die Hausarbeiten anbetrifft) wird zwar viel gesprochen, Tatsache jedoch bleibt, daß sich die Frauen immer noch mehr als Männer für die Führung und Organisation des Haushaltes kompetent und verantwortlich fühlen. Das Zubereiten der Mahlzeiten und das Versorgen der Familie liegt in der Frauenhand, obwohl sich auch viele Männer als Hobby-Köche gern betätigen (und rühmen lassen), oder bei Einkäufen, Geschirrspülen usw. helfend die Hand anlegen. Gut kochen zu können hat ein großes Ansehen und steht auf Platz 1, weit vor den anderen Hausfrauentätigkeiten. Während der Woche ißt man mittags selten zu Hause (es gibt überall Schulküchen und Betriebskantinen) und das Abendessen ist oft ein schnelles Gericht, das sich nach dem Angebot der Lebensmittel in den Geschäften richtet. Da es nicht immer alles zu kaufen gibt, ist die Improvisationskunst und Fantasie der Köchin sehr gefragt. Am Wochenende wird dafür ausgiebig gekocht und gegessen.

Es gibt zwei große Werke der kulinarischen Kunst, die für die böhmische Küche repräsentativ sind und erwähnt werden sollten. Das böhmische Kochbuch von *Magdalena Dobromila Rettigova* stammt aus dem letzten Jahrhundert. Es gibt einen Überblick über die gutbürgerliche Küche mit allen ihren regionalen Eigenheiten. Die aufwendigen Rezepte (man nehme 10 Eier, 4 Pfund Mehl, 1 Pfund Butter usw.) kocht man heute nicht mehr nach, jedoch sind die hier beschriebenen Speisen in die Tradition eingegangen. In den 20er Jahren hat Frau *Janků-Sandtnerová* ein umfangreiches Kochbuch herausgebracht (Marie Janků-Sandtnerová: Česka Kuchařka, 1924). Es ist ein sehr umfassendes und erstaunlich modernes Werk. Die Abhandlungen über Lebensmittellehre, Ernährung, Diätküche, Kinderernährung, Tischkultur usw. haben bis heute ihre Gültigkeit behalten. Ihre Rezepte werden allerorts benutzt und sind ein fester Bestandteil der böhmischen Kochkunst geworden. Die Knödel werden hier auf mehr als zwanzig verschiedene Weisen zubereitet. Auch süße Speisen werden gerne als Hauptmahlzeit gegessen, sei es Palatschinken, Buchteln, Obstknödel oder die berühmten Powideldatschkerln. Andere beliebte fleischlose Gerichte sind Reibekuchen, die salzig mit Knoblauch und Majoran zubereitet werden und »topinky«, geröstete Knoblauchbrote. Die darauf folgende Mahlzeit muß natürlich etwas Fleischiges sein, da Süßes (und auch Gemüse) »Kinderessen« ist. Auch hier spielen Knoblauch und Zwiebeln eine wichtige Rolle. Besonders zu Hammelbraten oder auch anderen großen Bratenstücken gehören sie unbedingt dazu, genauso wie zu Linsen, gelben Erbsen und Wirsingkraut. Andere beliebte Gewürze sind Kümmel, Pfeffer, Majoran und Piment. Und natürlich Paprika. Zu einem ordentlichen Gulasch nimmt die Köchin fast genausoviel Zwiebeln wie Fleisch und viel, viel Paprika.

Einige typische Sonntagsgerichte: Schweinebraten mit Sauerkraut und Knödeln, panierte Schnitzel, Lungenbraten, gefüllte Rinderrouladen, Gänsebraten mit Blaukraut (eine Delikatesse), Paprika-Hähnchenragout, Hasenbraten. Die Feiertage werden mit traditionellem Essen begangen. Wochen vor Weihnachten bäckt man das süße Gebäck: Bärentatzen, Vanillekipferln sind die bekanntesten. Am Heiligen Abend ißt man Fisch, meistens gebackenen Karpfen mit Kartoffelsalat (jede Köchin hat hierfür ein Geheimrezept). Am ersten Feiertag muß dann Gänsebraten oder Pute mit Fülle auf den Tisch. An Ostern bäckt man besonderes Ostergebäck (mazence) und ißt Lammbraten mit Spinat.

Daß man in der Tschechoslowakei Bier trinkt, bedarf keiner weiteren Erläuterung. Bier — das beste der Welt, wie oft behauptet wird — und Knödel sind weltweit als die Eckpfeiler der böhmischen Eßkultur bekannt. Für Bierkenner ist neben dem Pilsner und Budweiser auch das sehr gute Prager-Smíchov und Velkopopovický Kozel zu nennen. Auch mährische Biere sind sehr gut. In der Slowakei dagegen ist eher der Wein als Nationalgetränk beliebt. Überall werden auch mährische Weine angeboten, sie schmecken sehr gut zum Essen. In den Weinstuben (in vielen wird kein Bier ausgeschenkt) trinkt man den Wein nach 1/10 l (1/10 oder 2/10 l) oder Flaschenweise. Weine, Spirituosen und alle alkoholischen Getränke (vom Bier abgesehen) sind in der Tschechoslowakei sehr teuer. Doch deswegen sind die Tschechen nicht Abstinenzler geworden und trinken gerne ein Gläschen — oder zwei.

Da man nach 22.00 Uhr keine warmen Mahlzeiten mehr bekommt — die meisten Lokale schließen um 22.00 oder 23.00 Uhr — finden viele Feste und sonstige Geselligkeiten in Privatwohnungen statt. Oft wird nach den Besuch einer Gaststätte zu Hause bis in die Morgenstunden gefeiert.

Zwischen Hoffnung und Verzweiflung, Heimat und Welt

Beispiele tschechischer Literatur

Die tschechische Literatur zeigt wahrscheinlich eindrucksvoller als jede andere, wie die Literaturentwicklung mit der Geschichte und den politischen Verhältnissen verbunden ist. Das zeigt sich nicht nur bei den Anfängen der tschechischen Literatur im 9. Jahrhundert, sondern auch in der Etappe ihrer Blüte im 14. bis. 16. Jahrhundert, in ihrer Niederlage, die mit der Gegenreformation im 17. Jahrhundert begann und bis Ende des 18. Jahrhunderts dauerte, in ihrer neuen Wiedergeburt und Blüte, sowie ihren Krisen der letzten Etappe der Geschichte. Das Tschechische ist eine alte Kultursprache »weil es gerade eine tschechische, für Werke der Literatur geeignete Sprache bereits in verhältnismäßig früher Zeit gegeben hat und die tschechische Literatur in alttschechischer Sprache, sieht man vom altkirchenslawischen bzw. altbulgarischen Schrifttum ab, die älteste unter den slawischen Literaturen gewesen ist«. So *Wilhelm Lettenbauer* im ersten Kapitel der ›Geschichte der tschechischen Literatur im 19. und 20. Jahrhundert‹ von *Antonín Mestan.*

Das Christentum erreichte Böhmen und Mähren vom Westen aus mit Latein, von Osten kamen die griechischen Brüder *Cyril* und *Metod* mit der slawischen Sprache im Jahre 863. Aus dieser Zeit stammt das älteste bekannte Lied (Hospodine pomiluj ny), das noch heute bei besonderen Gelegenheiten in der Kirche gesungen wird. Die 10 kurzen kirchlichen Hymnen (Pražské zlomky hlaholské) werden auf das Ende des 11. Jahrhunderts datiert, die älteste tschechische Chronik (Kronika země české) stammt von *Kosmas,* einem Prager Dekan.

Erst die Blüte der Ritterpoesie und Literatur war eine Anregung für die tschechische Übersetzung der Bibel und die Entfaltung der Legenden in tschechischer Auffassung am Ende des 13. und Anfang des 14. Jahrhunderts. Die in dieser Zeit geschaffene Dalimil-Chronik, eine Reimchronik, ist die erste in tschechischer Sprache, die sie damit verteidigt. Weil in dieser Zeit die Originalität des Themas nicht entscheidend für die Qualität des Werks war, sondern die Form, gehört die tschechische Fassung des Versepos' über Alexander den Großen, das sog. »Alexandreis« mit seinen literarischen, besonders den stilistischen Qualitäten zu einem Grundwerk der tschechischen mittelalterlichen Epik.

In der Zeit Karls IV. (1346–1378) wuchs die tschechische Literatur sehr schnell und wurde um neue literarische Gattungen, wie das Drama, Unterhaltungs- und Fachprosa, das lyrische Lied, verbreitet. Auch eine große Anzahl von Fachschriften, wie z.B. aus der Rechtsproblematik, wurde geschaffen. Interessant sind die Lehrmaterialen, z.B. ein Wörterbuch. Das größte, das sog. »Klementinky« umfaßt ca. 10.000 Wörter.

Alle Schriften aus dieser Zeit, seien es Volkspossen, Passionsspiele, Alegorien mittelalterlicher Art des Disputs, sind gekennzeichnet durch eine kritische Note, diesmal nicht nur eine nationale gegen die Fremden (d.h. v.a. die Deutschen), sondern auch eine sozialkritische, eine moral- und religionskritische. Schon in der Karlszeit wirkten eifrige Prediger als Vorboten der Reformation, die sich in tschechischer Sprache ans Volk wandten. Bekannt ist *Jan Milič z Kroměříže* und *Tomás Štítný ze Štítného* (ca. 1335–1405), ein gebildeter Nichttheologe, der sich um die Erziehung und Bildung des Volkes bemühte und ihm die religiöse Literatur nahezubringen suchte. Seine Řeči sváteční a nedělní (Feiertags- u. Sonntagsreden), die eine breite Thematik umfassen, können als das erste tschechische Predigtbuch bezeichnet werden. Man nennt ihn auch den ersten Klassiker der tschechischen Prosa, weil er im sprachlichen Bereich sehr schöpferisch tätig war.

Obwohl die Bedeutung des tschechischen Reformators *Jan Hus* (ca. 1371–1415) von der systemtreuen Wissenschaft vor allem als eine sozialkritische interpretiert wird, war seine Kritik u.a. gegen die Mißstände in der Kirche gerichtet. Weit über die Landesgrenzen hinaus wurde seine Schrift »De ecclesia« bekannt. Viele seiner Arbeiten wandten sich in lateinischer Sprache an die einheimischen und ausländischen gebildeten Kreise; erst während seiner Verbannung (1412–1414) verfaßte er die tschechischen Schriften, die eine moralkritische Zielsetzung aufwiesen. In der Zeit des Konzils von Konstanz schrieb er viele Briefe, die er an eine breite Öffentlichkeit und die ganze Nation richtete. In allen diesen Schriften, deren Anschaulichkeit durch die Wahl der Ausdrucksmittel gefördert wurde, und die durch ein Zusammenspiel von Präzision und Rhetorik begleitet waren, fand die gesamte spätere hussitische Literatur zahlreiche Anregungen für ihr Wirken. In seinem Traktat Orthographia bohemica (gegen 1410) »hat er die diakritischen Zeichen und damit die erste slawische Phonetik auf phonologischer Grundlage ausgearbeitet, was zu den frühesten Darstellungen dieser Art auf dem europäischen Festland gehören dürfte.«

Die frühe Reformation in Böhmen war die Ursache für einen anderen Verlauf der Kultur- und somit auch der Literaturgeschichte als in anderen Teilen Europas. Die Hussitenkriege brachten dem Land Unruhen und Wirren. So war der Einfluß des europäischen Humanismus zunächst sehr schwach. Trotzdem findet sich der grundlegende Gedanke des Humanismus in dem gegenwärtigen Sinn des Wortes im Werk des südböhmischen landadeligen *Petr Chelčický*, einem Laien, der in seinem Predigtbuch seine Lehre, und in seinem bedeutendsten Werk Sieť viery pravé (Das Netz des echten Glaubens) seine Auffassung von Kirche und Gesellschaft vorlegte. Seine Überlegungen galten einem apostolischen Urchristentum, und zusammen mit seiner starken

Kritik an den einzelnen Schichten, seinem Streben nach Gewaltlosigkeit drangen sie weit über seine Zeit und sein Heimatland hinaus. Petr Chelčickýs Ideale waren die Grundlage der Lehre der in dieser Zeit entstandenen »Böhmischen Brüder«, einer religiösen Gemeinschaft, die für die kulturelle Entwicklung des Landes, besonders für die Literatur bis zur Zeit des Comenius, bedeutungsvoll war. Es wurden einige humanistische Werke geschaffen, z.B. auch über das böhmische Recht, oder die Kronika česká (Böhmische Chronik 1541) von *Václav Hájek z Libočan;* sie wurde noch im gleichen Jahrhundert ins Deutsche übersetzt und z.B. u.a. von Herder und Brentano benutzt.

Jan Blahoslav gilt als eine hervorragende Persönlichkeit der hohen humanistischen Bildung für die Zeit bis 1620. Neben seiner Musica, der ersten theoretischen Schrift in der tschechischen Sprache, ist vor allem seine Übersetzung des neuen Testaments (1564, verbessert 1558) bekannt. Es wurde in der sog. Bible Kralická (Kralitzer Bibel), die 1579–1593 heimlich gedruckt wurde, aufgenommen. Die Kralitzer Bibel wurde das Muster der tschechischen Schriftsprache, bis heute wird sie immer wieder von neuem im evangelischen Verlag herausgegeben.

Nach der Schlacht am Weißen Berg begann der Niedergang der Literatur und damit auch eine Zurückentwicklung der schriftlichen Sprache. Im Rahmen der Gegenreformation wurde die Zensur eingeführt, das Schulwesen übernahm der Jesuitenorden; Hussiten und Protestanten wurden verfolgt. Es kam zu einer großen Emigrationswelle. *Jan Amos Komenský* (Comenius) war der bedeutendste der Auswanderer. In seiner Persönlichkeit und seinem Werk verbanden sich, wie bei Jan Blahoslav, Reformation und Humanismus.

Comenius

Er emigrierte 1628 und kehrte nie wieder zurück. Er reiste durch Europa, lebte meist in Deutschland, Holland und Polen und ist weltweit bekannt dank seiner pädagogischen Abhandlungen. Seine Didactica Magna legte einen Grundstein für die gesamte Erziehung in der Schule. Seine Bedeutung liegt aber nicht nur in seinem Beitrag zur Pädagogik. Daneben leistete er mit dem Amsterdamer Kanzional, worin seine Übersetzungen von Psalmen, geistlicher Lyrik, Paraphrasen, eine zweihundertjährige Entwicklung des geistigen Liedes der Böhmischen Brüder, zusammengefaßt ist, einen Beitrag zur tschechischen Barockdichtung. Von allen seinen Werken wird sein Labyrint světa a ráj srdce (Labyrinth der Welt und das Paradies des Herzens, 1631, 1663), als Meisterwerk der älteren tschechischen Prosa am meisten geschätzt. In seinem zweiten Teil, der mit Zitaten aus der Bibel durchsetzt ist, findet sich ein lyrischer Einschlag, Meditationen, Gebet und visionäre Verzückung.

Nach der Veränderung der Machtstruktur folgte die tiefgreifende Veränderung des gesellschaftlichen Lebens, was nicht ohne Folgen auf Kultur und Literatur blieb. An die Stelle der emigrierten protestantischen Intellektuellen, die bis 1620 fast die gesamte Intelligenz bildeten, traten katholische Welt- und Ordensgeistliche. Für die tschechische Sprache blieb im Fachschrifttum wie auch in der höheren Literatur kein Raum mehr.

Der große Wandel der Gesellschaft war die Ursache für eine Neuorientierung der Kultur, die der Nation eigentlich fremd war. Denn da Böhmen seit dem Mittelalter nicht mehr katholisch war, hatte die Rekatholisierung nicht den Charakter der Restauration. Von der Germanisierung des gesamten gesellschaftlichen Lebens wurde in dieser »Zeit der Dunkelheit« natürlich u.a. die Literatur getroffen. Obwohl in Böhmen und Mähren eine ganze Reihe von Werken wissenschaftlicher Art erschien, war die Sprache nun Latein, so z.B. sogar die Schriften des Jesuiten *Bohuslav Balbín* (1621–1688), der eine besondere Bedeutung als Historiker und Verteidiger der tschechischen Sprache hat.

Daher nahm nun die Bedeutung der volkstümlichen literarischen Tätigkeit zu. Das Volkslied, das Volksdrama und immer weitere Ausgaben beliebter Volksbücher, waren unter dem Landvolk und dem Kleinbürgertum verbreitet, nur diese Schichten wahrten die nationalen Gedanken, pflegten die Traditionen.

Im Zusammenhang mit den Veränderungen in der Habsburger Monarchie entstand gegen Ende des 18. Jahrhunderts eine neue Situation. Die sog. »tschechische nationale Wiedergeburt« und der Beginn der Entwicklung der neueren tschechischen Literatur in den achtziger Jahren des 18. Jahrhunderts ist keine isolierte Erscheinung. Bestimmte Parallelen könnte man auch in anderen slawischen Literaturen, aber auch in der deutschsprachigen Literatur in Österreich finden.

Im Unterschied zu anderen europäischen Ländern war die tschechische Intelligenz nicht adeligen Ursprungs, ihre Vertreter entstammen bäuerlichen

Familien oder niedrigeren Schichten aus der Stadt. Weil die Ausbildung, speziell an den Hochschulen, deutsch war, waren sowohl die Autoren wie auch die meisten Leser zweisprachig. 1784 war statt Latein Deutsch als Unterrichtssprache an der Prager Universität eingeführt worden. Diese Anordnung wurde als eine Tendenz zur Germanisierung betrachtet und hat dadurch ein Zusammengehörigkeitsgefühl der Slawen erweckt.

Die Bewegung der nationalen Wiedergeburt war in ihren Anfängen nicht von Romantik geprägt, sondern ist aus der Klassik hervorgegangen. Aus diesem Grund sind auch die ersten Schriften — meistens wissenschaftlich orientiert — als Geschichts- oder Lehrbücher gedacht. Erst dann kamen erste Versuche, die zeigen sollten, daß die tschechische Sprache fähig ist, als eine literarische Sprache zu funktionieren. Es waren u.a. Gedichte, in denen die tschechische Literatur auch später ihre Stärke gezeigt hat.

Preromantismus und Romantismus, zusammen mit dem Einfluß von Goethe und Herder, weckten das Interesse der nächsten Generation der Schriftsteller und Patrioten an Volksdichtung und Folklore, und führten zum Nachdenken über die Begriffe Nation und Vaterland. Der gegen Rußland gerichtete Aufstand in Polen zerstörte den Gedanken der slawischen Einheit, und von da an widmete sich die Literatur fast nur noch den eigenen tschechischen Problemen. Gleichzeitig wurde über ihre politische Funktion nachgedacht.

Unter dem Aspekt, »in der Volkskunst die Seele des Volkes zu sehen«, erhöhte sich die Bedeutung der Folklore für die Anfänge der neueren tschechischen Literatur und fand seinen Ausdruck im Sammeln, Veröffentlichen und Nacherzählen. So entstanden viele Lieder- und Sprichwortsammlungen, Sagen- und Märchenbücher. Erstere sind noch heute eine gute Hilfe für die Folkloreensembles, die anderen dienen als beliebter Lesestoff für Kinder. Die Auswahl der Texte und ihre Bearbeitung durch Schriftsteller wie *Karel Jaromir Erben* und *Božena Němcová* fanden unter den Lesern ein solches Echo, daß sie unter der ländlichen Bevölkerung als Volksprosa weiter überliefert wurden und heute zur volkstümlichen Tradition gehören.

Mit der Sammlung der Märchen ist eng der Name *Božena Němcovás* verbunden (1820–1862). Sie war die erste Frau der neueren tschechischen Literatur und auch eine der bedeutendsten Persönlichkeiten tschechischer Kultur im 19. Jahrhundert. Wegen der sozialen und nationalen Orientierung auch ihres Ehemannes war ihr Leben im privaten wie im öffentlichen Bereich nicht einfach. Neben ihrer sammlerischen Tätigkeit, die ihr im Nacherzählen der Texte eine Möglichkeit gab, ihre schriftstellerische Begabung und Praxis weiter zu entfalten, begründeten ihre erzählerischen Werke eine moderne tschechische Prosa und stellen eine Überwindung der Romantik und ein Bemühen um eine realistischeres Bild der Gesellschaft der Mitte des 19. Jahrhunderts dar. Ihre berühmte Babička (Die Großmutter, 1885) ist bis heute jedem Tschechen bekannt und steht in jeder Bibliothek. Seit der ersten folgten

bis heute über 350 weitere Auflagen. Die Hauptgestalt des Romans, den die Autorin in schwersten Zeiten ihres Lebens schrieb, wurde als typisch für die tschechischen Frauen betrachtet. Wie andere Schriften Božena Němcovás half die »Babička«, »die Vorstellung des tschechischen Menschen aus dem Volke, des tschechischen Dorfes und tschechischer Natur zu gestalten, eine Vorstellung, die heute noch weiterwirkt.«

Ein anderer Typ des Menschen und auch eine andere Fragestellung beinhaltet die lyrisch-epische Dichtung Máj von *Karel Hynek Mácha.* Obwohl er nach Einschätzung *T. G. Masaryks,* der sich mit seinem Werk befaßte, in seinem Poem das Problem des tschechischen Menschen ausgesprochen hat, formuliert er das im Rahmen des metaphysischen und religiösen Weltproblems. Seine Fragestellungen, die sich den Widersprüchen in der Welt und im Leben widmeten, sind, obwohl sie in jener Zeit von politischer Aktivität frei waren, immer noch aktuell. Mácha sieht die Spannung zwischen Mensch und Natur, der Skepsis und dem Glauben, der Moral und dem menschlichen Handeln. Máj erschien 1836 und wurde in seiner Zeit nicht anerkannt, jedoch ist es seit den 50er Jahren des 19. Jahrhunderts, in denen es wiederentdeckt wurde, nicht nur in der Tschechoslowakei bekannt, was 200 Ausgaben beweisen.

Die Tradition der Satire, der scharfen Kritik und Ablehnung der falschen Ideale ist mit dem Namen *Karel Havlíček Borovský* verbunden. Er gilt auch als

Karel Hynek Mácha

Gründer der tschechischen Journalistik. Seine Äußerungen waren der K.u.K.-Monarchie unbequem und so wurde er vier Jahre lang (bis 1855) in Brixen interniert. Während dieser Zeit erkrankt, starb er nach seiner Rückkehr. Borovský war der erste Autor, der wegen seines Engagements nicht nur persönlich verfolgt wurde. Auch seine Satiren konnten nicht gedruckt werden und kursierten daher nur in Abschriften.

Nach der gescheiterten Revolution 1848 und in der Zeit des Bach-Absolutismus wurden die Möglichkeiten für Veröffentlichungen stark beschränkt, nur mehr eine literarische Zeitschrift konnte herausgegeben werden. Erst Anfang der sechziger Jahre, als eine Reihe von Vereinigungen, wie der Turnverein Sokol (Der Falke 1862), die Künstlervereinigung Umělecká Beseda (Kunstverein Beseda 1962) gegründet wurden, entstand auch ein Unterstützungsverein für Schriftsteller. Ein sog. Provisorisches Theater spielte bis zur Eröffnung des Nationaltheaters in einer Holzbude. Die neue literarische Generation, die mit dem Almanach Máj an die Öffentlichkeit trat, war radikaler. Manche ihrer Werke befaßten sich mit sozialer Thematik, sind gesellschaftskritisch. Der typische und größte Darsteller dieser Gruppe, an dessen Werk die tschechische Literatur immer wieder anknüpft, ist *Jan Neruda.* Er wurde als Dichter und auch als Prosaist bekannt; in seinen Erzählungen erreicht die neue tschechische Prosa ihren ersten Höhepunkt, jedoch ist die Grenze zwischen Erzählung und Feuilleton in zahlreichen Fällen verschwommen: »Neruda wollte mit seinem Werk die Entwicklung der Gesellschaft beeinflussen. Dies gelang ihm vor allem mit seinen Feuilletons, von denen er etwa zweitausend schrieb. Seine journalistische Tätigkeit wirkte auf die öffentliche Meinung in Böhmen ein und bewies, daß ein wirklicher Künstler sich nichts vergibt, wenn er neben Gedichten und belletristischer Prosa auch Zeitungsaufsätze schreibt.« Eine Ansicht, die bis heute in der tschechischen Literaturgeschichte immer wieder auftaucht.

Mit der literarischen Generation der 90er Jahre wurde die Grundlage der modernen tschechischen Literatur geschaffen. Seit diesem Zeitpunkt, der mit der Gründung der Zeitschrift »Moderne Revue« 1895 verbunden ist, verliert der Vorwurf, daß die tschechische Literatur in ihrer ersten Etappe von der Religions- und in ihrer zweiten von der Nationalproblematik bestimmt gewesen sei, an Bedeutung.

Zu diesem Zeitpunkt wurde auch die Universität geteilt, und zur führenden Gestalt der tschechischen Intelligenz wurde der Universitätsprofessor, Philosoph und Soziologe *Tomáš Garigue Masaryk* (1850—1937), nach 1918 der erste Präsident der Tschechoslowakischen Republik. Seine philosophischen und soziologischen Schriften — z.B. Die Weltrevolution, Rußland und Europa, u.a. — haben breite Anerkennung im Ausland erreicht.

Mehr als der Symbolismus und der Stil des Fin de siècle hat der Anarchismus in den böhmischen Ländern die literarische Entwicklung am Ende des 19. und zu Beginn des 20. Jahrhunderts geprägt. Einige Autoren haben ihre Ideen nicht nur in ihren Werken ausgedrückt, sie haben auch teilweise ihr Leben danach gerichtet. Obwohl aus seinem späteren Werk eine impressionistische Stimmung spricht, wurde von dieser politischen Richtung z.B. der Dichter und Prosaiker Fráňa Šrámek (1877—1952) stark beeinflußt.

Der weltweit berühmteste Autor aus der Gruppe der Anarchisten ist *Jaroslav Hašek* (1883—1923), dessen Buch »Die Abenteuer des braven Soldaten Švejk« (dt. 1926) in viele Sprachen übersetzt, mehrmals verfilmt, und als Theaterstück aufgeführt wurde. Seit den sechziger Jahren ist die Diskussion über Hašeks Werk in Böhmen noch heftiger als in den Zwanzigern. Obwohl das Buch viele Gegner hat, wiesen manche von ihnen in letzter Zeit darauf hin, daß Švejk — wie die Romane *Franz Kafkas* — zur Art der absurden Prosa gehört. Über Parallelen zwischen Hašek und Kafka schrieben auch der tschechische Philosoph *Karel Kosík,* sowie im Jahre 1945 *F.C. Weiskopf.* Ohne die Kenntnis dieses ersten Autoren der absurden Prosa im böhmischen Raum können wir Romane seiner Zeitgenossen nicht verstehen. Bei Kafka und Hašek geht es um ein Ringen des einzelnen mit einer unlösbaren Situation. Die äußeren Begebenheiten, oft plötzliche Ereignisse, eröffnen eine Kluft, erwekken ein Gefühl der Entfremdung zwischen Mensch und Apparat — in dieser Situation ist der Mensch ein machtloses Opfer. Švejk reagiert auf dieser Situation mit Humor. Als Mittel der Darstellung einer Situation entdeckt er die Absurdität der Situation. Kafka und Hašek arbeiten mit der Zerstörung der Grenze zwischen Realität und Phantasie, die Absurdität durchdringt den Alltag.

Durch diese Methode wird nicht nur die Unmenschlichkeit der imperiali-

Der brave Soldat Švejk

stischen Machtstrukturen demaskiert, sondern auch das falsche Pathos und die grausame Maschinerie der Politik, die zum Krieg führt, zeigt ihre Grausamkeit und Unnatürlichkeit. Die Ablehnung des Militärdrills, des blinden Gehorsams ist nicht nur ein Charakteristikum des Anarchismus, dem Hašek zusammen mit vielen tschechischen Schriftstellern, Intellektuellen zuneigt. Man kann sagen, daß diese Einstellungen einigermaßen typisch für die tschechische Kultur und im Alltag sind.

Die Ablehnung des Kriegs, die Absurdität der modernen Welt, die Unmöglichkeit der Verständigung auch in Grenzsituationen, wo der veränderte Gebrauch der Sprache die natürliche Kommunikationsmöglichkeit verhindert, zeigt ein anderer weltberühmter Autor der literarischen Generation der Jahre um 1914, *Karel Čapek*. Er wählt jedoch eine andere Methode, arbeitet mit anderen Mitteln und geht auch von einer anderen Philosophie aus. Nach ihr nennt man oft diese Generation auch die Gruppe der Pragmatisten, oder auch die Čapek-Generation. Bekannt ist der Almanach für das Jahr 1914, den Čapek (1890–1938) mit seinem Bruder Josef herausgab. Mit der Übersetzung der Anthologie der französischen Poesie hat er eine wesenliche Quelle für die Entfaltung der modernen tschechischen Dichtung entdeckt. Die Qualität der Übersetzung ist bis heute nicht übertroffen worden. Daneben liegt seine Bedeutung in seinen prosaischen Schriften, deren Hauptzüge der Antiillusionismus ist. Mit seiner Methode, die dem Kubismus ähnelt, will er die Wirklichkeit zerlegen und dem Leser ungewohnte Blickwinkel zeigen. Die subjektive Realität jedes menschlichen Erkenntnisprozesses steht im Widerspruch mit falschen Generalisierungen, mit fertigen Wahrheiten und falschen pathetischen Zielen. Er sieht eine Gefahr für die Menschheit in der Einstellung des Konsumenten, der statt der Suche nach Wahrheit ihren fertigen Ersatz konsumiert. Für diese Bequemlichkeit zahlt er mit Dehumanisierung, Entfremdung, er ist ein Produktionsmittel geworden und gleichzeitig schuld an Katastrophen, die die Menschheit erfahren muß. Zur Illustration dieses Gedankens hier ein Auszug aus der Čapek-Antiutopie »Der Krieg mit den Molchen« (1936, dt. 1936, 1954, 1964); (Die belehrbaren Molche, die von Menschen als billige Arbeitskraft ausgenützt werden, begehren auf und erklären der Menschheit den Krieg. Die Welt steht vor der Katastrophe.):

»Zu billig, mein Junge. Soll denn immer die Natur wieder gutmachen, was sich die Menschen eingebrockt haben? Also auch du glaubst schon nicht mehr daran, daß sie sich selbst helfen werden? Siehst du, siehst du! Zum Schluß möchtet ihr euch wieder darauf verlassen, daß euch jemand oder etwas erlöst! Eines will ich dir sagen: Weißt du, wer *noch jetzt*, wo schon ein Fünftel Europas unter Wasser steht, den Molchen Sprengstoffe, Torpedos und Bohrmaschinen liefert? Weißt du, wer Tag und Nacht fieberhaft in Laboratorien arbeitet, um noch wirksamere Maschinen und Stoffe zur Vernichtung der Welt zu finden? Weißt du, wer den Molchen Geld leiht, weißt du, wer dieses Ende der Welt, diese ganze neue Sintflut finanziert?

›Ich weiß. Alle Fabriken. Alle Banken. Alle Staaten.‹

Na also. Wenn es nur eine Sache von Molchen gegen Menschen wäre, ließe sich vielleicht noch etwas machen. Aber Menschen gegen Menschen, mein Lieber, dem kann man nicht Einhalt tun ...

›Die gleiche Art, und um was sie nicht alles kämpfen! Nicht einmal mehr um Lebensraum, sondern um Macht, Prestige, um Einfluß, um Ruhm, um Märkte und was weiß ich, worum noch! Warum könnten nicht auch die Salamander miteinander kämpfen, sagen wir um das Prestige?‹

Weswegen sollten sie das tun? Was hätten sie davon?«

Es gibt einige »Antiutopien« von Karel Čapek, z.B. das Drama R.R.R. (Rossum Universal Robots). Dieses Wort — Roboter — ist ein ausgedachter Neologismus aus dem tschechischen Wort Robota — Frontarbeit. Das Theaterstück wurde in zahlreiche Sprachen übersetzt und ergab in einzelnen Sprachen Wörter, die auf unterschiedliche Art an Čapeks Robot anknüpfen.

Neben zahlreichen anderen Werken und Kurzgeschichten, in denen oft einfaches Leben und verschiedene Blickwinkel der Wirklichkeit dargestellt werden, und in der sich die Tradition der tschechischen Erzähler von der Romantik über Neruda widerspiegelte, schrieb er zwei Werke über das Thema Atomenergie: Továrna na absolutno (1922, dt. Fabrik des Absoluten, 1924) und Krakatit (1924, dt. 1949). Wie Kafka wurde auch Čapek zum Propheten. Die Anti-Utopie Bílá Nemoc (dt. Die weiße Krankheit, 1937), die von der europäischen Siuation geprägt wurde, in der ein diktatorischer Marschall während des Krieges, den er verursacht hat, mit der tödlichen Epidemiekrankheit angesteckt wird. Das Heilmittel hat der Arzt, der es nur unter der Bedingung benutzen will, daß der Diktator und alle Mächtigen dem Krieg entsagen.

Aus der tschechischen Avantgarde ging auch der Schriftsteller *Vladislav Vančura* (1891–1942, nach dem Attentat auf den Reichsprotektor Heydrich wurde er mit zahlreichen anderen tschechischen Intellektuellen verhaftet und auf dem Prager Militärschießplatz ohne Gerichtsverfahren erschossen) hervor. Er gehört zu den wichtigsten Personen der gesamten tschechischen Literatur, und gilt bis heute als unerreichtes Vorbild. Er ist schwer übersetzbar, weil er nicht nur die verschiedenen Sprachschichten in seinem Werk vermischt, sondern auch seine erzählerische Kunst mit experimentaler Benutzung der Sprachmittel zum Ausdruck des Inhalts verbindet. Mit lyrischen Momenten vermischt ist auch ein Werk, das die Sinnlosigkeit des Kriegs zeigt (Pole orná a válečná — Äcker und Schlachtfelder, 1925), sein Roman über Sozialkonflikte (dt. Der Bäcker Jan Marhoul, 1967) sowie die Darstellung der Liebe und der Verherrlichung des Lebens im Roman »Markéta Lazarová« (dt. Marketa und Miklas, 1966).

Die Avantgarde ist vor allem interessant in der Lyrik, womit sie der Tradition der Literatur seit Beginn des 19. Jahrhunderts treu blieb. Wie in der bildenden Kunst, so auch in der Literatur orientierten sich die tschechischen Künstler an der französischen Kunst. Mit der Gruppe Devětsil ist nicht nur der Name von Vladislav Vančura verbunden, sondern auch der von *Jaroslav Seifert* (1901–1987, Nobelpreisträger 1986). Seine Tätigkeit orientiert sich anfangs an der proletarischen Kultur. Kennzeichnend ist für sein weiteres Werk der Poetismus, der einen eigenständigen Beitrag zur Kunstentwicklung des 20. Jahrhunderts in der Welt darstellt. In enger Verbindung mit dem Poetismus war es der Prager Strukturalismus (Prager Linguistischer Kreis 1926, bekannt z.B. durch *Roman Jakobson*), der bis jetzt immer wieder wissenschaftliche Aufmerksamkeit weckte. In den dreißiger Jahren wandte sich Seifert von der proletarischen Kultur ab und einer lyrischen Gedichtkunst zu, in der sich dann später die politischen Ereignisse im Land widerspiegelten. Nach dem Münchener Abkommen entstand z.B. die Sammlung »Zhasněte světla« (Löscht die Lichter) und nach 1968 »Die Pestsäule«, »Der Regenschirm vom Picadilly« u.a. (erschien zuerst in München 1979). Seine bürgerliche Engagiertheit für Freiheit und seine Tapferkeit und Tätigkeit im Schriftstellerbund machten ihn zu einer hochgeachteten Persönlichkeit.

Auch die Anfänge des Surrealismus gehören zur Avantgarde. Doch im Unterschied zu den tschechischen Surrealisten in der bildenden Kunst, erreichten die Schriftsteller nie deren weltweiten Bekanntheitsgrad. Der Grund dafür liegt in den politischen Verhältnissen.

Nach ihren Anfängen in den dreißiger Jahren ist für eine ganze Reihe junger Talente der Surrealismus in der Zeit des Zweiten Weltkriegs zum künstlerischen Ausgangspunkt geworden. Die Werke aber blieben unveröffentlicht und dasselbe Schicksal traf sie nach dem Umbruch im Jahre 1948. Der Zweite Weltkrieg und die nazistische Okkupation beeinflußte in vieler Hinsicht die Entwicklung der tschechischen Literatur. Vor allem wurden die Kontakte zu der gesamten deutschsprachigen Literatur unterbrochen, denn die deutschen Autoren, seien es die jüdischer Herkunft, oder auch nicht jüdischer Herkunft, konnten nun in Prag nichts mehr veröffentlichen, sie überlebten auch nicht den Krieg, wenn sie nicht in letzter Minute geflüchtet waren. So liquidierte Hitler die kulturellen Richtungen und Kontakte, die Jahrzehnte lang existierten. Etwa zwanzig tschechische Schriftsteller wurden erschossen oder sind im Konzentrationslager gestorben, manche begingen Selbstmord, einige wurden für kurze Zeit inhaftiert, manche für die gesamte Zeit der Okkupation. Trotzdem hat die literarische Tätigkeit nicht aufgehört. Manche schrieben unter einem Pseudonym, manche flüchteten ins Ausland, um dort zu arbeiten.

Die Etappe von 1945 bis 1948 war zu kurz für eine volle Entfaltung der einheimischen Literatur. Der Februar 1948, der von den Kommunisten als Sieg der Werktätigen über die Reaktion bezeichnet wird, und für die Nichtkommunisten ein kommunistischer Putsch ist, brachte der gesamten tschechischen Kulturgeschichte und der Literatur Umwälzungen, die vielleicht noch radikaler als die Veränderungen in der russischen Literatur nach 1917 waren. Nach der Theorie des Klassenkampfs wurden auch die bourgeoisen Schriftsteller, die für die Politik des realen Sozialismus eintreten wollten, verfolgt. Nur einer wurde hingerichtet (Záviš Kalandra 1951). Die Zahl derer, die in stalinistischen Konzentrationslagern und Gefängnissen starben, ist niedriger als in der Zeit der Naziokkupation, doch ist die Zahl der Inhaftierten und Diskriminierten größer. Einige wurden in den Selbstmord getrieben. Zwölf der bedeutendsten literarischen und kulturpolitischen Zeitschriften wurden verboten, es erschienen wertlose Bücher, die niemand kaufte und las. In die Fänge der Zensur gerieten auch viele ältere Bücher, so daß die Jahre des schlimmsten Stalinismus zum zweitenmal nach der Zeit vor dem Beginn der nationalen Wiedergeburt eine Epoche der »Dunkelheit« bedeuteten. Trotzdem wurde die literarische Kontinuität nicht unterbrochen. Gedichte und Romane wurden weiter geschrieben und in privaten Kreisen gelesen. Viele Persönlichkeiten des Kulturlebens wurden zum Vermittler zwischen den einzelnen Literaten und auch anderen Intellektuellen. Der Aufschwung der sechziger Jahre, den manche als ein Wunder betrachteten, weil er in anderen Kulturbereichen wie Theater und Film international anerkannte Werke entstehen ließ und in der tschechischen Literatur den Roman als führende Gattung hervorgehoben hat — was übrigens keine Parallele in ihrer Geschichte hat — wäre ohne diese Kontinuität nicht möglich gewesen.

Als 1963 die Werke von *Josef Škvorecký* (geb. 1924) und *Bohumil Hrabal* (geb. 1914) erschienen, waren es keinesfalls die Früchte der Liberalisierung, sondern das, was die Autoren in ihren Schubladen hatten. Beide Autoren wurden sofort berühmt. Der Roman von *Škvorecký* Zbabělci (Die Feiglinge, 1968) wurde schon 1949 geschrieben; auch in anderen Werken bleibt Josef Škvorecký der Tradition der tschechischen Prosa, wenngleich auf seine eigene Art, treu.

Vielleicht kann man sagen, daß sein unbewußter Ausgangspunkt etwas mit der existenziellen Auffasung der Welt zu tun hat. Auf jeden Fall führt er mit seinem (deheroisierten) Romangestalten und seiner manchmal provokativen Ironie einen Kampf um die Humanität und Menschlichkeit gegen falsche Mythen und Dogmen, Vorurteile und Illusionen, gegen jede mißbrauchte Ideologie. Den erwähnten Roman und seine Novelle Legenda Emöke (1963 dt. Legende Emöke, 1966) hat *Graham Green* auf dieselbe Stufe gestellt mit den besten Werken von James Joyce und Henry James. Nach ihm ist Josef Škvorecký einer der größten lebenden Autoren. Nach 1968 kehrte Škvorecky von einem Studienaufenthalt — mit seiner Frau *Zdena Salivarová,* einer ebenfalls guten Schriftstellerin — nicht zurück und gründete zusammen mit ihr in Toronte den tschechischen Exilverlag 68 Publishers. Er hat bis jetzt hunderte von tschechischen Büchern herausgegeben — auch Übersetzungen ins Tschechische, und seit 1979 die Zeitschrift Západ (Der Westen), mit der er eine kulturliterarische Plattform für tschechische Autoren im Ausland und auch Zuhause, so wie auch für die Leser, geschaffen hat.

Mit seiner Beschreibung der Armee zur Zeit des Stalinismus nähert er sich Hašeks Demaskierung der menschlichen Dummheit in ihren militärischen und institutionalisierten Formen.

Bohumil Hrabal hat mit anderen Autoren einiges gemeinsam. Die Wahrheit über das Leben und den Menschen, bei ihm bildhaft dargestellt, ist vom Blickwinkel der einzelnen Gestalten aus gesehen. Und ähnlich wie bei Hašek werden auch in seinem Werk die großen Augenblicke der Geschichte in kleine groteskeartige Episoden verwandelt. Durch die Augen des einfachen Erzählers und mit einer folgerichtigen Logik des egozentrischen Individuums werden sie als kollektives Ergebnis der menschlichen Dummheit und Schlechtigkeit erkennbar. Der Hašeksche Sinn für Humor erhielt bei Hrabal eine weitere philosophische Dimension. Die Jahre, in denen er dank politischer Verhältnisse verschiedene Berufe annehmen mußte, gaben ihm diese Erfahrung, viele Motive für seine Erzählungen und somit auch die Möglichkeit für die sprachliche Entfaltung. Seine literarische Sprache ist an Ausdrücken der Umgangssprache und auch an Neologismen sehr reich. Hrabal ist in der Tschechoslowakei teilweise anerkannt, wobei sein Werk im offiziellen Verlag der Zensur unterliegt. Nicht alles darf in der ČSSR veröffentlicht werden. Besonders empfehlenswert sind seine letzten Werke, »Ich habe den englischen König bedient«, »Zu laute Einsamkeit«, »Die Bäfler« (1966), »Reise nach Sondervorschrift« (1968), »Moritaten und Legenden« (1973).

Für den in Europa gut bekannten *Milan Kundera* (geb. 1929) waren die Vorbilder wahrscheinlich V. Vančura und F. Kafka. Beeindruckend sind seine dringenden Fragestellungen nach der Zukunft der Kultur, ist er in seiner Skepsis, Ironie, Antilyrik, in seiner Analyse der Gesellschaftskrise und der Darstellung des Streits um die richtige Weltauffassung und den Zugang zum Lebenssinn zwischen denen, die an Gott glauben und denen, die das nicht tun, zwischen denen, die entweder an allem zweifeln, oder mit allem einverstanden sind. Diese Fragen beinhaltet sein derzeit populärster Roman (»Die unerträgliche Leichtigkeit des Seins«, 1984), wo er unter anderem die Situation der Prager Gesellschaft und Lage des Landes vor und nach 1968 dargestellt. Milan Kundera lebt in Paris (1979 ausgebürgert aus der Tschechoslowakei) und viele seiner Bücher (z.B. Das Leben ist anderswo, 1974, Der Abschiedswalzer, 1977, Das Buch vom Lachen und Vergessen, 1980) sind über Europa hinaus bekannt. In ihnen werden mit Hilfe von ironischem Abstand, zusammen mit etwas Idealismus, in der Spannung zwischen etwas unendlich Großem und unendlich Kleinem Geschichten erzählt, die ein Bild des gegenwärtigen Menschen, seiner Kultur und Zivilisation ergeben. Gleichzeitig vermittelt er das Bild der Welt ›hinter dem eisernen Vorhang‹, wie z.B. in seinem Roman »Der Scherz« (1968). Dieser Roman verursachte in der Tschechoslowakei seinerzeit großen Aufruhr und wird von manchen Literaturkritikern als Kunderas bestes Werk bezeichnet.

Der gleichfalls in der Emigration lebende *Pavel Kohout* verkörpert in seinem Werk und in seiner Prosa eine typische Schicht der tschechischen Akademiker, die nach dem Zweiten Weltkrieg den Idealen von Kommunismus und Sozialismus zustimmte, ja sogar blind an ihrer »»Verwirklichung« mit der Überzeugung, eine bessere Welt für alle zu schaffen, arbeitete. Wie andere Intellektuelle sah auch Kohout später die Fehler dieser Entwicklung und hat sich an den Reformprozessen beteiligt. Nach 1968 bekam er wegen seiner Tätätigkeit, später wegen der Mitgliedschaft in der Charta 1977, Publikationsverbot, so daß sein Buch »Tagebuch eines Revolutionärs« (1969) bis jetzt nicht in tschechisch erschien. In »Die Henkerin« (1979) wird die Lage der Gesellschaft und des Einzelnen in einem totalitären System dargestellt. Ende der siebziger Jahre wurde Kohout ausgebürgert und lebt heute in Österreich. Sein Roman »Wo der Hund begraben liegt« (1987) ist eine Autobiographie der Jahre nach 1968.

Ludvík Vaculík, dessen Name mit der Literatur der Edition hinter Schloß und Riegel — Edice Petlice — verbunden ist, wirkt auf der internationalen literarischen Bühne mehr durch seine politische Tätigkeit als durch sein schriftstellerisches Werk. Nicht nur in der Tschechoslowakei wurde er 1968 mit seinem Manifest Zweitausend Worte (Dva tisíce slov), in dem die Sehnsüchte der tschechischen Intelligenz formuliert waren, bekannt. Neben seinem Roman »Das Beil« (1974) ist vor allem das Roman-Tagebuch »Tagträume« (1981) bekannt, wo er im Zusammenhang mit der Tätigkeit des Samizdat Verlags sein persönliches Leben schildert. Das Buch kann man auch als vielschichtige facettenreiche Feuilletons betrachen, worin Vaculík, treu der tschechischen literarischen Tradition, ein Meister ist.

Während die oben genannten Autoren ihre Jugendzeit in der Kommunistischen Partei verbrachten, zählt *Václav Havel* (1936) zu denen, die von ihr verfolgt wurden. Ursprünglich ein Dramatiker (Das Gartenfest, 1967, Die Benachrichtigung, 1965), bekam er nach 1968 Berufsverbot. Sein Name ist mit der Gründung der Charta 77 verbunden. Durch die Veröffentlichungen seit dieser Zeit wurde er zu einer im In- und Ausland hochgeschätzten Persönlichkeit. Es gelang ihm, das Erlebnis der Krisen der menschlichen und nationalen Identität, genauso wie den Konflikt des Einzelnen mit der anonymen Machtstruktur, zu formulieren. Von seinem Werk nach 1968 ist im Westen der »Versuch, in der Wahrheit zu leben — Von der Macht der Ohnmächtigen« (1980) sowie einigen Theaterstücken und die »Briefe an Olga« bekannt. Er ist nicht nur eine der interessantesten Gestalten der europäischen Kultur und Politik. Wegen seiner unerschrockenen Haltung — statt das Angebot zur Auswanderung anzunehmen, oder einen Kompromiß mit dem Regime zu schließen, wählte er lieber das Gefängnis — ist er auch ein Vorbild für menschliche Werte und Einstellungen. Seine Bedeutung liegt in einem philosophisch essayistischen Charakter der Arbeit, die trotzdem verständlich bleibt.

Die jüngere Generation der Schriftsteller, die eine Einreihung in eine Gruppe ablehnen, ist fast ausschließlich mit der sog. parallelen Kultur verbunden. Sie dürfen nicht veröffentlichen, ihre Schriften können nur im Samizdat oder im Ausland erscheinen.

Jiří Gruša war mit anderen Mitgliedern dieser Generation durch die literarische Zeitschrift Tvář verbunden, im Westen ist er vor allem durch sein Werk »Der 16. Fragebogen« (1979) bekannt.

Zwei Schriftsteller stehen außerhalb jeder Einreihung, obwohl auch sie nicht der Tradition der tschechischen Literatur entsagen können. Der eine ist *Karel Pecka*, aus politischen Gründen war er zehn Jahre (1949—1959) inhaftiert gewesen. Sein Roman »Horečka« (dt. Dickicht der Angst, 1969) gehört zu den interessantesten der tschechischen Prosa.

Ebenso wie der 1974 ausgewiesene und besonders in der BRD bekannte Ota-Filip (Sehnsucht nach Procida 1988, Café Slavia) schreibt auch Libuše Moníková in deutscher Sprache. Vor allem ihr Roman »Die Fassade« wird hoch geschätzt und ist preisgekrönt. Er stellt in vielschichtiger Form das Leben in ihrer Heimat dar. Mag sein, daß es etwas sonderbar vorkommt, daß unter solch ungünstigen Bedingungen wie nach 1968 die tschechische Literatur einen Aufschwung erlebte, denn die Situation nach 1969 auf dem Kulturfeld wurde im Westen als »Biafra des Geistes« beurteilt und war in vielem der nach 1948 ähnlich. Einerseits stimmt es, daß Schriftsteller verfolgt wurden, einige zur Emigration gezwungen oder ausgebürgert werden, unter Publikationsverbot stehen, aber die literarische Produktion ist reich und mannigfaltig, keineswegs nur einseitig politisch geprägt. Im Gegenteil, die Erlebnisse, die Konfrontation des menschlichen Schicksals mit totalitärer Macht, die historischen Erfahrungen gaben den Schriftstellern nicht nur eine Menge von Sujets, sondern auch ihr Sinn für die ethischen Werte des Humanismus, der Wahrheit und des Lebens verstärkte sich in dieser Situation.

Literatur hinter Schloß und Riegel: Der tschechische Samizdat

Die fünfziger Jahre hatten gerade begonnen, der stalinistische Terror gegen alle nichtsozialistischen-realistischen Schriftsteller erreichte seinen Höhepunkt, als der heute eher als bildender Künstler bekannte *Jiří Kolář* seine Gedichtsammlung »Die Leber des Prometheus« schrieb. Begreiflicherweise konnte sie nicht erscheinen und so lieh der Autor das Manuskript seinen Freunden. Er hatte keine Kopie, nur das Original. Eines Tages kam es zur Hausdurchsuchung in der Wohnung einer der Bekannten Kolářs und die handgeschriebene Sammlung wurde dabei beschlagnahmt. Es schien, daß die Gedichte, die viele für eine neue Etappe in der Geschichte der tschechischen Literatur hielten, sich für immer in den Archiven des Staatlichen Sicherheitsdienstes (StB) verlieren oder aber ganz vernichtet werden würden. Einige Monate später jedoch meldete sich bei Kolář der bekannte Literaturhistoriker *Václav Černý* und gestand, daß er sich die Sammlung ohne die Genehmigung des Autors abgeschrieben habe. Eine Lehre aus diesem Vorfall ziehend, entschieden sich die Schriftsteller der in diesen Jahren unterdrückten ehemaligen »Gruppe 42« das Überleben ihrer Werke durch eine möglichst große Zahl immer wieder abgeschriebener Exemplare zu sichern.

Natürlich ist die Geschichte des Samizdat — vor allem in der Sowjetunion — viel länger. Denn was waren die Gedichtesammlungen der russischen Futuristen, die in den zwanziger Jahren in einer hektographierten Auflage von 150 oder 200 Stück erschienen?

Die Hauptperiode begann jedoch erst mit der Unterdrückung der Kultur in den dreißiger Jahren. Die Werke Mandelstams, Platonovs oder Bulgakovs konnten nur in Abschriften bekannt werden. Wichtig waren auch die verschiedenen Sammlungen — literarisch-wissenschaftliche, politische oder auch nur solche, die aus kleinen Beiträgen verschiedener Autoren zusammengestellt wurden. In vielen von ihnen schrieben renommierte offizielle Autoren.

Die Geschichte des tschechischen Samizdat beginnt in den fünfziger Jahren. Zeitzeugen erinnern sich, daß der größte Teil der nicht erlaubten Sammlungen aus maschinengeschriebenen Produktionen von Surrealisten, Existenzialisten und katholischen Autoren bestand. Solange sie nicht im Gefängnis waren...

Weltweit verbindet man das Wiedererwachen der tschechischen Kultur mit dem Jahr 1968, was jedoch nicht ganz zutrifft. Die Monate des »Prager Frühlings« waren nur der logische Höhepunkt lebhafter Aktivitäten, welche nach dem Ende des stalinistischen Personenkults ihren Anfang nahmen. Nach und nach gelang es, viele der Werke, die bisher nur in Handschriften kursiert hatten, herauszugeben. Erneut erschienen die Gedichte *Bohuslav Reyneks*, die Romane *Jaroslav Durychs* sowie die Arbeiten anderer katholischer Autoren. *Jiří Kolář, Zdeněk Hiršal* oder *Ivan Diviš* konnten nun wieder publizieren. Diese Zeit dauerte jedoch nicht lange. Gegen Ende des Jahres 69 war klar, daß weitere Veröffentlichungen nicht möglich sein werden. Zugleich gab es eine Reihe von interessanten, handgeschriebenen Büchern nichtkommunistischer oder reformkommunistischer Autoren. Alle saßen mit einem Mal im gleichen Boot.

Wer aber entfernte den Staub, der sich auf die Geschichte um die Handschrift Jiří Kolářs gelegt hatte?

Man sagt, daß es jener Autor selbst war — seine Einfälle inspirierten die tschechische Literatur von den fünfziger Jahren bis heute -, aber diejenigen, welche das Entstehen der ersten Samizdat nach dem 21. August 68 miterlebten, behaupten, daß der gescheite Einfall von einem anderen Vertreter der Kolářschen Generation, dem Dichter und Übersetzter *Jan Vladislav* kam. In der Öffentlichkeit wird die erste Phase des »Selbstverlags« dagegen eng mit dem Namen des Schriftstellers *Ludvík Vaculík* verbunden, welcher als »Stimme des Gewissens der Nation« etwas an Heinrich Böll erinnert.

Wenn Vaculík auch nicht der Inspirator des Samizdat war, so kann man ihm die herausragende Bedeutung für seine Organisation nicht absprechen. Er war es, der in all den Jahren das Rad am laufen hielt.

Wir dürfen nicht vergessen, daß der Samizdat nicht nur das Werk des Autors ist. Ganz wesentlich, wenn auch immer im Hintergrund, ist die Arbeit der »Abschreiber«. Sie wird in der Mehrzahl von Hausfrauen sowie Müttern im Mutterschaftsurlaub, oft aber auch von begeisterten Bewunderern der Schriftsteller geleistet.

Mit einer guten Schreibmaschine kann man auf Durchschlagpapier ungefähr zehn Kopien herstellen, wobei viel schwerer als das Schreiben das Zusammenlegen der Blätter ist. Ein Blatt weißes Papier, ein Blatt Kopierpapier, weißes Papier, Kopierpapier, weißes...und so fort bis zum Verücktwerden. Manchmal hilft dabei die ganze Familie.

Wichtig sind aber auch die Buchbinder, welche die Blätter zusammenheften. Es fanden sich schon verwegene Kerle, welche die Kopien direkt in den Staatsbetrieb Tomos brachten. Und nie hat sie dabei jemand verraten. Dennoch bringt die Heimarbeit natürlich einen größeren Grad an Sicherheit. Viele haben deshalb inzwischen gelernt, Bücher zu binden.

Eine weitere, dritte Arbeitsgruppe bilden die »Verteiler«. Ihre Aufgabe ist es die fertigen Bücher an zuverlässige Leser zu verkaufen. Nach einem Verteilungsplan sollen die Manuskripte in die Hände solcher Leute gelangen, die in der Lage sind, weitere Kopien herzustellen oder aber — und dies betrifft vor allem Gebiete außerhalb Prags — einen Leserkreis organisieren können.

Dadurch, daß in unserem Land der eine vom anderen so wenig weiß, dauerte es praktisch bis 1977 bis die Verteilung einigermaßen reibungslos und vollständig funktionierte. In der ersten Phase des Samizdat existierte nur eine Edition, welche gemäß den Anfangsbuchstaben der Präambel jedes Textes — Výslovny zákaz dalšího opisování rukopisu (ausdrückliches Verbot eine weitere Abschrift anzufertigen) — »Vzdor« genannt wurde. Diese — nur symbolische — Bemerkung bildete den Rechtsschutz jedes Autors. Später änderte sich die Bezeichnung der Edition in »Petlice« (Türschloß, in der BRD bekannt als »Edition hinter Schloß und Riegel«).

Einer der populärsten Titel der Petlice war »Die Pestsäule«, eine Gedichtesammlung *Jaroslav Seiferts*. Der spätere Nobelpreisträger schrieb sie in den Jahren 68/69, zur Herausgabe des Büchleins kam es nicht mehr. Daher übergab er es dem Samizdat und die Zahl der Abschriften wuchs im Laufe der Jahre auf nahezu 10.000. Sehr beliebt waren auch Vaculíks »Meerschweinchen« (deutsch: Luzern 1971), kleine Prosawerke *Bohumil Hrabals, Jiří Šotolas* Roman »Vaganten, Puppen, Soldaten« (Luzern 1972).

Es ist interessant, daß *Milan Kundera* zu der Zeit, als er noch in der ČSSR lebte, seine Manuskripte nicht der Edition Petlice überließ, daß er auf der anderen Seite die unabhängigen Gruppen aber auch nicht daran hinderte, seine Werke »Abschiedswalzer« (Frankfurt/M. 1977) und »Das Leben ist anderswo« (Frankfurt/M. 1974) abzuschreiben. Bis heute gelang es ihm nicht, sein fehlendes Interesse für die Zusammenarbeit mit der kulturellen Opposition zu erklären.

Der Samizdat hat seine strengen Gesetze. Das Abschreiben ist arbeits- und zeitintensiv. Das bedeutet, daß die Leser nur solche Bücher vervielfältigen, die ihnen interessant und inspirierend erscheinen. Dies ist das natürliche Urteil der Öffentlichkeit, Unwesentliches läßt sie fallen.

Es ist interessant, daß heute, in einer Zeit, in der sich die Situation etwas entspannt, sich Tendenzen zur Herausgabe einiger Werke, welche in der Edition Petlice in den siebziger Jahren erschienen, zeigen. Das erste Buch, das auf die Ladentische kam, war der bereits erwähnte Roman Šotolas. Es erschien im Jahre 1976, als sich der Autor langsam der »normalisierten« Literaturszene zuwandte. Unter dem Druck der Öffentlichkeit mußte 1981 auch Seiferts »Pestsäule« gedruckt werden. Es erschienen auch einige der Bücher Hrabals, welche zuvor in der Form des Samizdat durch Böhmen gewandert waren. Jedoch allein sein berühmtester Roman »Ich diente dem englischen König« wurde gemäß dem Manuskript der Jazzsektion (vgl. S. 80) veröffentlicht, in alle weiteren Arbeiten griffen Zensur und Verlag so stark ein, daß völlig andere Werke entstanden.

Zu den interessantesten Autoren der Samizdatliteratur gehörte in dieser Zeit der exzentrische Dichter *Egon Bondy*. Er ist dem Selbstverlag immer treu geblieben, publizierte schon in den fünfziger Jahren hier Handschriften, schrieb in den Sechzigern unter seinem bürgerlichen Namen zwei philoso-

Polizeikontrolle

phische Bücher, kehrte dann zur Poesie zurück. Immer wieder konnten sich die Sympathisanten des undergrounds über seine Spottgedichte, didaktischen Poeme und ungewöhnlich konstruierten Romane freuen. Besonders das Buch »Die invaliden Geschwister« (1974), dessen Thema er der engen freundschaftlichen Beziehung zu der verfolgten Rockgruppe »Plastic People of the Universe« verdankte, gehört bis heute zu seinen beliebtesten Werken.

Das Jahr 1977 ist in der Geschichte des tschechischen Samizdat ein Jahr ihrer massenhaften Verbreiterung. Die Charta 77 konzentrierte das Interesse der Öffentlichkeit auf die oppositionelle Kultur und schuf für einige Jahre das Gefühl der Zusammengehörigkeit vieler intellektueller Schichten der Gesellschaft. Dank ihr entstand eine Opposition, in der Katholiken, Reformkommunisten, Mitglieder von Rockgruppen in ungewohnter Eintracht zusammenarbeiteten. In der »Petlice« waren schon über hundert Titel erschienen, nun entstanden neben ihr weitere Samizdat-Verlage mit Namen wie »Tschechische Expedition« oder »Gehirnschlag«. Manche gaben nur zwei oder drei Bücher heraus, andere verteilten mit großer Sorgfalt unzählige Arbeiten.

Ein Blick auf das Angebot jener Tage zeigt uns, daß es sich mehrheitlich um Originalwerke handelte — Essays, Erzählungen, Romane, Poesie von Autoren, die im Lande oder in der Emigration lebten. Übersetzungen gab es nur wenige, die Interessantesten könnte man an den Fingern einer Hand aufzählen. Verbreitet wurden auch die Werke einer Reihe kritischer Autoren, die selbst in den sechziger Jahren nicht erscheinen konnten — so z.B. die Gedichte des katholischen Polemikers *Jakub Deml* oder des Nietzsche-Anhängers *Ladislav Klíma.* Herausgegeben wurden auch Aufsatzsammlungen von Historikern, Philosophen und anderen Wissenschaftlern, die nicht mehr veröffentlichen durften.

Nur langsam kam die Publizistik in Bewegung. Denn der Samizdat benötigt zur Produktion seiner Zeitschriften lange Fristen. Politische oder kulturpolitische Artikel sollten jedoch aktuell sein. Zudem erreichte die Tätigkeit des StB in dieser Zeit einen Höhepunkt. Die Mehrheit der Samizdat-Zeitschriften — z.B. »Quadrat« — kam über drei Nummern nicht hinaus. Eine Reihe von ihnen ist heute im Museum des SNB (Korps der nationalen Sicherheit, Polizeitruppe) in Prag ausgestellt. Die Zeit dieser Form von Druckerzeugnissen sollte jedoch noch kommen.

Die letzen Jahre sind gekennzeichnet durch eine Vermehrung der Vervielfältigungstechniken sowie ein Anschwellen des Informationsflußes, den die sowjetische perestroika mit sich brachte. In den Betrieben wurde eine größere Anzahl von Kopiergeräten aufgestellt, über deren Benutzung nicht mehr so genau wie früher Buch geführt wird. Es tauchten auch kleine — meist eingeschmuggelte — reprographische Geräte auf, mit deren Hilfe man eine größere Zahl von Exemplaren schneller, ohne die Gefahr von Tippfehlern und auf besserem Papier herstellen konnte. Wer sich daran gewöhnt hatte auf Durchschlagpapier Geschriebenes zu lesen, weiß wovon die Rede ist, denn dies war verbunden mit ermüdeten und verdorbenen Augen. Doch trotz dieser Erleichterungen ist die Verbreitung von nicht genehmigten Publikationen immer noch gefährlich, bleibt sie eine Straftat. Und dies um so mehr, da sich die gesamte Thematik des Samizdat geändert hat.

Natürlich — es werden weiterhin in großer Anzahl die Werke von *Václav Havel* oder *Ludvík Vaculík* abgeschrieben. Seine »Tagträume« (Tagträume. Alle Tage eines Jahres. Luzern 1981), ein autobiographischer Text, der sich dem Schicksal von Herausgebern und Verteilern von selbsthergestellten Publikationen in suggestiver und plastischer Weise widmet, können wir allen empfehlen, die sich mit der hier behandelten Thematik näher beschäftigen möchten. Das Hauptgewicht jedoch liegt nun auf Zeitungen und Zeitschriften. Am besten kann man dies am Beispiel der katholischen Druckerzeugnisse sehen, von denen es eine ganze Reihe gibt, was zweifellos mit der Aktivierung des tschechischen und v.a. slowakischen Katholizismus zusammenhängt. Musikzeitschriften wie »Vokno« und die aktuelle Ausgabe »Voknoviny« bemühen sich über die unabhängige Rockszene zu informieren.

Erwähnung verdient auch die Zeitschrift »Revolver Revue« (RR). Eine neue, junge Generation gibt sie in Prag heraus. RR bietet eine Mischung verschiedener Kommentare, Erzählungen und Reportagen, die meist aus dem angloamerikanischen Raum kommen. Es finden sich hier Verse von Charles Bukowski, Erzählungen von Tom Waits, Beispiele des neuen amerikanischen Journalismus, Arbeiten W.S. Burroughs, H.P. Lovecrafts und anderer Autoren, deren offizielle Herausgabe nicht beabsichtigt ist. RR enthält jedoch auch eine Reihe von Übersetzungen oder Rezensionen aus dem Polnischen sowie manchmal auch aus den baltischen Staaten der UdSSR. Die einzelnen, bis zu 300 Seiten dicken Nummern erscheinen unregelmäßig, jedoch zweibis dreimal im Jahr. Die thematische Vielfalt erlaubt es dem Leser, sich das herauszugreifen, was ihn interessiert.

In Brünn erscheint eine ähnliche Revue unter dem Namen »Host« (Der Gast). Im Gegensatz zur RR widmet sie sich v.a. der Szene des Landes, aber nicht nur der literarischen, sondern auch derjenigen der bildenden Künste. Viel Platz wird der Regionalkultur eingeräumt, ein in den letzten 20 Jahren in der Tschechoslowakei stark vernachlässigter Bereich. Mit »Host« ist auch die örtliche Verteilung von Musikkassetten der unabhängigen und nichtoffiziellen Kapellen verbunden. Ihr Angebot umfaßt heute mehr als hundert Titel: Folklore-, Rock- aber v.a. Experimentalmusik.

Alle erwähnten Zeitschriften stellen Sammlungen oder Kulturrevuen dar. Es erscheinen jedoch inzwischen auch Zeitungen, was vor wenigen Monaten noch unmöglich erschien. Heute können die Herausgeber der »Lidové noviny« (LN, Volkszeitung) bereits auf ein Jahr publizistischer Tätigkeit zurückblicken — ein Jahr, welches angefüllt war mit der ständigen Forderung nach Legalisierung der Zeitung. Auch wenn die staatlichen Organe daran kein Interesse haben und stattdessen mit wachsendem Tempo den Heraugeber *Jiří Ruml* mit Geldbußen belegen, gibt es die »Lidové noviny« weiterhin und sie stößt auf ein großes Interesse in der Öffentlichkeit. Sie sind heute zweifellos das verbreitetste Erzeugnis des Samizdat. Einmal im Monat erscheinen auf 24 engbedruckten Seiten Artikel aus allen Bereichen des Lebens. Das Redaktionsteam gibt ihnen einen toleranten, linksgerichteten Ton. Die Perestroika sehen sie als Fortführung der Politik Dubčeks. Aus Platzgründen sind die Nachrichten oft ziemlich trocken, am anregendsten finden wir die Bemühungen, Interviews auch mit Personen, die außerhalb der Dissidentenkreise stehen, zu machen, ökonomische Analysen des Zustandes der tschechoslowakischen und osteuropäischen Wirtschaft sowie die drei Kulturseiten. Kennzeichen der LN ist ihre Toleranz, man findet hier Äußerungen der polnischen Dissidenten ebenso wie diejenigen Kardinal *Tomášeks* oder Professor *Sacharows*. In letzter Zeit erschienen auch Beiträge aus den Kreisen der Emigranten. Es ist interessant zu verfolgen, wie sich in ihren Ansichten die Isolation vom Tagesgeschehen in der ČSSR widerspiegelt.

Im Unterschied zur Opposition in Polen oder Ungarn wird von den tschechoslowakischen Dissidenten oft gesagt, daß sie kein feststehendes politisches Programm hätten. Dies ist jedoch nicht ganz richtig. Die Charta ist zwar eine freie Vereinigung ohne ein solches, ihr Ziel ist aber der Aufbau eines bürgerlichen Bewußtseins, die Überwindung der Gleichgültigkeit und eine Aktivierung des öffentlichen Lebens.

Obwohl der Samizdat weiterhin die wichtigste Quelle für das Kennenlernen der tschechischen Literatur darstellt, widmen sich in letzter Zeit die verbotenen Schriftsteller mehr kürzeren Arbeiten. Ständig jedoch vermehren sich ihre Werke aus den vergangenen zwei Jahrzehnten. Oft erscheinen sie heute in tschechischer Sprache im Ausland. So entfällt die Arbeit des Abschreibens, Kopien lassen sich leichter herstellen. Auch die offiziellen Verlage zeigen inzwischen wieder eine größere Bereitschaft zur Veröffentlichung weiterer Samizdats. Zwar geht es im Augenblick noch nicht um die Bücher der am meisten bekämpften Autoren wie Havel, Vaculík oder *Eva Kantůrková*, aber doch um eine Anzahl bisher nicht publizierter, autobiographischer Arbeiten Bohumil Hrabals und anderer. Auch wird erzählt, daß eine Reihe von Theatern, die sich in Zukunft selbst finanzieren müssen, großes Interesse an Inszenierungen einiger der Dramen Havels haben.

Die letzte Zeit brachte aber auch eine weitere Dezentralisierung der Samizdat-Bewegung mit sich. Während in der Vergangenheit die Mehrheit der Publikationen aus Prag oder Brünn kam, entstehen Bücher heute auch in anderen Gebieten der Republik. Am meisten aber überrascht, daß die Initiative vor allem von jungen Leuten kommt, welche die Ereignisse vor zwanzig Jahren nicht miterlebten. Die Ursache dafür liegt nicht nur in der allgemeinen Aktivierung der Jugend in letzter Zeit, sondern auch in der schlechten Politik der Verleger. Bis heute kann man Bücher offiziell nicht selbst herausgeben und in die verbürokratisierten Strukturen der Verlage einzudringen übersteigt die Möglichkeiten eines jungen Autoren.

Was also bedeutete der Samizdat in den letzten zwanzig Jahren für die tschechische Kultur? Als einer der wichtigsten Bereiche der kulturellen und politischen Opposition der ČSSR gelang ihm die Aufrechterhaltung der künstlerischen Kontinuität des Landes. Durch die Verteilung und den Austausch der Bücher erfüllte er eine wichtige gesellschaftliche Funktion : neue Kontakte zwischen den unterschiedlichsten Menschen wurden geknüpft, »Stützpunkte« für die zukünftige Politik entstanden. Heute gibt es im Samizdat Bücher, die wahrscheinlich von allen Schichten der Bevölkerung gelesen werden. Vom Arbeiter bis zu denjenigen, die sie öffentlich verurteilen müssen.

Der tschechoslowakische Film

Die ersten Schritte des tschechischen Films fallen nahezu zeitgleich mit denen in Europa und in den USA zusammen. Bereits 1896 produzierte ein gewisser *Jan Křížanecký* mit einer französischen Lumière-Ausrüstung den ersten tschechischen Film. 1907 eröffnete der Zauberer Ponrepo in Prag das erste Lichtspieltheater, 1911 gab es schon die ersten Produktionsgesellschaften. Es florierten Filmimporte aus Amerika, Frankreich und Deutschland. Die Beliebtheit des Kinos wuchs; 1913 befand sich mehr als ein Drittel der insgesamt 700 Kinos der k.u.k. Monarchie auf tschechischem Boden.

Nach dem ersten Weltkrieg und der Gründung der Ersten Tschechoslowakischen Republik 1918 nahm sich auch der Film der Aufgabe an, das nationale Bewußtsein der Bevölkerung zu pflegen und zu stärken. Gern bediente man sich der Vorlagen, die die nationale Literatur bot. Bereits 1921 wurde der berühmte Roman von *Božena Němcová* »Die Großmutter« (Babička) verfilmt. Würdigung verdienen die vier Stummfilme über den »Braven Soldaten Schwejk« (nach dem gleichnamigen Roman von *Jaroslav Hašek*) mit dem vorzüglichen *Karl Noll* in der Hauptrolle. Neben den Schwejk-Verfilmungen zählte das 1927 gedrehte »Batalion«, nach einem Roman von *Josef Hais-Týnecký*, zu den besten der Stummfilmära. »Batalion« war der Name einer Prager Altstadt-Kneipe und ein Treffpunkt der Gescheiterten.

In den 20er- und 30er Jahren stieg die Zahl der Studioneugründungen und der Filmproduktionen. Internationale Koproduktionen forderten hohe Ansprüche. Professionalität zeichnet seither den tschechischen Film aus. Einer der profiliertesten Regisseure war *Gustav Machatý*, der einige Jahre in Hollywood verbrachte. Er drehte 1929 die »Kreuzersonate« nach einer Novelle von L.N. Tolstoj, kurz danach das »Erotikon« nach eigenem Stoff und Drehbuch. Der jugoslawische Filmstar *Ita Rina* wirkte darin mit. 1933 inszenierte Machatý die noch heute beachtenswerte »Extase« mit Hedy Kiesler (dem späteren Hollywoodstar Hedy Lamarr) in der Hauptrolle. Der Film erzählt in einer kunstvollen, symbolträchtigen Filmsprache die Geschichte einer Liebesaffäre. Die literarische Vorlage schrieb *Vítězlav Nezval*. 1934 wurde der Film auf dem Festival in Venedig stürmisch gefeiert.

Schon 1930 lief im Prager Kino »Alfa« der erste tschechische Tonfilm, die »Galgentoni« (*Tonka Šibenice*) nach dem gleichnamigen Theaterstück von *E.E. Kisch*. Die jugoslawische Hauptdarstellerin *Ita Rina* war des Tschechischen nicht kundig und Synchronisation war damals unbekannt. So unterlegte man einfach die meisten Szenen mit *Karel Hašlers* »Hradschiner Liedern«, den wohl populärsten Klängen, die es damals gab. Trotz dieser nicht sonderlich einfallsreichen Lösung war »Galgentoni« ein Publikumserfolg, und der Durchbruch des Tonfilms war erreicht.

Gegen die Produkte der internationalen als auch nationalen »leichten Kost« setzten sich jene wenigen Filme ab, deren Regisseure die Ateliers verließen und nun das Medium dokumentarisch nutzten. Der Folkloreforscher *Karel Plicka* drehte einen Film über die slowakische Volkskunst »Das Land singt« (Zem spieva). Ein anderer Ethnograph, *Vladimír Úlehla*, versuchte die Volkskunst Mährens in seinem Film mit dem symptomatischen Titel »Die schwindende Welt« (Mizející svět) in ihrer »äußeren Wirklichkeit« zu retten. Diese Filme hatten Signalwirkung, in den Kreisen der avantgardistischen Künstler regte sich das Interesse am Film. Die beiden Protagonisten des populären »Befreiten Theaters« (Osvobozené Divadlo) *Jiří Voskovec* und *Jan Werich* (V+W), die glühende Verehrer der amerikanischen Filmgroteske waren und sich dort wohl auch für ihre Filme manchen Impuls holten, hatten damals großen Erfolg beim Kinopublikum; ihr Einfluß läßt sich sogar noch in Filmen, die zwanzig Jahre später gedreht wurden, ausfindig machen.

In den 20er Jahren entwickelte sich der tschechische Film unter günstigen wirtschaftlichen Bedingungen. Ein Kontingentsystem, nach dem jedes Kino mindestens 8 einheimische Filme pro Jahr zeigen mußte, wurde Gesetz. Für eingeführte ausländische Filme mußten 20 Tausend Kronen in einen Fonds eingezahlt werden, aus dem die einheimischen Produktionen schöpfen durften. Der Ausbau und die Inbetriebnahme der Filmateliers in Barrandov 1933, die in Europa zu den architektonisch und technisch bestausgestatteten gehörten, und die gleichzeitige Eröffnung eines Filmstudios (»Filmové studio«) zur Ausbildung von Regisseuren und Kameraleuten schufen günstige Voraussetzungen für die weitere Entwicklung des tschechoslowakischen Films.

Doch trotz der günstigen Rahmenbedingungen befand sich die Republik in einer zunehmend bedrohlichen Lage. Die aufziehenden dunklen Wolken im »Dritten Reich«, die geschärfte Empfindsamkeit der deutsch-österreichischen und sudetenländischen Umflutung gegenüber forderten auch den Film heraus. Es galt zumindest, das nationale Bewußtsein zu stärken, die patriotische Liebe zu dem noch jungen Vaterland zu festigen.

Der Film im Protektorat

Schon im Juli 1939 wurde eine »Filmdirektion« für Böhmen und Mähren nach dem Vorbild der Reichsfilmkammer eingerichtet. Zug um Zug setzte dann die Arisierung der tschechoslowakischen Filmindustrie ein. Die als jüdischer Besitz deklarierten Firmen übernahmen Treuhänder des Reiches. Nur noch zwei tschechische Filmgesellschaften — der »National-film« und der »Lucerna-film« — durften tschechische Filme produzieren. Die Zahl der Produktionen sank drastisch, ab sofort sollten tschechische Filme mit deutschen Untertiteln laufen, ausländische dann mit tschechischen und deutschen.

Unter den Bedingungen der Okkupation versuchte man durchzuhalten, zu manövrieren, Kompromisse zu schließen, ohne zu kollaborieren. Man wählte Stoffe und Themen, die zumindest versteckt auf patriotische und nationale Gesinnung pochten. Filme, wie z.B. »Das war ein tschechischer Musikant« (To byl český muzikant) über das Leben des populären Blasmusikkapellmeisters *František Kmoch* oder »Der Armenanwalt« (Advokát chudých) nach einem vielgelesenen, gleichnamigen Roman von *Jakub Arbes*, haben diesen Auftrag in einer eher biederen Weise erfüllt.

Anfangs zeigten sich die Reichsstellen gegenüber kulturellen Regungen im Lande fast großmütig. Was den Film betrifft, würdigte man das »hohe Niveau der tschechischen Filmkultur« und bekundete »das Interesse an der Pflege der nationalen Kultur durch den Film«. Die Lage änderte sich 1942 nach dem Attentat auf den Reichsstatthalter Heydrich. Was nach der »Heydrichiade« zurückblieb, wurde nur noch geduldet.

Hoffnungsvoller Neubeginn ...

Unter dem Banner der verstaatlichten (eigentlich »nationalisierten«=znárodněný) Filmindustrie konnte die Hoffnung geweckt werden, jetzt beginne eine neue, schöpferische Etappe der tschechoslowakischen Filmgeschichte. Die Ernüchterung stellte sich spätestens 1948 nach der »Februarrevolution« ein, wo die »führende Rolle der KPTsch ... in der gesamten tschechoslowakischen Gesellschaft vertieft und die weitere Entwicklung zum Sozialismus beschleunigt wurde«.

Bourgeois, kapitalistisch, ausbeuterisch und selbstverständlich faschistisch war alles, was man ablehnte. Lediglich der Bereich des Puppen- und Trickfilms, repräsentiert durch *Hermína Týrlová, Jiří Trnka* und *Karel Zeman* schien seinen traditionellen Schaffensraum erhalten zu können. Trnka drehte damals »Alte tschechische Sagen« (Staré pověsti české, 1953) und den virtuosen »Sommernachtstraum« (nach Shakespeare, 1957). Zeman produzierte »Die Erfindung des Verderbens« (nach dem gleichnamigen Roman von J. Verne, 1957).

Bis in die 60er Jahre hinein, wo ein Tauwetter einsetzte, produzierte man Filme, die stets Geschmack und Professionalität vorweisen konnten. Themen aus der Zeit des Protektorats dienten der Vergangenheitsbewältigung. Den thematischen Schwerpunkt bildeten moralische Auseinandersetzungen des Individuums angesichts des nazistischen Terrors, wo das Patriotische — in der tschechischen Entwicklungsgeschichte ist dies stets mit nationaler Gesinnung, Sprach- und Kulturverbundenheit gekennzeichnet — den Widerstand prägt und den ideellen Sieg davonträgt. *Jiří Krejčík* drehte 1960 »Das höhere Prinzip« (Vyšši princip) über die moralische Erhabenheit eines alten Gymnasialprofessors, der sich schützend vor seine, während der Heydrichiade gefährdeten Studenten stellt. »Romeo, Julia und die Dunkelheit« (Romeo, Julie a tma, 1960) schildert die Geschichte eines jüdischen Mädchens, das ein jun-

Szene aus dem Film »Feuerwehrball«

ger Student in der Dachkammer vor dem Abtransport ins Vernichtungslager retten will. Das Mädchen wird entdeckt, verrät aber ihren Retter nicht. *Václav Krška* drehte beeindruckende poetische Filme wie »Mond über dem Fluß« (Měsíc nad řekou, 1953) nach dem gleichnamigen Theaterstück von *Fráňa Šrámek* und »Wo die Flüsse Sonne haben« (Kde řeky mají slunce, 1961) nach einem Roman von *Marie Majerová.* Diese Filme mußten sich den Vorwurf der Dekadenz gefallen lassen.

Während einer verhältnismäßig kurzen Zeitspanne zwischen 1960 und 1968 — das Jahr 1968 hatte die Entwicklung abgebrochen — entstand eine Reihe von Filmen, die Epoche gemacht haben und in ihrer schöpferischen Vielfalt unvergessen bleiben.

In *Miloš Formans* »Schwarzer Peter« (Černý Petr, 1964) wird der Alltag des Lehrlings einer Lebensmittelfiliale verfolgt. Der Junge soll nach den Ladendieben sehen. Zu Hause muß er sich die ewigen Moralpredigten des Vaters anhören, und sein Mädchen mag einen anderen. Bei Forman gibt es aber nicht den aufmüpfigen Teenager, der sich mit Ausflippen an den »gesellschaftlichen Bedingungen der Unterdrückung« rächt, sondern den gehorsamen Sohn, den seine pubertären Probleme mehr bedrängen als die Fuchtel, unter der er im Geschäft oder zu Hause steht. Die Darstellung der Geschichte enthält eine gute Portion Komik, und wo Komik auftaucht, dort hat Kritik schon das Wort ergriffen.

Einem altgedienten Feuerwehrhauptmann soll von der Ballkönigin eine Ehrengabe überreicht werden. Das ist die Rahmengeschichte des »Feuerwehrballs« (Hoří, má panenko, 1968). Die Wahl wird zur Farce, wie auch die Übergabe der Ehrengabe. Die gesamte Balltombola wird nämlich auseinandergeklaut, die Ehrengabe — ein verziertes Feuerwehrbeil — ebenfalls.

Doch das Skelett der Geschichte besagt nur wenig über die Wirklichkeit des Films. Der geschärfte Blick auf das Phänomen der Vereinskumpanei, des provinziellen Gemeinschaftswesens, der »gebrochenen« Eigentumsmoral sind die kritischen »Botschaften« des Films, doch sie werden in komischer Verpackung angeboten. Beneidenswert »wirklich« agieren die zumeist unprofessionellen Darsteller, denen es gelingt, all das, was wir von professionellen Komikern erwarten, noch zu verstärken. Nach 1968 konnte Forman in der Tschechoslowakei keine Filme mehr drehen, er emigrierte in die USA. Neben anderen ist sein »Amadeus« zu einem Welterfolg geworden, seine weiteren, in der Emigration gedrehten Filme zeugen von überschäumendem Einfallsreichtum, doch wie er selber betont, vermindert die Emigration stets die Möglichkeit, aus der Identität zu schöpfen, und bedrängt die Kreativität.

Věra Chytilová, eine weitere Protagonistin der tschechoslowakischen »Neuen Welle«, faszinierte die Flüchtigkeit der alltäglichen Eindrücke, die Brüchigkeit der Realität, die Optik der Nähe. Ihr Kamera-Auge rückt nah an die Menschen und Objekte heran, wechselt schnell den Blickwinkel, oft hektisch, Schnitte und Montagen werden abrupt, überraschend vollzogen, oft auf einen verblüffenden Vergleich bedacht. Schon in ihrem ersten Kurzfilm »Die Decke« (Strop, 1961), der von der vorübergehenden Lebenskrise eines Mannequins erzählt, als auch in »Ein Sack voller Flöhe« (Pytel blech, 1962) spielt die Metaphorik des Vergleichs die Rolle des Erzählers und Interpreten. »Tausendschönchen« (Sedmikrásky, 1967) gehört wohl zu einem der betörendsten Filme der 60er Jahre. Zwei Marien und Doppelgängerinnen lassen sich auf ein Verwechslungsspiel mit ihrem Milieu ein, das ihnen ohnehin verdreht und verrückt vorkommt. Sie betrügen, verführen, parasitieren, regen alle auf, aber auch an. Und dies ist wohl die Metapher der Grundidee. Zum Schluß finden wir sie vollgefressen, aufgedunsen, träge, k.o. — zwei in Zeitungspapier eingewickelte Pakete. Die Regisseurin selbst bezeichnet ihren Film als ein »burleskes philosophisches Dokument«. Nach 1968 wurde über sie das Arbeitsverbot verhängt. Erst in den späten siebziger Jahren durfte sie wieder Filme drehen.

Jaromil Jireš stellte sich 1963 mit dem Film »Der Schrei« (Křik) vor. Auf zwei unterschiedlichen Ebenen verlaufen zwei Lebenswege. Eine junge Frau erwartet ihr erstes Kind, ein junger Fernsehtechniker geht seinen täglichen Geschäften nach. Den Hintergrund bilden über den Fernsehschirm eingeblendete authentische Tagesaktualitäten. Dieser Entwurf erinnert an Kollagetechniken oder musikalischen Kontrapunkt. Zufall und Improvisation spielen eine wichtige Rolle. Für einen Filmemacher der »Neuen Welle« ist die

Darstellung der Wirklichkeit mit den üblichen Bildfolgen und Arrangements nicht relevant. Darin liegt auch der tiefere Sinn des jeweiligen schöpferischen Vorgehens. Sein nächster Film »Der Scherz« (Žert, 1968) nach dem gleichnamigen Roman von *Milan Kundera,* der sich thematisch mit der Zeit des tschechoslowakischen Stalinismus in den 50er Jahren befaßt, konnte noch vor dem August — dem Einmarschdatum der Armeen des Warschauer Paktes — fertiggestellt werden. Als einer von wenigen durfte Jireš schon Anfang der 70er Jahre wieder Filme drehen, allerdings unter Verzicht auf manche frühere Qualität.

Filme von *Ivan Passer, Jan Němec, Jiří Menzel, Pavel Juráček, Ewald Schorm* sind nicht nur außerhalb der Republik, sondern auch daheim wenig bekannt, selten in Kinos aufgeführt, im Fernsehen zumeist in den späten Nachtstunden. Sind sie zu anspruchsvoll für das Durchschnittspublikum? Zu kompliziert? Zu wenig politisch? Sind sie — oder waren sie — nicht eher ein Versuch, dem politischen Anspruch andere Wege zu weisen, das Vordergründige, die Parole zu meiden, das Individuum aus der Verantwortungslosigkeit in der Masse zu holen? Waren es nicht auch Diagnosen der Vergeblichkeit von politischer Kritik? Auf diese Fragen, die diese Filme ohne jeden Zweifel aufkommen lassen, wird es viele Antworten geben und viele Zweifel an ihrer Richtigkeit.

Die Slowakei erreichte erst nach dem Zweiten Weltkrieg eine gewisse Selbständigkeit in der Produktion von Filmen, vor allem durch den Ausbau der Filmateliers in Bratislava-Koliba. Auch das anregende slowakische Fernsehen belebte die künstlerischen Ambitionen des slowakischen Films. Anfang der 60er Jahre kam *Štefan Uher* mit seiner »Sonne im Netz« (Slnko v sieti, 1962), die den Intentionen der tschechischen »Neuen Welle« nahestand. Auch seine späteren Filme — als einer der Wenigen konnte er in den 70er und 80er Jahren als Regisseur weiterarbeiten — sind schöpferisch beeindruckend und oft von kritischer Brisanz. Auch *Juraj Jakubisko* trat mit drei bemerkenswerten Filmen hervor: Mit den »Kristusjahren« (Kristove roky, 1967), den »Deserteuren und Pilgern (Zbehovia a pútnici, 1968) und den »Vögeln, Weisen und Narren« (Vtáčkovia, siroty a blázni, 1968). Jakubisko war die »phantastische« Begabung der »Neuen Welle«. Nicht nur in der Wahl der Stoffe, auch in der Gestaltung, der Kameraführung erinnern seine Arbeiten an ein schöpferisches Delirium. Zur Symbolik seines hier letztgenannten Films meint er, eine Metapher »über die jungen Leute von heute, die nicht erwachsen werden wollen und durch ihre Verrücktheit, ihren Wahnsinn die eigene Unsicherheit überdecken«, entworfen zu haben.

Menschliches — Allzumenschliches

In den Filmen der 80er Jahre begegnen wir einer Atmosphäre, die ebenso wie zwei Jahrzehnte zuvor, von alltäglich Menschlichem geprägt ist. Es fehlen nicht einmal gesellschaftskritische Töne, nur sind sie gedämpft, verschlüsselt in harmlosen Geschichten, mitunter gefällig, verspielt. In den Auffassungen

Szene aus dem Film »Bony a klid«

der westlichen Kinematographien über politische Gesellschaftskritik, die schrill, exzessiv, unversöhnlich zu wirken habe und dementsprechend mit ebensolchen Mitteln dargestellt werden soll, meint man, es gäbe in den tschechoslowakischen Filmen der Gegenwart nur die Anpassung, den Gehorsam. Wie man weiß, sind die tschechoslowakischen Filmemacher im Begehen der Umwege geübt. Die Anstrengung kommt der Kreativität zugute. Was gezeigt wird, ist die gelebte Wirklichkeit, in welchen Hüllen auch immer. Was jedoch fehlt, ist das Wagnis, das Experiment, wie es die »Neue Welle« probierte. Es fehlen auch Filme mit politisch brisanten Thesen, wie z.B. einst Jireš (Kunderas) »Scherz«, Schorms Filme der 60er Jahre oder Kadárs — Klos' »Der Verurteilte« (Obžalovaný, 1964) — der letztere läuft übrigens heute wieder in den Kinos, was auf einen leicht durchschaubaren Klimmzug der Behörden hindeutet, die den Schein der Freizügigkeit erwecken wollen. Doch eine Filmkultur mit den Traditionen eines gewandten, kunstfertigen Umgangs mit heiklen Wirklichkeiten findet seinen Weg zum wirksamen Ausdruck immer. Der »Schein« der Filmbilder trügt nur den Ungeübten.

Die im Lande verbliebenen namhaften Filmemacher wie z.B. *Chytilová, Menzel, Kachyňa, Jireš* aus der Generation der »Neuen Welle«, haben nicht die Hände in den Schoß gelegt. Chytilová unternahm mit ihrem Film »Die Wolfshütte« (Vlčí bouda, 1986) und mit »Der Clown und die Königin« (Šašek a královna, 1987) Ausflüge in eine fiktionale Wirklichkeit, um — womöglich — die »Oberfläche« nicht begehen zu müssen, um in tieferliegende Schichten von Denk-, Betrachtungs- und Verhaltensweisen in menschlichen Beziehungsstrukturen vorzudringen. Ein anderes Beispiel: Jiří Menzel übt in seinem Film »Das Schwein ist los« (Slavnosti sněženek, 1983; nach einem Stoff von *Bohumil Hrabal)* mit pfiffigen und poetischen Mitteln eine eigentlich harte Kritik. Der »Schein« dieses Films trügt nicht über das Neben-und Durcheinander von Chaos, Provinzialität und Lethargie, Schwärmerei und dem Allzumenschlichen, das eine Mixtur ausmacht, in der die einheimische Wirklichkeit von heute wiederempfunden werden kann. Kachyňa drehte, neben anderem, den eindrucksvollen »Tod der schönen Hirsche« (Smrt krásných srnců, 1986; nach einem Stoff von *Ota Pavel*), in dem auf eine ungewöhnliche Weise das Thema der Protektoratszeit verarbeitet wird. Und Jireš schließlich: Sein letzter Film gilt der Biographie des Komponisten Leos Janáček.

Viel Aufsehen erregte ein Film des Regisseurs *Karel Smyczek* »Warum?« (Proč, 1987), der sich ähnlich wie der sowjetische Film »Es ist nicht leicht, jung zu sein« (1986) mit dem Thema der Brutalität unter Jugendlichen befaßt. Er rekonstruiert Ausschreitungen jugendlicher Fußballfans, fragt nach Motiven und Hintergründen, bricht dabei viele Tabus. Auch *Vít Olmers* Film »Die Bons und die Ruhe« (Bony a klid, 1987; die Bons sind Devisengutscheine für Einkäufe in Geschäften mit westlichen Waren) greift ein heikles Thema auf. Er dringt in die Unterwelt der Devisenschieber (veksláci), Warenschmuggler, Betrüger und ihrer Opfer ein, in Regionen also, die es in einer Gesellschaft, die bereits durch Generationen unter Einfluß von sozialistischer Ideologie und Erziehung lebt, gar nicht geben sollte. Schon in seinen früheren Jugendfilmen — z.B. »Das Glashaus« oder »Die Flußwanderung« — führte uns Olmer zu Einsichten in eine sozialistische Wirklichkeit, die manche Ideale umstießen.

Die Medienöffentlichkeit hierzulande kennt den tschechoslowakischen Film vorwiegend aus dem Fernsehen. Man empfindet wohl — wer dafür empfänglich ist — seine atmosphärische Stimmigkeit, die auf eine in der nationalen Kultur verankerte, sie tragende und ausstrahlende mentale Heiterkeit, sowie den Humor »vor den Tränen« zurückzuführen ist. Sie färbt auf zwischenmenschliche Beziehungen, Konflikte, auf das Tun und Lassen ab. Schließlich kennt und schätzt man hier die tschechoslowakischen Kinder- und Jugendfilme — pädagogisch meist fern von Moden und Erziehungsdogmatik — die sich auf eine Spielart der Erziehungskunst einlassen, welche erfrischend wirkt, weil sie den Witz nicht scheut und trotzdem ernstzunehmende erzieherische Standpunkte nicht verletzt. Erziehen ist gelegentlich auch eine Komödie, und wo gelacht wird, ist die Welt noch nicht ganz in Unordnung. Vielleicht verbirgt sich in diesen Filmen der Traum ihrer erwachsenen Urheber über eine — nicht nur die äußere — Wirklichkeit, die man gerne leben möchte, aber nicht kann.

Ernüchterte Hoffnungen

Tschechische Rockmusik

Gibt es in der Tschechoslowakei überhaupt Rockmusik? Diejenigen, die dieses Land vor allem mit dem Namen *Karel Gott* verbinden, werden es eher bezweifeln. Und doch existiert sie und vielleicht erinnert sich manch einer daran, daß es gerade jener Karel Gott war, der 1963 als erster tschechischer Sänger mit einem Beatles-Song auftrat.

Das war natürlich in den goldenen Zeiten der beginnenden sechziger Jahre, während der kulturellen Liberalisierung, als die zukünftige Generation tschechischer Rocker die Sendungen Radio Luxemburgs hörte und sich bemühte, angloamerikanische Vorbilder zu kopieren. Innerhalb weniger Monate entwickelte sich eine Massenbewegung — allein in Prag gab es damals mindestens 250 Rockgruppen. Einigen von ihnen gelang es, die Kinderkrankheiten zu überleben und so existierten während des Jahres 68 rund 50 interessante Kapellen. Diese deckten ein breites Spektrum innerhalb der Rockmusik ab. Da gab es mehrstimmige, vokale Gesangsgruppen, aber auch reinen »Psychedelic«, dem sich Prag ebenso wie der Hippiebewegung besonders intensiv hingab. Es tauchten außergewöhnliche Talente auf — der Komponist *Petr Janda,* der Leiter der bis heute existierenden Gruppe *Olympic,* schrieb eine Reihe populärer Melodien, der »tschechische Jimmy Hendrix« *Radim Hladík* machte sich einen Namen, und in der Gruppe *Rebels* begann *Jiří Korn,* der bis heute als Kabarettist und moderner Fred Astaire im tschechoslowakischen und DDR-Fernsehen auftritt, zu spielen.

Dann jedoch kam das Jahr 1970 und mit ihm das Ende des Rocks in Böhmen. Die nun an die Macht gekommenen Politiker und Kulturarbeiter entschlossen sich, die Rockmusik als Element der ideologischen Diversion aus dem Westen, als Attentat auf das ästhetische Empfinden der Bürger einer sozialistischen Gesellschaft zu verurteilen. Verboten wurden das tschechoslowakische Beatfestival, Rockdarbietungen in kleinen Klubs, aber auch Konzerte in größeren Sälen. Eingestellt wurden Zeitungen wie »Pop Music Expres« oder »Äčko«. Es sah so aus, als sollte die gesamte Rockmusikszene der Tschechoslowakei vernichtet werden. Nur mehr sogenannte »engagierte Lieder« durften entstehen, die den Aufbau des sozialistischen Staates rühmten. Der Druck war so stark, daß es zum Verbot einiger Songs kam, welche sich den Themen »Traurigkeit«, »Liebeskummer« und ähnlichem widmeten. Nach der Vorstellung der Herrschenden hatte eine sozialistische Kultur optimistisch zu sein.

Viele Musiker emigrierten — noch heute kann man einige von ihnen in Bars der Bundesrepublik, der Schweiz oder der USA spielen sehen. Wer schon 1968 oder 69 floh, hatte es einfacher, das seit dem Herbst 69 geltende Ausreiseverbot komplizierte die Situation.

Eine große Zahl der im Lande bleibenden Musiker fand einen Arbeitsplatz in Tanzkapellen, einige konnten dort ganz gut verdienen: Ideale wurden für Geld geopfert.

Schließlich blieben ein paar »Rebellen«, die versuchten, auch unter den nun herrschenden, erschwerten Bedingungen Rockmusik zu machen. Einige, wie z.B. auch *Olympic,* wurden staatlich anerkannte Gruppen. Diese sollten als »Ausstellungsstücke« der Welt zeigen, daß Rockmusik in der ČSSR weiterhin erlaubt war. Andere — *Flamengo, Framus 5, Blue Effekt* — blieben ausgegrenzt und durften nur bei Tanzveranstaltungen auf dem Land auftreten. Da die Fernsehkampagne, die sich u.a. auch gegen die langen Haare der Musiker richtete, jedoch fortdauerte, waren sie froh, wenn sie wenigstens dreimal im Monat irgendwo spielen durften.

In der Mitte der siebziger Jahre gipfelte der Druck auf die Rockmusik im Prozeß gegen die Gruppe *Plastic People of the Universe* (PPU). Es ist wohl das beste Beispiel für die Jahre des kulturellen Niedergangs.

Die *Plastic People of the Universe* waren ein typisches Beispiel für den sogenannten subkulturellen Rock. Da sie seit Ende der sechziger Jahre bestanden, waren sie bekannt, aber ihre Musikrichtung — sie spielten v.a. eigene Werke, die von den amerikanischen Gruppen *Velvet Underground, Fugs* und *Mothers of Invention* inspiriert wurden — war für ein mitteleuropäisches Publikum sehr ungewöhnlich. Sie hatten einige hundert treue Bewunderer, für die sie Aktionskonzerte, Auftritte zu mystischen, absurden und banalen Themen durchführten. Für ihre Zeit erreichten sie eine sehr exzentrische Ausdrucksweise, und es gelang ihnen, einige andere Gruppen — die bekannteste war *DG 307* — mit ähnlichen Ausdrucksformen um sich zu sammeln. Die Ideologie der Kapellen, die sich »underground« nannten, wurde vom »Kopf« der Subkultur *Ivan Jirous* in einer Art definiert, die an die heutigen Rastafari erinnert: »Wir leben im Körper der Bestie als würde diese nicht existieren.«

Im März 1976 wurden die Musiker im Umkreis der PPU verhaftet. Auch wenn die folgenden Gerichtsverhandlungen einen politischen Einschüchterungsprozeß darstellten, in dem die Rockmusik als Mittel zur Unterwanderung des Sozialismus beschuldigt wurde, verurteilte man vier Personen wegen fehlender offizieller Auftrittsgenehmigungen als »Unruhestifter«. Auf dieses Ereignis reagierten v.a. die tschechischen oppositionellen Intellektuellen, eine Reihe von Briefen wurden nicht nur an die staatlichen Organe, sondern auch an bekannte Künstler und Schriftsteller in anderen Ländern gesandt. Heinrich Böll, Günter Grass und einige Rockmusiker in England bezeugten ihre Unterstützung. Am wichtigsten war, daß durch die Protestschreiben eine Verbindung zwischen Schriftstellern, Philosophen, nichtpublizierenden Journalisten und anderen Opfern des Normalisierungsregimes hergestellt werden konnte. Hieraus entstand einige Monate später die Charta 77.

Die Gruppe »Půlnoc«

Die PPU hatten bis zum Beginn der achtziger Jahre durchgehalten, als der geistige Führer der Gruppe, Saxophonist *Vratislav Brabenec* zur Auswanderung gezwungen wurde. Die Zurückbleibenden arbeiteten ohne ihn weiter und versuchten 1985, die scheinbar liberalere Atmosphäre zu einer Rückkehr auf die offizielle Bühne zu nutzen. Der erste Versuch mißlang und führte stattdessen zu einem Skandal. Kurz vor Beginn des Konzerts wurden die Musiker aus dem Saal vertrieben. Dann jedoch änderte die Gruppe ihren Namen, verbreiterte ihre Besetzung und kann heute als *Půlnoc* (Mitternacht) mit Erfolg in Prag und auch in anderen Städten auftreten.

Die Jazz-Sektion

Als der Kampf gegen den underground seinen Höhepunkt erreichte, wuchs die Aktivität der Jazz-Sektion (JS) des staatlichen Musikverbandes. Ursprünglich war diese im Jahr 1970 als Interessenorganisation, welche sich für den nur mit Abneigung geduldeten Jazz einsetzen sollte, gegründet worden. Zur Änderung ihrer Orientierung trug die weltweite Tendenz zur Verbindung von Rock und Jazz bei. Jazzrock-Kapellen wie *Mahavishnu Orchestra, Weather Report* oder Kompositionen von Miles Davis erweckten bei den Aktivisten der Organisation Interesse für die Rockmusik, für ihre Probleme und Konflikte.

Bei den »Prager Jazz-Tagen«, einem zweimal im Jahr stattfindenden Festival, begannen unter dem Mantel des Jazzrock avantgardistische Rockgruppen aufzutreten. Im Rahmen dieses Festivals kam es zur Fusion mit indischer Musik, zu Kunst-Rock-Experimenten mit Pantomimegruppen, zu Versuchen mit Lasern. Gleichzeitig begann die Jazzsektion, die Mitgliedszeitschrift »Jazz-Bulletin« herauszugeben. In ihr räumte die Redaktion dem Rock und später auch der modernen bildenden Kunst sowie unkonventionellen Theatergruppen viel Platz ein. Im Jahre 1978 wurden die Jazztage definitiv verboten — die offizielle Formulierung lautete »nicht gestattet« — und die Versuche, sie 1979 durchzuführen — 25.000 Karten für sechs Konzerte waren bereits verkauft — endeten im Konflikt mit der Polizei.

Die Aktivität der Sektion verlagerte sich daher vollständig auf den Bereich der Publikationen. Neben dem Jazz-Bulletin entstand die Reihe »Jazz Petit«, in der Bücher über Gegenwartskunst, Porträts bekannter, nicht geduldeter bildender Künstler, eine dreiteilige Rockenzyklopädie, aber auch eine Anzahl von Arbeiten mit antifaschistischer Thematik, erschienen. Das berühmteste Buch dieser Reihe ist Bohumil Hrabals »Ich diente dem englischen König«, das als das beste Werk der tschechischen Literatur der siebziger Jahre gilt.

Die Staatsorgane übten begreiflicherweise zunächst Druck auf die übergeordnete Organisation aus. Der Musikverband sollte die Sektion liquidieren. Rechtlich war dies jedoch nicht möglich, und so löste man die gesamte Interessenvertretung auf. Aber auch in dieser Situation gab sich die Jazz-Sektion nicht geschlagen. Während sie eine Reihe von Berufungen einlegte, fuhr sie fort, Bücher herauszugeben. Diese Tätigkeit stand nun unter dem Risiko der Beschlagnahmung durch die Polizei und des dadurch entstehenden finanziellen Verlustes.

Am 2. September 1986 wurden alle Vorstandsmitglieder der Jazz-Sektion verhaftet und zunächst der subversiven Tätigkeit beschuldigt. Unter dem Druck der Weltöffentlichkeit versuchte das Gericht später zu beweisen, daß sie sich »nicht gestatteter, privater Unternehmertätigkeit« schuldig gemacht hätten. Jedoch mußte sogar dieses die Qualität der Publikationen anerkennen.

Die Kampagne gegen die »Neue Welle«

Das Regime hatte sich noch nicht an die langen Haare gewöhnt, als die Jugend des Landes den Punk entdeckte. Wie gewöhnlich reagierten die Bürokraten langsam und zunächst ähnlich wie die westdeutschen bürgerlichen Zeitschriften. So konnten die Musikpublizisten diesen Angriff noch abwehren, mußten aber in dem folgenden Kampf schnell den Kopf einziehen.

In der Zwischenzeit waren die Punk- und New Wave-Gruppen wie Pilze aus dem Boden geschossen. Auf exzentrische Art versuchten sie, nach dem Vorbild mittelalterlicher Kulturformen durch Parodien, Witz und karnevalmäßiges Auftreten die veraltete und lächerliche Kulturideologie zu überwinden.

Zum zweitenmal erlebte der tschechische Rock nun einen gewaltigen Aufschwung. Im Gegensatz zu den sechziger Jahren wollten die Gruppen der »Neuen Welle« das westliche Vorbild nicht kopieren, sondern eine spezifische tschechische Form der Musik, der Texte, des Humors begründen. Dies fügte den Wächtern der Kultur eine noch größere Wunde zu, denn solange englisch

Die Gruppe »Garáž«

gesungen worden war, hatte die Aussage der Lieder kaum einer verstanden. Die tschechischen Texte, voll von politischen Zweideutigkeiten, begriff jeder, und darauf reagierten sie nun gebührend.

Es war damals nur eine Frage der Zeit, wie das System gegen diese Gruppen vorgehen würde. Unterdessen gewannen *Pražský výběr, Extempore, Precedens, Garáž* und andere ein immer breiteres Publikum. Die *Prager Auswahl* konnte sogar eine LP aufnehmen, welche zum Jahresende 83 in den Handel kommen sollte. Stattdessen erschien in der Parteizeitung »Tribuna« ein Artikel mit dem Titel »Neue Welle mit altem Inhalt«, welcher alle New Wave-Gruppen als Hauptfeinde des Sozialismus verurteilte und empfahl, die Auftritte dieser Kapellen zu verhindern.

Dies war nicht weiter schwer. Während der vergangenen fünfzehn Jahre hatten die Kulturarbeiter immer nur verboten, nun hatten sie ein weiteres Opfer. Bis auf zwei oder drei Ausnahmen lösten sich alle Rockgruppen auf. Schließlich fanden sich in den Institutionen solch eifrige Menschen, welche mit dem Schlagwort »Neue Welle« auch Jazz- und Folkloreveranstaltungen nicht genehmigten. Dem Beamten schadet es nämlich nicht, wenn er mehr als notwendig verbietet. Wehe jedoch, er übersieht etwas.

Diesmal aber ging die Bürokratie zu weit. Eine wachsende Welle des Protestes führte zu öffentlichen Polemiken, in welchen v.a. die unsachgemäße und ideologische Verworrenheit der Aktion gegen die Neue Welle entblößt wurde. Dadurch und infolge der Klimaveränderungen in der UdSSR sah sich das Regime gegen Ende des Jahres 1985 genötigt, dem Rock grünes Licht zu geben.

Rockfest

Die staatliche Duldung der Rockmusik und die Hoffnungen der Kapellen auf ungehinderte Tätigkeit — das waren zwei unterschiedliche Dinge. Wie in den vorangegangenen zwanzig Jahren wurde noch immer in Kampagnen vor einer unkontrollierten Entwicklung der Volkskultur gewarnt. Als mögliche Lösung bot sich so nur ein offiziell genehmigtes und kontrolliertes Rockfestival an, das von der zentralen Jugendorganisation SSM regelmäßig durchgeführt werden sollte.

Das erste »Rockfest« fand im Juni 1986 statt und führte zur Gründung einer ungeheuren Anzahl neuer Kapellen, die programmatisch die Ansicht vertraten, daß sie dort für sich spielen würden, und daß es ihnen egal sei, wer gerade die Macht im Staate hätte. Es fand sich zwar auch eine Reihe von Gruppen, die das erste Festival boykottierten, aber viele von ihnen konnten durch die zum Ausdruck kommende weitgehende Unabhängigkeit der anderen für einen Auftritt im nächsten Jahr gewonnen werden. Das erste Rockfest bot der Öffentlichkeit die zukünftigen Sterne des Musikhimmels wie *Laura a její tigři* (Laura und ihre Tiger), *Z kopce, Dybbuk* und andere. Zu ihnen gesellten sich auf dem zweiten Festival 1987 die politisch kompromißlosen *Hudba Praha* sowie die avantgardistischen Blasmusiker *Krásné nové stroje* (Schöne neue Maschinen). Einige von ihnen konnten inzwischen zumindest eine Single herausgeben. Dies ist zwar nicht viel, jedoch im Vergleich mit dem, was noch vor wenigen Jahren möglich war, ein bedeutender Schritt nach vorn. Sich auf dem Schallplattenmarkt durchzusetzen, ist nämlich nicht einfach, zumal es in Böhmen und Mähren nur zwei Plattenfirmen gibt: Die durch die Musikmafia diskreditierte »Supraphon« kommt nicht in Frage, während die von Bürokraten geleitete »Panton« die Rockmusik nach Maßstäben mißt, welche mit dem Wesen populärer Musik nichts gemein haben.

Darüberhinaus wurden beim Rockfest weitere interessante Aspekte deutlich. Die Rockmusik hatte mit einem Mal eine Reihe anderer Zentren — aus dem nordtschechischen Most kamen die populären *Laura a její tigři*, im nahegelegenen Teplice gab es zahlreiche Punkgruppen. Vor allem aber in Brünn waren eine Reihe exzentrischer, meist sehr avantgardistischer Gruppen entstanden, welche mit ihrer Musik vielleicht am treffendsten unseren Alltag kommentierten.

Die Rockmusik heute

Dadurch, daß es der Rockmusik gelang, den Underground zu verlassen und wir ihn heute auch in den verschiedenen Massenmedien hören oder sehen können, änderte sich auch die Funktion des ganzen Genres. Bis auf einige Ausnahmen hörte der Rock auf, Teil der politischen Opposition zu sein und wurde v.a. Gegenstand der Unterhaltungsindustrie. In der ČSSR existieren heute Hunderte von Gruppen, welche mit allen Vorteilen und Problemen, die diese mit sich bringt, zurechtkommen müssen. Das betrifft z.B. unzählige bü-

Das Vitous-Trio im Jazzclub Reduta in der Národní Trída (Prag)

rokratische Vorschriften. Daneben existiert in der Tschechoslowakei bis heute der Beruf des Managers nicht. Auftritte im Ausland müssen von der Organisation »Pragokonzert« genehmigt werden, deren Entscheidungen aber liegen meist jenseits der Grenzen menschlichen Verständnisses. Das Fernsehen bildet weiterhin eine hohe Barriere, welche nur bestimmte, in der Regel uninteressante Gruppen überwinden können. Ihre illegalen »schöpferischen Teams« bestechen die entscheidungsbefugten Angestellten des Rundfunks, des Fernsehens, der Schallplattenfirmen.

Die Neue Welle war mehr oder weniger die Musik des städtischen, intellektuellen, erwachsenen Publikums. Ihre Ironie, ihr Hohn, die zum Ausdruck kommende Verachtung, reizten das Regime. Heute hat es sich daran gewöhnt. Wer noch vor fünf Jahren als verfemt galt, wird nun öffentlich gelobt, gefeiert. Aber die Probleme sind nicht vorbei. Diesmal bildet der »Heavy Metal« die Zielscheibe ihrer Angriffe. Dies ist kein Wunder, die laute, lärmende Musik ist voller Aggression, zu den Konzerten kommen Gruppen der Gesellschaft, auf die sich nur schwer Druck ausüben läßt: Lehrlinge, junge Arbeiter, das Lumpenproletariat, und häufig taucht hier eine Symbolik auf, welche den Bürokraten entweder unverständlich ist oder aber unangenehme Assoziationen bei ihnen weckt. Totenköpfe mit gekreuzten Knochen, Zeichen der schwarzen Magie, Nagelarmbänder und andere modische »Accessoires« sind der Schrecken der Kulturarbeiter. Zwar bekamen sie einerseits die Anweisung, diese Form der Musik zu unterstützen, doch sind sie andererseits Gefangene der scharfen ideologischen Vorschriften, in denen diese Dinge strikt abgelehnt werden.

Rocktourismus

Der Besucher Prags hat als Tourist begreiflicherweise keinen Einblick in die örtliche Musikszene, in den wenigen Stunden kann er keine Kontakte knüpfen, gelingt es ihm kaum, sich anhand der aufgehängten Plakate zu orientieren. Zum wichtigsten Rockereignis wurde in den letzten Jahren das Rockfest. Alljährlich findet es zu Beginn des Frühlings in der unangenehm-pompösen Umgebung des Kulturpalastes (Palác kultury) statt. Gewöhnlich treten dort an die achtzig Rockgruppen, in der Regel Amateure, auf.

Größere Konzerte finden in Prag im Saal der »Lucerna« auf dem Wenzelsplatz, in Brünn im »Rondo« statt. Keiner der Säle verfügt über eine besondere Akustik, doch bewegt man sich in traditionsreicher Umgebung.

Die Mehrheit der Rockgruppen spielt in sogenannten »Clubs«. Neue Welle kann man z.B. im »Junior-Klub na Chmelnici« in Prag 3 hören. Dort treten auch die beiden augenblicklich beliebtesten »Underground«-Kapellen *Garáž* und *Půlnoc* auf. Rockkonzerte wechseln sich hier mit avantgardistischen Theatervorstellungen ab. Heavy Metal ist der dominierende Programmpunkt des Clubs »Barikádovna«, unweit der Metrostation »Strašnická« gelegen. Hier befindet sich die repräsentative Szene des Genres — oft treten während der Metal-Konzerte aber auch Rock'n'Roll-Revival-Groups auf. Viel Metal gibt es in Prag auch im Klub »Na Rokosce« zu hören.

Eine Reihe von Clubs veranstalten aus finanziellen Gründen Folkkonzerte. Die Gruppen sind billig und haben einen breiten Zuhörerkreis. Selten nur gibt es Blues und Reggae. Die an der Nationalstraße gelegenen Prager Jazzklubs zählen nicht zu den bliebtesten Veranstaltungsorten des tschechischen Publikums, Jazz ist überraschenderweise gänzlich aus der Mode und so sind hier die Touristen meist unter sich. Dies gilt auch für eine Reihe von Diskotheken, in denen gewöhnlich die bekannten Hits gespielt werden. In Prag gibt es davon unzählige, keine jedoch hat ein besonderes Niveau. In Brünn, dem zweiten Zentrum des tschechischen Rocks sind die Clubs weniger spezialisiert. Die Kulturhäuser veranstalten wöchentlich eine Reihe von Konzerten, und so wird eigentlich jeden Tag etwas Lohnenswertes angeboten. Die interessantesten von ihnen finden im »Semilasso«, in einem Klub der Brünner Vorstadt Tuřan und in einem in der Musilová ulice statt.

In Bratislava fehlen nennenswerte Musikveranstalter. Dort ist die Rockszene stark von österreichischen Gruppen, deren Produktionen durch das hier zu empfangende Fernsehen des Nachbarlandes bekannt werden, beeinflußt. In den anderen Städten der ČSSR existiert gewöhnlich nur ein Konzertsaal, daher gibt es hier keine Orientierungsprobleme. In vielen Orten hat es die Rockmusik aber weiterhin sehr schwer. Die tschechischen Rocker kennen verrufene Städte, denen sie lieber ausweichen — so z.B. Hradec Králové und České Budějovice — aber auch solche, in die sie gerne fahren: Olomouc, Karlovy Vary, Plzeň.

Jeder Böhme ein Musikant.

Das Hussitentum, welches den gesungenen Liturgieteilen einen nationalen Charakter gab, legte den Grundstein für die musikalische Tradition der böhmischen Länder. An die geistlichen Lieder des Protestantismus, die im 16. Jahrhundert wiederholt herausgegebene, umfangreiche Liederbücher gefüllt hatten, knüpften im 17. Jahrhundert die Kompositionen des tschechischen Barock an. Daß zugleich weltliche Lieder entstanden belegt eine aus dem 16. Jahrhundert stammende Sammlung. Einer der bekanntesten Barockmusiker war Václav Michna z Otradovic, der am Anfang des 17. Jahrhunderts lebte und dessen Werk eine Messe, ein Requiem, Psalmen und Litaneien sowie drei Liederbücher umfaßt. Der unweit Prags gelegene Herrenhof in Citoliby - heute ein Teil der Stadt Louny - ist nicht nur wegen seiner Architektur und den Plastiken Matthias B. Brauns sehenswert, hier entstand bereits vor mehr als zwei Jahrhunderten ein wichtiges Musikzentrum.

Zeitdokumente belegen die Musikalität der ländlichen Gebiete Böhmens im 18. Jahrhundert. Zahlreiche Talente verließen ihr Heimatland und verbreiteten bei ihren Wanderungen durch Europa seinen Ruf. Jan Václav Stamic und seine Söhne Karl und Antonín Tadeáš machten zusammen mit František Xaver Richter die Mannheimer Schule berühmt. František Xaver Brixi, der Kapellmeister des Prager Veitsdoms, komponierte auch für Bayern, Österreich und Polen. Nach seiner Emigration nach der Niederlage am Weißen Berg fand Jiří Antonín Benda am preußischen Hof als Komponist und Geiger Aufnahme, Josef Mysliveček wurde in Italien berühmt, Frankreich wurde zur neuen Heimat Antonín Rejchtas.

Jan Václav Hugo Voříšek, der in Wien starb, stellt ein Bindeglied zwischen dem Klassizismus und der Musik Bedřich Smetanas dar. Dieser, wohl beliebteste tschechische Komponist (1824-84), wirkte zunächst einige Zeit in Schweden. Nach seiner Rückkehr wurde er zur führenden Persönlichkeit des Prager Musiklebens. Bekannt sind seine Opern »Die verkaufte Braut«, »Das Geheimnis«, »Libuše«, »Die Teufelswand« und andere. Neben dem Kammermusik-Quartett »Aus meinem Leben« -, gilt sein Orchestralzyklus »Má vlast« - Mein Vaterland - als ein Werk, in dem wie wohl in keinem anderen die Liebe der tschechischen Bevölkerung zu ihrer Heimat Ausdruck findet. In der Zeit der nationalen Wiedergeburt geschrieben wird es auch heute noch bei bedeutenden staatlichen Anläßen gespielt, bekanntester Teil ist »Die Moldau«. Smetanas Werk hat in der Musikgeschichte des Landes auch deshalb eine besondere Position inne, da es ihm im Vergleich mit anderen großen Persönlichkeiten des Barock und des Klassizismus gelang eine typisch tschechische Musik zu komponieren.

Weltweit ist jedoch Antonín Dvořák (1801-1904) bekannter. Berühmt

B. Smetana

wurde er durch die mährischen Duette und die slawischen Tänze v.a. in Österreich und Deutschland, in England hatte sein »Stabat Mater« den größten Erfolg. Dieses Oratorium auf der Grundlage einer Arbeit Jacopo de Benedictis (Jacopone da Todi) beendete Dvořák in der schwersten Zeit seines Lebens nach dem Tode seiner beiden Kinder. Doch so wie am Ende des Werkes die Tragik des menschlichen Schicksals durch die Hoffnung überwunden wird, fand auch der Komponist seinen Weg »aus der Finsternis zum Licht«. Drei Jahre nach der Prager Premiere in London aufgeführt, läßt sich die positive Aufnahme Stabat Maters mit den Erfolgen Händels und Haydns vergleichen. Dvořák erhielt ein Ehrendoktorat der Universität Cambridge, zwischen 1892 und 95 war er Direktor des New Yorker Konservatoriums. Der Aufenthalt in Amerika inspirierte ihn zu der Sinfonie »Aus der Neuen Welt«. Daneben sind seine Opern Jakobín, »Rusalka« (Name einer Seenymphe, nach einem Märchen H.Chr. Andersen), »Der Teufel und die Káča« sowie »Armida« bekannt. Von den folgenden Komponisten sollen zumindest Zdeněk Fíbich, der in Leipzig studierte und in Paris und Deutschland lebte, Josef Bohuslav Foerster und Josef Suk, ein lyrisches Talent und Schüler Dvořáks genannt werden. Obwohl Leoš Janáček in Wien und Leipzig studierte, wurde er nicht nur von den nationalen Musiktraditionen, sondern auch von der heimatlichen Folklore beeinflußt. Sein Werk ist durch die eigenartige Auffassung der musikalischen Verkürzungen sowie eine besondere Sprachmelodie charakteristisch. Besonders bekannt sind die Opern »Katja Kabanova«, »Die Sache Makropulos«, die Sinfonietta, die Rapsodie »Taras Bulba« und »Die Glagolmesse«. Bohuslav Martinů (1890-1959) lebte in Paris und unterrichtete während des 2. Weltkriegs in den USA. Auch er wurde von der böhmischen und mährischen Folklore inspiriert. Über das Land hinaus bekannt sind z.B. die »Griechische Passion« sowie die Feldmesse und »Otvíraní studánek« (»Eröffnen der Brünnlein»).

Bildende Kunst

Zweimal griffen die tschechischen Länder mit ihrer bildenden Kunst in die Kunstgeschichte Europas ein. Obwohl bereits in der romanischen Epoche des 11. und 12. Jahrhunderts und in der Übergangsperiode des 13. Jahrhunderts eine Reihe von Buch- und Wandmalereien sowie auch Werke der Bildhauerei entstanden und Zeugnis von der Höhe der damaligen kulturellen Entwicklung ablegen, wurde erst während der Herrschaft der Luxemburger Karl und Wenzel IV. im 14. Jahrhundert europäisches Niveau erreicht. Das älteste erhalten gebliebene Werk der Tafelmalerei — das sog. Fragment des *Roudnicer Polyptychons* — wird auf die Jahre vor 1350 datiert und ist somit etwas älter als die neun Tafeln des Altars von *Vyšší Brod,* welcher seinen Namen nach dem südböhmischen Zisterzienserkloster, in dem sie gefunden wurden, trägt. Er stellt die Passion Christi dar und ist das Werk eines unbekannten Künstlers. In der Plastik ist ihm der Meister der Madonna in Michle ähnlich. Der erste Künstler, den wir namentlich kennen, ist der kaiserliche Hofmaler *Theoderik.* Er schmückte um 1365 die Kapelle des Heiligen Kreuzes auf der *Burg Karlstein* mit Wandgemälden und mehr als 120 Tafelbildern - Halbgestalten von Heiligen - aus. Mit seinem Namen ist in einem bestimmten Maß auch die höfische Porträtmalerei verbunden. Bekannt ist das Votivbild des Prager Erzbischofs *Johann Oček* aus Vlašim. Von der damaligen Blüte der bildenden Künste zeugen auch die erhalten gebliebenen Reste der Buchmalerei, so z.B. das Passionsbuch der Äbtissin *Kunhuta.* Die Wandmalereien im *Prager Emauskloster,* die Plastiken aus der Hütte *Peter Parlers,* gaben der einheimischen Kunst eine grundlegend neue Entwicklungsrichtung.

Die böhmische Malerei erreicht in den 80er Jahren ihren Gipfel. In dieser Zeit entstehen die drei Flügel des Altars der Kirche des Augustinerklosters in *Třebon.* Sein Künstler gehört zu den bedeutendsten Persönlichkeiten der bildenden Kunst des Mittelalters.

In den Jahren um 1400 entwickelte sich aus der Zusammenarbeit der Werkstätten und durch eine ausgesprochen hohe Produktion ein immer reinerer Stil. Angeregt und bestimmt wurde diese Entwicklung vom kaiserlichen Hof in Prag. Inmitten des hochkultivierten Milieus wurden das Epitaph des Johann aus Jeřena, die Madonnen im St. Veitsdom und in *Jindřichův Hradec,* zahlreiche Stein- und Holzplastiken geschaffen. Ihre Kunstrichtung, welche sich in ganz Europa verbreitete und für deren Entstehung die böhmischen Länder eine entscheidende Rolle spielten, ist als »schöner Stil« bekannt. Ein hohes Niveau hatte die einheimische Kunst auch noch im 2. Jahrzehnt des 15. Jahrhunderts, jedoch ist diese Zeit bereits von wachsenden religiösen und sozialen Konflikten gekennzeichnet. Als die letzte große Persönlichkeit der älte-

Tafelmalerei in der Nationalgalerie: der Hl. Joseph

ren Tafelmalerei gilt der Meister von Rajhrad. Sein Altar, der nicht ganz erhalten blieb, wird um das Jahr 1420 datiert. Der Hussitenkrieg verursachte dann eine Stagnation der bildenden Kunst und so kann sie sich erst wieder im letzen Viertel des 15. Jahrhunderts mit der europäischen Entwicklung messen. Die böhmische Tafelmalerei wird durch das Werk des Meisters aus Litoměřice abgeschlossen, der mit ihm den Gipfel der spätgotischen Tradition erreicht und sich zugleich bereits um den Ausdruck des neuen Stils der Renaissance bemüht.

Bevor näher auf die Zeit des Barock, in der sich die tschechische Kunst nach der Gotik zum zweitenmal auf europäisches Niveau erhebt, eingegangen wird, müssen die Jahre der Herrschaft *Kaiser Rudolfs II.* erwähnt werden. Jeder Besucher der böhmischen Länder und ihrer Hauptstadt stößt unvermeidlich auf die Hinterlassenschaft dieses besessenen Verehrers und Kenners der bildenden Kunst. Der vielleicht größte Sammler aller Zeiten machte seinen Prager Hof zum Zentrum des künstlerischen Schaffens unzähliger Maler, Bildhauer, Kunsthandwerker. Angezogen von seinem Mäzenatentum kamen sie aus allen Ecken Europas in die Stadt an der Moldau, bildeten inspiriert von ihrer hoch kultivierten Umgebung Künstlerkolonien, schufen einen spezifischen Stil. Die sog. Rudolfinische Kunst, die verbunden ist mit den Namen *Spranger, v.Aachen, Heintz, Savery, A. de Vries, P.v. Vianen, O. Miseroni* und vielen anderen, kann trotz der unterschiedlichen Herkunft ihrer Vertreter wegen ihrer engen Verbundenheit mit Prag als spezifisch tschechisch bezeichnet werden.

Barock

Zum Synonym für Aussehen und Atmosphäre der goldenen, hunderttürmigen Hauptstadt der ČSSR wurde das Barock. Für die Mehrzahl der Fremden, egal ob sie Prag selbst besuchten oder es nur von Bildern kennen, bildet die Horizontale der Karlsbrücke, rythmisiert durch ihre barocken Statuen, oder auch die Kuppel der Kirche St. Niklas auf der Kleinseite ein wichtiges optisches Symbol. Ähnlich, wenngleich weniger monumental und dafür weitaus intimer, formte die Barockzeit das Aussehen der tschechischen Landschaft. In sie hineingesetzt wurden Kirchen und Schlösser, Gehöfte und Bürgerhäuser. Fast zwei Jahrhunderte dauerte die künstlerische Produktion dieses Stils und sie hat so die Interieurs der Bauwerke mit Arbeiten der Malerei, der Bildhauerei und des Kunsthandwerks überfüllt. Aber auch in der Volkskunst hat das Barock bis weit ins 19. Jahrhundert seine Spuren hinterlassen.

Die zentrale Persönlichkeit der tschechischen Barockmalerei ist *Karl Škréta* (1610-74). Nach der Niederlage am Weißen Berg emigriert, wurde er in Italien ausgebildet und hat nach seiner Rückkehr fast fünfzig Jahre in Prag gewirkt. Neben Gemälden in Kirchen, die voll sind von einem großzügigen Realismus zeigt sich seine Fähigkeit v.a. in der Porträtmalerei. Ein Porträtspezialist war auch der Weltenbummler *Johann Kupecký* (1667-1740), der auf verschiedenen europäischen Höfen, in Wien, Rom und Nürnberg erfolgreich wirkte. Von seiner herausragenden Bedeutung zeugt z.B. die Darstellung »Vision der Hl. Luitgard« auf der Karlsbrücke oder das Portal des Prager Černín-Palastes. Kupeckýs Statuen finden sich auch im Garten des Palais Vrtba. Im strengen Gegensatz zu seinem Lebenskosmopolitismus steht das Schicksal *Peter Brandels* (1668-1735). Er lebte und arbeitete nur in seiner Heimat und wurde so in Verbindung mit seiner großen Begabung zu einer legendären Persönlichkeit des tschechischen Hochbarock. Nicht nur seine kleineren Bilder, so z.B. der Mann mit der weißen Perücke oder Simon mit dem Jesuskind, sind malerisch und psychologisch überzeugend, sondern er beherrschte gleichzeitig die monumentale figurale Malerei (Heilung des blinden Tobias). Der letzte der großen Barockkünstler ist *Wenzel Lorenz Reiner* (1689—1743). Seine Hauptbedeutung liegt in der Wandmalerei.

Später als in der Malerei äußerte sich die Barockkunst in der Bildhauerei. Dem Maler Škréta entspricht der Schnitzer *Johann Georg Bendl* (1620?-1680), was seine im wesentlichen realistische Arbeit — Erzengel Rafael — belegt. An der Spitze der böhmischen Bildhauer stehen *Mathias Bernhard Braun* (1684-1738) und *Ferdinand Maximilian Brokoff* (1688-1731). Ihre Arbeit stellt einen Dialog zweier verschiedener künstlerischer Typen dar. Brauns Werk, so z.B. die Statuen des Judas Thaddäus oder des Verlorenen Sohnes, zeigt Bewegung, Dynamik, Übertreibung und eine virtuose Modellierung der Oberfläche, umfaßt aber auch eine Reihe kleinerer Modelle (Hl. Luitgard). Berühmt ist seine Ausschmückung des Schloßes in Kuks. Brokoffs Schaffen — zu besichtigen u.a. auf der Karlsbrücke — ist charaktersiert durch Monumentalität, Wucht und Realismus bis ins Detail.

Beim Betreten des ersten Hofes der Prager Burg kann der Besucher die »Kämpfenden Giganten« *Franz Ignac Platzers* (1717-1787), böhmische Rokokobildhauerei im Übergang zum Klassizismus bewundern. Der in der Welt bekannteste Barockkünstler überhaupt ist der Zeichner und Radierer *Wenzel Hollar* (1607-1672, Kupferstiche). Als Nachkomme einer niedrigen nichtkatholischen Adelsfamilie verbrachte er sein Leben als Emigrant im Ausland, arbeitete in Straßburg, Köln und Nordafrika; er starb in London. Bekannt sind seine Veduten europäischer Städte.

Nationales Wiedererwachen

Die Kunst des 19. Jahrhunderts hat spezifische Bedeutung für das tschechische Bewußtsein. Beleg für ein noch heute lebendiges Verhältnis zur Vergangenheit und der Tradition des nationalen Kulturerbes ist die zum 100. Todestag *Josef Mánes* durchgeführte Ausstellung der Nationalgalerie, die innerhalb von zwei Monaten 200 000 Besucher zählte. In der Zeit der nationalen Wiedergeburt inspirierten sich Musik, Literatur, Theater und bildende Kunst gegenseitig und führten die tschechische Kultur so zu einem ihrer Höhepunkte. *Antonín Machek* (1775-1844) war v.a. Porträtist und gefühlvoller Chronist der Prager Empire- und Biedermeiergesellschaft. Ihm verdanken spätere Generationen die Bildnisse tschechischer Patrioten, Pädagogen, Schauspieler.... *Antonín Mánes* (1784-1843) war bereits Schüler der Abteilung für Landschaftsmalerei der neugegründeten Prager Akademie der Bildenden Künste und lehrte später dort selbst. Er ist der Vater einer bedeutenden tschechischen Künstlerfamilie, seine Kinder Josef, Quido und Amalie waren alle selbst Maler. Zugleich kann er als Gründer der heimischen Landschaftsmalerei bezeichnet werden, die er aus ihren klassizistischen Anfängen über die Romantik bis zu einer realistischen Form führte. Lehrer Josef Mánes' und zweiter Professor der Akademie war *František Tkadlík* (1786-1840). Der Figuralist malte Bildporträts oder religiöse Szenen im Stil der deutschen Nazarener. *August Piepenhagen* (1791-1868) war Autodidakt und ein Maler, der über eine ungewöhnlich feine und intime Ausdrucksweise verfügte. *Josef Navrátil* (1798-1865), der letzte der fünf genannten Maler der ersten Künstlergeneration des 19. Jahrhunderts, der ursprünglich Zimmer von Bürgerhäusern strich und Schlößer dekorierte, war nicht nur das größte Naturtalent unter ihnen, sondern wegen zahlreicher Reisen auch außerordentlich gebildet. Als einer der Schlüsselfiguren der tschechischen Malerei widmete er sich in seinen Werken den verschiedensten Themenbereichen (Fuchsjagd, Gekochter Hummer, Othello und Desdemona).

Die Generation der Künstler, geboren im dritten Jahrzehnt des 19. Jahrhunderts, ist v.a. durch zwei Maler bekannt geworden. Der ältere von ihnen, *Josef Mánes* (1820-1871), war Sohn und Schüler Ant. Mánes'. Ob als Zeichner, Porträtist, Landschaftsmaler oder Figuralist — sein Werk ist zugleich formal und inhaltlich überzeugend. Getragen von einem hohen moralischen Ethos gelten seine Bilder »voller Gedankenkraft« und »sinnlicher Innigkeit« als eine der besten der tschechischen Malerei der Neuzeit. (Josefína, Abend und Morgen, Die Näherin, Landschaft an der Elbe, volkskundliche Aquarelle). Etwas jünger ist *Adolf Kosárek* (1830-1859), einer der begabtesten und ganz bestimmt monumentalsten Maler der heimatlichen Landschaft, ihres Dramas und ihrer Poesie.

Im Gegensatz zu früheren Generationen, die sich an deutschen Schulen orientierten, sehen viele tschechische Künstler von nun an Paris als Ort ihrer Ausbildung an. Inhaltlich interessant sind die Themen *Jaroslav Čermáks* (1830-78), die er v.a. aus der Beschäftigung mit der Geschichte schöpft (Befreiungskampf der Leute vom Schwarzenberg in Jugoslawien, Hussiten verteidigen einen Paß). Weniger verehrt als er wurde *Karel Purkyně* (1834-68), obwohl dieser heute als der eindrucksvollste Charaktermaler gilt. Doch seine sehnsüchtigen, kompromißlosen Bilder (Politisierender Schmied, Porträt der Kinder) wurden nicht verstanden, die Integrität von künstlerischer Überzeugung und Realisation nicht anerkannt.

Die »Generation des Nationaltheaters« wird eine Gruppe von Künstlern genannt, die sich an der Ausschmückung des 1883 eröffneten Prager Nationaltheaters beteiligten. Nicht nur der bekannte *František Ženíšek* beherrschte die figurale Malerei, in ihren überwiegend historischen und allegorischen Bildern zeigt sich sowohl ein ausgesprochenes Gefühl für das Dekorative *(V. Hynais)* als auch ein realistisches Verständnis *(V. Brožík)*.

Neben Mánes hat v.a. *Mikoláš Aleš* (1852-1913) den Titel eines »Nationalkünstlers« verdient. In seinen Bildern kommt wohl am besten das »tschechische Wesen« zum Ausdruck. Bereits seine Malerei ist schön und interessant (Treffen Jiří z Poděbrad mit Mathias Corvinius, Hussitenlager), doch waren und sind seine Zeichnungen zu Volksliedern und Sprüchen im Hinblick auf künstlerische Wahrnehmung und Ausdruck die bisher vollkommenste Darstellung der heimatlichen Wirklichkeit und ihrer Poesie.

Es ist eine unleugbare Tatsache, daß im Vergleich mit der Malerei die einheimische Bildhauerei weniger bedeutend und daher auch weniger bekannt ist. Erst mit *Josef Václav Myslbek* (1848-1922) wird das Gleichgewicht zwischen Malerei und Bildhauerei wiederhergestellt, erreicht diese europäisches Niveau. Myslbek nahm bereits am Wettbewerb um die Ausschmückung des Nationaltheaters teil, doch erreicht erst sein Spätwerk eine Synthese von monumentalem bildhauerischem Empfinden, sinnlicher Erkenntnis der Form und handwerklicher Vollkommenheit. Sein Werk überrascht durch die Breite der Themen und bildet die Voraussetzung für die neue tschechische Bildhauerei (Schmuck der Palacký Brücke und Denkmal des Hl. Wenzel in Prag).

Impressionismus, Expressionismus, Kubismus.

Ausgesprochene Individualisten waren die Künstler, die in den neunziger Jahren des vergangenen Jahrhunderts an die Öffentlichkeit traten. Die Skala ihrer Talente, künstlerischen Vorstellungen, Bemühungen und Ziele, aber auch ihre malerischen Mittel waren von jedweder Konformität weit entfernt.

Rückblicknd kann man sie so mit vollem Recht als die »Generation der neunziger Jahre« bezeichnen. Für ihre Nachfolger, Künstler, die zwischen 1880 und 90 geboren worden waren und von denen sich einige noch vor dem ersten Weltkrieg durchsetzen konnten, läßt sich dagegen bereits kein gemeinsamer Begriff mehr finden. In den Vereinigungen »Osm«, »Die Hartnäckigen«, der »Künstlerischen Versammlung« und vielen anderen arbeiteten Künstler mit gleichen programmatischen Vorstellungen zusammen. Mit einigen Einschränkungen ist es jedoch möglich, von der Generation der Expressionisten oder Kubisten zu sprechen. Es besteht nicht das geringste Problem 10 Künstler der damaligen Zeit zu nennen, welche in der modernen nationalen und in manchen Fällen auch internationalen Kunst einen Namen haben. Schon lange war Prag damals keine Provinzstadt mehr. In allen Bereichen der Kultur gab es Verbindungen und Kontakte mit den europäischen Zentren, bei den Austellungen *A. Rodins* im Jahre 1902 und *E. Munchs* 1905 konnten die einheimischen Maler die Entwicklungen der Gegenwartskunst kennenlernen. Doch bereits die »Generation der neunziger Jahre« hatte durch das Anheben des tschechischen auf das europäische Niveau ihre Aufgabe der »nationalen Wiedergeburt« erfüllt. Eine eigene Kultur war die Voraussetzung der sozialen und politischen Selbständigkeit.

Im Jahre 1887 wurde der Verband der Bildenden Künste »Mánes« gegründet, Brennpunkt und Bühne der jungen Generation, die sich um ein neues Verständnis der Kunst bemühte. Mit *Antonín Slavíček* (1870—1910) erreichte der Zweig der tschechischen Malerei, der sich bemühte den Charakter der böhmischen Landschaft immer intensiver wahrzunehmen, einen Höhepunkt. Beinahe vollendet durchlebte und fühlte er alle Prinzipien des Impressionismus. Mit der realen und sinnlichen Ästhetik dieses Stils kontrastiert das Werk *Jan Preislers* (1872-1918). Seine Welt ist die der Vorstellungen, Träume und romantischen Imagination. Inspiriert von Gedichten ist der aus der tschechischen Kunst nicht Wegzudenkende die unverfälschte Verkörperung des Symbolismus. Aus ähnlichen Quellen entstand zunächst auch das Werk *Max Švabinskýs* (1873-1962), dem es vergönnt war seine Altersgenossen in zweifacher Hinsicht zu überleben und der ein ungewöhnlich breites Werk hinterließ. Sinnliche Verzauberung kommt in seinen Grafiken, Zeichnungen, Mosaiken und Glasmalereien zum Ausdruck. Nicht nur als Maler, sondern auch als Organisator der vielfältigen, auch literarischen Tätigkeit der Generation der nationalen Wiedergeburt muß *Miloš Jiránek* (1875-1941) genannt werden. Indem sie das »Fenster nach Europa« öffneten, gewannen zwei Künstler nicht nur tschechische, sondern weltweite Bedeutung. *Alfons Mucha* (1860-1939) ist heute, vor allem nach der beherrschenden Welle der Renaissance der Secession in den letzten dreißig Jahren, der herausragendste Vertreter dieses Stils. *František Kupka* (1871-1957) ist eine Schlüsselfigur der Revolution der modernen Kunst, die etwas ungenau als »abstrakte« bezeichnet wird.

Bohumil Kubištas »Frauen im Bad« (1911)

Zu den Bildhauern dieser Zeit gehört *Ladislav Šaloun* (1870-1946), jeder Prag-Besucher kennt sein auf dem Altstädter Ring stehendes Denkmal Jan Hus.

Auf die Anregungen von außen reagierte die Generation, die zwischen 1905 und 10 an die Öffentlichkeit trat, schnell. Aber es existierte nie eine Zeit der bloßen Übernahme. Zwar ist es möglich, diese Etappe der tschechischen Kunst mit dem Blick von außen zu kritisieren, jedoch kann die Intensität der Bemühungen der jungen Künstler nicht geleugnet werden. Vielleicht kann man vereinfachend sagen, daß sich die bedeutendste Tendenz der Prager Schule an der Kreuzung eines scharfen und tragischen Expressionismus mit einem malerisch hochentwickelten Fauvismus zeigte. Während für diese Einordnung die ersten Ausstellungen der Osma in den Jahren 1907 und 08 maßgeblich waren, wendeten die Künstler sich in ihrer späteren Entwicklung dem Kubismus oder anderen Ausdrucksformen zu. Ein klassisches Beispiel ist das Werk des vielseitigen *Emil Filla* (1882-1953). *Vincenc Beneš* (1883-1971) entwikkelte sich dagegen von seinen kubistischen Anfängen zu einem Verehrer harmonischer Landschaften, *Otakar Kubín* (1883-1969) erreichte von einem expressionistischen Ausgangspunkt einen lyrisch und inhaltlich reichen, einfachen und doch noblen neoklassizistischen Stil. Erwähnt werden müssen außerdem *Atonín Procházka,* der konformistischere *Vilém Novak, Josef Čapek* und *Václav Špály.*

Die Kompliziertheit des menschlichen und künstlerischen Schicksals nur einer Generation von Künstlern kann an fünf Malern, die innerhalb von nur drei Jahren geboren wurden, aufgezeigt werden. Jeder von ihnen hat seinen festen Platz in der Geschichte der tschechischen Malerei, zwei zahlten jung den Preis des Ersten Weltkriegs. *Bohumil Kubišta* (1884-1918) ist aufgrund der Breite seines Talents, seiner Bildung und seines Engagements eine symbolische Gestalt dieser Gruppe. Intelligent und begabt hat er innerhalb weniger Jahre ein Werk geschaffen, welches ihn nicht nur in der Tschechoslowakei bekannt machte. Im europäischen Kontext ist seine Umorientierung vom Expressionismus auf den Kubismus einmalig. Seine künstlerische Vollendung erreichte auch *Rudolf Kremlička* nicht (1886-1932). Ausgehend von der Tradition der flämischen und holländischen Meister gelingt ihm in seinen Landschaftbildern und hier v.a. bei den weiblichen Figuren eine Synthese von Sinnlichkeit und Sensibilität.

Zu den einheimischen Wurzeln bekannten sich programmatisch die Künstler, die in der ältesten Verbindung der »Umělecká beseda« (1863, Vorsitzender J. Mánes) zusammengeschlossen waren. Eine leitende Persönlichkeit stellte über lange Jahre *Václav Rabas* (1885-1954) dar, zugleich der führende Vertreter einer Kunst, die sich immer wieder von neuem von der tschechischen Natur inspirieren ließ. Seine Landschaften haben ein einfaches Relief und bescheidene Farbigkeit, doch kommt in ihnen auch innere Monumentalität und historisches Pathos zum Ausdruck. *Josef Lada* (1887-1957) schuf sich seine eigene Welt des einfachen Dorflebens, deren von Aleš ausgedrückte Anmut und Ruhe nicht von der modernen Zeit berührt zu sein scheint. Jahrzehntelang entstehen seine sich nur wenig verändernden Zeichnungen, koloriert mit einer poetischen Einfachheit.

Aus der Generation der Bildhauer, die in den achtziger Jahren des vergangenen Jahrhunderts geboren wurden, sollen drei genannt werden, von denen zwei europäisches Format erreichten. Das Werk *Jan Štursas* (1880–1925), Schüler und Nachfolger Myslbeks auf der Prager Akademie, läßt sich als großzügige Synthese der monumentalen bildhauerischen Empfindung des Lehrers und dem komplizierten Lebensgefühl des modernen Menschen charakterisieren. Ein Gefühl, das Heimat und Welt, die soziale Problematik der Zeit, die Tragik der Kriegsgeneration und die Sehnsucht nach einer Erfüllung des Lebens, nach Sinn, Glück und Arbeit beinhaltet. Dreißig Jahre überlebte den jung gestorbenen Štursa *Otakar Španiel* (1881-1955). Er wurde in Wien ausgebildet und arbeitete lange Jahre in Paris, der Schwerpunkt seines Werks liegt bei Medaillen. Durch eine Reihe von Ausstellungen wurde der Name *Otto Gutfreunds* (1889-1927) im Ausland bekannt. Seine Auffassung des Kubismus äußert sich in Werken, für die sich nur schwer Vergleichbares finden läßt. Später widmete er sich mehr architektonischen Plastiken und öffentlichen Aufgaben.

Moderne

Die Künstler, die zur ersten Welle der tschechischen Moderne gehören, wurden im letzten Jahrzehnt des vergangenen Jahrhunderts geboren. Neben dem älteren und bereits erwähnten Rabas basieren auch die Arbeiten des vielseitigen *Vlastimil Rada* (1895-1962) sowie des eher einseitigen *Vojtěch Sedláček* (1892-1973) auf dem Programm der Hinwendung zum tschechischen Landleben, welches die Umělecká beseda vertrat.

1911 verließen einige jüngere Maler die Vereinigung Mánes und gründeten die »Gruppe der bildenden Künstler«. Auch der erste Weltkrieg konnte die Kontinuität der tschechischen Kunstgeschichte nicht unterbrechen. Denn die 1918 gebildete Gruppe der »Hartnäckigen« knüpfte in einem gewissen Sinn an deren Bemühungen an. Unter ihnen befanden sich *Špála, Čapek* und *Kremlička* sowie weitere der bedeutendsten Vertreter der modernen Malerei des Landes. Zu ihnen gehörte auch der originelle *Jan Zrzavý* (1890-1977), der die Realität in den Bereich der Traumimagination übertrug.

Der erste Weltkrieg und die Bildung der unabhängigen Republik, aber auch die russische Revolution stärkten das soziale Verantwortungsgefühl der Künstler (Gutfreund, Kotík, Holan, Holý). Unter dem Einfluß der sowjetischen Proletarierkunst bildeten Vertreter aller Bereiche im Jahre 1920 den Verband der modernen Kultur »Devětsil«. Doch bereits in der Mitte des Jahrzehnts wird die soziale Tendenz zugunsten eines poetischen Sehens der Welt, einer tiefen lyrischen Sinnlichkeit und dichtem methaphorischem Ausdruck schwächer. Der Hauptvertreter des tschechischen Poetismus *K. Teige* spricht von »Bildpoesie«. Obwohl die künstlerische Orientierung an gesellschaftlichen Fragen abnimmt, ist sie latent doch stets vorhanden, die poetistische Richtung nähert sich mehr und mehr dem Surrealismus, er spielt in den dreißiger Jahren in der ČSR eine bedeutende Rolle. Trotz aller Unterschiede in Leben und Werk — bei einigen ist ein starker Einfluß aus Paris feststellbar — können zu diesem imaginativen Zweig der einheimischen Kunst folgende Vertreter gerechnet werden : *A. Wachsmann* (1898-1942), *F. Janoušek* (1890-1943), *J. Štýrský* (1899-1942), seine Lebensgefährtin Toyen *(M. Čermínová,* 1902-80), *F. Musika* (1900-74). Bedeutendster unter ihnen war *Josef Šima* (1891-1971), der großen Einfluß auf die Ausformung des Talents des Malers und Grafikers *F. Tichý* (1896-1962) hatte. Unter dem Druck der politischen Verhältnisse kehrte in den 30er Jahren der humanistische, gesellschaftskritische Inhalt in die Bilder zurück, als Beispiel dafür kann *V. Sychr* (1903-63) genannt werden.

Die tschechische Bildhauerei dieser Zeit entwickelte sich in ähnlicher Richtung. Das Erbe Štursas und v.a. der »soziale Zivilismus« Gutfreunds haben alle Bildhauer wesentlich beeinflußt. Sozial akzentuiertes Schaffen ist eine gemeinsame Ebene von *B. Stefan* (1886-1982), ein späterer Professor der Prager Kunstindustrieschule, *K. Dvořák* (1893-1950) und *K. Pokorný* (1891-1962).

Andere Wege ging *V. Makovský* (1900-66), der von der abstrakten Kunst be-

Jindřich Styrský »Collage zum Traum über den Vater«

einflußt und Mitbegründer einer surrealistischen Gruppe war. Einem der besten tschechischen Bildhauer des 2. Drittels des 20. Jahrhunderts ermöglichte jedoch sein primäres Gefühl für die Bildhauerei eine großzügige Formsynthese. Eine raffinierte Verbindung der modernen Sensibilität mit den Inspirationen der Antike und des einheimischen Barock charakterisert das Werk *J. Wagners* (1901-57). Ebenso wie der immer noch tätige *Jan Bauch* (1898) der Nestor der modernen tschechischen Malerei ist, verfügt die Bildhauerei in *Hana Wichterlová* (1903) über eine Symbolfigur.

Die Arbeit der Generation, die am Ende der dreißiger Jahre an die Öffentlichkeit trat, ist gekennzeichnet von der Atmosphäre der Okkupation, den Gefahren des Weltkriegs und dem verzweifelten Suchen nach Werten und Sicherheit. Das damalige Panorama der Bemühungen belegen drei Gruppen. Die »Sieben im Oktober« haben den Schwerpunkt ihrers Schaffens in Drama und Tragik des menschlichen Schicksals, dem Wesen seines Seins. Den Sinn ihrer malerischen Versuche sahen sie in der Rückkehr zu Themen von allgemeiner Gültigkeit. Zu ihnen gehörten *V. Hejn* (1914), *F. Jiroudek* (1914) und *J. Liesler* (1912), dessen damaliges Auftreten am meisten überzeugte. Ausgangspunkt der Gruppe 42 war die moderne Zivilisation, abgebildet wurde v.a. die Stadt. Nach ihren eigenen Aussagen suchten sie den »Menschen in der Stadt und die Stadt im Menschen« (*F. Hudeček* (1909), *F. Gross* (1909-85), *K. Lhoták* (1912), *K. Souček* (1915-82), *J. Kotík* (1916), *J. Smetana* (1918) u.v.a.). Für sie gilt, daß ihr späteres Leben und ihre Überzeugung von den gemeinsamen Anfängen weg zu unterschiedlichen Zielen führte. Die letzte der drei Gruppen war »Ra«, die an Praxis und Theorie des Surrealismus anknüpfte, was die

Arbeiten von *J. Istler* (1919), *V. Tikal* (1906-65) und *B.Lacina* (1912-71) belegen.

Galerien

Die zentrale Institution ist die Nationalgalerie in Prag, deren Sammlungen angesichts ihrer Größe und ihrer Bedeutung zu den besten Europas gehören. 1796 gegründet, blickt sie auf eine fast zweihundertjährige, abwechslungsreiche Geschichte zurück. Sie entstand auf Initiative einiger aufgeklärter Adeliger, die die sog. Gesellschaft der patriotischen Freunde der Kunst bildeten. Eine ihrer ersten Ziele war die Einrichtung einer Gemäldegalerie, in der Bilder, die von verschiedenen Künstlern und Besitzern ausgeliehen wurden, zu sehen waren. 1901 gründete man die »Moderne Galerie«, nach der Entstehung der Republik wurden beide Sammlungen vereinigt und in öffentliches Eigentum überführt. 1945 verabschiedete die Regierung das Gesetz über die Errichtung der heutigen Nationalgalerie. Ihre Ausstellungsräume befinden sich in einer Reihe historischer Bauwerke, jedoch können nur kleine Teile des riesigen Fundus gezeigt werden. Im Palais Šternberg auf dem Hradschin ist die ausländische europäische Kunst aller Richtungen zu sehen. Das älteste Prager Kloster sv. Jiří (gegr. 973, Hradschin) wurde für Ausstellungszwecke renoviert und 1976 der Öffentlichkeit zugänglich gemacht. In ihm ist eine ständige Ausstellung von rund 500 Exponaten der tschechischen Kunst des Mittelalters und des Barock untergebracht. 1980 wurde die Dauerausstellung der tschechischen Malerei des 19. Jahrhunderts in den Räumen des rekonstruierten Agnesklosters (13. Jahrh., Altstadt) eröffnet. Seit 1954 befinden sich die Werke der einheimischen Bildhauerei des 19. und 20. Jahrhunderts in dem in der Umgebung der Hauptstadt liegenden Barockschloß Zbraslav. Zu Beginn der neunziger Jahre soll der Aufbau der verschiedenen Schauräume, welche eine möglichst vollständige Präsentation der tschechischen Kunst ermöglichen, fertiggestellt sein. Dann wird die Kunst des 20. Jahrhunderts im restaurierten Gebäude des Messepalastes, einem architektonischen Denkmal der 20er Jahre, gezeigt werden können. Eine ständige Exposition von Werken aus der Zeit der Spätgotik und der Renaissance ist in der *Burg Kost,* eine Barockaustellung im Schloß Karlova Koruna in *Chlumec nad Cidlinou* untergebracht. Beide Orte befinden sich in Ostböhmen. Die Tschechoslowakei verfügt über ein dichtes Netz von ständigen Ausstellungen, zugleich gibt es aber auch gute Galerien mit ständig wechselndem Angebot. In Prag ist das z.B. die Mittelböhmische Galerie und die Galerie der Hauptstadt Prag. In Südböhmen finden die Besucher in *Hluboká nad Vltavou* die »Südböhmische Galerie M. Aleš« mit einer ausgezeichneten Sammlung gotischer Kunst. In Westböhmen befinden sich die wichtigsten und interessantesten Galerien in Plzeň, Cheb und Karlový Vary, in Nordböhmen in Liberec und Litoměřice, in Ostböhmen in Hradec Králové und Pardubice. Einen Besuch wert ist die »Mährische Galerie« in Brno.

Und überall klingt das Volkslied...?

Anmerkungen zur Folklore

Werte und Erscheinungen der Volkskultur als Zeichen des nationalen Selbstbewußtseins sind offensichtlich immer mit Ausnahmesituationen der Geschichte verbunden. Als die ČSR nach dem Ersten Weltkrieg ihre Selbständigkeit erreicht hatte, war die Begeisterung so groß, daß z.B. Frauen auch in solchen Gebieten und Städten, wo die Trachten keinen Platz im Leben mehr hatten, Volkstrachten bei festlichen Gelegenheiten trugen. Die Frauen hatten sie sich gekauft, oder nach Anweisung selber genäht und gestickt. Dies hat sich in der Zeit vor Anfang des Zweiten Weltkriegs, als die nationale Selbständigkeit wieder gefährdet war, wiederholt. In den ersten zwei Jahren nach dem Zweiten Weltkrieg war es wiederum genauso. Andere Ausnahmesituationen, wie die Zeit der nazistischen Okkupation, gaben kaum Gelegenheit zu einer solchen Art offener Manifestation der eigenen Kultur; denn die nationalsozialistische Herrschaft zielte darauf hin, die Nation zu liquidieren und ihr die ureigensten kulturellen und geschichtlichen Traditionen wegzunehmen. In dieser Situation wurden Volkstraditionen und Folklore im Bewußtsein der Menschen zum Träger der eigenen Geschichtlichkeit. Obwohl z.B. die Buchproduktion eingeschränkt war, erschienen alte tschechische Märchen und Sagen im Rahmen von Editionen für Jugendliche. Als bestimmte gesellschaftliche Aktivitäten, besonders im sozialen und politischen Bereich verboten wurden, verlegten sich diese auf die Gründung von landsmännischen Zirkeln und Gruppen, wo man regionale Traditionen pflegte.

Am Ende des Zweiten Weltkriegs sollte mit Hilfe der Folklore die Begeisterung für die wiedererlangte Freiheit gezeigt werden. Diesmal aber ging alles noch weiter, denn die kommunistische Partei hat eine spontane Bewegung erzeugt, mit der »eine neue Brüderlichkeit und eine neue Kollektivität« geschaffen werden sollte. *Milan Kundera* beschreibt sie in seinem Roman »Der Scherz«: »Und bald stellte sich heraus, daß das Unglaubliche tatsächlich wahr zu werden begann. Niemand hatte für die Volkskunst jemals mehr getan als die kommunistische Regierung. Sie widmete der Gründung neuer Ensembles riesige finanzielle Mittel. Volksmusik, Geige und Zimbal erklangen täglich im Rundfunk. Mährische und slowakische Volkslieder überfluteten Hochschulen, Maiaufmärsche, Jugendfeiern und Freiluftkonzerte. Der Jazz war in unserem Land nicht nur von der Bildfläche verschwunden, er wurde zum Symbol des westlichen Kapitalismus und seiner Dekadenz. Die Jugend tanzte auf ihren Festen nicht mehr Tango oder Boogie-Woogie, sondern faßte sich um die Schultern und tanzte im Kreis einen Reigen. Die Kommunistische Partei war bemüht, einen neuen Lebensstil zu schaffen. Sie berief sich auf

Folklorefestival in Východná

Stalins berühmte Definition der neuen Kunst: sozialistischer Inhalt in nationaler Form. Allein die Volkskunst konnte unserer Musik, unseren Tänzen und unserer Poesie diese nationale Form verleihen.«

Nach der kommunistischen Machtübernahme im Jahre 1948 wurde die Entfaltung der Folklore vom Staat noch stärker unterstützt und ideologisch begründet: »Der Sozialismus aber befreit die Menschen vom Joch der Vereinsamung. Die Menschen werden in einem neuen Kollektiv leben. Sie werden untereinander verbunden sein durch ein einziges gemeinsames Interesse. Ihr privates Leben wird mit dem öffentlichen Leben verschmelzen. Sie werden wieder vereinigt sein durch Dutzende von gemeinsamen Zeremonien, sie werden sich neue kollektive Bräuche schaffen. Einige werden sie aus der Vergangenheit übernehmen. Erntedankfeste, Fastnacht, Tanzfeste, Arbeitsbräuche. Einige werden sie neu schaffen. Erster Mai, Meetings, Befreiungsfeiern, Versammlungen.«

Im Sommer wurden Folklorefestivals veranstaltet, im Rundfunk waren die Sendungen überlastet von Programmen mit Volksliedern, Volksmusik, Volkserzählungen, in welchen vor allem die sozialkritische Note verdeutlicht wurde und alles, was im Zusammenhang mit der Religion stand, gestrichen wurde. Diese öffentlich geförderte Folklore konnte in manchen Dörfern an alte Überlieferungen anknüpfen, z.B. in Süd- und Westmähren, Südböhmen und der Slowakei. In Großstädten funktionierte diese

Folklorebewegung als ein Kennzeichen des Teiles der Gesellschaft, der an die Verwirklichung der Idee des Sozialismus glaubte und aus diesem Glauben auch Nutzen zog. Es wurden neue Traditionen begründet: Gefördert wurden speziell schriftliche und mündliche Arbeiter-Erinnerungen, es wurden aber auch Wettbewebe von Volkserzählern usw. unterstützt.

Als in den sechziger Jahren die Krise der Gesellschaft immer deutlicher wurde, mußte man feststellen, daß man nicht nur ökonomische Fehler gemacht hatte, sondern auch die kulturelle Entwicklung auf Irrtümern gegründet war. Die alten Volksliedern nachgedichteten Lieder mit sozialistischem Inhalt wurden als Kitsch entlarvt.

Im Laufe der »Normalisierung«, als alle Hoffnungen auf mehr kulturelle Freiheit allmählich aufgegeben wurden, gewann die Folklore wieder eine ähnliche Bedeutung wie in den Zeiten der Unterdrückung. Weil die Folklore schon einen festen Platz im Kulturleben hatte — es gab Sendungen für Märchen- und Volkslieder im Rundfunk, es gab Folklorefestivals an bestimmten Orten — wurde dies wieder ausgenutzt. Die zurückkehrende Zuneigung zur Folklore hatte sich auch in anderen Erscheinungsformen geäußert. Viele Popsänger reihten die Volkslieder in ihr Repertoire ein und zwar sowohl die professionellen Popstars, wie z.B. *Waldemar Matuška,* als auch die der alternativen Kultur (*Jaroslav Hutka).* Es entstand auch eine professionelle Kammerorchestergruppe beim Sinfonischen Orchester in Prag. Auf den Schallplattenhüllen wurde erklärt, daß das Volkslied bewundernswert sei, weil niemand es künstlich schaffen könne. Hierin liegt auch der Grund für die Belebung des Interesses für Folklore. Da die äußerliche Anpassung eine Lüge ist, ist auch die offizielle Kultur auf der Lüge gegründet, die Folklore entspricht der Wirklichkeit und den ursprünglichen Werten der Nationalkultur. Die Volkskultur in dieser Zeit diente nicht nur als Zeichen des Widerstands, sondern in ihrer Ganzheit repräsentierte und interpretierte sie die Werte der eigenen Kultur, da es keine anderen Möglichkeiten gab. Die unbewußte Suche nach einer nationalen und kulturellen Identität hatte in der Folklore einen Ausgangspunkt gefunden. Tatsächlich hatte nicht nur dieses Kammerorchester in Prag, dessen Veranstaltungen ständig ausverkauft waren, große Popularität gewonnen.

Die verschiedensten Untersuchungen zeigen, daß seit den achtziger Jahren immer mehr junge Leute an Folklorefestivals oder Folkloreensembles teilnehmen. Auch Befragungen in mährischen Dörfern ergaben, daß 90% der Einwohner Interesse an Brauchtumsveranstaltungen haben und auch die Jugend sich gern an diesen Formen des gesellschaftlichen Lebens beteiligt.

Dank dieser nicht einfachen Entwicklung wurde in manchen Gebieten Böhmens, aber vor allem in Mähren die lebendige Tradition erhalten, es wurde sogar — teilweise künstlich — eine Folkloreregion geschaffen.

Ein Beispiel aus Böhmen hilft, diese Situation zu erklären: Im Böhmerwald, dem einzigen Folkloregebiet Böhmens, sind manche Erscheinungsformen der traditionellen Volkskultur erhalten geblieben. Das hat aber etwas

Faschingsumzug in Postřeksvé na Chodsku

mit dem volkskundlichen Interesse in diesem Gebiet zu tun. Zuerst war es die Schriftstellerin *Božena Němcová*, die hier sowohl Märchen als auch Erzählungen aufgeschrieben hatte und auch manche Erscheinungen der traditionellen Volkskultur beschrieb. Wir können außerdem noch *J. Š. Baar* und *J. Jindřich* nennen. Die Sage über Kozina von *Al. Jirasek*, die er aus dem lokalen Sagengut aufgearbeitet hat, inspirierte wiederum nicht nur andere Künstler, sondern auch viele Erzähler. Außerdem wurde diese Sage wie eine nationale Sage in manche Lesebücher und Sammlungen aufgenommen. In Böhmen wurde nach dem Zweiten Weltkrieg, als der Staat die Erhaltung und Entwicklung der Volkskultur gefördert hatte, eine Genossenschaft gegründet, in der Gebrauchsgüter, aber auch Souvenirs nach alten Mustern — oder von ihnen inspiriert — angefertigt wurden. In Domažlice (Taus) sollte alle zwei Jahre ein Folklorefestival der Dudelsackmusik veranstaltet werden. So ist ein »typisches ethnographisches Gebiet« entstanden, wo man Trachten trägt, typische Kuchen gebacken werden usw.

Die Leute pflegen die eigene Tradition bewußt, und trotz der künstlichen Belebungsspritze im Rahmen des staatlichen Programms in den fünfziger Jahren, geht es hier nicht um etwas Künstliches. Die Tradition ist von den Menschen weiter überliefert, sie stellt nicht ein Programm für Besucher, sondern einen Teil des Lebens dar.

Wer die farbliche Schönheit der Volkstrachten sehen, Volksmusik, Zymbal und Volkslieder hören und dazu einen guten mährischen Wein genießen möchte, der sollte Südostmähren besuchen. Die Region Moravské Slovensko-

Der Bär, eine der Hauptfiguren der Faschingsumzüge

Slovácko — mährische Slowakei — bietet den Besuchern zahlreiche Möglichkeiten, etwas von der Natürlichkeit, Ehrlichkeit und Gastfreundschaft zu erleben.

Im Jahre 1921 war dort das Slovácký rok — das Jahr der mährischen Slowakei — veranstaltet worden. Da es großen Erfolg hatte, wurden nach diesem Muster auch in Nachbargebieten Veranstaltungen durchgeführt. Später war Kyjov als Zentrum von Folkloretätigkeiten bekannt. Deshalb wurde die Volkstracht aus Kyjov in manchen Städten als mährische Volkstracht überall bekannt, obwohl in diesem Gebiet fast jedes Dorf seine eigene Tracht hatte. Jeden Sonntag wurden die festlichen Volkstrachten zur Messe getragen, was auch manche Künstler wie *Jožka Úprka* inspiriert hat, sie in Bildern darzustellen.

Das Zentrum des Hauptfolklorefestivals in Strážnice, das jedes Jahr am Anfang der Schulferien veranstaltet wird, unterstützt natürlich die Folkloretradition in der weiteren Umgebung und auch die Entfaltung der örtlichen Folkloregruppen. So gab es z.B. im Jahre 1974 in diesem Gebiet 43 spezialisierte Musikensembles, die in den Dörfern wirkten und sich hier auch bei der Darbietung der jährlichen Bräuche wesentlich beteiligten, sie sogar allein organisierten. Es gibt auch örtliche Folklorefestivals in diesem Gebiet; erwähnt sein sollen mindestens die Feste in *Tvrdonice,* wo Folklore aus dem volkskundlichen Gebiet Podluž vorgeführt wird; das Haná Gebiet hat sein Festival in *Krumvíř,* es gibt noch Feste in Kyjov, Milotice, Hluk und Velká nad Velickou. Besucher bevorzugen diese örtlichen Festivals wegen ihrer Spontaneität, Freundschaftlichkeit, Begeisterung und Euphorie von Mitwirkenden und Zuschauern. Fachlich gesehen ermöglicht jedoch das große Festival in Strážnice Vergleichsmöglichkeiten für die örtlichen Folkloregruppen. So eine Situation begünstigt natürlich die Erhaltung und weitere Entfaltung der Folkloretradition fast in ganz Mähren, wo die Volkskultur noch im Lauf des Industrialisierungsprozesses lebendiger war als in Böhmen.

Zu den lebendigsten Brauchtumsveranstaltungen gehören die Faschingsumzüge, sie sind so populär geworden, daß es in manchen Ortschaften in den letzten Jahren zur Erneuerung dieses Brauchs kam, wo er schon vor mehr als zwanzig Jahren, ja sogar manchmal fünfzig Jahre, zu existieren aufgehört hatte. Im streng katholischen Mähren wurden diese Feiertage genau in der Zeit, die von dem kirchlichen Kalender bestimmt sind, veranstaltet, in Böhmen sind sie oft auch früher oder später. Die lustigen Umzüge erhielten ihren besonderen Charakter durch die vielen Masken. Man band sich eine Larve vor oder schwärzte das Gesicht ganz einfach mit Ruß. Manche hingen sich Tierfelle um oder auch ungewendete Pelzmäntel. Die ältesten im Faschingszug getragenen Masken stellten Tiere dar, wobei der charakteristische Bär dominierte. Anderswo wurde Pelz durch Stroh ersetzt, so oft in Mähren oder der Slowakei. Sehr alten Datums sind auch Verkleidungen wie Jude, Narr, verschiedene Handwerker, auch eine Parodie der Hochzeit findet im Umzug statt. Oft wird die ältere Zeremonie der Beschuldigung und angeblichen Hinrichtung und das Begräbnis des Bären oder Bacchus' veranstaltet. In Mähren machten gegen Faschingsende aber nicht nur maskierte Gruppen den Rundgang, sondern auch Männer und junge Burschen in Volkstracht, die in jedem Haus einen sog. Wohlstandstanz vorführten. Es handelt sich um einen einst bei allen Slawen allgemein verbreiteten uralten Schwertertanz. Auf die Faschingszeit freut sich jeder. Im Vergleich zu Deutschland oder der Schweiz ist er nicht so fest durchorganisiert und jeder kann mitmachen, wenn er will und eine gute Idee hat. Zu den abendlichen Tanzveranstaltungen sind alle herzlich eingeladen und auch Besucher können teilnehmen.

Wir könnten hier viele Beispiele erwähnen, bei denen Folkloreensembles mitwirken, vor allem jedoch müssen die mährischen Kirchweihfeste erwähnt werden, die nach der alten Tradition noch immer in Mähren veranstaltet werden, ähnlich wie die Fahrt der Könige — jízda králů —, die eine merkwürdige, farbige Schau bietet.

Zentrum der Begegnung der Folkloregruppen und Ensembles in der Slowakei ist *Východná,* eine schöne Gegend in der Nähe der Hohen Tatra. Ihr Charakter ist nach dem ersten Eindruck älter, die Trachten sind einfacher, denn in Gebirgen haben sich immer ältere Kulturformen erhalten.

Die Länder der böhmischen Krone

Die Tschechoslowakei, Land jenseits der Europa trennenden Grenze, ist aus unseren Medien weitgehend verschwunden. Nur ab und zu, wenn an Jahrestagen großer geschichtlicher Ereignisse die Bewohner der Hauptstadt auf ihren Straßen demonstrieren, erscheinen kleine Meldungen — Randnotizen. Die Geschichte Europas wird heute in Bonn, Paris und London gemacht, mit Erwartung und Spannung blickt die Welt nach Moskau. Dies freilich war nicht immer so. Jahrhundertelang fielen in Böhmen europäische Entscheidungen, zog Prag als Hauptstadt des Heiligen Römischen Reiches Deutscher Nation neben Politikern und Diplomaten unzählige Chronisten des Kontinents an. Doch neben dem Glanz der goldenen Stadt und ihrer Herrscher galt es auch von den Niederlagen der Bewohner des Landes zu berichten. Nicht nur einmal wurden Reformer und Revolutionäre vor der Ausbreitung ihrer Bewegung in Europa geschlagen. Vor 20 Jahren trug dies zuletzt zu seinem Vergessen bei.

Libuše Erleuchtung war nicht der Anfang

Als die Seherin und Fürstin *Libuše* die Entstehung einer berühmten Stadt an der Stelle voraussagte, an der ihre Ausgesandten einen Mann beim Bau der Schwelle (tschechisch: práh) seines Hauses antreffen werden, war das Gebiet des späteren Prag (tschechisch: Praha) schon über 4000 Jahre bewohnt. Die keltischen Bojer hatten dem Land, der westslawische Stamm der Tschechen seinen Bewohnern den Namen gegeben. In ihren blutigen Machtkämpfen siegten im zu Ende gehenden 9. Jahrhundert die Přemysliden, fast 500 Jahre werden sie von nun an Böhmen regieren. Der erste historisch belegte Vertreter

Libuše wählt den Bauern Přemysl zu ihrem Mann und künftigen Herrscher über Böhmen

ihres Geschlechts war *Bořivoj*, der Gründer der Prager Burg. Hier treffen sich Sage und Geschichte.

Die Überlegenheit des Christentums anerkennend ließ sich Bořivoj 873 vom Slawenapostel *Method* am Hofe des Großmährischen Reiches taufen. Dieser sich zwischen Byzanz und dem Karolingischen Imperium ausdehnende älteste westslawische Staat hatte zu Beginn des 9. Jahrhunderts die Herrschaft über die Tschechen gewonnen. In ihm waren nicht nur Slawen in Böhmen, Mähren und der Slowakei, sondern auch Lausitzer Sorben und Polen vereinigt, hier entstand, wie ein tschechischer Historiker 1960 schrieb, »die älteste slawische Kultur überhaupt«. Altkirchenslawisch war neben dem Griechischen und Lateinischen die »dritte internationale Sprache«.

Nach dem Tode *Svatopluks*, dem bedeutendsten Herrscher des Großmährischen Reiches, zerfiel es unter dem Druck der Nachbarstaaten und separatistischen Bestrebungen im Inneren zu Beginn des 10. Jahrhunderts. 895 hatten sich die böhmischen Stämme aus der Oberhoheit der Großmacht befreit. Um sich Europa anzunähern, bemühte sich *Václav*, dritter der Přemysliden und zukünftiger Schutzpatron des Landes, um engere Bindungen an Bayern und — als auch von diesen die Abhängigkeit zu groß wurde — an Sachsen. Da Václavs Bruder *Boleslav* diese Politik ablehnte, ließ er ihn 929 ermorden. Bald jedoch mußte auch er die wachsende Macht der Ottonen und die Lehensherrschaft des Reiches anerkennen.

Bereits zu Beginn seiner (bekannten) Geschichte stand Böhmen somit unter dem Einfluß wechselnder politischer Kräfte aus Ost und West. Als Dank für ihre Unterstützung deutscher Kaiser wurden die Přemysliden zu Königen erhoben. *Vratislav I.* hatte Heinrich IV. im Investiturstreit, *Vladislav I.* Friedrich Barbarossa gegen die aufständischen italienischen Städte geholfen. Erblich wurde die Königswürde 1212 — durch die Sizilianische Bulle Kaiser Friedrichs II. Tschechische Historiker legen Wert auf die Feststellung, daß in dieser Zeit der Einfluß des Kaisers in Böhmen weit geringer gewesen sei als derjenige der Böhmen im Reich. Denn ihr König war es, der als erster der sieben Kurfürsten den deutschen Herrscher zu wählen hatte.

Zu Beginn des 13. Jahrhunderts führte die Entwicklung von Handel, Landwirtschaft und Silberbergbau zur Gründung von rund 50 neuen Städten. Der ökonomische Aufschwung machte das Land zu einem der fortgeschrittensten Europas. Das böhmische Bergrecht setzte für lange Zeit Maßstäbe und der nach der Münzreform von 1300 geprägte Prager Groschen wurde ein begehrtes Zahlungsmittel. In den Städten verdrängten deutsche Kaufleute die orientalischen Händler; teilweise privilegierten die Feudalherren auch die Ansiedlung ausländischer Bauern und Handwerker.

Aufblühen und Niedergang Böhmens in der zweiten Hälfte des 13. Jahrhunderts ist eng verbunden mit König *Přemysl Otakar II.* Durch Heirat und geschickte Feldzüge war es ihm gelungen, sein Reich über die deutschen Donauländer bis an Adria und Nordsee auszudehnen. Dann jedoch geriet er beim Griff nach der deutschen Kaiserkrone in Konflikt mit *Rudolf von Habsburg*, dem er 1278 in der Schlacht auf dem Marchfeld unterlag. Für Böhmen begann eine Zeit des Wirrwarrs und der Thronstreitigkeiten, die auch mit der nach der Ermordung des letzten Přemysliden *Václav II.* (1306) notwendig gewordenen Wahl *Johann von Luxenburgs* zum böhmischen König nicht endeten. Der Kriegsbegeisterte sah in den ihm untergebenen Ländern lediglich eine Einnahmequelle für abenteuerliche Feldzüge. Die Herrschaft überließ er dem Adel.

Die goldene Reichshauptstadt

Ein »Poet und Planer« machte Böhmen und seine Hauptstadt zum glänzenden Mittelpunkt des Reiches. Jedoch nicht »durch Kriege, sondern durch vier durchdachte, politisch motivierte Heiraten, durch geschickte Diplomatie und die allgemeine Autorität eines frommen Mannes von höchster Moral« wird der »bedeutendste Monarch in der Geschichte des tschechischen Staates« zum »Herrn über Europa«. Noch heute gilt Kaiser *Karl IV.* als »Vater des Landes«.

Achtzehnjährig vom französischen Hof, wohin ihn sein Vater Johann zur Erziehung und Ausbildung geschickt hatte, zurückgekehrt, zwölf Jahre später, 1346, zum König Böhmens und Deutschlands, 1355 zum römisch-deutschen Kaiser gekrönt, wurde Karl von der politischen Vorstellung geleitet, in Mitteleuropa einen zentral regierten Staat zu schaffen. Von der traditionellen Bindung an Italien gelöst, sollten sich die deutschen Länder einschließlich Österreichs Osteuropa annähern. Prag sollte zum »Rom des Nordens« werden.

Bereits 1344 hatte der Luxemburger die Erhebung der Stadt zum Erzbistum erwirkt. Die Abhängigkeit von Mainz fiel damit fort, gleichzeitig gewann Prag die Oberhoheit über die Bistümer Olmütz (Olomouc) und Breslau, was eine engere Bindung der östlichen Provinzen an Böhmen zur Folge hatte. Anschließend wurde dieses mit Mähren und Schlesien zu den »Ländern der böhmischen Krone« zusammengefaßt und Karls Hausmacht so beträchtlich erweitert.

1348 befahl der König die Errichtung einer großzügig um die Prager Altstadt gelegten Neustadt und umgab beide mit einer 3,5 km langen Stadtmauer. Das Stadtgebiet, auf das Dreifache gewachsen, wird sich bis zur Eingliederung der ersten Vorstädte im 19. Jahrhundert nicht mehr vergrößern. Auf einer Fläche von 761 ha lebten am Ende der Regierungszeit Karls 1378 65 000 Menschen.

Im gleichen Jahr gründete Karl die Prager Universität, die nicht nur die erste auf mitteleuropäischem Boden ist, sondern auch anders als die später gestiftete Wiener Hochschule neben der juristischen, medizinischen und artistischen auch eine theologische Fakultät erhält.

Zur Errichtung der St. Veits-Kathedrale ließ er *Mathias von Arras* und nach dessen Tod den dreiundzwanzigjährigen *Peter Parler* aus Schwäbisch Gmünd nach Prag kommen. Das Wirken des Baumeisters und der nach ihm benannten Parlerschen Schule prägten das Aussehen der gotischen Stadt: Karlsbrükke, Karlshof, die Burg Karlstein, zahlreiche Kirchen und Klöster enstehen.

Als letzte Zentralinstanz wurde auf dem Hradschin die kaiserliche Kanzlei eingerichtet. Die Notwendigkeit, für die verschiedenen deutschen Dialekte eine gemeinsame Umgangssprache zu finden, führte in den folgenden Jahren zur Herausbildung einer neuhochdeutschen Schriftsprache. Beamte aus dem ganzen Reich wurden in Prag ausgebildet, unter Kanzler *Johannes von Neumarkt* fielen hier die die Politik des Reiches bestimmenden Entscheidungen. Zu Beginn des 15. Jahrhunderts enstand im nordböhmischen Žatec ein hervorragendes Werk mittelalterlicher deutscher Prosa: »Der Ackermann von Böhmen« von Stadtschreiber *Johann von Saaz*.

Sieg und Niederlage der hussitischen Reform

Karls Nachfolger *Václav IV.* erbte vom politischen Talent seines Vaters wenig. Mehr an »Wein und Weib« als an den Belangen des Reiches interessiert, wurde er 1400 von den Kurfürsten als deutscher König abgesetzt. Im Haß gegen die Deutschen und die Kirche, die seinen ausschweifenden Lebenswandel kritisierte, unterstützte er — zunächst — *Jan Hus* und seine Forderung nach einer von Rom unabhängigen Nationalkirche. Zum offenen Konflikt kam es mit dem erzbischöflichen Generalvikar *Johannes von Nepomuk*, den Wenzel gefangennehmen und nach grausamer Folterung in die Moldau werfen ließ. Der Erzbischof mußte aus der Hauptstadt fliehen, die Autorität der Kirche als ehemals stärkster Stütze des Königshauses wurde weiter erschüttert.

76 Kirchen und Kapellen, 25 Klöster, über 5000 Nonnen und Mönche zählte Prag in diesen Jahren. Während die Gläubigen ständig an irgendeine der kirchlichen Stellen Geld zu zahlen hatten, fanden immer weniger Gottesdienste statt, entsprach das Leben der Geistlichen schon lange nicht mehr den christlichen Regeln. Die Empörung über die Unmoral wuchs in allen Schichten der Bevölkerung.

Schon Karl war es nur ansatzweise gelungen, die Fernhandelsstraßen über Prag zu leiten. Nun führten die 1380 unzählige Opfer fordernde Pest sowie v.a. die Unfähigkeit Václavs zum fast vollständigen Versiegen des Warenflußes. Die wirtschaftliche Krise und die nationalen, sozialen Spannungen zwischen reichen Deutschen und ärmeren Tschechen verschärften sich, als der König die Rechte der Nichtböhmen an der Universität stark einschränkte. Über 1000 vorwiegend deutsche Studenten und Professoren verließen Prag. Unter dem neuen Rektor Jan Hus wurde die Hochschule mehr und mehr zu einem Zentrum kirchlich-reformatorischen Denkens.

Doch nicht nur in Böhmen, im ganzen von drei Kaisern und drei Päpsten beherrschten Europa wuchsen die sozialen und religiösen Konflikte. In vielen Städten erhoben sich die Bürger und als die Tschechen vier Jahre nach der

Tábor, Zentrum des sozialrevolutionären Flügels der Hussiten

Verbrennung Jan Hus' in Konstanz (1415) gegen Kirche, König und die Deutschen revoltierten, waren sie der Ausdruck einer allgemeinen, 100 Jahre später in Deutschland in Reformation und Bauernkriegen ausbrechenden Krise.

Klöster wurden gestürmt, Kirchen zerstört, Geistliche vertrieben, die Häuser des konservativen Adels geplündert. Als der aufgeschreckte Wenzel an einem Schlaganfall starb, erkannten die Tschechen die Thronansprüche seines Bruders, Kaiser *Sigismunds*, nicht an. Die daraufhin nach Böhmen ziehenden Kreuzritter konnten von den Hussiten unter der Leitung ihres genialen Heerführers *Jan Žižka* zurückgeschlagen werden. Es gelang der ersten sozial-revolutionären Bewegung des Mittelalters weite Teile Europas unter ihre militärische Kontrolle zu bringen.

In Prag war es unterdessen zur Spaltung der Hussiten gekommen. Viele der radikaleren Neustädter hatten die Stadt verlassen und sich der, im südböhmischen Tábor verkündeten, neuen Form gesellschaftlicher Ordnung auf der Grundlage gleicher Rechte für alle und weitgehender Kollektivierung des Eigentums angeschlossen. Das gemäßigtere Programm der Prager Artikel verlangte dagegen nur die Enteignung des kirchlichen Besitzes und das Recht der Laien auf freie Auslegung der Bibel. Die Utraquisten schlossen auf dem Konzil in Konstanz (1431) mit König und Kirche einen Kompromiß, der den religiösen Forderungen Hus' entgegenkam, in den wirtschaftlichen und sozialen Streitpunkten jedoch das meiste offenließ. Die Voraussetzungen für die 1434 erfolgte Niederlage der Táboriten gegen die mit dem kaiserlichen Heer verbündeten Prager waren geschaffen.

Der in der Hauptstadt einziehende Kaiser Sigismund bestätigte die errungenen politischen Freiheiten der Bürger. Enteigneter Guts- und Kirchenbesitz mußte nicht zurückgegeben, die vertriebenen Deutschen nicht wieder aufgenommen werden. Es entstand eine Kirche, die das Abendmahl in beiderlei Gestalt gab, die Gottesdienste in tschechischer Sprache abhielt und die päpstliche Autorität weiter ablehnte.

Während Böhmen äußerlich befriedet schien, schwelte der Konflikt zwischen Hussiten und Katholiken unter der Oberfläche weiter. Zwar gelang es dem, unter großem Jubel des Volkes zum König gewählten *Jiří z Poděbard,* dem letzten Tschechen auf böhmischem Thron, die darniederliegende Wirtschaft zu beleben, doch schon die Auseinandersetzung um seinen Nachfolger ließ das Land gänzlich zur politischen Ohnmacht herabsinken. Erst 1484 sicherte der inzwischen herrschende polnische Jagellone Vladislav in Kuttenberg (Kutná Hora) allen Landeseinwohnern die Religionsfreiheit.

Die Habsburger und die Gegenreformation

1526 wählten die böhmischen Stände den Habsburger *Ferdinand* zum König. Mit seinem Rückhalt in der habsburgisch-spanischen Weltmacht schien er dem Land ausreichenden Schutz gegen die auf Wien marschierenden Türken zu bieten. Da in der Schlacht bei Mohács der ungarische Thronfolger *Ludwig II.* starb und das Land aufgrund von Erbverträgen so ebenfalls den Habsburgern zufiel, entstand im gleichen Jahr eine Monarchie, die bis 1918 weite Teile Mitteleuropas regierte. Seine Residenz verlegte Ferdinand I. nach Prag, wo er zur Absicherung seiner Herrschaft nach und nach Stände und Städte entmachtete. Lediglich der den Kaiser unterstützende katholische Hochadel konnte die Entwicklung zu seinen Gunsten ausnutzen. Auf ihren ländlichen Besitzungen entstanden Brauereien, Bergwerke und Leinenwebereien. 1556 rief der Katholik die kämpferischen Jesuiten ins Land, sie sollten die Utraquisten in den Schoß der römischen Kirche zurückführen.

Der Ausbruch des Konfliktes zwischen den verschiedenen Machtinteressen wurde durch die Regierung *Rudolf II.* verzögert. Er machte Prag zum zweitenmal zum glänzenden Zentrum des Reiches. Den Aufschwung, den der Kaisersitz der Hauptstadt brachte, hätte der Habsburger für eine weitere Stärkung der Herrschermacht der böhmischen Könige in ihrem Land nutzen können. Doch ähnlich wie *Václav IV.* war er zu weitreichenden politischen Entscheidungen nicht fähig, flüchtete lieber in Wissenschaft und Kunst, in die dunklen Reiche der Alchemie und der Sterndeutung. Begeistert sammelte Rudolf Kunstgegenstände, Gemälde und Kuriositäten, die rudolfinischen Sammlungen entstanden.

Mit dem zweiten Prager Fenstersturz begann der 30jährige Krieg

Der von Gelehrten der ganzen Welt vielbesuchte Hof verlieh Prag eine Athmosphäre moderner Weltoffenheit. In philosophischen, naturwissenschaftlichen und technischen Werken erreichte der vom Bürgertum getragene böhmische Humanismus seinen ersten Höhepunkt. Italienische und einheimische Künstler bauten Städte und Schlößer im Renaissancestil.

Rudolfs Nachfolger *Mathias* verlegte die Residenz der Habsburger zurück nach Wien. Prag stieg zur Landeshauptstadt ab, die vorübergehend verdeckten Konflikte traten erneut in den Vordergrund. In den kommenden Jahren sollten in Prag für Böhmen die damals Europa bestimmenden Machtfragen entschieden werden: Die Auseinandersetzung zwischen der Idee des absoluten Herrschertums und der bestehenden Macht der Stände, sowie der Gegensatz zwischen der katholischen Kirche und den reformierten Bekenntnissen.

1609 hatte noch Rudolf im sogenannten Majestätsbrief den Protestanten Religionsfreiheit und eine eigene oberste Kirchenleitung zugestanden. Doch der 1617 auf den böhmischen Thron gewählte *Ferdinand II.* zeigte wenig Bereitschaft diese Rechte zu achten. Als sich die Stände immer mehr in der Freiheit der Religionsausübung bedroht fühlten, und die Statthalter des Kaisers in Prag auf Anfragen nur hinhaltende Antworten gaben, entschlossen sich einige protestantische Bürger und Adelige zur offenen Kampfansage: Sie warfen die verhaßten Katholiken aus dem Fenster der böhmischen Hofkanzlei.

Da die tschechischen Stände jedoch schon lange zur Partei der europäischen Habsburgergegner gezählt wurden, gab dieser Vorfall am 23. Mai 1618 das Zeichen zum Beginn eines Europa nun dreißig Jahre lang mit Tod und Verwüstung überziehenden Krieges.

Die Hoffnungen der Aufständischen von den Ländern der protestantischen Union militärische Hilfe zu erhalten, wurden schnell enttäuscht. Schließlich wählten sie den Calvinisten *Friedrich von der Pfalz* zu ihrem König, doch hatte dieser dem seine Heere ständig vergrößernden, inzwischen zum Kaiser bestimmten Ferdinand II. wenig entgegenzusetzen. So unterlag das protestantische Lager am 8. November 1620 in einer nur wenige Stunden dauernden Schlacht auf dem Weißen Berg bei Prag dem katholischen. Der »Winterkönig« mußte fliehen, die erbarmungslose Rekatholisierung des Landes begann.

Die tschechische nationale, aber auch die sozialistische Geschichtsschreibung sieht die nun folgenden Jahrzehnte als »doba temna«, als »finstere Zeit«. Der Aufstand des Adels bewerten sie als Vorläufer der eigenen Unabhängigkeitsbestrebungen, die Niederlage am Weißen Berg als nationale Katastrophe. Der Barockstil aber, in welchem die siegreichen katholischen Herren sowie die katholische Kirche nun das Land mit Palästen und Gotteshäusern überzog, wird ihnen zum Ausdruck der vollständigen Unterdrückung des Protestantismus.

Und tatsächlich war die Rache der Katholiken grausam. 27 der Verschwörer wurden gehängt und geköpft, der Besitz der Aufständischen enteignet. Wer nicht bereit war, zum katholischen Glauben überzutreten, mußte das Land verlassen. 150.000 Protestanten wanderten damals aus Böhmen aus. Doch die Opfer der Gegenreformation fanden sich unter allen Landesbewohnern, unter Deutschen und Tschechen, Adeligen und Bürgern.

Während des dreißigjährigen Krieges zogen die kämpfenden Heere unter furchtbaren Verwüstungen durch die böhmischen Länder. Mit dem Kriegsschrecken kamen die unvermeidlichen Begleiter: Hunger und Pest. Die Bevölkerung sank auf 1,5 Millionen, die Hälfte des Vorkriegsstandes ab.

Wenige Jahrzehnte später setzte mit der Errichtung von Glas- und Textilmanufakturen ein neuer wirtschaftlicher Aufschwung ein. Doch nicht die städtischen Bürger, sondern der Landadel wurde zum Initiator der von *Maria Theresia* und *Josef II.* unterstützten Industrialisierung. Das Zeitalter der französischen Revolution veränderte auch Böhmen und seine Hauptstadt. Wien dekretierte die Aufhebung der Leibeigenschaft, ein neues Schulsystem, eine einheitliche Marktordnung, den Ausbau des Straßennetzes. 1781 wurde das Toleranzpatent verkündet, nichtkatholischen Handwerkern und Unternehmen war nun der Aufenthalt in der Monarchie ohne Furcht vor religiösen Verfolgungen möglich, die Juden durften ihre Ghettos verlassen.

Das tschechische Nationalbewußtsein erwacht zu neuem Leben

Die Politik der Germanisierung der Tschechen war auch unter dem liberalen Josef II. fortgesetzt worden. In dem Maße, in dem er den Gebrauch der deutschen Sprache förderte, mußte die tschechische Sprachforschung, die Pflege der Landessprache in Kultur und Wissenschaft zu einem wichtigen Bestandteil der sich anbahnenden Auseinandersetzung zwischen Deutschen und Tschechen werden. Aber noch waren die Grenzen überbrückbar. Während der napoleonischen Kriege weilten zahlreiche preußische Liberale in Prag, *Herder* und *Wilhelm von Humboldt* hatten maßgeblichen Einfluß auf das Wiedererwachen des tschechischen Nationalbewußtseins.

Während die Politik *Metternichs* bei den Deutsch-Pragern zu innenpolitischen Auseinandersetzungen führte, empfanden die Tschechen die allgemeine politische Knebelung als Unterdrückung ihres Volkstums. Die Forderung nach demokratischer Selbstbestimmung und nationaler Unabhängigkeit fielen zusammen. Hinzu kam soziale Gegensätze zwischen der deutschen Bourgeoisie und tschechischen Arbeitern. 1844 brechen im Streit um die Einführung von Druckmaschinen erste Arbeiterunruhen aus.

Richtungsweisend für die weitere Entwicklung war die Ablehnung der Einladung der Frankfurter Nationalversammlung durch *František Palacký:* Er als Tscheche könne nicht an einem großdeutschen Parlament teilnehmen, Böhmens Bindung an das Reich sei immer eine Sache des Königs, nicht seines Volkes gewesen. Nach dieser Absage tagte in Prag Ende Mai 1848 stattdessen ein Slawenkongreß. Er machte die Stadt vorübergehend zum Mittelpunkt der slawisch sprechenden Welt. Noch vor seinem Abschluß griff die Armee die Teilnehmer an, es folgte der »Pfingstaufruhr«: Barrikaden wurden gebaut, blutige Kämpfe begannen, die Hauptstadt wurde durch die erbarmungslose Kanonade des Generals *Windischgraetz* schwer beschädigt.

Trotz des nun an die Macht kommenden neoabsolutistischen Bürokratenregimes des Ministers *Bach* setzten Palacký und die sogenannte »Alttschechische Partei« weiter auf einen Austroslawismus, der die nationale Selbstverwirklichung der Tschechen im Rahmen eines föderativ gegliederten Österreichs sah. Doch der nach dem Siege Preußens 1867 vollzogene »Ausgleich« — lediglich Ungarn, nicht aber Böhmen erhält größere Selbständigkeit — wirkte ernüchternd. 1868 fanden zum ersten Mal große antiösterreichische Demonstrationen statt.

Die zweite Hälfte des 19. Jahrhunderts sieht einen kulturellen, wissenschaftlichen und wirtschaftlichen Aufstieg des Landes. Tschechische Literatur — wie die beliebten Märchen *Božena Němcovás* und die von der Kleinseitner Athmosphäre erfüllten Erzählungen *Jan Nerudas* — wird auch im deutschen Sprachraum bekannt, *Bedřich Smetana* und vor allem *Antonín Dvořák* machen der tschechischen Musik in der Welt einen Namen. Von zehn Millionen Einwohnern Böhmens und Mährens sind zu Beginn des 20.Jahrhunderts nur mehr 3,6 Mio. in der Landwirtschaft tätig, die Länder der böhmischen Krone und ihre Hauptstadt Prag sind zu einem industriellen Zentrum der KuK-Monarchie geworden.

Die politischen Freiheiten wuchsen dagegen nur langsam. Die bis 1918 geltende, gemäßigt zentralistische Verfassung aus dem Jahre 1887 erlaubte eine allmähliche Erweiterung der nationalen Rechte und die politische Mitarbeit größerer — d.h. vor allem tschechischer — Bevölkerungskreise. Infolge der russischen Februarrevolution 1905 kam es auch in Böhmen zu Demonstrationen. Zwei Jahre später wurde durch Massenstreiks das allgemeine Wahlrecht erkämpft, das den Einfluß der verschiedenen tschechischen Parteien bedeutend veränderte. Die Sozialdemokraten rückten an die erste Stelle, die bisher führenden nationalliberalen Jungtschechen verloren — nicht zuletzt deshalb, weil sie für die Wehrvorlagen der Regierung gestimmt und dabei keine Rücksicht auf den wachsenden Gegensatz der österreichischen Politik zu Rußland genommen hatten. Damit aber verletzten sie die starken slawophilen Gefühle des tschechischen Volkes. Für die Errichtung eines unabhängigen tschechischen Staates, d.h. gegen die Aufrechterhaltung der Doppelmonarchie, traten bis zum 1. Weltkrieg jedoch weder die Sozialdemokraten, noch die Fortschrittspartei des späteren ersten Präsidenten der Tschechoslowakischen Republik *T.G. Masaryk*, noch irgendeine andere tschechische Partei ein.

Die zwanzig Jahre der ersten Tschechoslowakischen Republik

Erst das Auseinanderbrechen des habsburgischen Vielvölkerstaates nach dem ersten Weltkrieg ermöglichte die Vereinigung der »historischen Länder« mit der Slowakei zur Tschechoslowakischen Republik. Zusammen mit seinen Mitarbeitern *E. Beneš* und dem Slowaken *M.R. Štefánik* war es Masaryk gelungen, die Westmächte von der Notwendigkeit der Errichtung eines starken, demokratischen Nachfolgestaates als Verbündeter gegen das besiegte Deutschland, als Barriere gegen das weitere Ausgreifen des Kommunismus und zugleich als Ordnungsfaktor in Ostmitteleuropa zu überzeugen. Die Aufstellung von tschechischen Legionen in Frankreich, Italien und Rußland, rund 22.000 Freiwillige griffen in die Kämpfe ein, verbesserte die Verhandlungsposition des tschechischen Exils. Doch den von der Pariser Friedenskonferenz daher territorial großzügig ausgestatteten Staat belastete von Anfang an das Problem der nationalen Minderheiten. Aus der Notwendigkeit der Bestimmung einer »Mehrheitsnation« wurde das »Tschechoslowakische Volk« geboren und so bei den etwa 2 Mio. Slowaken eine ständiges Gefühl der Benachteiligung erzeugt. Zahlenmäßig stärker als diese war die deutsche Bevölkerung der ČSR (3,2 Mio). Sie lebte v.a. an den Abhängen der Sudeten, in Westböhmen, Südmähren und auf einigen Sprachinseln. Kleinere nationale Minderheiten bildeten die Ungarn in der Slowakei (750.000), die Polen im schlesischen Grenzgebiet (100.000), die Ukrainer in der Karpatho-Ukraine

(500.000). Ingesamt zählte man auf dem 140.000 km^2 großen Staatsgebiet 1921 13,6 Mio. Menschen.

In den zwanziger Jahren verbesserte sich zunächst vor allem die Lage der Landwirte, deren Einfluß auf die Regierungspolitik entscheidend war. Die Arbeiter klagten dagegen über den Anstieg der Lebensmittelpreise , der auch durch die Erhöhung der Reallöhne kaum ausgeglichen werden konnte. Obwohl die Stärke der Linksparteien unmittelbar nach dem Krieg zugenommen hatte, kam es aufgrund der notwendig gewordenen Unterstützung der Industrie durch westeuropäisches Kapital nicht zur geforderten Verstaatlichung von Großunternehmen, Gruben und Banken.

Als der New Yorker Börsenkrach auch in der ČSR zu einer Wirtschaftskrise führte, begann in der Innenpolitik ein »schärferer Wind« zu wehen. Das Ermächtigungsgesetz von 1932 gab der sog. »breiten« Koalition aus Agrariern, Sozialdemokraten und Nationalen Sozialisten die Möglichkeit zu scharfen Maßnahmen gegen »umstürzlerische Bewegungen«. Gemeint waren damit die nationalistischen Gruppen der Minderheiten sowie die 1921 gegründete Kommunistische Partei der Tschechoslowakei. Außenpolitisch entschied sich die Regierung für eine Politik der einseitigen Anlehnung an Frankreich, sie wurde durch eine 1933 von Prag, Bukarest und Belgrad geschlossene »Kleine Entente« ergänzt.

Die Wahlen des Jahres 1935 machten die Partei des sudetendeutschen Turnerführers *Konrad Henlein* zur stärksten der Tschechoslowakei. Unter der Anleitung Hitlers beginnt er der Prager Regierung immer höhere, beabsichtigt nichterfüllbare Forderungen über die Erweiterung der Rechte der deutschen Minderheit zu stellen. Schließlich diktieren das Deutsche Reich, England, Frankreich und Italien in München Ende September 1938 der ČSR die Abtretung des Sudetenlandes. Die Tschechoslowakei verlor nicht nur große und wichtige Teile ihrer Industrie, sondern auch fast das gesamte Verteidigungssystem, 5 1/2 Monate später marschierte die Wehrmacht in Prag ein.

Im nun proklamierten Protektorat Böhmen und Mähren verfolgten die Nationalsozialisten eine Politik der Spaltung des Volkes. Die für die Aufrechterhaltung der hochentwickelten Industrie benötigte Arbeiterschaft sollte durch soziale Maßnahmen gewonnen und germanisiert, die tschechische Intelligenz dagegen umgesiedelt und vernichtet werden. So blieb der Widerstand gegen die Okkupanten zunächst verhältnismäßig gering. Um unnötig erscheinende Opfer zu vermeiden, beschränkte er sich auf »Demonstrationen der nationalen Einheit«. Am 28. Oktober 1939, dem Jahrestag der Staatsgründung, gingen Zehntausende in Trauerkleidung auf die Straßen. Nachdem es bei der Beisetzung des einzigen Todesopfers dieses Tages am 4. November zu Studentenunruhen gekommen war, wurden am 17. November alle tschechischen Universitäten, Hochschulen und Lehrerseminare zunächst für 3 Jahre, bald darauf für Kriegsdauer geschlossen. Bereits am 16. März 1939 waren in der sogenannten »Aktion Gitter« zwischen 5000 und 6000 Verhaf-

Prager Maiaufstand 1945. Barrikaden in der Železná ulice

tungen vorgenommen worden. Die Kommunisten sahen bis zum Beginn des deutsch-sowjetischen Krieges keinen Anlaß zu größeren Sabotageaktionen.

Ein deutliches Zeichen der Ablehnung der deutschen Besatzung setzte die Ermordung des stellvertretenden Reichsprotektors *Reinhard Heydrich* durch aus England eingeflogene tschechische Fallschirmspringer. Die Deutschen reagierten mit Hausdurchsuchungen, Hinrichtungen und der Vernichtung der Dörfer Lidice und Ležáky.

Gegen Ende des Krieges nahm die Sabotage- und Partisanentätigkeit in Böhmen und Mähren zu, in den ersten Maitagen erhob sich die Prager Bevölkerung. Bereits ihren Widerstandsorganisationen gelang der Abschluß eines Waffenstillstandsabkommens mit der Wehrmacht, einen Tag später, am Morgen des 9. Mai 1945 fuhren die von der Bevölkerung stürmisch begrüßten Panzer der Roten Armee in Prag ein.

Die Tschechoslowakei wird sozialistisch

Über das politische Nachkriegssystem der Tschechoslowakei wurde in großen Zügen schon während des Krieges entschieden. Enttäuscht von dem »Münchner Verrat« der Westmächte und unter dem Einfluß des tschechischen Panslawismus der Zeit der nationalen Wiedergeburt hatte sich der im In- und Ausland als Repräsentant der unabhängigen Tschechoslowakei anerkannte Masaryk-Nachfolger *Edvard Beneš* in seiner Exilpolitik der Sowjetunion genähert und im Dezember 1943 einen Freundschafts- und Beistandsvertrag mit ihr geschlossen. Nach der Befreiung der Slowakei verkündete das stark von Kommunisten bestimmte Kabinett unter dem Sozialdemokraten *Fierlinger* in Košice (Kaschau) sein Regierungsprogramm. Die darin vorgesehene weitgehende Umgestaltung der sozialökonomischen und politischen Verhältnisse entsprach dem Willen der Bevölkerung. Der Großteil der Fabriken und Handelsunternehmen sollte enteignet und ebenso wie Banken und Versicherungen nationalisiert werden. Alle Deutschen, die keine antifaschistische Tätigkeit nachweisen konnten, mußten das Land verlassen — ein Beschluß, der von der Potsdamer Konferenz gebilligt wurde und zu Flucht und Vertreibung von 2.75 Mio. Deutschen führte.

Bei den ersten und letzten demokratischen Nachkriegswahlen im Mai 46 gewann die Kommunistische Partei rund 38% aller Stimmen, ihr Vorsitzender *Klement Gottwald* wurde neuer Regierungschef, der Einfluß der Kommunisten im Kabinett, den Massenorganisationen, der staatlichen und örtlichen Verwaltung wuchs weiter.

Zur endgültigen Machtübernahme der KP kam es jedoch erst im Februar 1948. Veranlaßt durch außenpolitische Veränderungen — die alliierte Kriegskoalition bricht auseinander, der kalte Krieg beginnt — mußten unter dem Druck Moskaus auch die tschechischen und slowakischen Kommunisten mehr und mehr ihren bisherigen »demokratischen Weg zum Sozialismus« aufgeben. Wirtschafts- und sicherheitspolitische Auseinandersetzungen führten zum Rücktritt von — allerdings nur — 12 der 26 Regierungsmitglieder. Das Kabinett konnte somit im Amt bleiben, Gottwald forderte von Beneš die Annahme der Rücktrittserklärung der Nationalen Sozialisten und der Slowakischen Demokraten. Diese hatten sich von ihrem Schritt allerdings Neuwahlen und das Ende der Koalitionsregierung aller Nachkriegsparteien erhofft. Unter dem Druck des von den Kommunisten bestimmten Betriebsrätekongresses, der rasch gebildeten Volksfrontausschüße und von Massendemonstrationen mußte Beneš die von Gottwald vorgelegte Ministerliste billigen.

Wenige Monate später trat eine neue Verfassung in Kraft. Der entstandene Staat wurde als »Volksdemokratie« zweier gleichberechtigter Nationen, der Tschechen und Slowaken, definiert. Bodenschätze, Industrie, Großhandel und Banken sollten sozialisiert, die Landwirtschaft nationalisiert werden. In Kultur, Schul- und Rechtswesen kopierte die KPTsch das sowjetische Sozialismusmodell. Bei den Wahlen, die Ende Mai 48 stattfanden, stand nur mehr eine Einheitsliste von Kandidaten zur Abstimmung. Wer sie ablehnte, konnte der Wahl fernbleiben oder einen weißen Stimmzettel abgeben. Von beiden Möglichkeiten machten zusammen gut 20% der Wahlberechtigten Gebrauch. Präsident Beneš trat daraufhin am 7. Juni 48 zurück, Klement Gottwald nahm als erster Kommunist auf dem Präsidentenstuhl der Republik Platz.

Wie in anderen Staaten des sowjetischen Machtbereichs kam es auch in der ČSR in den fünfziger Jahren zu politischen Prozeßen. Nicht nur Mitglieder der demokratischen Parteien sowie Widerstandskämpfer, sondern auch Kommunisten wurden interniert, verurteilt, hingerichtet. Erst Chruschtschows Enthüllungen der Verbrechen Stalins auf dem 20. Parteitag der KPdSU 1956 brachte die Freilassung und etappenweise Rehabilitierung der Opfer.

In der Verfassung des Jahres 1960 erklärte sich die Tschechoslowakei zur sozialistischen Republik. Von nun an nennt sie sich ČSSR, Československá sozialistická republika.

Die Wirtschaftkrise zu Beginn der sechziger Jahre führte zur Einsetzung einer Reformkomission unter dem Ökonomen *Ota Šik.* Doch auch in den übrigen Bereichen des öffentlichen Lebens zeigten sich erste Liberalisierungen. Bisher in den Schreibtischschubladen versenkte Manuskripte konnten veröffentlicht werden; die Filme *Miloš Formans,* die Theaterstücke *Václav Havels,* die Werke *Bohumil Hrabals, Josef Škvoreckýs* finden ein begeistertes Publikum. Zeitungen und Zeitschriften verloren ihre Eintönigkeit, es begann eine Diskussion über die Reform des bestehenden, immer noch stalinistischen Systems. Im Januar 1968 wird der konservative Erste Sekretär der KPTsch *Antonín Novotný* abgesetzt. An seine Stelle tritt *Alexander Dubček,* der »Prager Frühling« beginnt.

Intensiv und begeistert beteiligte sich die Bevölkerung an dem Versuch der neuen Parteiführung einen »Sozialismus mit menschlichem Antlitz« zu schaffen. Doch die Hoffnungen auf eine Reform des veralteten Plansystems, auf mehr Pluralismus, Freiheit und Demokratie wurden am 21.August 1968 von den Panzern der fünf »Brudernationen« zerstört. Um das Land vor einer angeblichen Konterrevolution zu retten, besetzten sie es mit 600.000 Soldaten. Der passive Widerstand der Bevölkerung wie auch der Protest verschiedener Regierungen, anderer kommunistischer Parteien sowie der westeuropäischen Studentenbewegung waren erfolglos. Unter dem neuen Partei- und Staatsoberhaupt *Gustáv Husák* vollzog sich die »Normalisierung« des tschechoslowakischen Lebens. Fast eine halbe Million Reformkommunisten wurden aus der KPTsch ausgeschlossen, Tausende verloren ihre Stellen, wurden aus dem öffentlichen Leben verbannt. Die mehrfachen Wellen der Emigration dauerten bis tief in die siebziger Jahre.

Im Januar 1977 wird die Charta 77, in der an die Tausend Unterzeichner die Einhaltung der Landesverfassung sowie der Dokumente der KSZE fordern, veröffentlicht. Die Reaktion des Staates ist hart, die Charta wird zu keiner breiten Bewegung, erst die an den Prager Frühling erinnernden Reformen Gorbatschows lassen die Bevölkerung auf eine Liberalisierung auch in ihrem Land hoffen. Anzeichen für eine über Wirtschaftsreformen hinausgehende politische »perestroika« gibt es unter dem 1988 eingesetzten konservativen Parteichef *Miloš Jakeš* bisher jedoch nicht.

Die Slowakei

Zu Beginn des 10. Jahrhunderts wurde die Slowakei Teil des ungarischen Königreiches. Ihre Geschichte unterscheidet sich daher wesentlich von derjenigen der Länder der böhmischen Krone. Nach dem Zerfall des Großmährischen Reiches 895 sollte es über 1000 Jahre dauern bis 1918 wieder ein gemeinsamer Staat der Tschechen und Slowaken enstehen konnte.

Zur landwirtschaftlichen Kolonisation holten die Feudalherren deutsche Siedler ins Land. Nachdem mit ihrer Hilfe im 13. Jahrhundert die Tatareneinfälle abgewehrt worden waren, belebten sich nicht nur die alten Kulturzentren Bratislava und Nitra wieder, sondern es entstanden an der Handelsstraße von der Ostsee nach Konstantinopel auch zahlreiche neue Städte. Die slowakischen Erz- und Silbergruben wurden zur Grundlage des Reichtums der Arpaden- und Anjoukönige. Jedoch mußten sie ihre Machtansprüche immer wieder gegen den ungarischen Adel, der die Slowakei als seinen persönlichen Besitz betrachtete, durchsetzen. Auch die Arbeiter und Bauern versuchten sich in blutig niedergeschlagenen Aufständen gegen Ausbeutung und Abhängigkeit von den mächtigen Magnaten zu wehren. Im 14. Jahrhundert beherrschte *Matúš Čák* von seinem Miniaturkönigshof auf der Burg Trenčín die Westslowakei, im 15. und 16. Jahrhundert waren die Familien Fugger und Thurzo entscheidend an den slowakischen Bergwerken beteiligt.

Als die Türken 1541 nicht nur weite Teile Ungarns, sondern auch Buda erobert hatten, wurde Bratislava für fast 200 Jahre zur Hauptstadt des habsburgischen Ungarn, sein Erzbistum von Esztergom (Gran) nach Trnava verlegt. Die die Slowakei von Ungarn trennende Donau bildete nun zugleich die Grenze des türkischen Reiches, die Bevölkerung litt nicht nur unter den osmanischen Einfällen, sondern auch unter den Plünderungen der kaiserlichen Söldner. Als die Zahl der Anhänger des Protestantismus wuchs, übertrugen die Habsburger wie auch in Böhmen den Jesuiten die Aufgabe der Gegenreformation.

Maria Theresia machte Ungarn nach der Niederlage der Türken zur Kornkammer ihres Reiches. Lediglich die Landwirtschaft, nicht aber die Entstehung von Manufakturen wurde gefördert. Da auch der Adel nur an der Entwicklung seines Landbesitzes interessiert war, blieb die slowakische Industrialisierung weit hinter der tschechischen zurück. Auch nach Aufhebung der Leibeigenschaft leisteten die Bauern weiter Fronarbeit. Die Lage der Bevölkerung verschlechterte sich besonders nach dem mißglückten Aufstand des Kežmaroker Magnaten *Imre Thököly* (1677/78). Seine Unterdrückung hatte für Ungarn eine ähnliche Bedeutung wie die Niederlage am Weißen Berg für Böhmen. Die Habsburger hoben die alte Verfassung auf und erklär-

Grabstätte Imre Thökolys in Kežmarok

ten sich zu erblichen Inhabern des ungarischen Throns. Um der wachsenden Not zu entgehen suchten viele Slowaken in anderen Ländern Europas Arbeit, unzählige wanderten nach Amerika aus.

Im 19. Jahrhundert begann auch in der Slowakei die »nationale Wiedergeburt«. Zentrum der sich langsam herausbildenden slowakischen Intelligenz waren die katholische ungarische Universität in Trnava sowie das evangelische Lyzeum in Bratislava. Die von Priestern beider Konfessionen geführte Bewegung forderte am 10. Mai 1848 auf einer Versammlung in Liptovský Sv. Mikuláš einen eigenen slowakischen Landtag, den Aufbau eines Schulwesens und die Anerkennung der slowakischen Sprache als Amtssprache in der Slowakei. In der - nicht in Erfüllung gehenden - Hoffnung auf Zugeständnisse unterstützten die prominenten Patrioten *L. Štúr, J.M. Hurban* und *M.M. Hodža* den Kaiser bei der Niederwerfung der ungarischen Revolution unter *Lajos Kossuth.* Dieser hatte auf die slowakischen Forderungen mit der Verkündigung des Standrechtes reagiert. Und auch nach dem österreich-ungarischen Ausgleich von 1867 waren Adel und Bourgeoisie, die nun einen eigenen Landtag und eine eigene Regierung erhalten hatten, nicht bereit, den Slowaken größere Autonomie zu gewähren. Stattdessen begann eine Madyarisierungspolitik: Slowakische Schulen wurden geschlossen, die 1862 gegründete, einzige slowakische Kulturinstitution »Matica Slovenská« aufgelöst.

Nach der Proklamierung der Republik Ungarn im Herbst 1918 versuchte der liberale Ministerpräsident *Graf Károlyi* mit diplomatischen und militärischen Aktionen die weitere Zugehörigkeit der Slowakei zu Ungarn sicherzustellen. Der am 19. Oktober gebildete slowakische Nationalrat forderte unter Anerkennung des Fortbestehens der staatsrechtlichen Bindungen an die ehemalige Monarchie keinen selbstständigen Staat, sondern nur die Gewährung des Selbstbestimmungsrechtes. Da man lediglich auf die sprachliche, kulturelle und historische Verbundenheit mit den Tschechen hinwies und die slowakische Bevölkerung sich passiv und uninteressiert zeigte, mußte die Angliederung des Landes an die neuentstandene Tschechoslowakische Republik von Prag aus betrieben werden. Auf telegrafische Anweisung der tschechischen Führung begann die Besetzung der zukünftigen Landesteile.

Sehr schnell formierte sich unter der Führung des Priesters *A. Hlinka* eine Opposition gegen die Prager Regierung. Die ständig intensivierte Forderung nach einer »nationalen Autonomie für die Slowakei« belastete bis 1938 die Konsolidierung der jungen Republik.

Als »Schutzstaat« des Deutschen Reiches enstand am 14. März 1939, 2 Tage vor der Proklamation des »Protektorats Böhmen und Mähren«, der von der Slowakischen Volkspartei und einem Teil der Intellektuellen seit langem angestrebte »selbständige«, von 27 Ländern - darunter auch die UdSSR, Großbritannien und Frankreich - anerkannte slowakische Staat. Bald mußten die Mitglieder der Regierung unter *J. Tiso* aber feststellen, daß sie zu bloßen Befehlsempfängern Hitlers geworden waren. Allerdings fand das von dem populären Landpfarrer vertretene christlich-autoritäre Programm in der zum Dienst in der Hlinka-Garde, einer der SA nachgebildeten paramilitärischen Organisation, verpflichteten (männlichen) Bevölkerung mehr Widerhall als der »slowakische Nationalsozialismus« des Innenministers *Tuka*. Der im September 39 zum Staatspräsidenten gewählte *Tiso* versuchte in seiner Politik gegenüber dem jüdischen Bevölkerungsteil einen selbständigen Weg zu gehen. Nach Protesten des Vatikan stoppte er im Mai 42 die Transporte in die polnischen Vernichtungslager. Dennoch überlebte nur ein Drittel der 135 000 Juden der Slowakei den 2. Weltkrieg.

Der slowakische Vasallenstaat bildete ein wichtiges Stationierungsgebiet deutscher Einheiten, seine Montan- und Holzindustrie dienten der deutschen Rüstung. 120 - 200 000 Menschen mußten in reichsdeutschen Betrieben arbeiten.

Nach der Kapitulation der eingeschlossenen 6. Armee der deutschen Wehrmacht bei Stalingrad nahmen in der Slowakei die Widerstandsaktionen zu. Slowakische Soldaten liefen in großer Zahl zur Roten Armee über. Der 1943 aus Kommunisten und Vertretern bürgerlicher Gruppierungen gebildete »Slowakische Nationalrat« forderte die Erneuerung des gemeinsamen Staates der Tschechen und Slowaken. Am 29. August 1944 begann in Banská Bystrica der von ihm vorbereitete »Slowakische Nationalaufstand« (SNP). Zwei Monate lang standen zwei Drittel der Slowakei unter Kontrolle der Partisanen. Aufgrund fehlenden Nachschubs aus der Sowjetunion, die sich auch gegen westalliierte Unterstützung des SNP wandte, sowie politischer Uneinigkeit der Führung des Aufstandes, konnten die Deutschen diesen schließlich niederschlagen. 30 000 Slowaken und Tschechen aller politischen Gruppierungen verloren in blutigen Kämpfen ihr Leben.

Nur sehr langsam hatte sich während des SNP die Rote Armee der Slowakei genähert. Erst zu Beginn des Jahres 45 überquerte sie unter großen Opfern den Duklapaß, am 4. April wurde die Hauptstadt Bratislava befreit.

Obwohl die Nachkriegstschechoslowakei ein Staat zweier gleichberechtigter Nationen der Tschechen und Slowaken werden sollte, bemühten sich die tschechischen Parteien - unter ihnen auch die in der Slowakei schwachen Kommunisten - schon sehr früh um eine erneute Stärkung des Zentralismus. Zu ersten Unmutsäußerungen der slowakischen Bevölkerung kam es, als ein Volksgerichtshof den hochangesehenen ehemaligen Präsident Tiso im April 1947 zum Tode verurteilte. Zahlreiche Slowaken, in erster Linie Mitglieder der Demokratischen Partei, wurden in den folgenden Monaten wegen »Verschwörung gegen die Staatsgewalt« verhaftet. Die nach dem ersten Weltkrieg an die Slowakei angeschlossene Karpatho-Ukraine mußte an die Sowjetunion abgetreten werden.

Da die Slowaken sich auch innerhalb der sozialistischen Tschechoslowakei nicht als gleichberechtigte Nation fühlten, setzten sie sich während des Prager Frühlings weniger für eine Demokratisierung als für die Föderalisierung des Staates ein. Mit dem Inkrafttreten des Verfassungsgesetzes über die Stellung der Nationalitäten zum 1.1.69 wurde die ČSSR zu einem Bundesstaat umgebildet.

Die Geschichte der Deutschen in Böhmen

Die Entwicklung der nationalen Beziehungen bis 1918

Seit dem Erwachen des Nationalbewußtseins an der Wende des 18. zum 19. Jahrhundert wurde das Verhältnis zwischen Tschechen und Deutschen als ein »ewiger Kampf« bezeichnet. Der tschechische Historiker und bedeutende Förderer des Nationalbewußtseins *František Palacký* vertrat 1824 die Auffassung, »in der feindlichen Auseinandersetzung zwischen ›Germanentum‹ und ›Slawentum‹ (...) das Grundgesetz der böhmischen Geschichte gefunden zu haben.« Diese Aussage steht allerdings im Widerspruch zu dem jahrhundertelangen, engen kulturellen Zusammenleben von Deutschen und Tschechen.

Im Prozeß der nationalen Emanzipation innerhalb Österreich-Ungarns und des sich zuspitzenden Konfliktes zwischen beiden Völkern bildet die Revolution von 1848 einen ersten Einschnitt. Das tschechische Bürgertum forderte am 11. März 1848 die föderalistische Vereinigung der historischen Länder der Wenzelskrone Böhmen, Mähren und Schlesien unter einer eigenen Zentralverwaltung. Ein radikalerer Entwurf von Palacký plädierte für die Schaffung ethnisch homogener Regionen in den böhmischen Ländern innerhalb der Kronländer Österreich und Ungarn. Demgegenüber hoffte das deutsche Bürgertum auf die »Angliederung Böhmens als Bestandteil Österreichs in föderativer Form an Deutschland.«

Zwar wurde der tschechische Verfassungsentwurf angenommen, der die Einrichtung national homogener Regionen vorsah, aber die Auflösung des österreichischen Reichstages am 7.3.1848 verhinderte seine Durchführung. Damit war die Revolution gescheitert und erst im Staatsgrundgesetz vom 21.12.1867 wurde die Gliederung in Volksstämme und deren Gleichberechtigung verankert: Die Anerkennung als österreichischer Staatsbürger wurde mit der Notwendigkeit eines nationalen Bekenntnisses verknüpft.

Die Gruppe der Sudetendeutschen war sehr heterogen zusammengesetzt und wies kaum Übergänge zwischen den klar voneinander getrennten Schichten auf. Sie setzte sich aus einem relativ hohen Anteil an unqualifizierten Arbeitskräften und Tagelöhnern, einer vorwiegend kleinstädtischen Mittelschicht von Beamten und aufgestiegenen Industriellen und einer in österreichischer Verwaltung und Offizierschaft vertretenen Oberschicht zusammen. Dagegen fehlte es an Facharbeitern, Handwerkern und Angestellten und damit an Verbindungsgliedern zur Masse der ungelernten sudetendeutschen Arbeiter.

Als die Lohnbedingungen sich an der Wende des 19. zum 20. Jahrhundert verschlechterten, kam es zu einer starken Abwanderung vor allem nordböhmischer Bergarbeiter. Zusammen mit der Mobilität mittelständischer Schichten auf Grund ihrer Aufstiegsmöglichkeiten im österreichischen Staatsdienst, in der Armee und an den Universitäten wurde eine ›nationale‹ Bevölkerungsverschiebung hervorgerufen und tschechische Arbeiter, Handwerker, Bergleute und kleine Gewerbetreibende zogen in die bis dahin vorwiegend deutschen Siedlungsgebiete. Dadurch bildete sich eine Berufsstruktur heraus, die noch 1930 die Sudetendeutschen vor allem in den leitenden Positionen der Industriebeamten zeigte, sowie in der untersten Gruppe der Tagelöhner, während der Mittelbereich der Arbeiter und Angestellten tschechisch besetzt war.

Mit der zunehmenden Industrialisierung der innerböhmischen Landesteile (wegen besserer Rohstoffvorkommen, günstigeren Verkehrsverbindungen und einem größeren Angebot an Arbeitskräften) verringerte sich der Zustrom der tschechischen Bevölkerung und verlagerte sich auf die neuen, städtischen Industriestandorte. Zusammen mit einem größeren Bevölkerungswachstum der Tschechen vollzog sich von da an die nahezu »vollständige Tschechisierung der deutschen Siedlungsenklaven« im Landesinnern.

Die politische Handlungsunfähigkeit des österreichischen Vielvölkerstaates in der Minderheitenfrage führte 1852 zur Gründung tschechischer und deutscher Massenorganisationen. Diese waren insbesondere auf den Kampf um die sprachliche Vorherrschaft (Schulvereine) und die wirtschaftliche Dominanz (Schutzvereine zur Behauptung von Land und Arbeitsplätzen gegenüber dem andersnationalen Gegner) gerichtet. Zu den mitgliederstärksten Vereinen überwiegend geselliger Art gehörten der großdeutsch eingestellte »Deutsche Turnverband« und der panslawistische »Sokol« (Falke) als tschechisches Pendant.

Das deutsche Vereinswesen war bis zum Ersten Weltkrieg vorwiegend bürgerlich geprägt, zeichnete sich in seiner Binnenstruktur durch einen hierarchischen Aufbau und die Dominanz des Vorstandes aus. Es orientierte sich an älteren Gemeinschaftsauffassungen (Zunft, Innung, Korporation), die einer »bewußten Kultivierung des Stammes- und Heimatgedankens« Vorschub leisteten. Nach der Auflösung der alten ständischen Bindungen führte die fehlende Emanzipation im sozialen Bereich wieder zum Rückzug in »naturwüchsige Gemeinschaften« und »Kleinheimaten«.

Auf der tschechischen Seite überwogen demokratisch und zentral organisierte Volksvereine, die auch dem breiter angelegten Sozialgefüge entsprachen. Der Anstoß zu nationalen Zusammenschlüssen ging von den unteren und kleinbürgerlichen Schichten aus. Dadurch war die Chance einer erfolgreichen Verknüpfung nationaler und sozialer Interessen gegeben.

Die deutsch-böhmischen Mittelschichten in der ersten Tschechoslowakischen Republik

Am 28. Oktober 1918 wurde die Tschechoslowakische Republik als einer der Nachfolgestaaten Österreich-Ungarns proklamiert und im Friedensvertrag von Versailles am 10. September 1919 bestätigt. Der österreichische Vielvölkerstaat wurde aufgelöst und viele Völker erlangten dadurch zum ersten Mal ihre nationale Unabhängigkeit. Wegen der starken interethnischen Durchmischung und der Notwendigkeit, politisch und wirtschaftlich lebensfähige Staaten zu schaffen, war eine Grenzziehung nach ausschließlich nationalen Kriterien unmöglich. Vor diesem Hintergrund wurde auch die Einbeziehung der vorwiegend von Deutschen besiedelten Regionen in den tschechischen Nationalstaat beschlossen. Die Verfassung von 1920 und der Minderheitenschutzvertrag garantierten staatsbürgerliche Gleichberechtigung und proportionale Vertretungen in allen Bereichen des öffentlichen Lebens.

Um den tschechoslowakischen Staat mit einer Bevölkerung von 9,75 Millionen Tschechen und Slowaken (66,25%), 3,32 Millionen Deutschen (22,5%), 720 000 Ungarn (4,9%) und 100 000 Polen (0,7%) zu festigen, wäre die »Befriedung und Gewinnung der nationalen Minderheiten zu konstruktiver Mitarbeit« notwendig gewesen. Die deutschen Parteien hatten sich jedoch von Anfang an auf das begrifflich ungeklärte Schlagwort vom ›Selbstbestimmungsrecht‹ versteift, obwohl die Ententemächte damit nur Selbstverwaltung innerhalb eines Staates und nicht nationale Autonomie bezeichnet

Volksgenossen!

Am Dienstag, den 4. März l. J.,

als dem Tage des Zusammentrittes der deutschösterreichischen Nationalversammlung in Wien, wird in ganz Deutschböhmen und Sudetenland ein

allgemeiner Generalstreik

durchgeführt als Protest gegen die gewaltsame Verhinderung der Wahlen in diesen rein deutschen Gebieten durch die Tschechen, aber auch als Massenkundgebung gegen die mit der Notenabstempelung verbundene Zurückbehaltung der Hälfte alles Barvermögens durch den tschechoslowakischen Staat!

An diesem Tage ruhe jegliche Arbeit in Fabrik, Werkstätte, Geschäft, Kanzlei und Schulstube, damit der Welt die einmütige Empörung des ganzen deutschen Volkes im Sudetenland anschaulich vor Augen geführt werde! Deutsche Eltern, schickt an diesem Tage Eure Kinder nicht in die Schule! Deutsche Bürger, Arbeiter und Angestellte, Gewerbetreibende und Kaufleute, verleiht Eurer Erbitterung über die einschneidenden volkswirtschaftlichen, völkerrechtswidrigen Maßnahmen der tschechoslowakischen Regierung, die der Entscheidung der Friedenskonferenz vorgreifen, durch

allgemeine Arbeitsruhe u. Geschäftssperre am Dienstag, den 4. März 1919

deutlichen Ausdruck!

Sämtliche politischen Parteien des Sudetenlandes.

hatten. Man konnte sich nicht mit dem unbequemen Minderheitenstatus abfinden und lehnte zunächst eine aktive, politische Mitarbeit im neuen Staat ab.

Aber auch die Haltung der Tschechen und Slowaken war nicht unproblematisch: »Es war der Zwiespalt zwischen der Absicht, einen allen Bürgern gegenüber gleich gerechten, modernen, demokratischen und europäisch orientierten Staat aufzubauen, wie er Masaryk vorschwebte, und der vielleicht psychologisch begreiflichen, aber praktisch undurchführbaren Tendenz, diesen Staat vorwiegend, wenn auch nicht ausschließlich, zu einem Instrument der nationalen Aspirationen des tschechischen und slowakischen Volkes zu machen. Wäre dem Staat eine jahrzehntelange friedliche Entwicklung beschieden gewesen, dann hätten sich die Gegensätze wohl nach und nach ausgeglichen.«

Diese letzte Einschätzung wird durch die Entwicklung während der Jahre des wirtschaftlichen Aufschwungs bestätigt. Trotz aller Auseinandersetzungen waren die deutschen Parteien der Sozialdemokraten, der Christlichsozialen und der Landwirte zu einer Mitarbeit in der Regierung bereit. Durch konstruktive Politik wollten die sog. »Aktivisten« eine Verbesserung der Situation der deutschen Bevölkerung erreichen. Und auch in vielen Städten und Dörfern gab es vor allem unter den Arbeitern ein Miteinander von Tschechen und Deutschen. Zunächst jedoch spitzten sich durch die Staatsgründung die bisherigen Auseinandersetzungen beider Völker zu. Das zeigte sich auch bei der Interpretation der Wirtschaftsprobleme. Obwohl der Einbruch der sudetendeutschen Wirtschaft v.a. auf die veraltete Struktur der Leichtindustriezweige zurückzuführen war, erzeugten Kriegsschäden, die Folgen langfristiger Stagnation zusammen mit der erstarkten tschechischen Konkurrenz den Eindruck, als ob die ökonomische Misere erst mit Beginn der ›tschechischen Tyrranei‹ ausgebrochen sei. Die Auswirkungen des wirtschaftlichen Niedergangs machten sich im sozialen Bereich als »ziemlich gleichmäßig verteilte Deklassierungserscheinungen in allen Bereichen bei einem nahezu restlosen Wegfall der sozialen Spitzengruppe« bemerkbar. Die zahlreichen entlassenen, unqualifizierten Arbeitskräfte und Tagelöhner konnten in der zwar expandierenden, aber spezialisierten Industrie im Landesinnern nicht unterkommen. Bei den Staatsbeamten erfolgte nach einem zunächst konjunkturbedingten Ausbau ein radikaler Abbau des als unloyal verdächtigten, sudetendeutschen Personals, das sich einer strengen, teilweise schikanösen Sprachprüfung zu unterziehen hatte. Vom Berufswechsel betroffen oder bedroht war der überproportional vertretene, akademisch gebildete Mittelstand, dessen Arbeitsmarktchancen sich nach dem Zerfall der Monarchie radikal verringert hatten. Die existenzielle Notwendigkeit, sich mit nicht standesgemäßen Stellungen begnügen zu müssen, erleichterte den Zugang zum ›Volk‹. Im ›Volkstumskampf‹ wurde der eigene Abstieg ideologisch verarbeitet. Er war so erst in zweiter Linie wirklichkeitsferne Schwärmerei. Hier bildete auch die Arbeiter-

Nordböhmisches Museum in Liberec (Reichenberg). Die Stadt war eines der Zentren der Sudetendeutschen.

schaft wegen der fehlenden sozialen Emanzipation, ihrer Einbindung in das kleinbürgerliche Milieu und der staatlichen Nivellierung des ursprünglich höheren Lohnniveaus keine Ausnahme.

Unter diesen Bedingungen wurde die hohe Arbeitslosigkeit im Rahmen der Weltwirtschaftskrise seit 1929 zu einer schweren Belastungsprobe für den tschechoslowakischen Staat. Rund zwei Drittel der 920 000 Stellungssuchenden zum Jahresende 1932 waren Deutsche, und auch nach dem allgemeinen Abflauen der Depression im Jahr 1936 hatte sich die Zahl der deutschen Arbeitslosen (525 000) kaum verringert. Mit der Machtübernahme der Nationalsozialisten in Deutschland und deren angeblich erfolgreichen Arbeitsbeschaffungsmaßnahmen war die Bevölkerung daher um so eher bereit, all ihre Hoffnungen bedingungslos auf das »Reich« zu richten. Der Einfluß völkischer Propaganda, die dem Wunsch, am »nationalen Aufstieg« Deutschlands teilzuhaben, entsprach, wirkte in dieselbe Richtung.

Die sozialpsychologische Seite der sudetendeutschen Probleme nach 1918 hängt vor allem mit dem Prestigeverlust der akademisch Gebildeten zusammen, die als Vereinsvorstände in der Lage waren, auch für andere Schichten die Parolen des Volkstumskampfes wirksam zu artikulieren. Die unerwartet eingetretenen politischen Veränderungen - das absehbare Ende der deutschen Vorherrschaft in Osteuropa war verdrängt worden -, die Spannung zwischen überhöhten Erwartungen vor dem Krieg und der nun eingetretenen Realität schuf ein Vakuum, das eine rationale Verarbeitung der plötzlichen Veränderungen außerordentlich erschwerte.

Die realen, volkswirtschaftlichen Ursachen der sozial-ökonomischen Deklassierung, die eigene Mitschuld an der historischen Entwicklung - wegen unterbliebener Maßnahmen für eine aktive Verbesserung der Situation - wurden ignoriert und als ungerechte Strafe empfunden. In dieser Situation wurden die eigene »...Handlungsunfähigkeit und Kleinmütigkeit verbalradikal kompensiert und die Kluft zwischen Bewußtsein und tatsächlicher Lage noch weiter vergrößert.« Dies mündete in eine Haltung, die den Tschechen die Schuld für die gegenwärtige Lage zuschob, die alle politischen Regungen mit dem Schlagwort vom notwendigen »Durchbruch zur Nation« vereinnahmte und entkräftete. Damit waren die entscheidenden Weichen für den Volkstumskampf als ›geistiger Wegbereiter‹ des Nationalsozialismus gestellt.

Politische Machtverhältnisse bis zum Beginn des Zweiten Weltkriegs

Die Ursachen für die Zerstörung der Tschechoslowakischen Republik liegen einerseits in der politisch-ideologischen Fixierung deutsch-nationaler Sammlungsbewegungen und deren fließenden Übergängen zum Nationalsozialismus begründet. Auf der anderen Seite hat dazu auch eine gewisse Unbeweglichkeit der tschechischen Regierung und des Verwaltungsapparates im Umgang mit der sich abzeichnenden Krise beigetragen.

Als die Weltwirtschaftskrise in der ČSR ihrem Höhepunkt entgegenging, sah sich die Regierung wegen offener nationalsozialistischer Propaganda zum Verbot der Deutsch-Nationalsozialistischen und der Deutsch-Nationalen Partei gezwungen, die sich schon seit 1932 mit paramilitärischen Organisationen auf einen ›Anschluß‹ an das Deutsche Reich vorbereitet hatten. Um einer strafrechtlichen Verfolgung zu entgehen, lösten sich beide Organisationen selbst auf. Als Ersatz wurde vom nationalsozialistischen Parteiführer *Krebs* der Leiter des sudetendeutschen Turnverbandes *Konrad Henlein* veranlaßt, eine außerparlamentarische, nationale Sammlungsbewegung zu gründen. Dieser rief am 1.10.1933 zum Eintritt in die ›Sudetendeutsche Heimatfront‹ (SHF) auf. Der vorgeblich gesetzes- und staatstreue Charakter dieser Vereinigung diente der Tarnung ihres eigentlichen Ziels, die Strukturen der parlamentarischen Demokratie nach Gewinnung möglichst aller Sudetendeutschen zu untergraben.

Die Verbindungen der SHF und späteren SDP zum Nationalsozialismus sind eng. Henlein bekannte sich 1934 offen zum Nationalsozialismus und wenig später trafen die ersten nachweisbaren Zahlungen aus dem Deutschen Reich zur Finanzierung groß angelegter Propagandafeldzüge ein. Den Kern der SHF bildeten 150.000 alte Nationalsozialisten, 1935 waren das etwa 3/4 aller Mitglieder. Nach ihrer Umbenennung in ›Sudetendeutsche Partei‹ (SDP) wurde sie 1935 zur Parlamentswahl zugelassen, erhielt mit 1 249 947 die meisten Stimmen und 44 der 66 deutschen Mandate. Mit 600.000 Anhängern waren jetzt fast 1/5 der deutschen Bevölkerung in der SDP vertreten und bis zu ihrer Auflösung im September 1938 wuchs der Mitgliederstand sogar auf 1,3 Millionen an.

Nach dem Tod des ehemaligen Staatspräsidenten *Masaryk* war die tschechische Regierung unter *Edvard Beneš* zu Verhandlungen über die Forderung der SDP nach ›völkischer Selbstverwaltung‹ bereit. Um die ČSR auch außenpolitisch unter Druck zu setzen und die Gespräche hinauszuzögern wurde ein ›Zwischenfall‹ zur Demonstration der angeblichen Deutschenfeindlichkeit provoziert. Er fungierte als Anlaß für einen nationalsozialistischen Pressesturm und am 5.11.1937 wurde die Tschechoslowakei von Hitler zum Kriegsziel erklärt.

Auf den Einmarsch in Österreich am 12.3.1938 reagierte die tschechische Bevölkerung mit großer Besorgnis, während die völkisch radikalisierten Kreise bei den Sudetendeutschen lauthals den »Anschluß an das Reich« verlangten. Neben der kleinen, demokratischen Freiheitspartei blieben nur noch die Sozialdemokraten übrig, die nicht zur SDP übergetreten waren. Henlein konnte eine weitere Zusammenarbeit mit ihnen unterbinden und setzte die tschechische Regierung unter Druck, ihn als einzigen, legitimen Vertreter der Sudetendeutschen bei den Verhandlungen zu akzeptieren. Dabei sollte - wie mit Hitler vereinbart - nach dem taktischen Prinzip verfahren werden, immer so viel zu fordern, wie die Gegenseite nicht zu geben bereit war. Nach dem vierten Versuch einer Einigung wurden erneut ›Zwischenfälle‹ inszeniert, die nach der Verhängung des Standrechtes zur Absage der Verhandlungen führten. Kurz darauf, am 15. September 1938, erließ Henlein den »Heim ins Reich«-Aufruf und floh über die Grenze, um dort ein sogenanntes ›sudetendeutsches Freicorps‹ aufzustellen.

Am 5. Oktober wurde Staatspräsident Beneš von Berlin zum ›freiwilligen‹ Rücktritt gezwungen. Die ultimative Drohung Hitlers, die Gesamtmobilmachung anzuordnen, führte schließlich zu den im ›Münchner Abkommen‹ am 30.9. ohne die Tschechoslowakei und unter der Beteiligung von England und Frankreich beschlossenen weiträumigen Gebietsabtretungen.

Durch die vereinbarte Besetzung dieser Regionen bis zum 10. Oktober kamen nicht nur eine Reihe ausschließlich tschechischer Dörfer unter deutsche Herrschaft. Insgesamt waren 800 000 Tschechen in den Randgebieten betroffen, schätzungsweise 400.000 von ihnen mußten vor den Nationalsozialisten ins Landesinnere fliehen, daneben auch 30 000 deutsche Sozialdemokraten und Kommunisten. Die meisten Sudetendeutschen begrüßten jedoch jubelnd den ›Anschluß‹ an das Deutsche Reich.

Böhmen und Mähren unter nationalsozialistischer Herrschaft

Nur knapp ein halbes Jahr später wurde von den Nationalsozialisten nach der erpressten Einwilligungserklärung am 15.März 1939 das restliche Staatsgebiet der Tschechoslowakei annektiert und das »Protektorat Böhmen und Mähren« errichtet. In den folgenden Jahren wurden die meisten der etwa 100.000 Juden in der Tschechoslowakei auf brutale Weise in Theresienstadt oder anderen Konzentrationslagern ermordet: »77 279 Namen stehen an den Wänden der Prager Pinkas-Synagoge, es sind die Opfer des Massenmords an den Juden aus Böhmen und Mähren...«.

Insgesamt starben in der Tschechoslowakei etwa 250.000 Menschen aufgrund des nationalsozialistischen Terrors.

Der tschechische Widerstand wuchs jedoch beständig, insbesondere seit 1941 der SS-Obergruppenführer *Heydrich* die Herrschaft im Protektorat übernommen hatte und die »Endlösung der tschechischen Frage« plante: »Die Völker der östlichen Länder sollten (...) als Arbeiter, als ›Heloten dienen‹. Und diejenigen Tschechen, die aus rassischen oder politischen Gründen nicht germanisiert oder umgebracht werden konnten, sollten in die östlichen und nördlichen Gebiete vertrieben werden, wo sie ihre ›prodeutsche Aufgabe als Aufseher, Vorarbeiter usw. ... mit der Chance, auch ihre Familien nachzuziehen‹, zu erfüllen hätten.«

Die Lage der tschechischen Widerstandsbewegung wurde jetzt nach »vier- bis fünftausend Verhaftungen bei 400 offiziell erklärten Hinrichtungen« immer schwieriger. Heydrichs Terror dezimierte zielbewußt die tschechische Führungselite, nicht nur als Vergeltung für den zunehmenden, im Ausland - damals wie heute - nicht genug geschätzten tschechischen Widerstand, sondern auch als Voraussetzung für die geplante Vernichtung der Tschechen.

Heydrich wurde am 27. Mai 1942 von Widerstandskämpfern bei einem Attentat getötet. Als auch nach längerer Zeit keine Spur der Attentäter gefunden werden konnte, wurde von der SS als vollkommener Willkürakt die männliche Bevölkerung der beiden Dörfer *Lidice* und *Ležáky* ermordet, Frauen und Kinder wurden in Konzentrationslagern umgebracht. Der Druck auf die tschechische Bevölkerung - die SS versuchte durch diesen Terror eine Denunziation der Attentäter zu erzwingen - und die Angst wuchsen von Tag zu Tag, da allein das Abhören eines ausländischen Senders oder eine positive Bewertung des Attentats das sofortige Todesurteil bedeutete. Bei diesem Rachefeldzug der SS wurden insgesamt »mehr als 3000 Menschen verhaftet und über 1300 Menschen hingerichtet«. Dazu ein Zitat von Emil Franzel, einem ehemaligen sozialdemokratischen Journalisten, das in erschreckender Weise zeigt, wie auch in dieser Situation der nationalsozialistische Terror nur partiell als solcher erlebt und sogar verharmlost wurde: »Jetzt begann, was die Tschechen die ›Heydrichiade‹ nennen, jene Reihe von angeblich standrechtlichen Hinrichtungen, die in Wahrheit Geiselerschießungen waren (...). Ich war niemals Zeuge einer dieser Hinrichtungen. Trotzdem erlebte ich jenen Terror mit Schauder und im Vorgefühl der Vergeltung, die eines Tages wahrscheinlich nicht die Schuldigen, sondern - wie es fast immer geschieht - die Unschuldigen treffen würde. Mein Haß richtete sich allerdings nicht nur gegen die Deutschen, die für das Blutregiment verantwortlich waren, sondern auch gegen die feigen Attentäter, die in ihrem Versteck saßen und es seelenruhig zuließen, daß ihretwegen Hunderte von unschuldigen Menschen umgebracht wurden. Noch verbrecherischer freilich erschien mir der Anstifter in London, *Edvard Beneš* , der das Attentat doch nur arrangiert hatte, um die Deutschen zu einer Terroraktion herauszufordern, von der er sich versprach, daß sie wiederum die Tschechen reizen und zu unüberlegten Akten des Widerstandes provozieren würde. Ich empfand es als Erlösung, als endlich nach der Entdeckung der Attentäter und ihrem Ende durch ihre eigene Hand der Mordreigen aufhörte. Nichts hat mich so furchtbar nervlich belastet wie die Wochen des Terrors, da jeden Abend aus den Lautsprechern Marschmusik ertönte und zwischendurch die Namen der Erschossenen bekannt gegeben wurden.«

In dieser Zeit spitzte sich das Verhältnis zwischen Tschechen und Deutschen immer mehr zu und war von starkem, gegenseitigem Haß geprägt, was auch zu grundlegenden Veränderungen der politischen Konstellationen im tschechischen Exil führte. Nach den Morden von Lidice verzichtete Beneš auf jeden politischen Einwand gegen die Aussiedlung der Deutschen. Unter dem Druck der radikal-nationalen Gruppen wurde die gemäßigte und prodeutsche Fraktion ausgeschaltet.

Die ungeheure Grausamkeit des von den Deutschen bis zum bitteren Ende geführten Krieges untermauerte die Notwendigkeit einer radikalen, auch von den Alliierten seit 1942 im Grundsatz gebilligten Lösung.Dem Kriegsende folgte ein Epilog, der für die deutsche Seite tragisch ausging. Die tschechische Reaktion auf den nationalsozialistischen Terror fiel schärfer und brutaler aus, als es in den Plänen des Widerstandes und der Exilregierung vorgesehen war. Die Tschechoslowakei wurde nun als slawischer Nationalstaat neu konstituiert. Die deutsche Bevölkerung wurde ausgesiedelt.

Der Prager Frühling

Der Prager Frühling unterscheidet sich von seinem Namensvetter in der Natur zum einen durch seine Einmaligkeit, zum anderen durch seine zeitliche Ausdehnung, da er bereits im Winter von sich reden machte und sodann den eigentlichen Frühling, sowie weite Teile des Sommers für sich in Anspruch nahm. Der dem Frühling vorausgehende Winter war zwar sehr lang, aber beileibe nicht nur eintönig und ständig gleich streng.

Antonín Novotný, der das Amt des Staatspräsidenten und des Ersten Sekretärs der Kommunistischen Partei der Tschechoslowakei (KPTsch) in Personalunion innehatte, galt in den sechziger Jahren, neben W. Ulbricht (DDR), als letzter Verfechter einer nach stalinistischen Prinzipien ausgerichteten Politik. Die tschechoslowakische Wirtschaft wurde von einem unbeweglichen, zentralistischen Planungsapparat beherrscht. Die einseitige Bevorzugung der Schwerindustrie und die sogenannte Tonnen-Ideologie, wonach nicht die Qualität der Erzeugnisse, sondern die Menge der verbrauchten Rohstoffe entscheidend waren, charakterisierten das sowjetische Wirtschaftsmodell. Die Übernahme dieses Industrialisierungskonzeptes durch die ČSSR, die vor dem II. Weltkrieg als führende Industrienation Europas galt, begründete letztendlich ihren wirtschaftlichen Abstieg. Die von Chruščev Ende 1961 eingeleitete zweite Entstalinisierungswelle und die sich im Verlauf des Jahres 1962 abzeichnende schwere Wirtschaftskrise zwangen die tschechoslowakische Parteiführung zur Aufgabe ihres bisherigen starren Kurses. Als Folge der Überprüfung durch die sogenannte Kolder-Kommission wurde die Unrechtmäßigkeit der Terror-Prozesse der fünfziger Jahre eingestanden und die Rehabilitierung der Opfer eingeleitet. Die Wirtschaftskrise sollte durch die schrittweise Verwirklichung des von *O. Šik* vorgelegten Reformkonzepts, welches die größere Selbständigkeit der Betriebe vorsah, überwunden werden. Das Beharren des Novotný-Regimes auf der führenden Rolle der Partei verhinderte jedoch eine konsequente Umsetzung der Reformen im wirtschaftlichen Alltag. Der wachsende Unmut über den Führungsstil Novotnýs griff im Verlauf des Jahres 1967 von den Intellektuellen und Studenten auf die Arbeiterschaft über, die sich nicht länger mit der desolaten wirtschaftlichen Verfassung des Landes abfinden wollte.

Novotný, der nun auch innerhalb der Parteiführung kritisiert wurde, erhoffte sich von einem Besuch Brežnevs Loyalitätsbekundungen für seine Person. Doch der Moskauer Parteichef erklärte die ganze Affäre zu einer inneren Angelegenheit der ČSSR und gab somit wohl den Weg frei für die Ablösung Novotnýs Anfang 1968.

Nach kontrovers verlaufener Diskussion wurde *A. Dubček* — als einziger von allen akzeptierter Kandidat — am 5. Januar zum Nachfolger Novotnýs gewählt. Bevor Dubček Ende des Monats bei seinem Antrittsbesuch in Moskau seine Vorstellungen von den notwendigen Reformen erläuterte, umriß *J. Smrkovský* in der Gewerkschaftszeitung Práce erstmals öffentlich die Grundzüge des neuen Kurses, der vom Grundsatz der konsequenten Demokratisierung von Partei und Staat bestimmt werden sollte.

Das von Moskau zunächst in Dubček gesetzte Vertrauen verwandelte sich bereits im ersten Vierteljahr seiner Amtszeit in mehr oder weniger unverhohlene Ablehnung. Anläßlich des 20. Jahrestages der Machtübernahme durch die KPTsch äußerte sich Dubček zu den grundlegenden Merkmalen der Neuorientierung. Er sprach von der Notwendigkeit, das wirtschaftliche Planungs- und Entscheidungssystem, ohne Scheu vor unvermeidbaren politischen Konsequenzen, zu reformieren. Dubček betonte jedoch nachdrücklich, daß die Freundschaft mit der Sowjetunion sowie die Einheit und brüderliche Zusammenarbeit mit ihr und den anderen sozialistischen Staaten weiterhin oberste Priorität in der tschechoslowakischen Außenpolitik besäßen. Unmittelbar nach diesem Treffen gelang dem ranghöchsten politischen Militär, Generalmajor *Jan Šejna*, ausgestattet mit tschechoslowakischen Diplomatenpässen, die Flucht ins westliche Ausland. Šejna hatte während des Januar-Plenums einen Militärcoup mit Hilfe der I. Panzerdivision vorbereitet, der den Verbleib Novotnýs an der Parteispitze gewährleisten sollte. Die Militäraktion war als Rückgrat einer breit angelegten Verhaftungswelle unter den Reformkräften gedacht. Dies löste in den bis dato eher zögerlich auf den neuen Kurs eingeschwenkten Medien eine Welle der Kritik an den bisherigen Mißständen und Versäumnissen aus, die durch die faktische Abschaffung der Zensur am 4. März außerordentlich begünstigt wurde. Für Dubček, der zu dieser Zeit mit dem Ausbau seiner Machtstellung beschäftigt war, kam die Kritik naturgemäß sehr gelegen. Sein Rivale Novotný war noch amtierender Staatspräsident und damit gleichzeitig Oberbefehlshaber der Armee. Das Interesse Dubčeks mußte sich somit vorrangig auf die Ausschaltung Novotnýs und die Entfernung seiner Angehörigen von ihren Positionen richten. Am 22.3. ersuchte A. Novotný schließlich um seinen Rücktritt vom Amt des Staatspräsidenten, der vom Präsidium des ZK der KPTsch gebilligt wurde.

Das Bemerkenswerte an diesem Rücktritt war die Tatsache, daß er als Folge der massiven öffentlichen Kritik gelten konnte. In weniger als drei Monaten hatte sich eine neue, eigenständige politische Kraft herausgebildet. Die tschechoslowakische Gesellschaft war quasi zur funktionierenden außerparlamentarischen Opposition geworden, die in der Lage war, ihre Interessen mittels öffentlichen Drucks durchzusetzen. Diese zwar von oben initiierte, aber von unten mit Leben erfüllte Demokratisierung erregte denn auch bald das Mißtrauen der Bruderstaaten. Die sozialistische Staatenwelt, unter Ausschluß Rumäniens und Jugoslawiens, hatte sich einen Tag nach dem Rücktritt Novotnýs in Dresden ein Stelldichein gegeben, um, laut offizieller Abschlußerklärung, ihre Einheit und freundschaftliche Verbundenheit zu demonstrieren. Der wahre Hintergrund des Treffens offenbarte sich dann im Verlauf der beiden nächsten Wochen, als sowohl der Chefideologe der SED, *Kurt Hager*, als auch die Moskauer Zeitung Sowjetskaja Rossija die Prager Führung angriffen und sie indirekt des Revanchismus und der Zusammenarbeit mit den Imperialisten beschuldigten. Obgleich die ČSSR die Kritik als ungerechtfertigt zurückwies, reagierte die Prager Führung insofern auf die sowjetischen Vorwürfe, als sie den in der UdSSR hoch angesehenen Armeegeneral *L. Svoboda* zum neuen Staatspräsidenten wählte.

In der ersten Aprilwoche wurde auf einer Plenartagung des ZK der KPTsch durch die Verabschiedung des sogenannten Aktionsprogramms der inhaltliche Rahmen und das geplante Ausmaß der vorgesehenen Reformen festgelegt. Das vier Teilbereiche umfassende Programm stellte zunächst die Umwandlung der ČSSR in eine sozialistische Gesellschaft fest. Anschließend wurden jedoch die Begleitumstände dieser Entwicklung nachdrücklich kritisiert. Personenkult und die mechanische Übernahme des sowjetischen Modells wurden ebenso angeprangert wie zentralistische Verwaltungsmethoden des bürokratischen Systems und die Unterdrückung demokratischer Rechte und Freiheiten des Volkes. Das ausdrückliche Bekenntnis der KPTsch zu ihrer Verantwortung dafür stellte einen einmaligen Vorgang unter den kommuni-

Miloš Formann gehörte zu den beliebtesten Regisseuren der sechziger Jahre. Seit kurzem werden seine Filme auch in der ČSSR wieder gezeigt

stischen Staatsparteien dar. Das Selbstverständnis der Partei wurde im Aktionsprogramm vollkommen neu formuliert. Die Partei sollte künftig als übergeordnete Instanz Wegweiser für die sozialistische Entwicklung der Gesellschaft sein und sich dabei an den Wünschen und Vorstellungen der Bevölkerung orientieren. Die führende Rolle, die sie auch weiterhin einnehmen würde, wäre durch die Zustimmung der Bevölkerung legitimiert und nicht länger mittels autoritärer Machtpolitik erzwungen. Die stärkere Trennung von Partei und Staat, sowie die Beteiligung der in der Nationalen Front vereinigten politischen Parteien und gesellschaftlichen Organisationen am politischen Willensbildungsprozeß sollte ebenso die begonnene Demokratisierung fördern wie die Gewährung der Versammlungs- und Koalitionsfreiheit und die gesetzliche Abschaffung der Zensur. Die Tschechoslowaken sollten künftig ohne Beschränkungen ins Ausland reisen dürfen. Die negativen Erfahrungen der fünfziger Jahre veranlaßten die Reformer, Änderungen in der Organisation des Sicherheitsapparates anzustreben und die Unabhängigkeit der Gerichte zu garantieren. Die bereits laufenden Rehabilitierungen ehemals zu Unrecht politisch Verfolgter sollten konsequenter vorangetrieben werden. Die geplante Gleichberechtigung der Tschechen und Slowaken durch föderalistische Regelungen markierte einen wichtigen Eckpunkt im Verhältnis der beiden Völker zueinander. Den Künstlern wurde die Beseitigung jeglicher Zensurbestimmungen in Aussicht gestellt. Obgleich die im Aktionsprogramm enthaltenen Zielsetzungen nicht alle zur Ausführung gelangten, wirkte sich der von oben initiierte Demokratisierungsschub doch nachhaltig auf das gesellschaftliche Klima aus. Quer durch die Bevölkerung war das politische Interesse erwacht. Fernsehen und Printmedien stellten sich als Plattform für die Diskussion der geplanten politischen Veränderungen zur Verfügung. Die Bevölkerung identifizierte sich im Gegensatz zur Vergangenheit mit dem unter der Losung vom »Demokratischen Sozialismus« eingeschlagenen neuen Kurs. Die Parteiführung und die Regierung wurden als rechtmäßige Vertreter des Volkes anerkannt, bei deren Politik das Interesse und die Wünsche der Bevölkerung im Vordergrund standen. Sogar in Form von materieller Unterstützung bekundeten die Tschechoslowaken ihre Sympathien für den Staat. Über 90 Millionen Kronen wurden von der Bevölkerung innerhalb weniger Tage zur Sanierung der Staatsfinanzen in einen eigens dafür gegründeten Fonds einbezahlt. *Jiří Pelikán*, der damalige Direktor des tschechoslowakischen Fernsehens, charakterisiert den Prager Frühling denn auch als eine wirkliche Volksbewegung und keineswegs nur als Werk Intellektueller oder der politischen Elite.

Neu gegründete politische Organisationen, die sich unabhängig von der KPTsch etablierten, waren Ausdruck des Politisierungsprozesses der Gesellschaft. Sie waren das Sprachrohr für die Interessen der Bevölkerung. Innerhalb des Parteienspektrums verzeichneten beispielsweise die Sozialistische Partei oder auch die Katholische Volkspartei rasch wachsende Mitgliederzah-

Husák, Svoboda, Dubček, Kriegel (von links nach rechts) an der Spitze des Aufmarsches am 1. Mai 1968

len. Zentrale Bedeutung kam dem Anfang April gegründeten Klub sogenannter ›engagierter Nichtparteimitglieder‹ (KAN) zu, in welchem sich ein breites Spektrum ›linker‹ Konzepte und Vorstellungen zusammenfand. (Der KAN mußte unter sowjetischem Druck im Juli der von der KPTsch dominierten Nationalen Front beitreten). Die Rehabilitationsforderungen ehemals politisch Verfolgter standen im Mittelpunkt der Vereinigung K 231. Ihren Namen leitete sie von dem in den fünfziger Jahren für die Verurteilung der politischen Gefangenen maßgeblichen Paragraphen des tschechoslowakischen Strafgesetzbuches ab. In diesem Zusammenhang muß auch das neue Selbstverständnis der Gewerkschaften genannt werden. Bislang lag ihr Ziel eher darin, als quasi staatliches Organ dafür Sorge zu tragen, daß die Planvorgaben durch die Arbeiterschaft erfüllt würden. Nunmehr betonten die Gewerkschaften ihre nationale und verbandsmäßige Unabhängigkeit, beanspruchten das Streikrecht als unveräußerliches Gut, und verpflichteten sich, künftig als Interessenvertretung der Arbeiter zu fungieren sowie zur Enwicklung von Sozialismus und Demokratie beizutragen. Das neu erwachte Interesse vieler Tschechoslowaken für Fragen der Politik schlug sich somit konkret als Engagement in politischen Gruppen nieder, die wiederum zwar spezifische Interessen verfolgten, generell jedoch den Kurs der KPTsch unterstützten.

In seinem wirtschaftlichen Teil sprach sich das Aktionsprogramm eindeutig für die nachhaltigere Umsetzung des bereits unter Novotný von der Šik-Kommission erarbeiteten Reformmodells aus.

Die Beschränkung der zentralen Planungsinstanzen auf makroökonomische Zielvorgaben sollte die Eigenverantwortlichkeit der Betriebe erhöhen, die ihre Produktion nach den Bedürfnissen des Marktes ausrichten und bei rentabler Wirtschaftsweise auch Gewinne erzielen konnten. Demokratisch eingesetzte Betriebsräte, die vertraglich festgelegte Rechte gegenüber der Betriebsleitung wahrnehmen sollten, und die Koppelung des erwirtschafteten Umsatzes an Löhne und Gehälter, brachten die Mitverantwortung der Belegschaft für das Unternehmen zum Ausdruck. Im Gegensatz zum bisherigen System, in dem der Staat als eine Art Oberkapitalist auftrat, rückte nun die Arbeiterschaft dem angestrebten Ideal als Besitzer der Produktionsmittel näher.

Infolge der kurzen Zeitspanne führten die wirtschaftlichen Reformen jedoch zu keiner nennenswerten Verbesserung des materiellen Lebensstandards. Allerdings wurde diesem Umstand nicht allzuviel Bedeutung beigemessen, da die neugewonnenen politischen Entfaltungsmöglichkeiten im Mittelpunkt des Interesses der Bevölkerung standen.

Durch die Realisierung der im Aktionsprogramm festgehaltenen Ziele strebte die Dubček-Führung die Verwirklichung eines ›Sozialismus mit menschlichem Antlitz‹ an. Trotz massiver Unterstützung der Bevölkerung ähnelte der Weg einer Gratwanderung.

Die schärfsten Gegner Dubčeks kamen aus dem konservativen Block, dessen Interesse sich nur auf die Rückeroberung seiner Machtposition richtete. Ihm kritisch gegenüber standen jedoch auch die Befürworter eines weitaus radikaleren Demokratisierungskurses. Zudem beschränkte die Sowjetunion den Handlungsspielraum der Prager Führung in nicht unerheblicher Weise, so zum Beispiel durch die Weigerung ihre Schulden gegenüber der ČSSR, die rund zwei Milliarden Mark betrugen, zu begleichen. Die dringend notwendige Modernisierung der Industrieanlagen ließ sich nur mit Hilfe westlicher Maschinen durchführen. Die Mitgliedschaft der ČSSR in der östlichen Wirtschaftsgemeinschaft COMECON verpflichtete sie jedoch, 70% ihres Außenhandels mit den sozialistischen Staaten abzuwickeln. Somit war die Prager Führung daran gehindert, durch Ausweitung der Westexporte die benötigten Devisen zu erwirtschaften, was wachsende Schulden bei westlichen Gläubigern zur Folge hatte. Auch tschechoslowakische Überlegungen zur Aufnahme westlicher Kredite wurden von den Sowjets kategorisch abgewiesen. Obgleich die von der Šik-Kommission als Voraussetzung einer erfolgreichen Wirtschaftsreform für notwendig erachtete gleichzeitige Demokratisierung der Entscheidungsstrukturen jetzt dem allgemeinen Kurs entsprach, erschwerte nun außenpolitischer Druck die rasche Umsetzung des neuen Wirtschaftsmodells.

Der Himmel über den tschechoslowakischen Reformern begann sich zu verdüstern. In der ersten Hälfte des Mai versammelten sich die Parteiführer der fünf späteren Interventionsmächte in der sowjetischen Hauptstadt, wobei

Ulbricht und *Gomulka* (Polen) die Stationierung von Warschauer-Pakt-Truppen in der ČSSR forderten. Lediglich *J. Kádár* erklärte die Zustimmung der ungarischen KP zum tschechoslowakischen Kurs. Die sowjetische Nachrichtenagentur TASS eröffnete am 9. Mai eine hetzerische Pressekampagne gegen die ČSSR. In deren Verlauf mußten sich die Prager Reformer den Vorwurf des Revisionismus gefallen lassen, und der eigenständige tschechoslowakische Weg wurde scharf verurteilt. Man schreckte in Moskau auch nicht davor zurück, den noch wenige Wochen zuvor von Staatspräsident L. Svoboda durch eine Kranzniederlegung geehrten Begründer der ersten tschechoslowakischen Republik, *Thomas G. Masaryk*, zum Verbündeten der internationalen Reaktion abzustempeln. Die Pressekampagne wurde durch die Besuche sowjetischer Delegationen in der ČSSR begleitet. Praktisch zeitgleich zur Visite des sowjetischen Verteidigungsministers weilte auch Ministerpräsident *Kossygin* in der ČSSR. Offiziell als Kuraufenthalt ausgewiesen, diente sein Besuch aber eher dem Versuch, die Prager Führung massiv im sowjetischen Sinne zu beeinflussen. Als Folge des sowjetischen Drucks sah sich Dubček gezwungen, seine Zustimmung zu Manövern des Warschauer Paktes in der ČSSR zu geben. In Gesprächen mit Pressevertretern warb er um Unterstützung des Regierungskurses. Zugleich bat er die Journalisten, behutsamer mit der Sowjetunion umzugehen. Zwar wurde auf der Ende des Monats stattfindenden Plenartagung des ZK noch mit großer Mehrheit die vorläufige Aufhebung der Parteimitgliedschaft Novotnýs und weiterer ehemaliger hochrangiger Funktionäre beschlossen, gleichzeitig sah sich die Parteiführung aber genötigt, ihre Entschlossenheit zur verstärkten Kontrolle über das Land zum Ausdruck zu bringen und Warnungen an antisozialistische Kräfte auszusprechen. Und auch die vom Volksmund als Konserven aus der Novotný-Ära bezeichnete Gruppe innerhalb der KPTsch-Führung witterte Morgenluft.

In einer Erwiderung auf ein Referat Dubčeks griff *V. Bil'ák* diejenigen ZK-Mitglieder an, die unter Novotný gezittert hätten und nun offene Opposition gegen die KPTsch betrieben. Zur Vorbereitung der zwischen dem 20. und 30. Juni geplanten Manöver waren bereits Anfang des Monats sowjetische Einheiten ins Land eingerückt. Während des Manövers, an dem — Schätzungen zufolge — über 16.000 Sowjet-Soldaten beteiligt waren, illustrierten zwei Ereignisse auf anschauliche Weise das neu gewonnene Selbstbewußtsein der Tschechoslowaken. Nach dem Plädoyer der Nationalversammlung am 24. Juni für die Fortsetzung des eingeschlagenen Weges, sorgte das drei Tage später von mehreren Prager Zeitungen veröffentlichte ›Manifest der 2000 Worte‹ des Schriftstellers *L. Vaculík* für Aufsehen. Der Aufruf Vaculíks prangerte den Machtmißbrauch der kommunistischen Herrscher in den zurückliegenden zwanzig Jahren an und forderte sodann die konsequente Weiterführung des Demokratisierungskurses. Der Weg in eine von den Auswüchsen der Bürokratie befreite sozialistische Gesellschaft sollte unumkehrbar werden. Zehntausende Prager Bürger unterstützten das Manifest durch ihre Unterschrift und brachten so die weit verbreitete Sorge zum Ausdruck, daß der Erneuerungsprozeß von den Konservativen gestoppt werden könnte. Die Partei- und Regierungsspitze distanzierte sich von dem Appell. Obgleich sie den Unterzeichnern ihren guten Willen prinzipiell nicht in Abrede stellte, sah sie durch die Veröffentlichung den eingeschlagenen Reformkurs gefährdet und extremistische Kräfte gestärkt. Die Sowjetunion nannte denn das Manifest auch ein antikommunistisches und konterrevolutionäres Aktionsprogramm. Die Aufforderung, an einer Mitte des Monats in Warschau anberaumten Konferenz teilzunehmen, hatte die ČSSR zwar abgelehnt, ihrerseits jedoch bilaterale Gesprächsrunden vorgeschlagen. Die Furcht vor einem Übergreifen auf die eigene Bevölkerung bestimmte den sogenannten ›Warschauer Brief‹, der die tschechoslowakischen Vorgänge heftig kritisierte und sie gleichzeitig zur gemeinsamen Angelegenheit der durch den Warschauer Vertrag verbundenen Staaten erklärte. Das Präsidium des ZK wies die erhobenen Vorwürfe zurück und versuchte erneut ihren Kritikern den Reformkurs zu erläutern. Im tschechoslowakisch-sowjetischen Grenzstädtchen Čierna nad Tisou fanden Ende Juli dreitägige Gespräche zwischen der KPTsch-Führung und der sowjetischen Parteispitze statt. Die Tschechoslowaken versuchten einerseits die Sowjets von der Notwendigkeit und Richtigkeit der Reformen zu überzeugen, andererseits ihnen zu versichern, daß die ČSSR weder dem Sozialismus abschwören wolle, noch vertragliche Verpflichtungen militärischer oder wirtschaftlicher Art zu unterlaufen gedenke. Ein Manifest des Schriftstellers *P. Kohout* bestärkte die tschechoslowakische Delegation in ihrem Verhandlungsziel.

Annähernd eine Million Unterschriften unter dem Appell bezeugten eindrucksvoll die Unterstützung der Parteiführung durch die Bevölkerung. Die massive Unterstützungsaktion für den Reformerflügel war gleichzeitig Ausdruck des gewandelten Politikverständnisses. Ehemals politisch desinteressiert, verfolgten die Tschechoslowaken nun genauestens das politische Geschehen, was sich unter anderem in enorm gestiegenen Auflagen der Zeitungen und Zeitschriften bemerkbar machte. Mehr noch, das politische Ohnmachtsgefühl der früheren Jahre war der Überzeugung gewichen, bis zu einem gewissen Grad tatsächlich Einfluß auf die Regierungspolitik nehmen zu können. Der Demokratisierungsprozeß wurde nicht nur durch Reformbemühungen der Parteiführung in Gang gehalten, sondern traditionelle, im Bewußtsein der Tschechoslowaken verwurzelte demokratische Ideale trugen maßgeblich zum Erfolg des Dubček-Regimes bei. Die Dauerhaftigkeit dieses Erfolges hätte sich natürlich erst durch die Fortsetzung des eingeschlagenen Weges erweisen müssen. Doch die Chance, in einem nach demokratischen Grundsätzen ausgerichteten Sozialismus zu leben, wurde den Tschechoslowaken durch Staaten verweigert, die sich zwar ebendies auf ihre Fahnen geschrieben hatten, es aber bei bloßer Rhetorik beließen. Nur einen Tag nach Beendigung des Verhandlungsmarathons in Čierna nad Tisou saß die tschechoslowakische Führung den Vertretern genau dieser Staaten in multilateralen Gesprächen in Bratislava gegenüber. Die Abschlußerklärung brachte den Willen der Teilnehmer zu noch engerer Zusammenarbeit auf der Basis der Gleichheit, der Souveränität und nationalen Unabhängigkeit zum Ausdruck. Betont wurde aber auch, daß die kommunistischen Parteien es nie jemandem gestatten würden, einen Keil zwischen die sozialistischen Staaten zu treiben. Vordergründig auf den imperialistischen Klassenfeind gemünzt, richtete sich dies eindeutig gegen die KPTsch. Im Gegensatz zur skeptischen Bevölkerung glaubte die Prager Führung nach Čierna und Bratislava an eine Art von Waffenstillstand, war doch mit den Sowjets unter anderem die Einstellung gegenseitiger Angriffe in den Medien vereinbart worden. Den Abbruch des Reformkurses zog seitens seiner Befürworter niemand ernstlich in Erwägung. Praktisch ungebrochenen Elan verriet der am 10. August veröffentlichte neue Statutenentwurf der KPTsch. In ihm war nicht nur von geheimer Stimmabgabe bei der Wahl der Parteiorgane die Rede, sondern auch die Beschränkung der Amtszeiten hoher Funktionäre wurde ins Auge gefaßt. Gewohnt, durch Cliquenwirtschaft Positionen zu ergattern, auf denen der Inhaber sodann bis zu seinem Tode ausharrte, lösten die neuerlichen tschechoslowakischen Vorstellungen in der Moskauer Parteispitze, die das nahe Ende solch grotesker Auswüchse vor Augen sah, wohl nur noch mitleidiges Lächeln aus.

Besuche von *Tito* und *Ceauçescu,* als Solidaritätsbekundungen gedacht, änderten nichts mehr am bevorstehenden gewaltsamen Abbruch der Entwicklung. Durch umfangreiche Manöver der Warschauer-Pakt-Verbände in den Grenzgebieten zur ČSSR war diese in den Tagen vor dem 20. August praktisch militärisch eingekreist worden. In der Prager Parteiführung wußten jedoch nur die Abtrünnigen um *Bil'ák, Indra* und *Kolder,* denen von Moskau die Aufgabe der sofortigen Regierungsneubildung zugewiesen worden war, über die bevorstehende dramatische Wende Bescheid. Obgleich die Intervention militärisch reibungslos verlief, schlug sie politisch zunächst vollkommen fehl. Der von der Sowjetunion ins Spiel gebrachte Hilferuf existierte nicht. Auch

scheiterte die Regierungsneubildung am Widerstand des Staatspräsidenten L. Svoboda. So waren die Sowjets gezwungen, in Moskau mit den zuvor verhafteten Reformern zu verhandeln und diese weiterhin als rechtmäßige Vertreter der ČSSR anzuerkennen. Vollkommen überrascht war man in Moskau auch vom geschlossenen Widerstand der tschechoslowakischen Bevölkerung, der die sowjetischen Truppen vor weitaus größere Probleme stellte, als erwartet worden war. Im ganzen Land operierende mobile Geheimsender des Rundfunks, die auf wechselnden Frequenzen die Bevölkerung mit Informationen versorgten, bildeten das Rückgrat für die Koordination des Widerstands. Natürlich kam es vor allem in den ersten Tagen, so in Prag und Bratislava, zu gewalttätigen Auseinandersetzungen zwischen Demonstranten und Okkupationstruppen. Panzer und Militärfahrzeuge wurden mit Steinen beworfen oder in Brand gesteckt, unter anderem bei dem Versuch, das für sehr wichtig erachtete Rundfunkgebäude zu verteidigen.

Ganz überwiegend waren es jedoch friedliche Aktionen, die das Vorgehen der Besatzer erschwerten. Beispielsweise wurde den schlecht ausgerüsteten Interventionstruppen jegliche Unterstützung in Form von Nahrungsmitteln oder Treibstoff konsequent verweigert. Landkarten und Stadtpläne verschwanden aus Kiosken und Buchhandlungen, um den Ortsunkundigen keinerlei Orientierungshilfen zu bieten. Überregionale Wegweiser wiesen nur-

Wut und Verzweiflung schlug den Soldaten der Besatzerarmeen entgegen

mehr in Richtung Moskau, Berlin und Sofia. Dem gleichen Zweck diente das Entfernen der Straßenschilder und Hausnummern in den Städten oder aber die Kennzeichnung aller Straßen und Plätze mit den Namen Dubčeks und Svobodas. Durch unzählige Plakate und Parolen an den Häuserwänden drückte sich die geschlossene Ablehnung der Bevölkerung gegenüber den Soldaten aus. Entschieden und unermüdlich wurde in immer neuen Diskussionen die Überzeugung vorgetragen, daß in der ČSSR keinesfalls die Gefahr einer Konterrevolution bestehe. Dies löste unter den Soldaten, nach anfänglichem Erstaunen und Unverständnis, bald auch Mißtrauen gegenüber den Beteuerungen der eigenen Führung aus. So war es kein Wunder, daß sich das sowjetische Oberkommando genötigt sah, bereits drei Tage nach Beginn der Okkupation einen Großteil ihrer Truppen auszuwechseln. Am 22. August nahm der XIV. außerordentliche Parteitag der KPTsch in einem großen Prager Industriebetrieb seine Arbeit auf. Die Delegierten forderten die sofortige Freilassung der verhafteten Funktionäre sowie den bedingungslosen Abzug der Besatzungstruppen.

Der tschechoslowakische Widerstand läßt sich durch zwei grundlegende Merkmale charakterisieren. Einerseits dem bereits erwähnten Prinzip der Gewaltlosigkeit, andererseits wurde den Sowjets durch die weitestgehende Aufrechterhaltung des öffentlichen Lebens das Bild einer Gesellschaft dargeboten, in welcher keinerlei Anzeichen für eine konterrevolutionäre Situation auszumachen waren. Trotz des Unverständnisses, der Wut und der Verzweiflung, die das sowjetische Vorgehen unter den Tschechoslowaken auslösten und ihrer eindeutigen Unterstützung für den Kurs der KPTsch, blieb der Widerstand der Bevölkerung letztendlich moralischer Natur. Angesichts der rigiden Großmachtpolitik Moskaus blieb es ihm versagt, eine Umkehr der Ereignisse zu bewirken. Dennoch waren es gerade die einfachen Menschen, die sich am längsten gegen die neue Lage zur Wehr setzten. Gewerkschaften und vor allem auch die Jugendlichen waren nicht bereit, sich mit der Besetzung des Landes und der Liquidation des Reformkurses abzufinden. So verdoppelte sich beispielsweise, aufgrund der Eigeninitiative der Beschäftigten, noch im ersten Halbjahr '69 die Zahl neugegründeter Arbeiterräte in den Betrieben. Das im Prager Frühling zur Anwendung gelangte sozialistische Prinzip der Selbstverwaltung der Unternehmen durch die Angestellten und Arbeiter hatte sich also in den Köpfen der Menschen festgesetzt.

Die Partei- und Regierungsspitze gab sich kompromißbereit, um wenigstens Teile des Reformprogramms vor dem Zugriff der Sowjets zu retten. Im Zuge dieser Politik forderte sie jedoch auch die Bevölkerung auf, sich hinter sie zu stellen und den Kurs der Normalisierung mitzutragen. Überzeugt von der Richtigkeit ihres eingeschlagenen Weges versäumte sie es, sich den Widerstandswillen der Bevölkerung zunutze zu machen, um Druck auf die Sowjetführung auszuüben. Die Bemühungen der reformerischen Kräfte in der Partei blieben denn auch erfolglos und nach einem Jahr wurden sie auf dem

Bei den Protestdemonstrationen wurde eine mit Blut befleckte Staatsflagge mitgeführt

September-Plenum des ZK der KPTsch endgültig von der politischen Bühne verbannt. Unter der Führung *G. Husáks* erfaßte im Jahre 1970 eine tiefgreifende Säuberungswelle das ganze Land. Neben Parteimitgliedern, Abgeordneten und Funktionären der Gewerkschaften wurde vor allem die wirtschaftliche und geistige Führungselite des Landes getroffen. Rund 9.000 Hochschullehrer, 40% der Journalisten, 1.500 Rundfunkmitarbeiter, 40% der leitenden Wirtschaftsfunktionäre und sämtliche leitenden Mitglieder der Akademie der Wissenschaften wurden von ihren Positionen entfernt und fristeten von da an in der Regel durch irgendwelche Hilfsarbeitertätigkeiten ihr Dasein. Die Auswirkungen der Säuberungen auf die wirtschaftliche und wissenschaftliche Leistungsfähigkeit des tschechoslowakischen Staates ist unschwer vorstellbar.

Somit war es Moskau schließlich gelungen, innerhalb von zwei Jahren die Reformschraube zurückzudrehen und Ämter und Positionen neu zu verteilen. In der Nacht vom 20. auf den 21. August zermalmten die Panzerketten der Armeen aus den sogenannten Bruderstaaten die größtenteils noch zarten Pflänzchen, die im Prager Frühling durch die harte Bodenkruste des real existierenden Sozialismus gestoßen waren. Dies markierte den Beginn des Herbstes, dem ein wiederum langer Winter folgen sollte.

Ein vergleichbarer Frühling nahm denn auch an ganz anderer Stelle seinen Ausgang. Derselbe Staat, welcher vor nunmehr zwei Jahrzehnten die tschechoslowakische Reformbewegung mit dem Argument, einer Konterrevolution vorzubeugen, gewaltsam zum Erliegen brachte, steht heute, seine damaligen Maßstäbe zugrunde gelegt, selbst am Rande einer Konterrevolution. Tatsächlich lassen sich zwischen Gorbačevs Perestroika und den Reformen des Prager Frühlings in vielen Punkten Übereinstimmungen feststellen. Aufgrund der immer offener zutage tretenden wirtschaftlichen Schwierigkeiten sah sich die Sowjet-Führung genötigt, einen Kurswechsel einzuleiten. Tendenziell stimmen die wirtschaftspolitischen Reformvorstellungen Gorbačevs mit dem seinerzeit entworfenen Konzept überein. Die Verwaltung der Wirtschaft soll dezentralisiert werden, wobei der Plan nationale Zielvorgaben festlegt. Das neu geschaffene Instrument der Staatsaufträge soll dem Prinzip eines Kaufvertrages zwischen gleichberechtigten Partnern nahekommen und an Stelle der bisher üblichen direkten Kennziffern treten, die den Produktionsablauf jedes Betriebes bis ins Detail regelten. Der Betrieb soll zum selbständigen Unternehmen werden, in welchem der bisher gültige oberste Grundsatz der Planerfüllung um jeden Preis vom Gewinn als neuem Zielfaktor abgelöst wird und der sich innerhalb des sozialistischen Marktes behaupten muß. Die sogenannte ›volle wirtschaftliche Rechnungsführung‹ schafft künftig eine direkte Abhängigkeit zwischen erwirtschaftetem Gewinn und den Investitionsmöglichkeiten sowie der Entlohnung der Belegschaft. Das neue Betriebsgesetz gibt dieser wiederum das Recht zur Wahl des leitenden Personals und beteiligt sie zudem über Vertretungsorgane an grundsätzlichen Entscheidungen der Betriebsführung. Die innerbetriebliche Demokratisierung ist dabei lediglich Folge der übergeordneten Erkenntnis der Sowjet-Führung, daß nur im Kontext gesellschaftlicher Reformen Erfolgsaussichten für die wirtschaftliche Sanierung bestehen. So sind denn auch die eingeleiteten politischen Reformen vorrangig als Katalysator für den wirtschaftspolitischen Umbau gedacht, was natürlich ihre Bedeutsamkeit und Einmaligkeit für die sowjetische Gesellschaft nicht schmälert. Das politische Reformprogramm läßt sich durch die Bereiche Offenheit, Demokratisierung und der Einführung rechtsstaatlicher Grundsätze charakterisieren. Unter dem Stichwort Glasnost wird die generelle Öffnung des Systems verstanden, wobei Transparenz der Entscheidungsabläufe und Kritik erwartet werden. Die öffentliche Diskussion in den Medien über Mißstände und Fehler der Vergangenheit soll die Notwendigkeit von Reformen untermauern und im Bewußtsein der Bevölkerung verankern. Gleichzeitig soll im Ergebnis der publizistischen Auseinandersetzung die Unterstützung der Bevölkerung im Kampf gegen die Kontrahenten des Erneuerungskonzepts gewonnen werden. Auch A. Dubček machte sich ja die massive öffentliche Kritik bei der Ausschaltung Novotnýs und vieler seiner Anhänger zunutze. In der Sowjetunion wird, genausowenig wie in der Prager Führung damals, die Aufgabe des sozialistischen Systems an sich in Erwägung gezogen. Das Ziel in der Sowjetunion ist vielmehr die Befreiung der Gesellschaft von der allumfassenden Herrschaft des bürokratischen Apparates, um so sozialistische Grundsätze zur Geltung zu bringen. Da einer dieser Grundsätze die führende Rolle der KP in der Gesellschaft festlegt, haben weder die KPTsch zur Zeit des Prager Frühlings, noch die KPdSU heute ihren Führungsanspruch aufgegeben, was auch bedeutet, daß, gemäß ihrem Selbstverständnis, sie es sein müssen, die Initiativen zur Reform der Gesellschaft ergreifen. In beiden Fällen gilt die konsequente Trennung von Partei und Staat als ein Hauptanliegen der Reformer. Die angestrebte Demokratisierung umfaßt verschiedene Bereiche der Gesellschaft. Die Dominanz der Exekutive über die Parlamente (Sowjets) soll auf allen Ebenen, vom Dorfrat bis zum Obersten Sowjet, beseitigt werden. Umfassendere Rechte im finanziellen Sektor gewährleisten ihnen ein höheres Maß an Autonomie. Für die Wahl der Sowjets, wie auch der Parteigremien, ist an die Einführung eines Mehrkandidatensystems gedacht. Ferner soll die Amtszeit der Funktionäre in beiden Organen künftig auf zehn Jahre (in Ausnahmefällen 15) begrenzt werden. Dies entspricht den im Statutenentwurf der KPTsch vom August 1968 zum Ausdruck gebrachten Vorstellungen. Entsprechend der Entwicklung in der ČSSR sind auch den sowjetischen Organisationen und Verbänden neuartige Funktionen zugedacht. Sie sollen nicht mehr, wie bisher, die Interessen der Partei in der Bevölkerung durchsetzen, sondern in umgekehrter Richtung die Wünsche und Vorstellungen der Menschen in höheren Parteiinstanzen zum Ausdruck bringen. Die Demokratisierung soll in der Bevölkerung das Interesse an den Angelegenheiten des Staates wecken, und durch umfangreichere Partizipationsmöglichkeiten am politischen Entscheidungsprozeß soll die Bereitschaft zur aktiven Teilnahme an der Neugestaltung des Wirtschaftslebens gefördert werden. Die geplanten rechtlichen Veränderungen dienen der Absicherung der Stellung der sowjetischen Bürger, denen künftig durch den Aufbau einer unabhängigen Verwaltungsgerichtsbarkeit die Möglichkeit gegeben wird, sich gegen Rechtsübertretungen der Exekutive zur Wehr zu setzen.

Die Liberalisierungsbestrebungen führten in der ČSSR im Frühjahr 1968 zu einer raschen Politisierung der Bevölkerung. Massive öffentliche Kritik an den Mißständen und den für sie Verantwortlichen, schnell steigende Auflagenziffern der Presse und Gründungen unabhängiger Klubs und Organisationen, in denen das politische Tagesgeschehen offen diskutiert wurde, waren der Ausdruck dafür.

Die Wirtschaftsentwicklung

Die Ausgangsbedingungen

In dem neuen Staat waren zwei Regionen vereinigt, die hinsichtlich der historischen Tradition, der ökonomischen Entwicklung und des Verwaltungssystems wesentliche Unterschiede aufwiesen. Diese Unterschiede waren hauptsächlich durch die jeweilige Stellung dieser Regionen innerhalb Österreich-Ungarns bedingt.

Die böhmischen Länder im westlichen Teil der Tschechoslowakei, die vor 1918 zum österreichischen Teil der Donaumonarchie gehörten, waren verhältnismäßig stark urbanisiert und industrialisiert; ihr Pro-Kopf-Einkommen lag knapp unter dem Deutschlands.

Im Gegensatz dazu wiesen die beiden östlichen Provinzen, die Slowakei und Karpatorußland, die sich über tausend Jahre unter der Vorherrschaft Ungarns befanden, vorwiegend agrarischen Charakter auf. Ihre Industrie steckte sozusagen noch in den Kinderschuhen. Das Pro-Kopf-Einkommen in diesen beiden Landesteilen wurde auf weniger als zwei Drittel desjenigen der böhmischen Länder geschätzt.

Die Erste Tschechoslowakische Republik übernahm etwa ein Viertel der Bevölkerung und ein Fünftel der Bodenfläche der ehemaligen Monarchie. Dabei wurden vor dem Ersten Weltkrieg auf diesem Gebiet 70% der Gesamtproduktion Österreich-Ungarns hervorgebracht. Dieses Mißverhältnis zwischen einem relativ kleinen Wirtschaftsraum und einem verhältnismäßig starken Wirtschaftspotential bereitete dem neuen Staat enorme Probleme. Ein paar Zahlen verdeutlichen diese Disproportion: Das industrielle Erbe war beträchtlich, denn auf dem winzigen Wirtschaftsraum waren 43% aller Industriearbeiter Österreich-Ungarns beschäftigt. In einigen Industriezweigen war die Konzentration noch höher: So beschäftigten die böhmischen Länder fast drei Viertel aller Textilarbeiter der Monarchie und mehr als die Hälfte der Bergleute und Metallarbeiter. Folgende Kapazitätszahlen belegen die Leistungsfähigkeit der wichtigsten Branchen: Der Anteil der Textilindustrie lag zwischen 75% (Baumwollspinnereien) und 90% (Leinen- und Hanfwebereien) der entsprechenden Kapazität Österreich-Ungarns, der Anteil der Eisenindustrie betrug wie der der Glas- und Schuhindustrie 75%. Die Anteile der Zucker-und Malzindustrie lagen wie bei der Porzellanherstellung zwischen 90 und 100% der jeweiligen Produktionen Österreich-Ungarns.

Mehr als die Hälfte der Erzeugnisse der Konsumgüterindustrie, der Textilsowie der Montan- und metallurgischen Industrie wurde bis 1918 in andere Teile der Monarchie verschickt. Diese Branchen wurden am schwersten getroffen, weil sich nun plötzlich ein Großteil des früheren inländischen Absatz-

Braunkohleabbau in Nordböhmen

gebietes außerhalb der Grenzen des neuentstandenen Staates befand, und der verkleinerte inländische Absatzmarkt nicht fähig war, alle Produkte abzunehmen. Nicht so schwer war zunächst das Schicksal derjenigen Industrien, die schon zu Zeiten der Monarchie darauf spezialisiert waren, ihre Erzeugnisse in andere europäische Länder zu exportieren. Zu diesen zählten die Zukkerraffinerien und die Glas- und Porzellanindustrie.

Durch die Arbeitsteilung innerhalb der Monarchie war die ČSR bei ihrer Entstehung keineswegs autark. Während sie aufgrund der geerbten Wirtschaftsstruktur über beträchtliche Überschüsse im Bereich der industriellen Produktion und im Anbau bestimmter landwirtschaftlicher Pflanzen verfügen konnte, mangelte es ihr an Rohstoffen und agrarischen Produkten. Um diese einführen und damit existieren zu können, hätte das Land mindestens 30% seiner industriellen Produktion exportieren müssen. Aus dieser Tatsache wird ersichtlich, warum die außenwirtschaftlichen Beziehungen zum Schlüsselproblem der tschechoslowakischen Wirtschaft wurden und immer noch — wenn auch etwas abgewandelt — sind.

Die Wirtschaftspolitik der ersten Nachkriegsjahre

Zur Konsolidierung der Wirtschaft wurde im Frühjahr 1919 eine Währungsreform durchgeführt. Trotz der reduzierten Geldumlaufmengen konnte die Inflation aber nicht behoben werden. Die Preise fielen nicht, denn das Warenangebot deckte noch bei weitem nicht die vorhandene Nachfrage.

Die Kontrolle des Außenhandels war eine weitere wirtschaftspolitische Maßnahme im Sinne der gelenkten Wirtschaft. So mußten bis Oktober 1921 bei allen Warenarten strikte Bewilligungsverfahren durchlaufen werden. Darunter auch bei den Produkten, die zu den klassischen Exportartikeln gehörten und deren Ausfuhr von vornherein hätte gefördert werden müssen, um keine Absatzmärkte einzubüßen. Die fehlende Erfahrung der ČSR auf dem Gebiet der Außenwirtschaftspolitik (die bis 1918 von Wien betrieben wurde) mag diese Fehler erklären.

Mit der fortschreitenden wirtschaftlichen Konsolidierung (nach 1920) wurde die Liberalisierung des Handels angestrebt. Durch Handelsverträge, die die tschechoslowakische Regierung mit fast allen europäischen und den wichtigsten internationalen Handelspartnern bis 1927 abschloß, konnte das Zollniveau für Industriewaren gesenkt werden. Demgegenüber blieben die Schutzzölle für landwirtschaftliche Produkte auch weiterhin hoch, was die Möglichkeit eines größeren Warenaustausches mit einer Reihe von ost- und südosteuropäischen Agrarländern verbaute, die nun weniger an tschechoslowakischen Exportgütern abnehmen konnten. Negative Folge dieser Schutzzollpolitik waren auch die aufgrund der geringen Konkurrenz hohen Lebensmittelpreise.

Im Rahmen einer sog. Nostrifikationsaktion begann man auch die Leitung der Betriebe, die sich auf tschechoslowakischem Staatsgebiet befanden, von Wien in die ČSR zu übertragen. Parallel zu dieser Aktion lief auch die Repatriation von Aktien, die es tschechoslowakischen Banken ermöglichte, an der Wiener Börse Wertpapiere zu erwerben und durch so erhöhte Kapitalbeteiligung an den inländischen Unternehmen auf diese einen stärkeren Einfluß auszuüben. Die Politik der ČSR ging somit dahin, auf der einen Seite die tschechoslowakische Industrie vom österreichisch-ungarischen Kapital zu befreien, auf der anderen Seite wurde das Kapital der westeuropäischen Länder ins Land gelockt. Hauptsächlich mit Hilfe französischen Kapitals beabsichtigte die Regierung, das Land politisch und wirtschaftlich zu konsolidieren. In den Außenhandelsbeziehungen der ČSR erfolgte in der Zwischenkriegszeit somit eine Verschiebung von den traditionellen Märkten auf westliche Länder und Überseestaaten als Handelspartner.

Der Lebensstandard im Wirtschaftssystem der ersten Tschechoslowakischen Republik (System einer vorwiegend auf Privateigentum basierenden staatsinterventionistischen Marktwirtschaft) ist im Vergleich mit anderen entwickelten europäischen Ländern zu der Zeit relativ hoch und ist geprägt durch ein ziemlich weit gespanntes Netz sozialer Sicherheit. Einige Vergleichszahlen verdeutlichen die Situation.

33% der Bevölkerung waren 1930 im Agrarbereich beschäftigt. In anderen Ländern war dieser Prozentsatz viel höher: 55% in der UdSSR, 58% in Ungarn, 63% in Polen, 72% in Rumänien, woraus der Entwicklungsvorsprung der Tschechoslowakei ersichtlich wird. Ihre Volkswirtschaft war mit der

Seit dem Ende des 19. Jh. entwickelte sich der Tourismus in der Hohen Tatra zu einem wichtigen Wirtschaftszweig

Volkswirtschaft Österreichs vergleichbar, in der 1934 36% der Bevölkerung im Agrarbereich beschäftigt waren.

Der in diesen Jahren vollzogene Verschiebungsprozeß von der Leicht- zur Schwerindustrie wurde unter anderem auch durch die hohe Kapitalbeteiligung des Auslandes in der tschechoslowakischen Wirtschaft unterstützt.

Die Jahre 1938-1945

Nach dem Münchner Abkommen vom 29. September 1938 hatte die erste Tschechoslowakische Republik nach einer nur zwanzigjährigen Existenz von neuem ihre Selbständigkeit verloren. Am 16. März 1939 wurde das Protektorat Böhmen und Mähren proklamiert, die Slowakei wurde separat verwaltet. Der junge Staat mußte sich mit seiner Wirtschaft Nazideutschland unterwerfen.

Die deutschen Okkupanten sicherten sich durch mehrere Maßnahmen verstärkten Einfluß in der Wirtschaft. Sie transferierten ihr Kapital in die tschechische Industrie. So lag der Anteil des deutschen am gesamten ausländischen Kapital in der Wirtschaft zur Zeit der Okkupation bei 61,6%. Es floß u.a. in die Schwerindustrie, die leicht zu Rüstungszwecken umdisponiert werden konnte. Am 15.3.1939 wurde die Germanisierung der tschechischen Wirtschaft eingeleitet, indem deutsche Treuhänder in viele tschechische Betriebe und Banken eingesetzt wurden. Im Rahmen der sog. Arisierung begann am 21.6.1939 die Konfiszierung jüdischer Betriebe und somit einer der größten Eigentumswechsel in der tschechischen Wirtschaft überhaupt. In die konfiszierten jüdischen Betriebe wurden Treuhänder eingesetzt, die diese Betriebe mit der Zustimmung der Okkupationsbehörde deutschen Staatsangehörigen verkaufen durften. Die größte Beute erhielt auf diese Weise der Konzern »A.G. Reichswerke Hermann Göring« aus dem Bereich der Schwerindustrie, und zwar erwarb er mehr als achtzig Aktiengesellschaften mit 150.000 Beschäftigten. In der Metallindustrie beherrschte er drei Fünftel des gesamten Aktienkapitals. An der Beute beteiligten sich weiterhin die Dresdner Bank, der Mannesmann-Konzern, I.G. Farben und einige deutsche elektrotechnische Aktiengesellschaften.

1940 wurde die Zollgrenze zwischen dem Protektorat und Deutschland aufgehoben, so daß die tschechische Wirtschaft jeglichen Schutzes vor der Konkurrenz der bevorzugten deutschen Waren beraubt war. Zudem hörte die tschechoslowakische Währungseinheit Krone auf, internationales Zahlungsmittel zu sein. In der tschechischen Landwirtschaft wurde die in Deutschland schon praktizierte Organisation der gesteuerten Landwirtschaft, die der Kriegssituation angepaßt war, forciert.

Die industrielle Produktion im Protektorat sank zunächst bis 1941; im Zeitraum von 1942-44 stieg sie im Vergleich zum Jahr 1939 um 18% an. Dies ist durch den totalen Arbeitseinsatz, Arbeitsmobilisierung und Zwangsarbeit, die 1939/40 eingeführt wurde, erreicht worden. Im Rahmen der Pflichtbeschäftigung wurden 550.000 Tschechen und 200.000 Slowaken zum Arbeitseinsatz nach Deutschland deportiert.

Die Ausbeutung der tschechoslowakischen Wirtschaft durch die Nazis und der gesunkene Lebensstandard der Bevölkerung zeigten, daß das ökonomische Potential für die Nazis eine große Bedeutung hatte, was auch ihre Politik lenkte. Um aus dem industriellen Reichtum während der Kriegsjahre kontinuierlich schöpfen zu können, wagten sie es nicht, die Landesbevölkerung zu plündern und zu massakrieren, wie es in Jugoslawien, Polen und in der Sowjetunion der Fall war.

Bis zur kommunistischen Machtübernahme

In den ersten Nachkriegsjahren kam es darauf an, die Wirtschaft wieder anzukurbeln. Die Regierung mit der KPTsch an der Spitze leitete am 28.10.1945 eine erste große Nationalisierungswelle ein. Den Enteigneten wurden Entschädigungen versprochen, die nach der Übernahme der Macht durch die Kommunisten im Februar 1948 jedoch nicht mehr geleistet wurden. Die Zwangsaussiedlung der Deutschen und die erste Phase der Bodenreform wurden vorangetrieben. Eine an sozialer Gleichheit orientierte Arbeiterpolitik kündigte 1946 Egalisierungstendenzen in der Einkommensverteilung an. Der Enthusiasmus und die Arbeitsfreude der Bevölkerung, ihr Hoffen auf ein besseres Morgen trugen neben zahlreichen Krediten westlicher Länder und Hilfeleistungen der U.N.R.R.A. bei der Güterversorgung zum Aufschwung der

Nachkriegsproduktion bei (U.N.R.R.A. = die 1943 von 48 Staaten der Anti-Hitler-Koalition gegründete internationale Hilfsorganisation der Vereinten Nationen).

Die Währungsreform von 1945 war eine notwendige und erfolgreiche anti-inflationäre Maßnahme, das Ungleichgewicht zwischen der überschüssigen Kaufkraft und dem knappen Güterangebot als Folge der Kriegswirtschaft konnte beseitigt werden. Eine Preisrevision und eine Anpassung der Löhne und Gehälter waren die nächsten Schritte. Der erste Zweijahresplan für die Jahre 1947/48 sah Außenhandel in Kooperation sowohl mit dem Osten als auch mit dem Westen vor. Das tschechoslowakische Wirtschaftssystem bis Anfang 1948 kann als »mixed economy« bezeichnet werden. Es handelte sich um ein Nebeneinander von privatkapitalistischen und staatlichen Eigentumsformen und eine Kombination von staatlicher Rahmenplanung und marktwirtschaftlichen Mechanismen.

Im Resultat erreichte das Volkseinkommen 1948 bei geringerer Einwohnerzahl (2,5 Millionen Deutsche wurden zwangsausgesiedelt) den Stand von 1937, pro Kopf der Bevölkerung lag es sogar mit 118% wesentlich höher. Die Industrieproduktion zeigte den Wert von 103,3%, der Pro-Kopf-Verbrauch lag bei 97% (Basisjahr 1937 = 100%).

Allgemein kann man sagen, daß trotz der Mißernte von 1947 — die Versorgungslücke wurde durch außerordentliche Getreideeinfuhren von 600.000 t aus der UdSSR geschlossen und die Lage zum Teil auch durch die Millionärssteuer gemildert — der erreichte Lebensstandard ein Erfolg war. Zu diesem trugen zweifellos auch die gleichmäßigere Einkommensverteilung und die Erweiterung der öffentlichen Sozial- und Kulturleistungen wesentlich bei.

Nach der Übernahme des sowjetischen Modells (1948-1965)

Seit 1945 wurde eine Politik der friedlichen Koexistenz mit dem Westen betrieben. Im Juli 1947 erfolgte auf Wunsch Moskaus eine Absage der tschechoslowakischen Regierung, an den Pariser Vorgesprächen über den Marshall-Plan teilzunehmen. Dies kann als ein Signal gewertet werden, das den Anfang vom Ende der sog. spezifischen Wege der Volksdemokratien markierte. Am 20. Februar 1948 gelang der KPTsch durch eine Kombination der verschiedensten außerparlamentarischen Druckmittel und schließlich unter Zustimmung von Präsident *E. Beneš* eine Regierungsumbildung. Die meisten Minister wurden von Kommunisten bzw. von opportunen Parteilosen gestellt. So beendeten die Februar-Ereignisse den parlamentarischen Übergang zum Sozialismus. Das sowjetische Muster des Sozialismusaufbaus konnte realisiert werden.

Zunächst wurde die Transformation der Eigentumsverhältnisse auf vier Ebenen eingeleitet: 1. die Weiterführung der Nationalisierung in der Industrie und in anderen Bereichen, 2. die Fortsetzung der Bodenreform im

Agrarsektor, 3. die Liquidierung des Privateigentums in der Kleinproduktion, 4. die Kollektivierung der Landwirtschaft.

Eine Folge der Nationalisierung war, daß es 1948 kaum private Firmen mit mehr als 20 Beschäftigten gab. Der Außenhandel und die restlichen Privatbanken wurden verstaatlicht. 1948 war jeglicher Grundbesitz von mehr als 50 ha Bodenfläche zu enteignen und zu verteilen. 1948-1951 erfolgte die Abschaffung des restlichen privaten Unternehmertums in der Kleinindustrie und in den Dienstleistungsunternehmen. Das Jahr 1949 stand ganz im Zeichen der Verstaatlichung des Einzelhandels, ab 1953 hörte der private Einzelhandel auf zu existieren. Die Kollektivierung wurde nach der Abkehr von der Bodenreformpolitik gemäß des Vier-Stufen-Modells durchgeführt und schon Mitte der 50er Jahre dominierte der vierte Typ der Genossenschaften, der folgende Grundzüge aufwies: Alle Produktionsmittel waren ausnahmslos kollektives Eigentum, die insgesamt ertragsabhängige Entlohnung wurde innerhalb der Genossenschaft entsprechend der Einzelleistung des Mitgliedes in Form eines Punktesystems bemessen.

Die Entwicklungsstrategie der 50er Jahre ist gekennzeichnet durch eine vorrangige Entwicklung der Investitionsgüterindustrie. Der 1. Fünfjahrplan 1949-1953 sah eine Erhöhung der Schwerindustrie und eine Einschränkung der Leichtindustrie vor. Nach 1948 erfolgte im Rahmen des RGW eine Umlenkung der Außenwirtschaft von West nach Ost. Die UdSSR und andere RGW-Länder fungierten als Rohstoffproduzenten für die tschechoslowakische Wirtschaft, die als Gegenleistung Maschinen und Ausrüstungen lieferte. Zu der Zeit entstanden auch die Formeln: »ČSSR als Schmiede des RGW« oder »Stahlkonzeption des 1. tschechoslowakischen Fünfjahresplanes«.

Es stellte sich heraus, daß die überzogenen Lieferforderungen an die Tschechoslowakei in bezug auf Maschinen und Ausrüstungen einerseits und die ungenügenden Rohstoffkapazitäten Osteuropas andererseits zu verhängnisvollen Barrieren der tschechoslowakischen Wirtschaftsentwicklung wurden. Die hochgesteckten Planvorhaben führten auch infolge der schweren Belastung durch die Rüstungsproduktion Anfang der 50er Jahre (Kalter Krieg) zu Versorgungslücken und Engpässen in allen Bereichen der Volkswirtschaft. Dies beeinträchtigte die Arbeitsmotivation der Bevölkerung und rief Unzufriedenheit unter der Arbeiterschaft hervor. Der Nachfrageüberhang auf dem Gütermarkt induzierte Preissteigerungen. Der Inflation versuchte man mit der Währungs- und Preisreform vom 1.6.1953 entgegenzusteuern. Breite Schichten der werktätigen Bevölkerung wurden jedoch durch sie empfindlich getroffen. Unruhen, kurzfristige Streiks und sinkende Arbeitsmoral waren die Reaktion auf diese Reform. 1953 wurde klar, daß die Produktionsziele nicht voll realisiert werden konnten, dazu waren sie zu anspruchsvoll.

Nach Stalins Tod 1953 und einer allgemeinen Lockerung der innenpolitischen Atmosphäre in Osteuropa wurden in den Jahresplänen 1954/55 die Landwirtschaft und die Konsumgüterproduktion stärker gefördert sowie eine Herabsetzung der geplanten Investitionsquote festgeschrieben. Geplant waren gleich hohe Wachstumsraten für die Produktion von Produktionsmitteln und Konsumgütern. Dies waren jedoch nur vorübergehende Maßnahmen des zentral-administrativen Planungssystems.

Die Übernahme des sowjetischen Planungsmodells war 1952 im wesentlichen abgeschlossen, und somit herrschte eine Bürokratenschicht über die Gesellschaft. Durch die Überzentralisierung der Wirtschaftsordnung, die Überbetonung der extensiven Entwicklungsstrategie und das ständige Vorbeiproduzieren am Bedarf gelang es weder, die Planvorgaben der Fünfjahrpläne zu erfüllen, noch den Lebensstandard der Bevölkerung zufriedenstellend zu sichern.

Nachdem führende Funktionäre schon 1954 die Notwendigkeit von Dezentralisierungsmaßnahmen wegen der Effektivitätsschwäche des überzentralisierten Lenkungssystems betont hatten, wurde von der KPTsch 1957 eine Teilreform der volkswirtschaftlichen Organisation und Planung eingeleitet. Diese halbherzige Reform verbesserte jedoch die Lebenssituation der Werktätigen nicht. Die private Konsumquote nahm gegenüber der tschechoslowakischen Vorkriegssituation (1930) in den 50er und 60er Jahren — auch infolge der akkumulationsorientierten Industrialisierungsstrategie — erheblich ab. Mitte der 60er Jahre mußten die Werktätigen in der ČSSR wesentlich größere Anstrengungen (in Arbeitszeit gemessen) als ihre Kollegen in der BRD machen, um die entsprechenden Güter zu erwerben. Es kam die Frage auf, wodurch dies verursacht wurde.

Die Reformperiode (1966-1968)

Die Wirtschaftskrise von 1962 bis 1964 führte zum Durchbruch der nun näher beschriebenen Reformbewegung. Der prominenteste Ökonom dieser Zeit war eindeutig *Ota Šik,* der schon 1964 als Direktor des Ökonomischen Instituts der Akademie der Wissenschaften von den höchsten Parteigremien den Auftrag erhielt, gemeinsam mit einer Expertengruppe ein Reformkonzept zu erarbeiten. Die Partei war angesichts der mißlichen Wirtschaftsentwicklung 1964 bereit, die Kritik der Ökonomen zu tolerieren, jedoch einzig und allein sie.

Ota Šik erarbeitete eine Wirtschaftsreform, die eine neue und progressive Synthese der zentralen makroökonomischen Planung mit dem Marktmechanismus darstellen sollte. Die Grundzüge des tschechoslowakischen Wirtschaftsmodells von 1968 betrafen das gesellschaftliche Eigentum und gesellschaftliche Partizipation, volkswirtschaftliche Planung, ökonomische Regulatoren, dezentral marktwirtschaftliche Steuerung, die Preisreform und den Preismechanismus.

Ota Šik legte 1968 in einer Fernsehreihe die Fakten über die niedrige Produktivität der ČSSR im Vergleich mit den westeuropäischen Ländern vor, er zeigte verschiedene Disproportionen in der tschechoslowakischen Wirtschaft auf, kritisierte die unrationelle Produktion nur um der Produktion willen. Ein weiterer Kritikpunkt Šiks galt der Überbetonung der klassischen Industriezweige, dem Hüttenwesen und dem Schwermaschinenbau. Er räumte ein, daß sich der Sozialismus — ein Gesellschaftssystem, welches sich selbst für die höhere Stufe der gesellschaftlichen Entwicklung hält — weiter auf der Erzeugungsgrundlage des vergangenen Jahrhunderts bewege. Er kritisierte jedoch, daß die Wirtschaft im Sozialismus ihr Fundament in der Schwerindustrie sehe, der vor langer Zeit durch das Privatkapital Leben eingehaucht wurde. Damit gerate der Sozialismus in Widerspruch zu seinem wirtschaftlichen Fundament, dessen dominierende Stellung einer längst verflossenen Epoche angehört. Für Šik war die Landwirtschaft derjenige Bereich, in dem sich alle Probleme der tschechoslowakischen Wirtschaft widerspiegeln. Sie sei in der Zukunft als der hauptsächlichste Stabilisierungsfaktor der Wirtschaft zu sehen, denn sie litt enorm an den Folgen der extensiven Entwicklung, der übermäßigen Mobilisierung der Arbeitskräfte, der ungenügenden Qualität landwirtschaftlicher Maschinen und deren niedrigem technischen Niveau.

Weiter kritisierte Šik das übertriebene Streben nach Autarkie in den 50er Jahren, alles oder beinahe alles selbst erzeugen zu wollen. Er führte aus, daß das extensive Wirtschaftsmodell schuld an der unausgeglichenen Außenhandelsbilanz und am chronischen Devisenmangel sei. Er sah es als notwendig an, die Hauptbastion des Protektionismus — das Außenhandelsmonopol — aus dem Wege zu räumen. Die Produktionsbetriebe sollten mit voller Verantwortung das Risiko ihres Verkaufs tragen und selbst in die Handelssphäre eindringen. Allgemein müßte sich die Qualifikationsstruktur und Führungsqualität in der Leitung der Betriebe verbessern.

Šiks kritische Aufmerksamkeit galt auch den tristen Wohnverhältnissen. Unter dem Mangel an Wohnungen hätten vor allem junge Ehepaare zu leiden. Nicht zuletzt deshalb waren in den letzten zehn Jahren vor 1968 insgesamt 800.000 Abtreibungen zu verzeichnen. Šik kritisierte auch die starke Überbeschäftigung der Frauen, die mitverdienen müßten. 1961 hatten 83,3% der beschäftigten Frauen nur eine Grundschulbildung vorzuweisen, was darauf hindeutet, daß die Frauen in den Arbeitsprozeß nicht unbedingt aus Gründen der Emanzipation eingetreten waren. Weiter klagte Šik über den geringen Bevölkerungszuwachs, nicht zufriedenstellende Dienstleistungen, das heruntergekommene Verkehrsnetz, Schlangen vor den Geschäften mit Grundnahrungsmitteln. Dies alles ließe den Eltern neben der täglichen Hausarbeit nur ein Minimum an Zeit für die Erziehung der eigenen Kinder.

Die offene und schonungslose Analyse der Mängel des bisherigen Planungssystems entfachte eine lebhafte Diskussion in der breiten Öffentlichkeit. Die »rein ökonomische Reform«, die im Januar 1965 gebilligt und 1966/67 schrittweise eingeführt wurde, gipfelte 1968 in einem allgemeinen gesellschaftlichen Demokratisierungsprozeß, dem sog. Prager Frühling. Es zeigte sich, daß eine Dezentralisierung der Wirtschaft ohne simultane Demokratisierung auf allen Gebieten der Gesellschaft unmöglich war.

Die wirtschaftliche Situation in der Periode der Normalisierung (1969-1977)

Vom August 1968 an — nach der »Rettung des Sozialismus«, der mit Ota Šiks ökonomischem Reformkonzept in den Kapitalismus zu stürzen schien — begann die Auslöschung der dezentral partizipatorischen Konzepte, die Auflösung der Werktätigenräte und somit die Entmachtung der tschechoslowakischen Arbeiterschaft. Wieder wurde der Enthusiasmus mit Gewaltanwendung unterdrückt; die Bevölkerung, die zur Zeit des »Prager Frühlings« aufatmete, verfiel gesellschaftspolitischer Apathie. Ihre Reaktion auf den verlorenen Belebungsprozeß war passives Verhalten.

Das Wachstumsmodell nach 1968 war durch eine leicht rückläufige Investitionsquote charakterisiert. Durch die Schwerpunktverlagerung auf die Konsumgüterindustrie konnte ein höherer privater Verbrauch gewährleistet werden. Dies führte bei den Werktätigen zu einer zusätzlichen Leistungsmotivation, war in der Folge davon aber auch von einer Entpolitisierung der breiten Bevölkerungsmasse begleitet, einem Ziel der Normalisierungspolitik Husáks. Der gestiegene Privatkonsum in der Zeit der Rezentralisierung brachte jedoch auch neue Probleme mit sich, denn der Bedarf an qualitativen Konsumgütern stieg und konnte angesichts der Knappheit an Arbeitskräften, der Schwierigkeiten in der Versorgung mit Rohstoffen und Energie im Außenhandel und beim technologischen Fortschritt nicht befriedigt werden.

Von neuem wurden die Schwächen einer zentral gelenkten Wirtschaft eingesehen. Anfang 1978 führte man in etwa 170 Betrieben ein weitergehendes dezentrales Lenkungssystem zur Erprobung ein. Es ähnelte allerdings den Reformbestrebungen der späten 50er Jahre und brachte keine Verbesserungen mit sich.

Betrachtet man die Resultate der wirtschaftlichen Entwicklung der 70er Jahre, so zeigt sich trotz der Mißernte von 1976 vor allem im Agrarsektor ein günstigeres Bild. Das ist darauf zurückzuführen, daß die Reformansätze seit Mitte der 60er Jahre hier stärker als in anderen Bereichen gewahrt wurden. Das Gewicht der Industrie verstärkte sich, ebenso die Belastung aus den Exportleistungen in die Sowjetunion und andere RGW-Länder. Die zur Planerfüllung notwendigen gestiegenen Einfuhren hochwertiger Maschinen und Ausrüstungen aus den westlichen Industrieländern führten zur Verschuldung gegenüber diesen Ländern. Wegen der sukzessiven Erhöhung der sowjetischen Rohstoffexportpreise nach der Erdölkrise von 1973 verschuldete sich die ČSSR auch gegenüber den osteuropäischen Ländern. Der Außenhandel erwies sich erneut als das Schlüsselproblem der tschechoslowakischen Wirtschaft.

Der Lebensstandard der 70er Jahre war beeinträchtigt durch ein unbefriedigendes Angebot an Verbrauchsgütern; die Arbeitzeit, die ein tschechoslowakischer Industriearbeiter mit Durchschnittslohn für den Erwerb seiner

Dieser Holzschnitzer arbeitet für einen staatlichen Spielzeughersteller

Konsumgüter aufwenden mußte, war nach wie vor vergleichsweise sehr hoch. Außerdem mangelte es an alltäglichen Nahrungsmitteln und langlebigen Industrieerzeugnissen.

Die Wirtschaft der 80er Jahre

Die wirtschaftliche Situation um 1980 war durch rückläufige Wachstumsraten geprägt. Für die Stagnation waren aber auch systemunabhängige Faktoren verantwortlich wie die außenwirtschaftlichen Bedingungen mit der Verschlechterung der Terms of Trade, zwei Ölpreisschocks, die Rezession im Westen. Dazu kamen interne Probleme wie die kostspieliger werdenden Rohstoffvorkommen, die zunehmende Belastung der Infrastruktur sowie der Umwelt bei der Gewinnung und Verarbeitung der Rohstoffe und die Tatsache, daß die Wirtschaftsstruktur den natürlichen Bedingungen des Landes zuwiderlief.

Die drei Funktionsschwächen der zentralen Planung des sowjetischen Typs — 1. Ressourcenverschwendung, 2. mangelnde strukturelle Anpassungsfähigkeit, 3. Innovationsträgheit — versuchte die Partei durch ordnungspolitische Maßnahmen der Jahre 1978-1985 zu beheben. Die Regierungsdokumente sprechen von Maßnahmen zur »Vervollkommnung« des Planungssystems 1980 einerseits und von »Hauptrichtungen der Weiterentwicklung des Maßnahmenkatalogs zur Vervollkommnung des Systems der planmäßigen Leitung der Volkswirtschaft« 1984 andererseits. Die vorgeschlagenen Maßnahmen wurden experimentell in ausgesuchten Betrieben getestet und später auch eingeführt, praktisch zeigten sich in der tschechoslowakischen Volkswirtschaft jedoch keine Verbesserungen.

Auch der neue Versuch der Partei, mit dem Gesetz über das staatliche Unternehmen vom 1.7.1988, dem ebenfalls ein komplexes Experiment vorausging, in dem ausgesuchte Betriebe mehr Selbständigkeit und Verantwortung erhielten, ist zum Scheitern verurteilt, wenn Grundsätzlicheres nicht geändert wird. Der Demokratisierung der Betriebssphäre muß unbedingt die Demokratisierung des gesamten gesellschaftlichen Lebens folgen, damit der wirtschaftliche Umbau, tschechisch »přestavba«, einen Erfolg verbuchen kann. Da die Partei weiterhin die Macht für sich allein beansprucht, sich z.B. bei der Wahl der Betriebsdirektoren ohnehin das letzte Wort vorbehält, dürften Veränderungen in absehbarer Zeit nur schwerlich zu erwarten sein. Es ist verständlich, daß Engagement und Erfolg jedes neuen Betriebsdirektors mißlingen muß, wenn dieser in seinem Betrieb unveränderte Arbeitsbedingungen vorfindet. Darunter sind zunächst veraltete Maschinen mit einer sehr niedrigen Produktivität zu verstehen.

In der Lebensmittelindustrie werden nach Angaben O. Šiks auch noch Maschinen eingesetzt, die älter als fünfzig Jahre sind. Um einen Betrieb erfolgreich leiten zu können, müßte generell der Maschinenpark modernisiert und weltweit konkurrenzfähig sein, müßte er westlichen Standards angepaßt werden.

Das nächste Problem, mit dem jeder Betriebsdirektor zu kämpfen hat, liegt in der Arbeitsmotivation der Belegschaften, die zum größten Teil der »přestavba« mißtrauisch gegenüber stehen. Von den Arbeitern wird ab jetzt mehr Leistung verlangt, und finanzielle Nachteile — zum Beispiel Prämienverlust — sind für sie nicht auszuschließen. Innerbetrieblich stößt so jeder Direktor auf ähnliche (vergleichbare) Hemmnisse. Innenpolitisch läßt die Ablösung des reformfreudigen Ministerpräsidenten L. Strougal und seine Regierung durch den ultrakonservativen Adamec im Oktober 1988 nur eine Machtsicherung und ein sehr vorsichtiges Fortschreiten der »přestavba« vermuten.

Die Kommunistische Partei

Entwicklung

Am 16. Mai 1921 wurde in der Hybešova ulice 282 in Prag-Karlín die Kommunistische Partei der Tschechoslowakei (KPTsch) gegründet. Nicht durch Abspaltung einer Minderheit, sondern durch Übertritt einer Mehrheit der Sozialdemokraten sowie durch den Zusammenschluß mit deutschen, polnischen und jüdischen Kommunisten (Nov. 21) entstand eine mit 350.000 Mitgliedern zu den stärksten Organisationen der Kommunistischen Internationale zählende Massenpartei. Eine Reihe von politischen Mißerfolgen, v.a. aber die Abkehr von der Politik des Austromarxisten Bohumir Šmeral sowie die Bolschewisierung auf dem 5. Parteitag 1929 führte zu einem Rückgang der Mitgliederzahl auf 20.000.

Aus den ersten nach ihrer Entstehung stattfindenden Parlamentswahlen im Juni 1925 ging die KPTsch mit einem Stimmenanteil von 13,1% nach den Agrariern als zweitstärkste Partei und aus den Parlamentswahlen von 1929 mit einem Stimmenanteil von 10% als viertstärkste Partei hervor. Ein ähnliches Ergebnis wurde auch bei den letzten Vorkriegswahlen 1935 erzielt. Mit dreißig Abgeordneten rangierte sie nach den Agrariern mit 45, der Sudetendeutschen Partei mit 44 und den Sozialdemokraten mit 38 Mandaten erneut auf dem vierten Rang.

Als Anfang Oktober 1938 das wenig später erfolgte Verbot der KPTsch bereits vorauszusehen war, beschloß das Zentralkomitee Generalsekretär *Klement Gottwald*, Politbüro-Mitglied *Rudolf Slánský* und einige andere prominente Parteiführer ins Exil nach Moskau zu entsenden. Dort gründeten sie im November 38 die sogenannte »Moskauer Leitung der KPTsch«. Zugleich wurde neben einer »legalen« Parteileitung das erste »illegale« ZK berufen.

Nach dem Abschluß des Hiter-Stalin-Paktes und bis zum deutschen Überfall der Sowjetunion verzichtete die KP auf Widerstandsaktionen. Jegliche Zusammenarbeit mit nichtkommunistischen patriotischen Antifaschisten lehnte sie als schädlich und klassenfeindlich ab, stattdessen sah sie die Notwendigkeit, das deutsche Proletariat im Kampf gegen die Imperialisten zu unterstützen. Dennoch erlitten die Kommunisten die größten Verluste. 25.000 Parteiangehörige — die Hälfte der Gesamtmitgliedschaft — ließen auf Richtplätzen, in den Gefängnissen und Konzentrationslagern ihr Leben.

Nach der Befreiung des Landes wuchs die Zahl der Parteimitglieder sprunghaft. Dies war zum einen auf das hohe Ansehen, das die Kommunisten in jenen Tagen genossen, zurückzuführen. Andererseits traten auch die Anhänger nicht mehr zugelassener Parteien, wie z.b. die »Agrarier« der KP bei. Durch geschickte Propaganda konnten — allerdings nur kurzfristig —

Im Juni 48 wurde Klement Gottwald zum Präsidenten der Republik gewählt

zahlreiche Bauern gewonnen werden. Zur Zeit des 8. Parteitags 1946 wurden 1,1 Mio. nach dem Februarumsturz 1948 2,05 Mio. Mitglieder registriert. Bei den ersten nach dem Krieg durchgeführten Wahlen im Mai 46 erzielte die KPTsch im gesamten Staatsgebiet 38,4%, in der Slowakei konnten 30,4% in Böhmen 43,3% gewonnen werden. Damit stellte sie die stärkste Fraktion in der Verfassungsgebenden Nationalversammlung. Klement Gottwald wurde Ministerpräsident.

Am 27. Juni 1948 erfolgte die Vereinigung der KPTsch mit der Sozialdemokratischen Partei, die Kommunistische Partei der Slowakei mußte ihre seit 1939 bestehende Selbstständigkeit im November 48 aufgeben. Seitdem ist sie lediglich Teil der KPTsch, eine ähnliche organisatorische Gliederung für Böhmen und Mähren entstand nicht.

In den ersten Nachkriegsjahren wollte die Kommunistische Partei der ČSR einen »eigenen«, »demokratischen« Weg zum Sozialismus gehen. Nach der Übernahme des stalinistischen Modells kam es dann jedoch zu unzähligen Entlassungen in Verwaltung, Wirtschaft, Armee, Polizei, Kultur und Schulwesen. Bis Mitte 1951 verließen — nach offiziellen Angaben — 20.950 Personen das Land, rund 150.000 wurden wegen »staatsfeindlicher« Tätigkeit angeklagt. Unter der Losung »Stärkung der Diktatur des Proletariats« übernahm man für sie Hunderttausende von Arbeitern, v.a. KP-Mitglieder, in den Machtapparat. In allen Führungs- und Entscheidungsgremien stieg der Anteil der aus dem Proletariat stammenden Beamten beträchtlich, doch diese waren »ehemalige«, die Vertretung wirklicher Produktionsarbeiter verschwand fast vollständig. 1951 waren von den Mitgliedern der Bezirksleitungen 78,6% Arbeiter. 38% waren in der Produktion tätig, 41,4% Parteiangestellte. Zwei Jahre später kamen nur noch 16% direkt aus den Betrieben, 70% aus dem bürokratischen Verwaltungsapparat.

Ebenso wie die Kommunistischen Parteien anderer Volksdemokratien wurde unter Mithilfe sowjetischer »Berater« auch die KPTsch in der ersten Hälfte der fünfziger Jahre — selbst nach Stalins Tod fanden noch Prozeße und Hinrichtungen statt — von sogenannten »nationalistischen«, »zionistischen« und »trotzkistischen« »Verrätern und Renegaten« gesäubert. Bekannteste Opfer waren der 1952 hingerichtete Generalsekretär *Rudolf Slánský* sowie der heutige Präsident der ČSSR *Gustáv Husák.* Beide wurden 1963 bzw. 68 — wie viele andere — rehabilitiert.

Zu Beginn des Prager Frühlings war die Mitgliederzahl der KPTsch auf 1,7 Mio. gesunken. Doch während allein in der ersten Hälfte des Jahres 68 über 18.000 den Beitritt beantragt hatten, erhielten im Zuge der »Normalisierungspolitik« 326.817 kein Parteibuch mehr. Insgesamt ging die Mitgliedschaft um rund 30% auf 1,2 Mio. zurück.

Veränderungen gab es auch in der Sozialstruktur der KPTsch. Von einer Partei, in der die überwiegende Mehrheit der Mitglieder Arbeiter waren, (März 46 57,7%) entwickelte sich die KPTsch zu einer Organisation, in der die stärkste Gruppe zeitweilig die Angehörigen von Angestelltenberufen, die sogenannte arbeitende Intelligenz, stellten. Für diese war die Zugehörigkeit zur KP zwar nicht unbedingte Voraussetzung der beruflichen Karriere, doch erleichterte sie diese wesentlich. Ausgesprochen niedrig war der Anteil der Industriearbeiter mit 26,1% 1970. Erst im Verlauf der siebziger und achtziger Jahre erhöhte er sich wieder auf nahezu 50%. Das zur ideologischen Rechtfertigung des Führungsanspruches der KPTsch als »Partei der Arbeiterklasse« formulierte Ziel eines Anteils von 60% wurde so bisher nicht erreicht.

1986 zählte die Kommunistische Partei 1,675 Mio. Mitglieder. Laut dem Rechenschaftsbericht Gustáv Husáks auf dem 17. Parteitag 1986 ist ein Drittel von ihnen noch nicht 35. 1981 erreichte der Anteil der Frauen 27,5%, in dem 1986 gewählten ZK stellen sie von 135 Mitgliedern jedoch nur 17, im elfköpfigen Parteipräsidium ist keine Frau vertreten.

Führende Rolle und Demokratischer Zentralismus

Der Marxismus-Leninismus, der die ideologische Grundlage der sozialistischen Systeme bildet, betrachtet die (kommunistische) Partei als »höchste Form der Klassenvereinigung des Proletariats«. Ihre Führung muß sich auf alle anderen Formen der Organisation der Arbeiter — also auch auf ihren Staat — erstrecken. Artikel 4 der ČSSR-Verfassung von 1960 sichert der KPTsch den gesellschaftlichen Führungsanspruch und verleiht so einem seit dem Februar 48 bestehenden Zustand die rechtliche Grundlage.

Das marxistisch-leninistische Prinzip der führenden Rolle der Partei bestimmt auch die Grenzen jeder systemkonformen Demokratisierungsdiskussion. Es wurde von der KPTsch selbst während des Prager Frühlings nicht in Frage gestellt. Jedoch sollte die Führungsrolle in Staat und Gesellschaft nicht durch Weisungen der Parteispitze, sondern durch Überzeugungsarbeit verwirklicht werden. Die KP müsse unter den Werktätigen eine so große Unterstützung finden, daß es ihr möglich sei, ihre leitende Stellung »mit demokratischen politischen Mitteln« abzusichern.

Die Formen der Einflußnahme der Partei finden in den Bestimmungen des formellen Rechts in der Regel keine Widerspiegelung. Die Umsetzung des Parteiprogramms wird v.a.durch die Kaderpolitik gewährleistet. Die Besetzung leitender Positionen im Staatsapparat, in der Wirtschaft und den gesellschaftlichen Organisationen — 1968 handelte es sich um 8936 — ist den territorialen und zentralen Instanzen der KPTsch vorbehalten (Nomenklatursystem). Parteimitglieder in den verschiedenen Unternehmen, unter deren Zuständigkeit formal-rechtlich die Stellenverteilung fällt, sind aufgrund der Parteidisziplin an die von den Parteileitungen gemachten Kandidatenvorschläge gebunden. Zugleich sind die Parteigrundorganisationen in Betrieben, Instituten, Behören usw. befugt, die Einhaltung der Richtlinien und Beschlüsse in ihrer Arbeitsstätte zu kontrollieren.

Grundlegendes Organisationsprinzip aller Bereiche des öffentlichen Lebens, von Staatsapparat, Wirtschaft, gesellschaftlichen Organisationen ist der von Lenin konzipierte demokratische Zentralismus. Für ihn gelten fünf Prinzipien : 1. Die Organe werden von unten nach oben gewählt; 2. die Organe haben gegenüber den sie wählenden Organisationen eine Rechenschaftspflicht; 3. die Beschlüsse der höheren Organe sind für die unteren verbindlich; 4. die Mitglieder haben nicht nur das Recht, sondern auch die Pflicht an der Verwirklichung der Beschlüsse mitzuwirken; 5. alle Organe haben bewußte sozialistische Disziplin einzuhalten. Als sechstes, die anderen überwölbendes Prinzip gilt besonders für die Partei die Existenz eines zur Leitung der jeweiligen Einheit gewählten Zentrums. Somit betonen das erste, zweite und teilweise auch das vierte Merkmal mehr die demokratische, das dritte, fünfte und sechste die zentralistische Komponente dieses organisatorischen Grundprinzips.

Es gibt keinen Bereich, in dem die territorialen Gliederungen der Partei autonom, d.h. von den Weisungen der höheren Parteiorgane unabhängig wären. Dies trifft auch auf die verschiedenen Wahlen zu. Neugewählte Parteisekretäre müssen von der übergeordneten Instanz bestätigt werden.

Die in den Monaten des Prager Frühlings geübte Kritik an den bis dahin herrschenden Beziehungen stellte fest, daß die zentralisitischen Elemente des demokratischen Zentralismus die demokratischen überwogen hatten. Da durch die Invasion die angekündigten Reformen verhindert wurden, hat sich daran in den vergangenen 20 Jahren nichts geändert.

1. Mai auf der Prager Letná

Parteiorgane

Das statutmäßig höchste Organ der KPTsch ist der Parteitag, der vom Zentralkomitee alle fünf Jahre einberufen werden soll. Der letzte, 17. Parteitag fand vom 24.- 28. März 1986 statt, an ihm nahmen 1541 Delegierte teil. Ihre Aufgaben waren die Entgegennahme des Rechenschaftsberichts des ZK, die Festlegung der Parteilinie in Fragen der Innen- und Außenpolitik sowie die Wahl des Zentralkomitees und der zentralen Kontroll- und Revisionskommission. Im Vergleich zu den satzungsmäßigen Bestimmungen ist die tatsächliche Bedeutung der Parteitage jedoch gering. Die Diskussionsbeiträge, die ausnahmslos die Meinung der Führung unterstützen, sowie auch die Einstimmigkeit der Abstimmungen lassen den Schluß zu, daß auf ihnen lediglich das politische Programm des Parteiapparates und des alten Politbüros abgesegnet werden soll. *Ota Šik*, Reformkommunist und ehemaliges Mitglied des ZK urteilt: »Die vorher bestimmte und begrenzte Zeit der Parteitage, ihr feierlicher Charakter und die Steuerung eines jeden Aktes aus dem bürokratischen Hintergrund machen sie zu einer reinen Formalität.«

Höchstes Organ zwischen den Parteitagen ist das Zentralkomitee. Die Tagungen der derzeit 135 Mitglieder und 62 Kandidaten sollen mindestens dreimal im Jahr stattfinden, doch auch hier kommt es — außer wenn der Erste Sekretär durch einen Putsch anderer Sekretäre abgelöst werden soll — kaum zu

Auseinandersetzungen. Šik : »Die Diskussionen zu den Materialien, Vorschlägen und Beschlüssen, die alle von den Sekretariaten vorbereitet und größtenteils vom ersten Sekretär vorgetragen werden, sind weitgehend rhetorischer Natur, bringen nur unwesentliche Ergänzungen oder Verbesserungen, nie prinzipielle Gegenvorschläge und werden fast immer einstimmig durch Akklamation angenommen.«

Sehr viel größere Bedeutung kommt dagegen dem Präsidium des ZK zu. Statutengemäß leitet es die Tätigkeit der Partei zwischen den Plenarsitzungen des Zentralkomitees. Zu den derzeit 11 Mitgliedern und 6 Kandidaten gehören die bekanntesten tschechischen und slowakischen Politiker: *Gustáv Husák, Miloš Jakeš, Vasil Bil'ák, Ludomír Štrougal.* Das zweite, vom ZK gewählte kollegiale Leitungsorgan der Partei ist das Sekretariat. In seinen Aufgabenbereich fallen Kontrolle und Kaderauswahl. Auch in ihm sind Husák, Jakeš und Bil'ák vertreten.

Das Sekretariat des ZK bildet gemeinsam mit den Sekretariaten auf Betriebs-, Kreis-, Bezirks- und Republikebene den hauptamtlichen Parteiapparat der KPTsch. Für die wichtigsten Bereiche des gesellschaftlichen Lebens gibt es bei den Parteikomitees besondere Abteilungen — für Ideologie, Bildung und Kultur, Wirtschaft.... . Sie verwirklichen das von der KP beanspruchte Recht auf die unmittelbare Leitung der staatlichen und gesellschaftlichen Organisationen. Durch die Vorbereitung der Materialien für die gewählten Parteigremien sind sie mehr als diese Träger politischer Entscheidungsmacht. Die vom hauptamtlichen Parteiapparat erteilten Weisungen gelten als ebenso verbindlich wie die Beschlüsse der Gremien. Die Minister der Regierung müssen alle wesentlichen Schritte mit den zuständigen Abteilungsleitern des ZK abstimmen. Ota Šik stellt fest, daß »nicht die Partei selbst, und schon überhaupt nicht die Arbeiterklasse, sondern die etablierte Parteibürokratie die Parteiführung und ihre Politik bestimmt«.

Politisches System und Rechtsordnung

Während die Verfassung des Jahres 1948 Elemente des bürgerlich-demokratischen und sozialistischen Konstitutionalismus miteinander verband, gehört die sie 1960 ablösende uneingeschränkt zu den Verfassungen sozialistischen Typs. »Die Gesellschaftsordnung, für die ganze Generationen unserer Arbeiter und der übrigen Werktätigen gekämpft haben...« — heißt es in der sie einleitenden »Erklärung« — »ist unter der Führung der Kommunistischen Partei der Tschechoslowakei auch bei uns Wirklichkeit geworden. Der Sozialismus hat in unserem Vaterland gesiegt !«

Festgeschrieben wird in der neuen Verfassung die Konzentration der Staatsgewalt in den Vertretungsorganen, der Aufbau des Staates nach dem Prinzip des demokratischen Zentralismus, die führende Rolle der Partei sowie der sozialistische Charakter der Wirtschaft. Wichtigste Verfassungsänderung ist das am 27.10.68 erlassene Gesetz über die Föderation.

Zwar sei der sozialistische Staat auf dem »festen Bündnis« der Arbeiter, der Bauern und der Intelligenz gegründet, doch stehe die Arbeiterklasse an seiner Spitze. Die gesamte Macht gehöre dem »werktätigen Volk«.

Gewalteneinheit

Anders als in bürgerlichen Demokratien gibt es entsprechend der marxistisch-leninistischen Staatstheorie keine Gewaltenteilung zwischen Legislative, Exekutive und Judikative. Stattdessen ist die gesamte Staatsgewalt in den Vertretungskörperschaften konzentriert. Sie beschließen die Gesetze und überwachen ihre Durchführung. Alle übrigen Staatsorgane leiten Stellung und Befugnis von den Parlamenten ab und sind ihnen verantwortlich. Verwaltung und Gerichte stellen daher nur eine Institutionalisierung der Arbeitsteilung dar. Berücksichtigt werden muß jedoch, daß die Abgeordneten lediglich technisch-organisatorische Macht ausüben, der politische Inhalt der staatlichen Tätigkeit wird von der Kommunistischen Partei für diese Organe verbindlich bestimmt («führende Rolle«).

Föderalismus

Am 1.1.69 wurde der Einheitsstaat der Tschechoslowakischen Sozialistischen Republik in einen Bundesstaat umgewandelt. Er besteht aus zwei gleichberechtigten Republiken, der Tschechischen Sozialistischen Republik und der Slowakischen Sozialistischen Republik. Durch die Föderation sollten die seit der Entstehung des ersten unabhängigen Staates 1918 bestehenden Probleme

Das Gebäude der Föderalversammlung in Prag

der Gleichberechtigung von Tschechen und Slowaken gelöst werden. Um eine Majorisierung der Slowaken, die nur etwa 30% der Gesamtbevölkerung stellen, durch die Tschechen zu verhindern, wurde das Mehrheitsprinzip mit dem der nationalen Parität verbunden. Daher sind in der Volkskammer der Bundesversammlung die Tschechen mit 131, die Slowaken mit 59 Abgeordneten vertreten, in der Nationenkammer stellen beide Republiken eine gleich hohe Anzahl Parlamentarier. Zu jeder Beschlußfassung ist die Mehrheit beider Kammern notwendig.

In die ausschließliche Kompetenz des Bundes fallen als wichtigste Punkte die auswärtigen Angelegenheiten sowie die Verteidigung. Der gemeinsamen Kompetenz von Bund und Republiken unterliegen u.a. Planung, Finanzen, Preise, Wirtschaft, Verkehr, Wissenschaft, öffentliche Ordnung und Sicherheit. Allein kompetenzberechtigt sind die beiden Teilstaaten z.B.in kulturellen Angelegenheiten, im Schul- und Gesundheitswesen.

Bundesorgane

Oberstes Organ der Staatsgewalt in der Föderation ist die Bundesversammlung. Sie besteht aus Volks- und Nationenkammer (s.o.). In beiden Parlamenten werden die Sitze bereits vor den alle 5 Jahre stattfindenden Wahlen verteilt. Von den 200 Mandaten der Volkskammer entfielen bei dem ersten nach ihrer Errichtung durchgeführten Urnengang 1971 143 (71,5%) auf die KPTsch, die Sozialistische Partei stellte 13, die Volkspartei 8, die slowakische Freiheitspartei und die Partei der slowakischen Wiedergeburt je zwei Abgeordnete. Parteilos waren 32 Mandatsträger. Auch die verschiedenen nationalen Minderheiten erhielten je nach Größe ein bestimmtes Kontingent an Sitzen zugeteilt (Ungarn 6, Ukrainer 2, Polen und Deutsche 1). 26,5% der Abgeordneten waren Frauen. An dieser Zusammensetzung hat sich seitdem wenig geändert.

Der Präsident der Republik beruft die zweimal jährlich tagende Bundesversammlung ein. Angesichts der kurzen Sitzungsdauer von nur zwei eintägigen Plenartagungen ist diese kein Forum parlamentarischer Meinungsbildung. In den Diskussionen kommen keine widersprüchlichen Meinungen zum Ausdruck, Beschlüße werden in der Regel ohne Gegenstimmen gefaßt. Häufiger tagen die Ausschüße, von den Abgeordneten gebildete Kontroll- und Initiativorgane.

In der Zeit zwischen den Sessionen übernimmt ein von der Bundesversammlung gewähltes Präsidium deren Aufgaben. Daher kommt ihm eine wichtige Gesetzgebungsfunktion zu.

Die Abgeordneten unterliegen dem imperativen Mandat, sie können von ihren Wählern abberufen werden. Dies dürfte in der Regel dann der Fall sein, wenn sie die Weisungen der KP nicht befolgen. Mandats«verzicht« leisteten viele Parlamentarier nach der gewaltsamen Beendigung des Prager Frühlings.

Die Tschechoslowakei war lange Zeit der einzige volksdemokratische Staat mit einem individuellen Staatsoberhaupt. Dies läßt sich auf das hohe Ansehen, welches das Amt unter dem ersten Präsidenten und Staatsgründer *T. G. Masaryk* genossen hat, zurückführen.

Der Präsident der Republik wird auf 5 Jahre von der Bundesversammlung gewählt. Zwar stehen ihm eine ganze Anzahl von Rechten zu (Ernennung der Bundesregierung, Berufung der Sessionen der Bundesversammlung, Oberbefehlshaber der Streitkräfte...), doch ist er dem Parlament gegenüber voll verantwortlich. Von 1975 bis 88 *(Gustáv Husák)* bestand wie bereits 1948-53 *(Klement Gottwald)* und 1957-68 *(Antonín Novotný)* eine Personalunion zwischen dem Amt des Staatspräsidenten und dem ersten Sekretär der KPTsch. Amtssitz ist die Prager Burg.

Die vom Präsidenten berufene Regierung der ČSSR ist sehr viel größer als Regierungen in bürgerlichen Demokratien vergleichbarer Staaten. Dies liegt an der hohen Anzahl der Stellvertreter des Ministerpräsidenten sowie der verschiedenen Ministerien. Der ihnen unterstehende riesige Verwaltungsapparat soll in nächster Zeit verkleinert werden, gerechnet wird mit Tausenden von Entlassungen. Ein weiterer Unterschied besteht in der umfangreichen rechtssetzenden Kompetenz der Regierung. Die Leitung der Wirtschaft und der Verwaltung erfolgt hauptsächlich mit Hilfe nichtpublizierter Beschlüsse.

Nationale Front

Die Nationale Front (NF) wurde nach dem Februarumsturz 1948 von einem pluralistischen Forum der Parteien in eine Art Massenbewegung, die zusätzlich gesellschaftliche Organisationen umfaßt, umgeformt. Das Mehrparteiensystem blieb zwar erhalten, doch streben diese anders als in westlichen Demokratien keine Machtübernahe an. Ausdrücklich wird die führende Rolle der KP anerkannt, aus der Arbeiterschaft werden keine Mitglieder rekrutiert. Die beiden slowakischen Parteien der »Wiedergeburt« und der »Freiheit« zählen nur etwa 300 Mitglieder, die Sozialistische Partei mit 18 000 hat ihre Basis in der Intelligenz und der städtischen Mittelschicht, die Volkspartei (66 000) ist auf dem Land sowie in der katholischen Bevölkerung stark vertreten.

Ebenso haben auch Gewerkschaft, Jugend- und Frauenverband sowie die anderen gesellschaftlichen Organisationen ihre Funktion als Interessenvertretung der Mitglieder weitgehend verloren. Stattdessen wirken sie als »Transmissionsriemen« zwischen Partei und Bevölkerung, d.h sie sind für die Vermittlung und Verwirklichung der KP-Beschlüsse verantwortlich.

Oberstes Organ der Nationalen Front ist die gesamtstaatliche Konferenz, sie wählt ZK und Präsidium der NF. Im Zentralkomitee sind die Vertreter der verschiedenen Organisationen zahlenmäßig zwar genauso stark repräsentiert wie diejenigen der KPTsch, jedoch sind viele von ihnen ebenfalls der Parteidisziplin unterliegende Kommunisten. Die staatsrechtliche Funktion der NF besteht in der Vorbereitung der Wahlen. Sie erstellt aus den von ihren Mitgliedern vorgeschlagenen Kandidaten nach einer Auswahl eine Einheitsliste. In jedem Wahlbezirk, deren Zahl derjenigen der zu vergebenden Mandate entspricht, steht nur ein Kandidat zur Abstimmung. Diese müssen erst nach, nicht jedoch wie in einigen anderen sozialistischen Staaten vor ihrer Registrierung den Wählern vorgestellt werden. Offene Stimmabgabe wird nicht als Verstoß gegen das Wahlgeheimnis aufgefaßt. Wahlbeteiligung und der von den vorgeschlagenen Kandidaten »erzielte« Stimmenanteil liegen fast immer über 99%.

Während des Prager Frühlings wurde auch eine Reform der Nationalen Front dikutiert. Sie sollte in eine Plattform, in dessen Rahmen unterschiedliche und sich widersprechende Standpunkte vertreten und Auseinandersetzungen über die Politik des Staates geführt werden würden, umgewandelt werden.

Örtliche Staatsorgane

Die örtliche Verwaltung in den Bezirken, Kreisen, Städten und Gemeinden wird nicht von territorialen Selbstverwaltungskörperschaften wahrgenommen, sondern durch örtliche Organe der Staatsmacht, den Nationalausschüßen. Sie üben zugleich die lokale gesetzgebende und vollziehende Gewalt aus. Ihre Zuständigkeit erstreckt sich auf alle Gebiete des öffentlichen Lebens, auf Wirtschaft, Kultur, Gesundheitswesen, Naturschutz... . Die Anzahl der Mitglieder des Plenums der Nationalausschüße bewegt sich zwischen 7 — in den kleinsten der fast 11 000 Gemeinden — und 130 Abgeordneten in der

Hauptstadt Prag. Sie erstellen auf ihren 4-6 mal jährlich stattfindenden Sitzungen Wirtschafts- und Haushaltsplan, alle übrigen Angelegenheiten werden vom Rat des Ausschußes besorgt.

Grundrechte und Grundpflichten

In einem sozialistischen Staat müssen die Freiheit der Meinungsäußerung, der Presse- und Versammlungsfreiheit »im Einklang mit den Interessen des werktätigen Volkes stehen«. Da sie eng mit der »Entwicklung des sozialistischen Bewußtseins« und den »Bedürfnissen des sozialistischen Aufbaus« verbunden sind, können sie sowohl eingeschränkt als auch erweitert werden.

An der Spitze des in Kapitel zwei der Verfassung von 1960 enthaltenen Grundrechtskatalogs stehen nach der Bestimmung über die Gleichheit aller Bürger die sozial-ökonomischen Rechte auf Arbeit, gerechte Entlohnung, Versorgung im Alter usw.(Art. 21-27). Das in einem Staat mit vergesellschafteten Produktionsmitteln als nicht notwendig erachtete Streikrecht fehlt dagegen ebenso wie das Recht auf Privateigentum, auf Freizügigkeit und Koalitionsfreiheit. Betont wird die untrennbare Einheit von Rechten und Pflichten. »Vornehmste« unter letzteren ist die in Artikel 19 erwähnte Arbeitspflicht. Jeder Absolvent der Hochschule hat so z.B. das Recht auf eine angemessene Stelle, er ist zugleich allerdings verpflichtet, die ihm zugewiesene Stelle anzunehmen.

Die Ausweitung und institutionelle Sicherung der Bürgerrechte und -freiheiten bildete einen der Schwerpunkte der im Aktionsprogramm der KPTsch 1968 angekündigten Demokratisierungsmaßnahmen. Geschaffen werden sollten die gesetzlichen Voraussetzungen für die Verwirklichung des Prinzips der Versammlungs- und Koalitions-, für Presse- und Meinungsfreiheit. Genaue Bestimmungen — und nicht die Willkür der zuständigen Bürokraten — sollten nun festlegen, was gegen die Gesellschaft gerichtet und damit verboten war, die Zensur sollte abgeschafft, die Verbreitung von Meinungen, die von derjenigen der Partei und des Staates abweichen, erlaubt sein. Das Recht auf Reisen ins Ausland wollte man gesetzlich garantieren.

Obwohl das Föderalisierungsgesetz von 1968 Verfassungsgerichte, welche bei Verletzung der Grundrechte angerufen werden können, vorsieht, wurden diese bis heute nicht errichtet. Ihr Schutz obliegt so den Gerichten sowie den Organen der »Volkskontrolle«.

Zwar garantiert Art. 102 der Verfassung die richterliche Unabhängigkeit, doch sind sie verpflichtet, Recht im Einvernehmen »mit den Interessen des werktätigen Volkes« sowie in Übereinstimmung mit dem »sozialistischen Rechtsbewußtsein« zu sprechen.

Daher gelten für sie — ebenso wie für alle anderen Organe des Staates, für gesellschaftliche Organisationen und Parteien — die Richtlinien der Kommunistischen Partei als verbindlich.

Unabhängige Initiativen

»Charta 77 ist eine freie informelle und offene Gemeinschaft von Menschen verschiedener Überzeugungen, verschiedener Religionen und verschiedener Berufe, verbunden durch den Willen, sich einzeln und gemeinsam für die Respektierung der Bürger- und Menschenrechte in unserem Land und in der Welt einzusetzen.... Charta 77 ist keine Organisation, hat keine Statuten, keine ständigen Organe und keine organisatorisch bedingte Mitgliedschaft. Ihr gehört jeder an, der ihrer Idee zustimmt, an ihrer Arbeit teilnimmt und sie unterstützt. Charta 77 ist keine Basis für oppositionelle Tätigkeit. Sie will dem Gemeininteresse dienen wie viele ähnliche Bürgerinitiativen in verschiedenen Ländern des Westens und des Ostens. Sie will aber nicht eigene Programme politischer und gesellschaftlicher Reformen und Veränderungen aufstellen, sondern in ihrem Wirkungsbereich einen konstruktiven Dialog mit der politischen und staatlichen Macht führen (...).« Als diese Grundsatzerklärung der Charta 77 am 1. Januar 1977 veröffentlicht wurde, zählte sie 239 Unterzeichner. Trotz scharfer Angriffe und Repressionsmaßnahmen von Seiten der staatlichen Organe, an deren Folgen einer der ersten drei Sprecher der Charta Prof. Dr. *Jan Patočka* bereits im März 77 starb, erhöhte sich die Zahl der Signatare bis 1986 auf ca. 1200, ungefähr 1000 leben noch heute in der Tschechoslowakei. Rund 40% der Chartisten sind Arbeiter und einfache Angestellte, wobei berücksichtigt werden muß, daß ein Großteil der Intelligenz seinen Arbeitsplatz durch die Unterzeichnung verlor. 12% sind Künstler, 12% Schüler, 25% Frauen. Die geographischen Zentren befinden sich in Prag, Brno und Plzeň, die wenigen Oppositionellen der Slowakei sind vom geistigen und kulturellen Zentrum des Landes soweit entfernt, daß sie von der Existenz der Charta erst erfuhren, als die Kampagne gegen sie bereits begonnen hatte. Die wichtigsten Gruppierungen bilden die Reformkommunisten des Prager Frühlings sowie katholische Geistliche und Laien. Als eine ihrer herausragendsten Persönlichkeiten gilt der Schriftsteller *Václav Havel.* Die Charta veröffentlichte 1988 rund 50 Dokumente, die sich verschiedenen gesellschaftlichen Fragen widmen. An Partei- und Staatsorgane richtete sie unzählige Briefe, in denen sie daran erinnert, daß die ČSSR die Schlußakte der Konferenz von Helsinki zwar unterzeichnet hat, es dennoch jedoch immer wieder zu elementaren Verletzungen der Menschen- und Bürgerrechte kommt. In den »infoch« informiert sie über ihre Tätigkeit. Am 27. April 1978 bildeten Unterzeichner der Charta das *»Komitee für die Verteidigung von zu Unrecht Verfolgten« (VONS).* Ihr Ziel ist es, Opfern der Willkür von Polizei und Justiz zu helfen und ihre Fälle in der Öffentlichkeit bekannt zu machen. Bis Ende des Jahres 1988 wurden 815 Mitteilungen herausgegeben.

Neben der Charta enstanden v.a. 1988 eine Reihe weiterer unabhängiger

Gruppen. Eine der größten und wichtigsten ist die *Unabhängige Friedensvereinigung - Initiativen für die Demilitarisierung der Gesellschaft - (NMS).* Sie gab ihre Gründungserklärung am 16. April 1988 heraus. Ihre Unterzeichner schrieben, daß das Leben in Frieden ein grundlegendes Menschenrecht sei, betonten aber, daß die Vernichtung von Waffen allein keinen Frieden bringe, und daß es deshalb die »Aufgabe jeder Nation sei, im Inneren Voraussetzungen für ein Leben ohne Waffen zu schaffen«. In jedem Land, jeder Familie und jedem Einzelnen müsse er vorbereitet werden. NMS begrüßt das INF-Abkommen zwischen der Sowjetunion und den USA als einen Schritt in die richtige Richtung und als Ermutigung, um ihre Arbeit noch intensiver fortzusetzen. Die Unterzeichner möchten nicht als Anhänger eines bestimmten Blockes, einer Ideologie, eines politischen oder religiösen Systems gelten. Eines ihrer vorrangigsten Ziele ist die Einführung eines Zivildienstes, betont wird die Notwendigkeit über alle politischen und gesellschaftlichen, d.h. auch militärischen Fragen öffentlich und offen diskutieren zu können, einmal pro Monat soll dafür auf dem Wenzelsplatz ein Forum geschaffen werden. Die Mitgliederzahl der Initiative wächst trotz polizeilicher Verfolgung seit der Demonstration zum 20. Jahrestag der Invasion am 21.8.1988 rasch. Die Mehrzahl von ihnen ist jung und hat einen christlichen Hintergrund. Die unabhängige Friedensvereinigung arbeitet mit der polnischen Gruppe »Freiheit und Frieden« zusammen und gibt monatlich ein Bulletin heraus.

Die *Demokratische Initiative* ist eine Gruppe von Bürgern, die, inspiriert von den augenblicklichen Entwicklungen in der Sowjetunion und anderen Ländern Osteuropas, versucht, das Verantwortungsbewußtsein der TschechInnen und SlowakInnen für das Geschehen in ihrem Land wiederzubeleben. Als eine ihrer ersten Aktionen sandte sie im September 1987 an die Bundesversammlung einen Brief, der Vorschläge für die Verwirklichung größerer demokratischer Rechte enthielt. Unter anderem sollte auf Betriebsebene und in verschiedenen Instituten, Schulen und kulturellen Einrichtungen das System der »Nomenklatura« aufgegeben werden, ein objektives Informationssytem, neue Prinzipien für die Arbeit der Nationalen Front geschaffen und neue Gruppen für die Beschäftigung mit Umweltfragen zugelassen werden. Der Brief fordert eine Amnestie für politische Gefangene. Ebenso wie er wurden auch eine Reihe anderer Schreiben an die verschiedenen politischen Institutionen nicht beantwortet.

Die *»Initiative für soziale Verteidigung«* sowie die *»Kinder der Nation«* gehörten neben der Friedensgruppe zu den Trägern der Demonstration am 21. 8.1988. Die »Gesellschaft der Freunde der USA« möchte durch eine intensivere Beschäftigung mit Kultur und Politik der USA nicht die »eine oder andere Doktrin bestärken, sondern eine Linie des Vertrauens zwischen Bürgern der USA und der Tschechoslowakei schaffen«.

Soziales System

Bildung

Das Schulsystem der Tschechoslowakei war seit der kommunistischen Machtübernahme 1948 vielfachen Veränderungen unterworfen. Als Chruschtschow in der Sowjetunion eine »Festigung der Verbindung der Schule mit dem Leben« forderte, beschloß auch die KPTsch ihre »Polytechnisierung«, als zu Beginn der fünfziger Jahre mehr Arbeitskräfte benötigt wurden, verkürzte ein neues Gesetz die Schulzeit um volle zwei Jahre. Am 28. Mai 1951 bezeichnete es das Präsidium des Zentralkomitees der KPTsch als die Aufgabe der Schule, »eine sozialistische Generation zu erziehen,...die sich für den Aufbau des Sozialismus begeistert,... eine dem Bündnis mit der Sowjetunion und den großen Gedanken Lenins und Stalins treue Jugend.« Gefordert wurde, daß in den Schulen »im Geiste der fortschrittlichsten Weltanschauung, im Geiste des Marxismus-Leninismus« gelehrt wird.

Die Vorschulerziehung findet in Kinderkrippen (jesle) und Kindergärten (mateřská škola) statt. Doch während für Kinder von drei Monaten bis drei Jahren nur eine begrenzte Zahl von Plätzen vorhanden ist (1985: 122 345) und die Aufnahme in die Krippe vom Einkommen der Eltern bzw. der Mutter abhängig ist, sollen in die Kindergärten, in denen bereits die politische Erziehung beginnt, möglichst alle aufgenommen werden. 1985/86 besuchten 681 515 Kinder 11 477 mateřské školy. Seit 1964 nahm die Zahl der Kindergartenplätze um mehr als 100% zu.

Seit 1960 ist die Grundschule, eine Einheitsschule (základní devítiletá škola - ZDŠ), wieder neunjährig. In den ersten drei Jahren liegt der Schwerpunkt des Unterrichts bei den Fächern tschechische/slowakische Literatur/Sprache und Mathematik. In der vierten Klasse beginnen die dann Neunjährigen mit dem Erlernen der ersten und in der Grundschule einzigen Fremdsprache Russisch. Politik wird ab der sechsten Klasse einstündig gelehrt. Die Zahl der Wochenstunden in allen Fächern wächst von (ca.) 20 auf 32, hinzu kommen Stunden in Wahlfächern (Spiele, Kochen, Praktika in naturwissenschaftlichen Fächern), die Samstage sind schulfrei. Ihr Mittagessen erhält die Mehrzahl der Schüler in Schulküchen (školní jídelna).

1968/69 wurde die sogenannte allgemeinbildende Mittelschule, in die 1948 die Gymnasien aufgegangen waren, wieder in »Gymasium« umbenannt und die Ausbildungsdauer von drei auf vier Jahre verlängert. Die »maturita«, das Abitur, ermöglicht den Beginn eines Hochschulstudiums. Weiterhin gibt es Fach- (odborná) und Fachmittelschulen (střední odborná škola). Sie sollen v.a. auf untere technische, ökonomische und administrative Funktionen vorbereiten. Der Anteil der Mädchen in allen weiterführenden Schu-

Schule in der Prager Neubausiedlung Dáblice

len liegt bei über 50%, die mit 2700 Kronen relativ schlecht bezahlte Lehrtätigkeit wird besonders an Grundschulen fast ausschließlich von Frauen ausgeübt. 1985/86 zählte eine Gymnasialklasse durchschnittlich 32 SchülerInnen.

Schul- und Hochschulsystem, welches nach 1948 ebenfalls dem sowjetischen Vorbild angepaßt wurde, waren in den Zeiten der politischen Liberalisierung starker Kritik ausgesetzt. Tatsächlich bleibt den tschechischen und slowakischen StudentInnen auch heute angesichts einer hohen Wochenstundenzahl (ca. 30) kaum Zeit für selbständiges, wissenschaftliches Arbeiten. Stunden in Marxismus-Leninsmus, politischer Ökonomie, Russisch...., die als lästige Pflicht betrachtet werden, verhindern eine Konzentration auf das eigene Fach. Das Studium ist stark verschult. Nur eine begrenzte Zahl von Seminaren kann frei gewählt werden, die Studiendauer ist auf fünf — bzw. bei Medizin 6 — Jahre begrenzt. Viele Fakultäten leiden weiterhin unter den Säuberungen der »Normalisierung«. Unzählige der besten Wissenschaftler arbeiten als Heizer oder Fensterputzer, viele emigrierten ins Ausland. Anders als in den fünfziger Jahren, als Kinder, deren Eltern dem bürgerlichen Mittelstand zugerechnet wurden, kaum eine Chance hatten einen Studienplatz zu erhalten, haben politische Einstellung und soziale Herkunft der Bewerber heute an Bedeutung verloren. V.a. Unterzeichnern der Charta 77 und ihren Angehörigen wird die Ausbildungsmöglichkeit jedoch meist verweigert.

Gesundheitswesen und Altersversorgung

Öffentlich diskutiert wird seit einigen Jahren der Zustand des Gesundheitswesens. Zwar ist in der Tschechoslowakei die Ärztedichte sehr hoch (1984: 35,3 Ärzte auf 10 000 Einwohner; BRD: 31), doch gelten Krankenhäuser und ihre Ausrüstung infolge von Sparmaßnahmen in den siebziger Jahren als stark veraltet. So fallen die Kennzahlen, die im allgemeinen für den Gesundheitszustand der Bevölkerung aufschlußreich sind, weit hinter die der BRD zurück. Während die durchschnittliche Lebenserwartung der Männer bei uns bei 70,8 Jahren liegt, wurden für die ČSSR 66,9 Jahre errechnet. Von 1000 Neugeborenen sterben in der BRD 9,6, in der ČSSR 15,2 Säuglinge. Im Vergleich mit anderen osteuropäischen Ländern rangiert das tschechoslowakische Gesundheitswesen deutlich hinter dem der DDR, aber vor dem bulgarischen, polnischen, ungarischen und rumänischen.

Grundsätzlich sind die Leistungen des Gesundheitssystems kostenlos. Es ist jedoch allgemein üblich, den Ärzten vor einer Operation eine gewisse Geldsumme zuzustecken. Damit erhoffen sich Patienten und Familienangehörige ein sorgfältigeres Arbeiten der als schlechtbezahlt geltenden Chirurgen. Ihr Gehalt liegt in der Höhe anderer Hochschulabsolventen, eine Summe von in der Regel 1000 Kronen pro Operation — Menschen vom Land bringen stattdessen auch oft Wurst oder Schnaps — erhöhen es bereits um ein Drittel. Die Angst, die bei den Kranken entsteht, wenn der Behandelnde das angebotene Geld nicht annimmt, wurde bereits Thema eines Spielfilmes.

Eine sehr viel bessere Gesundheitsversorgung als dem Durchschnitt der Bevölkerung steht Staats- und Parteifunktionären in den sog. Staatssenatorien »Sanors«, wo westliche Arzneimittel verwendet werden, zur Verfügung.

Die Sozialversicherung finanziert sich aus Arbeitgeberbeiträgen in der Höhe von 25% der Bruttoarbeitsverdienste in den staatlichen Betrieben, bzw. 12,5% in den Genossenschaften. In diesen gibt es daneben einen Arbeitnehmerbeitrag, der in andere Steuern integriert ist. Ein bestimmter Versicherungsfonds wird nicht gebildet. Die Beitragseinnahmen reichen für die Finanzierung nicht aus, für den Differenzbetrag kommt der Staatshaushalt auf. Die Leistungen der Sozialversicherung sind in der ČSSR großzügiger als in anderen Staaten des RGW. Altersgrenze und Höhe der Rente richtet sich nach der Schwere der Arbeit sowie bei Frauen nach der Kinderzahl. Für die größte Gruppe der Arbeitnehmer beginnt sie mit 60, für die der kinderlosen Arbeitnehmerin mit 57 Jahren. Mit jedem Kind sinkt die Grenze um ein Jahr. Die Grundrente beträgt nach 25 Arbeitsjahren 50% des Monatsverdienstes. Für jedes weitere Arbeitsjahr erhöht sie sich um 1,5%, bei einer Beschäftigungsdauer von 35 Jahren werden 72,5% erreicht. 1984 belief sich die durchschnittliche Rente auf 1301 Kronen. Die Mindestrente für Alleinstehende liegt bei ca. 1000 Kronen und erreicht damit gerade das Existenzminimum, 1982 bezogen sie 22%. Viele Rentner arbeiten auch nach dem Erreichen des Rentenalters weiter.

Böhmens Haine und Flure sterben

Tiefe Wälder, sprudelnde Quellen, fruchtbare Tiefebenen — diese Vorstellungen waren jahrhundertelang mit Böhmen, Mähren und auch der Slowakei verbunden. *Bedřich Smetana* hat in seinem Zyklus »Mein Vaterland« »Böhmens Hain und Flur« ein unsterbliches Denkmal gesetzt. Doch mehr als die fröhlichen bringen heute seine melancholischen Weisen die Gefühle, die bei einer Fahrt durch das Land entstehen, zum Ausdruck.

»Dieser Wald stirbt nicht mehr, er ist schon tot!«, stellte der Vizepräsident der oberösterreichischen Landwirtschaftskammer nach einem zweitägigen Besuch verschiedener Waldgebiete der Tschechoslowakei 1984 fest. »Das Ausmaß des Waldsterbens im Erzgebirge, im Isergebirge und im Riesengebirge ist einfach unvorstellbar. Man muß es mit eigenen Augen gesehen haben, wie 70 bis 100 Jahre alte Baumbestände tot wie Bohnenstangen oder Telegrafenmasten in den Himmel ragen.»

Unstrittig sind die Ursachen des Sterbens in Nordböhmen. Die schädlichen Niederschläge kommen gleich aus drei Richtungen. Im Süden breitet sich zwischen Chomutov und Ústí nad Labem ein über 1000 km^2großes Braunkohlerevier aus, im Norden befindet sich das Halle-Leipziger Industriegebiet, aus dem 400 km nordwestlich gelegenen industriellen Ballungsgebiet an der Ruhr treibt der Wind »saure« Regenwolken heran.

Bereits 1947 waren erste alarmierende Anzeichen des Baumsterbens festgestellt worden. In den Jahren der Übernahme des sowjetischen Industrialisierungsmodells war jedoch für Umweltschutzmaßnahmen kein Geld vorhanden. Stattdessen wurden durch den forcierten Ausbau der Schwerindustrie weitere Emissionsquellen geschaffen. Als in den siebziger Jahren die Preise für Erdöl stark anstiegen, intensivierte die ČSSR die Braunkohleförderung, bald wurden 65% des nationalen Energiebedarfs mit dem stark schwefelhaltigen Brennstoff gedeckt. Allein in Nordböhmen stehen mehr als 70 Kraftwerke.

Die öffentliche Diskussion über die nicht länger hinausschiebbaren Umweltschutzmaßnahmen beschränkt sich bisher auf die Notwendigkeit von Reparaturleistungen. 3000 ha sollen jährlich in den Gebirgszügen im Norden des Landes mit minderwertigen, aber resistenteren Holzarten wie Birke, Blaufichte und Eberesche aufgeforstet werden. Daneben bemüht sich die Regierung in Prag verstärkt um den Ankauf umweltfreundlicher Technologie im Westen. Während in der Zeit des 6. Fünfjahresplans nur 7,5 Mrd. Kronen für Umweltschutzmaßnahmen ausgegeben worden waren und man damit noch unter den Zahlen des vorangegangenen Planjahrfünfts blieb, sind für den Zeitraum 1986-90 17,5 Mrd. Kronen vorgesehen. Eines der augenblicklichen

»Manchmal dauert es Jahrhunderte, aber schließlich paßt sich die Natur doch an« (Vladimír Vít.)

Hauptziele ist die Einhaltung des 1985 in Helsinki unterzeichneten Abkommens über die Senkung der Schadstoffemissionen um 30%.

2/3 der zu vermindernden 900 000 t sollen jedoch nicht durch den Einbau von Entschwefelungsanlagen, sondern durch den verstärkten Ausbau der Kernenergie erbracht werden. 17% beträgt der Anteil des Atomstroms an der tschechoslowakischen Energieversorgung heute, 50% sieht der Plan für das Jahr 1995 vor. 50 Mrd. Kronen werden in den nächsten fünf Jahren dafür ausgegeben werden. »Ein MW entschwefelte Energie kostet den Staat mehr als ein MW Atomstrom« behaupten tschechische Wissenschaftler, die Begeisterung der offiziellen Presse über die Möglichkeiten dieser Form der Energiegewinnung ist auch nach Tschernobyl ungebrochen. Selbst innerhalb der demokratischen Opposition wächst die Kritik daran nur langsam.

Dabei hat es in der ČSSR bereits Reaktorunfälle gegeben. Ein Testreaktor-Block im KKW Jaslovské Bohunice in der Westslowakei, der 1973 seinen Betrieb aufnahm, erwies sich als extrem störanfällig. Zum folgenschwersten Unfall kam es am 5. Januar 1976, als nach einem Defekt am Ladegerät für neue Brennelemete der Reaktor nicht richtig geladen wurde und ein Brennelement unter Druck herausschoß. Hochradioaktives Wasser überflutete den Reaktorraum. Da der Notausgang geschlossen war, mußten zwei Arbeiter sterben. Ein weiterer Zwischenfall zwei Jahre später wurde mit dem veralteten System des aus Kanada stammenden Reaktors erklärt. Heute verwendet man nur noch sowjetische »Novo-Voronesch-Typen«.

Wichtiges Argument der AKW-Befürworter ist, daß unter dem sonst rohstoffarmen Land riesige Mengen Uran liegen. Jahrelang wurde es in der Umgebung des Kurbads Jáchymov von politischen Gefangenen abgebaut, als die Vorkommen dort erschöpft waren, verlagerte sich die Förderung nach Südböhmen. Da nur der kleinste Teil des Roh-Urans in der ČSSR verwendet werden kann, wird es nachts in endlosen Zügen in die Sowjetunion befördert. Dort weiterverarbeitet kauft es die Tschechoslowakei zu hohen Preisen zurück. Und auch die abgebrannten Brennstäbe werden gegen gute Bezahlung im Nachbarland endgelagert.

Vom »Dach Europas«, der kontinentalen Wasserscheide, führen tschechische und slowakische Flüße ihr Wasser in Nord- und Ostsee, ins Schwarze Meer. Lediglich 2000 Kubikmeter stehen pro Kopf und Jahr der Bevölkerung zur Verfügung, der europäische Durchschnitt aber liegt bei 5000 m^3. Als 1984 nach zwei Trockenjahren die Wasserzuteilung gesenkt werden mußte, wurde der Druck in der Leitung so schwach, daß die Bewohner in den oberen Stockwerken der Hochhäuser kein Wasser mehr entnehmen konnten. 10-35% des Trinkwassers gehen in einem veralteten und brüchigen Leitungsnetz verloren. In Schulen und Wohnheimen läuft oft stundenlang das Wasser, tropfende Hähne werden nicht repariert - das lebenswichtige und rare Element Wasser kostet in der sozialistischen Tschechoslowakei fast nichts.

Problemverschärfend wirkt die zunehmende Verschmutzung der Flüsse durch Industrie, Landwirtschaft und Kommunen. Zwar wurde 1973 ein strenges Wasserschutzgesetz erlassen, doch erhalten große Betriebe und Städte ohne Probleme Ausnahmegenehmigungen. Viele verfügen daher bis heute über keine oder unzureichende Kläranlagen. Schlimmster Umweltsünder ist die chemische Industrie. Sie produziert 40,5% aller Abwässer, 70,6% der Verschmutzung.

Die Qualität des Grundwassers wird durch den hohen Kunstdüngerverbrauch in der Landwirtschaft gesenkt. Immer wieder ist auch von ungeschützt lagernden Pestiziden zu lesen. Die Strafen für die »verantwortungslosen« Betriebe waren bisher so niedrig, daß ihre Führung sie bewußt in Kauf nahm. Da seit einiger Zeit dies nicht nur intern, sondern auch in Zeitungen kritisiert wird, sind Änderungen des Strafsystems zu erwarten.

Bei der Diskussion über das »wie« der Sicherstellung der Wasserversorgung gibt es bisher keine einheitliche Ansicht. Die Mehrheit der Fachleute sieht die Lösung des Problems im weiteren Aufbau von Rückstaubecken. Berücksichtigt werden muß bei den weiteren Planungen die rasch fortschreitende Verwüstung der Wälder durch Emissionen. Auf einer Fläche von rund 1 Mio. ha wird das Öko-System seine hydraulische Wirksamkeit verlieren. In den betroffenen Gebieten liegen 60% der Quellen und ein Großteil der Wasserbecken der ČSSR.

Autarkie in der Lebensmittelversorgung war und ist das Ziel der tschechoslowakischen Landwirtschaft. Ausreichend Milch, Fleisch und Gemüse soll, da die raren Devisen für den Einkauf hochwertiger technologischer Erzeugnisse benötigt werden, im Lande produziert werden. Doch die auf einen Einwohner entfallende Anbaufläche ist klein, erklärtes Ziel bleibt daher die Steigerung der Hektarerträge durch industriemäßige Produktion.

95,7% des Ackerbodens wurden zu Beginn der achtziger Jahre von landwirtschaftlichen Produktionsgenossenschaften (JZD) und Staatsfarmen bewirtschaftet. Die 1722 JZDs hatten eine durchschnittliche Größe von 2485 ha, die 200 Staatsbetriebe erreichten sogar 6797 ha. Um eine Ernte mit Schwermaschinen zu ermöglichen wurden Ackerraine und Feldgehölze flurbereinigt, riesige Anbauflächen mit Schlaggrößen zwischen 40 und 400 ha entstanden. Die Veränderung der Landwirtschaftsstruktur führte zu einer Schwächung der natürlichen Regulationsmechanismen: Da Vögel keine Nistplätze mehr fanden, vermehrten sich die schädlichen Insekten. Immer größere Mengen von Pestiziden mußten zu ihrer Vernichtung eingesetzt werden. Daneben wuchs der Verbrauch an industriellen Düngemitteln. Während 1960 100 kg/ha ausgestreut wurden, sind es heute 360 kg. Die Hektarerträge wuchsen dagegen nur um durchschnittlich 150%. 60% der Böden in Böhmen und Mähren können inzwischen als schwach säurehaltig bis sauer gelten. In den Jahren 1966-80 mußte auf rund 300 000 ha der ingesamt ca. 7 Mio ha großen Anbaufläche die weitere Bewirtschaftung aufgegeben werden. Die Erkenntnisse westeuropäischer »Bio-Bauern« gewinnen in den Genossenschaften nur langsam Anhänger. Kleine Fortschritte gibt es bei der Viehhaltung. 1984 beschloß das Zentralkomitee der KPTsch nur noch Ställe für maximal 500 Rinder zu genehmigen. Bisher waren Anlagen für 2 - 4000 Tiere errichtet worden. Und auch über die Aufgliederung der Produktionseinheiten in kleine, selbstständige Farmen wird diskutiert.

Mit dem Wald sterben die Dörfer. Ob im Erzgebirge, im Böhmerwald oder im Braunkohlevier - die Bewohner verlassen eine Heimat, in der die Lebenserwartung inzwischen 3 - 4 Jahre unter der des gesamten Landes liegt. Da in den industriellen Ballungsgebieten jedoch besonders viele Arbeitskräfte gebraucht werden, lockt die Regierung diese mit hohen Löhnen. Auch die Konsumgüterversorgung gilt in den besonders belasteten Gebieten als besser.

Gesunde Ernährung ist in Most, Chomutov, Teplice und Ústí v.a. für Kinder wichtig. Dort übertraf die Säuglingssterblichkeit 1980 den Landesdurchschnitt um 12%. Nur bei 38,4% der Heranwachsenden wurden bei Vorsorgeuntersuchungen keine krankhaften Veränderungen festgestellt. Die nordböhmischen Jugendlichen leiden unter Wachstumsstörungen, Infektionskrankheiten, chronischer Bronchitis und Keuchhusten. Das Auftreten von Geisteskrankeiten lag bei ihnen um 120% über dem Wert in Böhmen und Mähren. Nicht nur in Prag wird Eltern empfohlen Säuglingsnahrung mit Mineralwasser herzustellen. Zum »Luftholen« fahren tschechische Kinder zwei- bis dreimal im Jahr in gesündere Landstriche.

Der tschechoslowakische Umweltschutz kann auf eine lange Tradition zurückblicken. Bereits 1838 waren mit dem südböhmischen »Žofinský prales« und der »Honjá Voda« die ältesten Naturreservate Europas entstanden, heute stehen 11,4% der Fläche der ČSSR (14682 km²) unter besonderem Schutz. Da schnell erkannt wurde, daß kleine Gebiete nur schwer negativen Einflüßen von außen widerstehen können, wurden bedrohte Landschaften großflächig zu Nationalparks erklärt. Doch auch ihr Öko-System ist inzwischen empfindlich gestört. Nach gegenwärtigen Schätzungen sind 30% der Fische, Vögel und Reptilien, 35% der Säugetiere, 60% der Amphibien sowie die Hälfte der höheren Pflanzenarten bedroht.

Mit Staus auf den Ausfallstraßen der großen Städte beginnt auch in der ČSSR das Wochenende. TschechInnen und SlowakenInnen fahren auf ihre »chata«. Durch die vor allen in den siebziger Jahren rasch wachsende Zahl der oft ohne Genehmigung erbauten Ferienhäuschen sowie den sich ständig ausweitenden Tourismus wird die Umwelt bisher unberühter, reizvoller Landschaften stark belastet.

Mit Autobus und Zug fährt die Jugend des Landes auf's Land. Einzeln oder in Gruppen, ausgerüstet mit Rucksack und Gitarre sind die Nachfahren der Trampbewegung der ersten Republik nicht nur romantische Naturliebhaber. Als Mitglieder von »Brontosaurus«, einer seit über zehn Jahren bestehenden Umweltschutzgruppe des staatlichen Jugendverbandes SSM sind viele über die Bedrohung ihrer Umwelt gut informiert. In gemeinsamen Aktionen, bei denen Wälder gesäubert, Nester gebaut und Bäume gepflanzt werden, gehen sie aktiv gegen sie vor. Politische Veranstaltungen sind dagegen selten. Seit einigen Jahren formiert sich ein vorsichtiger Protest gegen das slowakisch-ungarische Gemeinschaftsprojekt von Staustufen und Wasserkraftwerken bei Gabčikovo-Nagymaros. Mit einfühlsamen Bildern wird auf die Zerstörung der wertvollen Donaulandschaft hingewiesen, bei Podiumsdiskussionen über seine ökologischen und ökonomischen Folgen informiert. Im Gegensatz zu Ungarn hat sich jedoch noch keine breite Bewegung, welche für die Verhinderung des Mammutprojekts auch auf der Straße demonstriert, gebildet.

Neben Brontosaurus existiert sowohl in der ČSR als auch in der SSR ein Naturschutzverband. Ihre Zeitschriften enthalten umfangreiche Informationen und Dokumentationen über die Bedrohung der Umwelt. Die drastische Entwicklung der letzten Jahre belegende Zahlen sowie eine genauere Analyse ihrer Ursachen, die in eine Kritik des politischen und ökonomischen Systems münden müßte, fehlen jedoch. Hier ist die Bevölkerung auf die von der Charta 77 herausgegebenen Dokumente angewiesen. Aber auch Berichte wie z.B. über die Auseinandersetzung zwischen Nationalausschuß und Industriebetrieb einer böhmischen Kleinstadt über die Höhe eines neuzubauenden Schornsteins ermöglichen einen Einblick in die real-sozialistische Industriegesellschaft. Die Gegensätze zwischen ökonomischen und ökologischen Interessen wachsen auch hier.

Kirchliches Leben

Beginnen wir mit einem kurzen geschichtlichen Abriß: Beginn der Christianisierung 863 durch die byzantinischen Missionare *Cyril* und *Method*. Nach der Verbrennung des Reformators *Jan Hus* 1415 Aufstand seiner Anhänger, Hussitenkriege 1419-34. Bis 1621 tolerante Beziehung zwischen Katholiken und Protestanten, nach dem dreißigjährigen Krieg gewaltsame Rekatholisierung. Das Toleranzpatent Kaiser *Josef II.* gestattet einige protestantische Bekenntnisse.

Nach der Entstehung der Republik 1918 zeigten sich im tschechischen Klerus starke Tendenzen gegen den Vatikan, welche 1920 in der Gründung einer unabhängigen tschechoslowakischen — heute tschechoslowakisch-hussitischen — Kirche unter der Leitung des Priesters *Karl Farský* gipfelten. Die Statistik des Jahres 1921 zeigt, daß in der damaligen ČSR 76,3% römisch-katholisch, 3,9% griechisch-katholisch, 7,3% evangelisch und 2,6% Juden waren. 3,8% zählten sich zur Tschechoslowakischen Kirche. In den folgenden Jahren wuchs ihre Zahl (1930: 5,4%) ebenso wie die der TschechInnen und SlowakInnen ohne Bekenntnis. Dies vollzog sich in erster Linie auf Kosten der katholischen Kirche, die sich wegen ihrer geringen Anpassungsfähigkeit an die republikanischen Verhältnisse unpopulär machte. Nach dem 2. Weltkrieg setzte sich diese Tendenz fort, jedoch war der jüdische Bevölkerungsanteil nahezu vollständig vernichtet. Insgesamt sind heute in Böhmen rund 55%, in Mähren 77% und in der Slowakei 80% katholisch.

Das Verhältnis Staat-Kirche

Nach der Machtübernahme durch die Kommunisten 1948 entwickelte sich der Kampf gegen die Religion zu einer der Hauptaufgaben der Parteiführung. Eine starke atheistische Propaganda setzte ein, die die Arbeit v.a. der katholischen Kirche, die als Hauptgegner des Sozialismus gesehen wurde, untergraben sollte. An den Parteihochschulen entstand als neues Fach der »Wissenschaftliche Atheismus«. Die antikirchliche Volksbildung umfaßte Broschüren, Zeitschriftenaufsätze, Filme. Durch sie wollte die Partei eine antiklerikale Stimmung erzeugen, die in Ungerechtigkeiten und Benachteiligungen gegenüber gläubigen Mitarbeitern zum Ausdruck kommen sollte. Es existierte damals im wesentlichen keine verantwortungsvolle Funktion, die ein sich offen zu seiner Religion Bekennender erhalten konnte. Druck wurde auch gegen die Kirche selbst ausgeübt. Die Regierung führte einen numerus clausus ein, der die Zahl der Studenten, die von den theologischen Fakultäten aufgenommen werden durften, bedeutend herabsetzte. Ihre Auswahl mußte vom Staat genehmigt werden, die Begrenzung führte zum schnellen Altern

Weihnachtsfeier in Mähren

des Klerus. Das Durchschnittsalter der katholischen Priester beträgt heute mehr als 60 Jahre. Gegen die Geistlichen wurde auch gerichtlich vorgegangen. In stalinistischen Prozeßen verurteilte man sie zu Gefängnisstrafen und Arbeitslager. Ihre Zahl zu schätzen ist schwer, einige sprechen von 60-80%, die Jesuiten waren fast ohne Ausnahme betroffen. Zu Beginn der sechziger Jahre verbesserte sich die Situation. Die Demokratisierung hatte auch auf das kirchliche Leben Auswirkungen, die Mehrheit der entlassenen Priester konnte ihr Amt nun wieder ausüben. Es schien, als würde das Problem des Verhältnisses Staat-Kirche bald gelöst sein.

Alles änderte sich mit dem Ende des Prager Frühlings 1968. Lediglich am Anfang der sogenannten »Normalisierung« blieb die Kirchenfrage weitgehend unbeachtet, schließlich hatte die Führung genug damit zu tun, den Reformflügel um Alexander Dubček mundtot zu machen. In der internationalen Diplomatie war die Beziehung zum Vatikan ambivalent. Auf der einen Seite bestand eine klare Abneigung gegen eine Zusammenarbeit, auf der anderen das Interesse an Darlehen. Der Staat verhinderte deshalb nicht, daß auf Rechnung des Vatikans historische kirchliche Bauwerke auf dem Gebiet der ČSSR renoviert wurden. Er forderte jedoch die volle Kontrolle über die Besetzung der Kirchenämter. Hierin liegt eines der Hauptprobleme der augenblicklichen Beziehungen. Die Kirche schlägt ihre Bischöfe und Erzbischöfe vor, der Staat muß sie jedoch nicht anerkennen. So blieben seit Mitte der siebziger Jahre eine ganze Reihe von Stellen unbesetzt. Die als politisch unzuverlässig geltenden Kandidaten wurden abgelehnt, der Papst weigerte sich Mitglieder der Vereinigung »Pacem in terris«, die als Kollaborateure des kommunistischen Systems gelten, vorzuschlagen. Diplomatische Manöver und Kompromisse ermöglichten Mitte des Jahres 1988 ein Abkommen zwischen der ČSSR und dem Vatikan. Eine kleine Zahl neuer Bischöfe konnte ihr Amt antreten. Am Rande des Existenzminimums liegt jedoch weiterhin das an die Priester vom Staat gezahlte Gehalt, noch immer werden Geistliche unter der Anschuldigung, daß sie die staatliche Aufsicht über die Kirche behindert hätten, verfolgt. Bis 1988 wurden 6174 Ordensbrüder und Schwestern zu insgesamt 32016 Jahren Gefängnis verurteilt.

Komplizierte diplomatische Verhandlungen werden auch von dem damals 89jährigen Kardinal František Tomášek geführt. Sein Ziel ist es, einen größtmöglichen Freiraum für die offizielle Kirche und normale Beziehungen zu den weltlichen Organen zu schaffen. Denn obwohl die Verfassung das Recht auf die Freiheit des Bekenntnisses garantiert, setzen sich die Tendenzen der fünfziger Jahre fort. Wie man sich erzählt, geht der atheistische Kampf soweit, daß aus Fernsehfilmen der Ausruf »Mein Gott« herausgeschnitten wird, damit es nicht zur Infizierung der Öffentlichkeit durch die Religion kommt. Trotzdem ertönten auf einer der vergangenen Parteikonferenzen erneut Stimmen von Funktionären, die feststellten, daß die atheistische Erziehung in den letzten Jahren vernachlässigt worden sei. Religion ist in einigen Schulen freiwilliges Unterrichtsfach, allerdings hängt ihr Besuch von der Entscheidung der Eltern, die oft Angst um ihre Karriere oder die des Kindes haben, ab. Zum erstenmal versprach vor kurzem der Minister des Schulwesens, daß der Religionsunterricht in Zukunft in den Pfarreien stattfinden könne. Damit würde er vom Denunziantentum an den Schulen befreit werden.

Kirche im Untergrund

Der offiziellen Kirche, verstrickt in komplizierte Verhandlungen, die der Bewahrung zumindest des augenblicklichen Zustandes dienten, gelang es nicht, die weitergehenden Vorstellungen der Gläubigen zufriedenzustellen. Daher suchten im Rahmen der Charta 77 einige Vertreter der katholischen Kirche, Laien und Priester — von ihnen ist im Westen v.a. *Válav Malý* bekannt — nach neuen Möglichkeiten. Zusammen mit den Materialien der Bürgerrechtsbewegung werden kirchliche Druckerzeugnisse verteilt. V.a. in Mähren und unter jungen Leuten ist diese Art der nichtoffiziellen Tätigkeit verbreitet. Dies führt immer wieder zu Verhaftungen, eine große Zahl der Mitteilungen von VONS, dem Komitee zur Verteidigung von zu Unrecht verfogten, widmen sich jenen Christen, die mit Prozeßen zu rechnen haben. Gleichzeitig wird jedoch auch offiziell religiöse Literatur herausgegeben. In den letzten Jahren beendeten angesehene Fachleute eine neue Bibelübersetzung, in den Verlagen Kalich und Katholische Charitas erscheinen hochwertige Arbeiten. Es fehlt aber v.a. an grundlegenden Werken für die Öffentlichkeit, und so hat diese Aufgabe der Samizdat übernommen.

Aus den verschiedenen nichtoffiziellen Aktivitäten der Gläubigen entwickelte sich nach und nach eine »Kirche im Untergrund«. Unterstützung findet sie v.a. in kleinen Städten, ihre Hauptaktivisten sind nicht nur Priester, denen es offiziell nicht gestattet ist, ihr Amt auszuüben, sondern auch Laien, häufig junge Leute. So gibt es z.B. auch eine spezifische Form der Rockmusik, die von der Tradition der katholischen Kirche inspiriert ist. Die Haltung der offiziellen Kirche gegenüber den Gruppen im Untergrund ist eher vorsichtig, taktisch. Sie unterbindet ihre Tätigkeit nicht, unterstützt sie auf dem Land sogar teilweise. In diesem Zusammenhang überraschte der Artikel des slowakischen Kulturministers *Milan Valek* in der Rudé Právo vom 15.11.1988. Einer der höchsten Vertreter des Landes stellte fest, daß die Beziehung des Staates zu der nichtoffiziellen Kirchenstruktur neu bewertet werden müsse. Auch wenn es sich um einen der üblichen Alibibeiträge handelt, muß er doch unterschieden werden von den Äußerungen des tschechischen Kulturministers *Milan Klušák,* der bei einer Gedenkversammlung im mährischen Velehrad durch seinen Vortrag in direkten Konflikt mit den anwesenden Gläubigen geriet, da sie sich von ihm beleidigt fühlten.

Auf verschiedene, oft quälende Art bemüht sich der Staat die kirchlichen Aktivitäten zu behindern. Beerdigungen werden durch den Lärm von Motorradrennen gestört, bei größeren Treffen und an Feiertagen wird eine Verspätung von Zügen und Bussen vorbereitet, damit so wenig wie möglich Gäste rechtzeitig eintreffen. Zur Zeit der Einweihung einer Kirche organisierte der örtliche Nationalausschuß ein Konzert verschiedener Popstars, durch attraktive Veranstaltungen und Fernsehfilme sollen die Menschen vom Besuch der Gottesdienste abgehalten werden. All diese Kleinigkeiten sind natürlich wenig angesichts des Konfliktes, zu dem es am 25.3.1988 in Bratislava kam, als die Polizei in eine stille Manifestation für die Wiederherstellung der religiösen Rechte eingriff.

Der Protest unter den Gläubigen wuchs weiter. Eine Gruppe mährischer Katholiken verfaßte eine Petition, in der sie eine Lösung der Frage der Stellung der Kirche im sozialistischen Staat fordert. Sie wurde von 600 000 Menschen unterzeichnet, und auch wenn man gegen ihre Urheber verschiedene Sanktionen einleitete — ihr Verfasser *Augustin Navrátil* wurde in einer psychiatrischen Heilanstalt interniert — gelang es nicht ihre Wirkung zu zerstören. V.a für die steigende Zahl der jungen Christen ist es wichtig, daß der neue tschechoslowakische Katholizismus nicht nur eine Organisation für Gläubige sondern für alle TschechInnen und SlowakInnen sein will. In ihr sind Katholiken, Protestanten und Atheisten dadurch miteinander verbunden, daß sie — wie *Václav Havel* schreibt — nicht in der »Lüge«, sondern in der »Wahrheit« leben wollen.

Nicht nur Goethe weilte in Karlsbad

Cheb, 4 Uhr morgens. Seit fast einer Stunde wird in der 31 400 Einwohner zählenden Grenzstadt der Nachtzug Nürnberg — Prag abgefertigt. Während tschechische Zöllner die Reisenden nach zu deklarierenden Waren fragen, durchsuchen junge Männer in seltsam sackförmiger Kleidung Abteile, Gänge und Toiletten. Hellerleuchtet fährt ein Nahverkehrszug vorbei. Trotz der frühen Morgenstunden vollbesetzt, bringt er übernächtigte Pendler zur Arbeit. Erste Eindrücke. Im Bahnhofbüffet wird gefrühstückt. Tschechen lieben es herzhaft, bestellen sich Gulasch und Bier. In Reih und Glied liegen phantasievoll belegte Brötchen, Kuchen und Torten aller Art, der Becher Tee kostet eine gute Krone. Vor den Theken bilden sich lange Schlangen. Man ißt im Stehen, frau hat es eilig. Rentnerinnen sammeln das benützte Geschirr ein. Draußen ist es inzwischen Tag geworden.

Cheb, náměstí Jiřího z Poděbrad - Eger, Marktplatz: *Špalíček,* Stöckl, wird eine Gruppe von 11 Kaufmannshäusern genannt. Vom Reichtum ihrer Besitzer zeugt die Dachhöhe, in den darunterliegenden Stockwerken wurden Waren gelagert. Nordseite des Platzes, Haus Nr. 3, *Saal des Kreismuseums:* Am 25.2.1643 ließ der Kaiser hier *Albrecht von Waldstein* ermorden. Auf der *Burg von Eger* starben bei einem Festmahl seine Offiziere. In dem nach ihm benannten Haus Nr. 17 schrieb *Friedrich Schiller* 1791 darüber die Wallenstein-Trilogie.

Vom Südende des Marktplatzes führt ein Gäßchen zu *St. Niklas* (sv. Mikuláš). Das romanische Westportal blieb der gotisch erneuerten Kirche erhalten. Wertvolle Plastiken der gleichen Zeit sind in dem Ausstellungsaal der seit 1414 entstandenen *Bartholomäus-Kirche* zu sehen (Výstavení síň Bartolomĕj). Von ihm aus erreicht man jenseits des Flußes Ohře (Eger) die ehemalige *Kaiserpfalz.* Friedrich Barbarossa hatte sie an der Stelle einer slawischen Burgstätte errichten lassen.

Für 2000 Mark Silber verpfändete Ludwig der Bayer 1322 Eger und das die Reichsstadt umgebende *Egerland* an Böhmen. Das Leben der fast zu 100% deutschen Bevölkerung wurde dadurch jahrhundertelang wenig beeinflußt. Erst 1945 mußte die Mehrheit der 800 000 Egerländer ihre Heimat verlassen, zwischen 15 und 20.000 Deutsche dürften heute noch in ganz Westböhmen leben. Eines ihrer Zentren ist *Sokolov,* das frühere Falkenau. In dem Bezirk der heute 28.600 Einwohner zählenden Industriestadt (Braunkohle, Chemie) wurde bei der Volkszählung des Jahres 1970 ein deutscher Bevölkerungs-

Cheb. Marktplatz mit dem »Stöckel«

anteil von 9,2% ermittelt, andere Quellen sprechen von bis zu 25,3%.

1984 war die Zahl der in der ČSSR lebenden Deutschen auf 56 000 (0,3% der Gesamtbevölkerung) abgesunken. Die Nachkommen der von der Vertreibung ausgenommenen Facharbeiter, Antifaschisten und Juden schließen heute zu 96% Mischehen. Da die deutsche Minderheit auch nach der rechtlichen Gleichstellung mit den anderen Nationen des Landes keine eigenen Schulen erhielt, werden ihre Kinder, wie ein Wissenschaftler aus der BRD 1975 schrieb »nicht als Deutsche« erzogen. Daher sei es auch keineswegs verwunderlich, daß es der »deutschen Restbevölkerung an einer eigenen Intelligenzschicht mangelt, daß man die Zahl der zurückgebliebenen Deutschen mit Hochschulbildung an den Fingern einer Hand abzählen kann und daß es unter ihnen kaum einen Schriftsteller oder Dichter gibt«. Weitere Gründe für das von ihm in nunmehr zehn Jahren erwartete endgültige »Aussterben« der Deutschen in der ČSSR seien in der ungünstigen Alterstruktur sowie der fortdauernden Auswanderung zu finden. Auch tschechische Soziologen räumen ein, daß der Bildungsstand des deutschen Bevölkerungsteils, der in der ersten Republik der höchste des ganzen Landes war, inzwischen stark abgesunken ist. 70% verfügen nur über eine Grundschulausbildung, im Gegensatz zu Tschechen und Slowaken (22,7%) besuchen lediglich 7% Mittel- oder Hochschulen. Fehlende deutsche Schulen werden offiziell mit der »geringen Konzentration« sowie ihrem negativen Bevölkerungswachstum begründet. Tatsächlich befinden sich nur 50% im produktiven Alter, 44,4% sind in Rente, 5,6% Kinder.

Seit 1969 existiert ein deutscher Kulturverband, 1979 führte er 800 Veranstaltungen für 53 000 Besucher durch. Die »Prager Volkszeitung« erreicht eine Auflagenhöhe von 18 000. In Parlament und Nationalausschüßen stellen die Deutschen 0,5 bzw. 0,3% der Abgeordneten.

Burg Ellbogen

8 km westlich Sokolovs liegt die unter Denkmalschutz stehende Kleinstadt *Loket* (Ellbogen). Neben alten Bürgerhäusern am Marktplatz lockt die sich auf einer Landzunge über der Ohře erhebende gleichnamige *Burg* zu einem Besuch. Die 1234 erstmals erwähnte gelegentliche Residenz der böhmischen Könige beherbergt ein Museum mit einer *J. W. von Goethe* gewidmeten Ausstellung. Gezeigt wird daneben das heute — wie auch bereits im 19. Jahrhundert — begehrte Porzellan der ortsansässigen Fabrik Epiag (inzwischen »Karlsbader Porzellan«).

Heilende Wasser

Zwischen 41 und 72°C sind sie heiß, die 12 Quellen, die in *Karlovy Vary* (Karlsbad, 58 000) aus 2000 m Tiefe an die Oberfläche dringen. Von ihrer heilenden Wirkung auf Erkrankungen der Verdauungswege und des Stoffwechselsystems zeugen nicht nur die Zahlen der staatlichen Bäderverwaltung. Nach Prag gehört Karlovy Vary zu den meistbesuchtesten Städten der ČSSR.

Doch während sich heute (fast) jeder Bürger des Landes einen Kuraufenthalt leisten kann, war Karlsbad besonders im 18. und 19. Jahrhundert exklusiver Treffpunkt der Hautevolee Europas. Neben den oberen Zehntausend der bürgerlichen Gesellschaft weilten unzählige gekrönte Häupter in Böhmen. Die österreichischen Kaiser und Kaiserinnen gehörten ebenso dazu wie die preußischen Könige, Zar Peter der Große, Jérôme und Louis Napoleone Bonaparte, der Schah von Persien. Goethe, der bekannteste Gast Karlsbads schrieb in einem Brief an Schiller: »Man könnte hundert Meilen reisen und würde nicht so viel Menschen und so nahe sehen.« Der Brauch, bei der Ankunft den in den Badelisten Verzeichneten eine Visitenkarte zu schicken, erleichterte das Vergnügen der Bekanntschaft. Solange die Zahl der Badegäste noch gering war, fühlten sie sich wie in einer großen Familie. Der Adel frühstückte gemeinsam, nachmittags wurde Theater gespielt, am Abend traf sich das internationale Publikum zu Souper und Tanz.

Und auch *Karl Marx* weilte in Karlsbad. 1874, 75 und 76 wohnte er in der heute in ein seinen Namen tragendes Sanatorium umgewandelten Pension Germania auf dem Schloßberg (Zámecký vrch č. 41). In der Karl-Marx-Straße wurde im Gebäude »U zlatého klíče« 1960 ein Karl-Marx-Museum eröffnet.

Kaiser Karl IV. war es, der im 14. Jahrhundert dem später nach ihm benannten Vary Stadtrecht verlieh. Bei einer Hirschjagd hatte er — der Sage nach — eine heiße, ergiebige Quelle entdeckt. Doch dort, wo »die Majestät ihren kranken Schenkel badete, sei jetzt das Rathaus dahingebaut«.

Die Einfahrt in den Kurteil der Stadt ist Privatwagen nicht gestattet. Von der Chebský most (Egerer Brükke, an der Straße Richtung Cheb), wo nicht nur der größte Parkplatz sondern auch Busbahnhof und Oberer Bahnhof der Stadt liegen, erreicht der Besucher durch die Straße Československá armády nach ca. 10 Minuten den *Kurkomplex Thermal.* Eingeschlossen von steil ansteigenden Bergen reihen sich im engen Tal der Teplá Sanatorien, Pensionen, Gewerkschaftshäuser aneinander. Neben Armeekuranstalt und Bad III (Lázně III), in welchem der Dvořák-Konzertsaal untergebracht ist, liegt die *Kolonnade der tschechoslowakisch-sowjetischen Freundschaft.* 1871-75 errichtet, birgt ihr Säulengang die meisten der Karlsbader Quellen. Ältester Teil der Stadt ist der *Markt* (Tržiště). Von dem an der Stelle des ehemaligen kaiserlichen Jagdschloßes stehenden *Schloßturm* (Zámecká věž) wurden berühmte Gäste einst mit Fanfaren begrüßt. Hinter den Kolonnaden der Schloßquellen (Zámecké prameny) kann man zum Hirschsprung (Jelení skok), zum Aussichtspunkt Peters des Großen und zum Aussichtsturm Diana hinaufsteigen. Die Teplá entlang führt die Promenade zur *Juri-Gagarin-Kolonnade.* Das 1975 vollendete moderne Glasgebäude wurde über dem *Sprudel* (Vřídlo), der ergiebigsten und wärmsten der Karlsbader Quellen, errichtet. Einen barocken Gegensatz bildet die *Maria-Magdalena-Kirche* (1732-36). *K.I. Dienzenhofer* entwarf das kunsthistorisch wertvollste Bauwerk der Stadt. Das *Vítězslav-Nezval-Theater* stammt wie eine Reihe ande-

Eine der vielen Kolonnaden in Karlsbad

Der »Sprudel«, die bekannteste Quelle Karlovy Varys

rer historistischer Gebäude Karlsbads von den Wiener Architekten *Fellner* und *Helmer*. Vom Leninplatz (nám. V.I. Lenina) führt eine Standseilbahn (Lanovka) zum *Sanatorium Imerial*, einer der Dominaten der Kurstadt. Bekanntestes gesellschaftliches Zentrum war das *Grandhotel Pupp*. Nach 1945 in »Moskva« umbenannt durfte das bereits zu Beginn des 18. Jahrhunderts erbaute Hotel nur 1968/69 erneut seinen traditionsreichen Namen tragen. Wenige Schritte entfernt liegt jenseits der Tepla das *Bad I* (Lázně I). Hier eröffnete vor wenigen Jahren ein Österreicher das erste Spielkasiono der ČSSR. TschechInnen und SlowakInnen dürfen an den Roulette-Tischen freilich nicht Platz nehmen. Und auch der Eintritt ist ihnen nur in Begleitung ausländischer, devisenbringender Gäste gestattet. Flußabwärts, den *Puschkinpfad* (Puškinova stezka) entlang spazieren die Kurgäste zur *Kunstgalerie* (Galerie umění). 1953 aus dem Umbau eines älteren Objektes entstanden, beherbergt sie eine Reihe hervorragender Werke der tschechischen bildenden Kunst des 20. Jahrhunderts. Daneben sind Erzeugnisse der weltberühmten Karlsbader *Glashütte Moser* zu bewundern. Vorbei an den Denkmälern Schillers, Sematanas und Beethovens führt der Weg zum *Posthof* (Pošthovní dvůr). In dem 1791 errichteten und im zweiten Jahrzehnt des 19. Jahrhunderts im Empirestil umgestalteten Gebäude fand 1894 die europäische Erstaufführung der Sinfonie »Aus der neuen Welt« von *Antonín Dvořák* statt. Heute ist in ihm eine Gaststätte und darüber ein Freilichtkino für 10 000 Zuschauer untergebracht. Im Wechsel mit Moskau finden in Karlovy Vary alle zwei Jahre internationale *Filmfestspiele* statt. Im Unterschied zur sowjetischen Hauptstadt wurden hier bisher jedoch keine, langjährige real-sozialistische Tabus brechenden Filme vorgestellt.

Historismus

Wer die Stilrichtungen des 19. Jahrhunderts liebt, sollte sich *Mariánské-Lázně* (Marienbad, 18 500) nicht entgehen lassen. Rund 50 km ist das neben Karlsbad beliebteste der böhmischen Bäder von Karlovy Vary entfernt, unterwegs kann in dem kleinen Ort *Teplá* eine Besichtigungspause für die 80 000 Bände umfassende Bibliothek des Prämonstratenserstiftes eingelegt werden. Die Mönche des bereits 1193 gegründeten Klosters waren es, die die Entwicklung Marienbads zu einem international bekannten Kurort förderten. Während bisher in einem sumpfigen und schwer zugänglichen Gelände nur einzelne Pensionen gestanden hatten, wurden seit 1800 sowohl Häuser, die dem Kurbetrieb dienten, als auch öffentliche Gebäude — Rathaus, Schule, Sparkasse — gebaut. Die Besucherzahl wuchs von 1 500 1827 auf 34 500 1911. Doch nicht nur der einheitliche Baustil, auch die gewählte Einheitsfarbe — inzwischen abbröckelndes, österreichisches »Kaisergelb« — prägt das Bild der Stadt.

Ein Spaziergang durch Marienbad beginnt meist am Gottwaldovo náměstí. Hier befindet sich eine Station der zwischen dem außerhalb gelegenen Bahnhof und dem Stadtzentrum verkehrenden Trolleybusse, sowie mit *»Mánes«*, *»Kavkaz«*, *»Rudá Hvězda«* einige der bekanntesten, teuersten und schönsten Heilanstalten. Im klassizistischen Haus »U zlatého hroznu« (Zur goldenen Weintraube) ist ein *Museum des Kurwesens* untergebracht. In dem *J. W. von Goethe* gewidmeten Zimmer, in dem der Dichter 1823 wohnte, sind Erinnerungsstücke an seine Aufenthalte in Westböhmen zu sehen. Rechterhand der 1844-48 nach Plänen des Münchner *J. J. Guthensohn* im neobyzantinischen Stil errichteten *Kirche »Himmelfahrt Marias«* fällt der Blick auf die *»Spielende Fontäne«*. Sein Wasserstrahl wird von sieben Systemen in die verschiedensten Formen zerteilt. Erst 1986 wurde sie installiert und ist

Frisch renoviert wurde dieses Erholungsheim in Marienbad

seither Hauptattraktion der Kurpromenade. Neben ihr beginnt die 119 m lange und 12 m breite *Kolonnade »Maxim Gorki«*. 1888 in Blansko bei Brno gegossen wurde die wunderschöne Wandelhalle in den siebziger Jahren für 35 Mio Kronen renoviert. Noch nicht beendet ist die Rekonstruktion der Säulenhalle des *Kreuzbrunnens* (Křížový pramen), um zwanzig Meter verschoben und ihrer ursprünglichen Funktion als Trinkhalle beraubt wurde die *Rudolfsquelle* an der třída Rudé armády. Ihr gegenüber stehen die Neorenaissancegebäude des *Neuen Bads* (Nové lázně) und des Kulturhauses *Casino*.

Hauptstraßen Marienbads sind die zusammen etwa 3 km langen Třída Odborářů und Československé armády, Restaurants und Straßencafes laden zu einem Besuch ein. Zwei Abstecher führen zur *russisch-orthodoxen Kirche* (1900, Ruska 4), die aus Zuwendungen russischer Adeliger erbaut wurde, und durch die Třebízkého zur *Waldquelle* (Lesní pramen). Hier kann der zufällige Gast auch ohne eine der *»Schnabeltassen«*, den charakteristischen Trinkbechern der Böhmischen Bäder, das heilende Wasser einer der 120 Marienbader Quellen schöpfen.

Wer Lust auf einen Besuch der kleineren der böhmischen Kurorte hat, kann an der Strecke Cheb-Plzeň in *Františkovy Lázně* (Franzensbad), *Lázně Kynžvart* (Königswart, Schloß Metternichs) und *Konstantinovy Lázně* (Konstantinsbad) eine Pause einlegen. Nördlich Karlovy Varys erreicht man das Radiumbad *Jáchymov* (Joachimstal). Von den die Stadt um-

Der Marienbader Putz bröckelt

gebenden Hängen stammen jene zwei Tonnen Abfall, die dem Ehepaar *Marie und Pierre Curie* zu wissenschaftlichen Untersuchungen nach Paris gesandt wurden, und in denen sie im Jahre 1893 das Radium entdeckten. Jahrelang mußten in der Umgebung des Kurbads politische Gefangene Uran abbauen.

Pilsner Urquell

Hopfenfelder begleiten die Fahrt von den westböhmischen Bädern nach Prag. Ein besonders bekanntes und traditionsreiches Anbaugebiet ist die Saazer Gegend. Nach *Žatec* fuhren schon Generationen deutscher und tschechischer Jugendlicher zur Hopfenernte, »na chmelu«. Inzwischen freilich wird ein Großteil der hochwertigen Früchte devisenbringend ins Ausland verkauft, sind zum »Kochen« der heimischen Biersorten lediglich qualitativ schlechtere Erträge vorhanden. Den Durst haben sich die Tschechen davon nicht verderben lassen, mit 131 Litern pro Kopf der Bevölkerung halten sie vor Bayern den Weltrekord im Bierkonsum. Landesrekord stellen die Pilsner, 191 Liter rinnen jährlich durch ihre Kehlen. Dies ist verständlich - wird doch in ihrer Stadt das »Pilsner Urquell«, neben dem Budweiser »Budvar« das bekannteste Bier des Landes, gebraut. Sehenswert sind die insgesamt rund 9 km langen Gänge, in denen der Exportschlager gährt, fast jede Reisegruppe versucht, in der *Brauereigaststätte* eine Pause einzulegen. 5 DM oder 50 Kronen verlangen die Kellner für Gulasch und Bier; daß der Kurs von 1:10 100% über dem offiziellen liegt, kümmert hier niemanden. Außer böhmischen Köstlichkeiten verlockt in Plzeň nichts zu einem längeren Aufenthalt. Die Stadt bietet ein Bild des Zerfalls. Schuld daran trägt die Industrie, die im Pilsner Becken nicht nur 1/4 der Bevölkerung Westböhmens konzentriert, sondern sein Zentrum mit 175 000 Einwohnern auch zur zweitgrößten Stadt Böhmens werden ließ. Lokomotiven, Fabrikanlagen und die Ausrüstung für Atomkraftwerke produzieren die *Wladimir-Iljitsch-Leninwerke.* Bereits 1859 war die Zweigstelle der landesweiten Betriebe der *Familie Škoda* entstanden, nicht nur während der Protektoratszeit wurden hier Waffen erzeugt. Größte erhalten gebliebene Kostbarkeit der Stadt ist eine gotische Madonnenfigur aus Tonschiefer. Sie steht in der im 14. Jahrhundert erbauten *Bartholomäuskirche.* Am Marktplatz warten gotische, Barock- und Renaissancehäuser auf ihre Renovierung.

Im Land der Choden

Wenige Kilometer hinter der Grenzstation Furth im Wald-Folmava führt die uralte Handelsstraße Regensburg-Prag durch *Domažlice* (11300), die Hauptstadt des Chodenlandes. Die Choden, Angehörige eines eigenständigen Volksstammes, waren mit der Überwachung der Staatsgrenze betraut, dabei leisteten sie dem König so wichtige Dienste, daß sie auch nach der gesetzlichen Verankerung der Leibeigenschaft unmittelbar ihm unterstellt blieben, königliche Privilegien erhielten. Die bereits 1284 erwähnten *Chodenburg* (Chodský hrad) ist Wahrzeichen der unter Denkmalschutz stehenden Stadt, in ihr ist ein Museum mit historischen und ethnographischen Exponaten — Trachten, Bauernmöbel, Keramik — untergebracht. Auf dem langgezogenen *Marktplatz,* dessen Grundriß trotz der späteren Bauten auf den einzelnen Grundstücken unverändert blieb, steht eine geschlossene Kette von mit Laubengängen umgebenen Häusern. Interessant ist das barock überdachte gotische Portal der *Marienkirche,* ihr schlanker, weithin sichtbarer Turm bildet eine weitere Dominante der Stadt.

Bei Domažlice endet der in Böhmen Tschechischer Wald, Český les genannte Oberpfälzerwald und beginnt die Šumava, der *Böhmerwald.* Wer Zeit hat, sollte zu den bei Železná Ruda, einem weiteren Grenzübergang, liegenden Naturschutzgebieten Černé jezero (Schwarzer See) und Čertovo jezero (Teufelssee) fahren. Aber auch von *Babylon* aus (zwischen Folmava und Domažlice, Campingplatz am See) lassen sich schöne Wanderungen unternehmen.

ELEKTRO - PRAGA
HOSTINEC

Prag

Prag, Hauptstadt der ČSSR, ist das politische, wirtschaftliche und kulturelle Zentrum des Landes. In der sich auf rund 50 000 ha ausdehnenden 1,2 Millionen Stadt befinden sich der Sitz des Staatspräsidenten, der Regierung, der Bundesversammlung und des Zentralkomitees der KPTsch. 90 größere Unternehmen stellen an die 10% aller industriellen Produkte der Tschechoslowakei her. An zehn Hochschulen lernen 53 800 StudentInnen, an der ältesten Universität Mitteleuropas der Universitas Carolina Pragensis sind 19 000 Studierende immatrikuliert. Auf zwanzig ständigen Bühnen, darunter zwei Opernhäuser, wird Theater gespielt, es gibt drei Philharmonische Orchester, über 20 Museen. Rund 2000 historische Bauwerke stehen unter Denkmalschutz. Allein aus den westlichen Ländern kommen jährlich über 1 Million Besucher in die »goldene«, »hunderttürmige« Stadt.

Noch vor hundert Jahren lebten in Prag, der Hauptstadt der Länder der böhmischen Krone, nur 72 000 Menschen. Seit der Gründung der Neustadt durch Karl IV. 1348 war das 760 ha große Stadtgebiet, das sich außerdem aus Alt- und Josefstadt, Kleinseite und Hradschin zusammensetzte, nicht mehr gewachsen. Erst mit der Industrialisierung enstanden die heutigen Stadtteile Karlín, Žižkov und Smíchov, in den siebziger und achtziger Jahren unseres Jahrhunderts die Trabatensiedlungen Süd-, Nord- und Nordweststadt. Wer mehr als drei Tage Zeit hat, sollte nach dem Besuch der »fünf historischen Viertel« mit der Metro hinaus in den Alltag der »sozialistischen Metropole Prag« fahren.

Die Altstadt (Staré Město)

ist nach der Prager Burg der älteste Teil der Stadt. Laut Berichten des jüdischen Kaufmanns Abraham Ben Jakob wurde bereits 965 neben Häusern aus »Stein und Kalk« lebhafter gehandelt als in Deutschland, Polen oder Rußland. Auf dem Staroměstské náměstí, dem *Altstädter Ring*, wo den Händlern im fürstlichen *Teynhof* (Týn, Ungelt, ❶) Aufnahme und Schutz gewährt wurde, kreuzten sich wichtige Handelsstraßen.

Ein Spaziergang durch die Altstadt könnte am Náměstí Republiky beginnen. Hier hat nicht nur die Metro (Linie B), sondern auch einige Straßenbahnlinien eine Haltestelle. Neben dem »Kotva«, einem der größten Kaufhäuser der Stadt, liegt das Jugendstilgebäude des *Obecní dům* (Repräsentationhaus, ❷). An der Stelle des ehemaligen Königshofes sind heute Café , Restaurant und Smetanasaal (Konzerte) Anziehungspunkt für in- und ausländische Gäste. Direkt daneben erhebt sich die *Prašná brána*, der neugotisch um-

1897 wurde das Haus »Zum böhmischen Adler« am Altstädter Obstmarkt errichtet

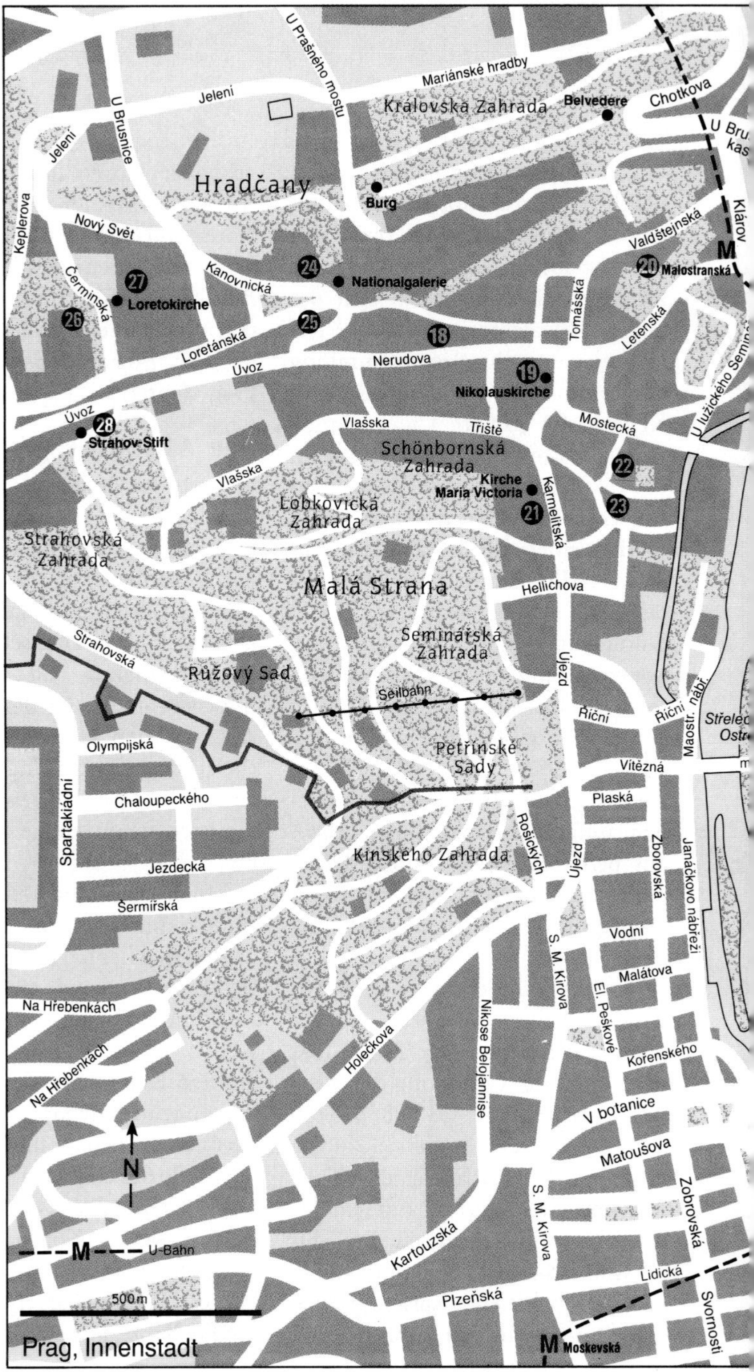
U Prašného mostu
Mariánské hradby
Jelení
U Brusnice
Královská Zahrada
Belvedere
Chotkova
U Bru
kas
Jelení
Hradčany
Burg
Klárov
Keplerova
Nový Svět
Valdštejnská
M
Malostranská
Kanovnická
Nationalgalerie
Černínská
Loretokirche
Tomášská
Letenská
Loretánská
Nerudova
Úvoz
Nikolauskirche
U lužického Semináře
Úvoz
Strahov-Stift
Vlašska
Tržiště
Mostecká
Schönbornská Zahrada
Vlašska
Kirche Maria Victoria
Karmelitská
Lobkovická Zahrada
Strahovská Zahrada
Malá Strana
Hellichova
Strahovská
Seminářská Zahrada
Růžový Sad
Újezd
Seilbahn
Říční
Říční
Maostr. nábř.
Olympijská
Petřínské Sady
Vítězná
Spartakiádní
Chaloupeckého
Plaská
Rošických
Kinského Zahrada
Jezdecká
Újezd
Zborovská
Janáčkovo nábřeží
Šermířská
Vodní
Malátova
S. M. Kirova
Na Hřebenkách
El. Peškové
Nikose Belojannise
Holečkova
Na Hřebenkách
Kořenského
V botanice
Matoušova
N
S. M. Kirova
Zobrovská
Kartouzská
M U-Bahn
Lidická
500 m
Plzeňská
Svornosti
Prag, Innenstadt
M Moskevská

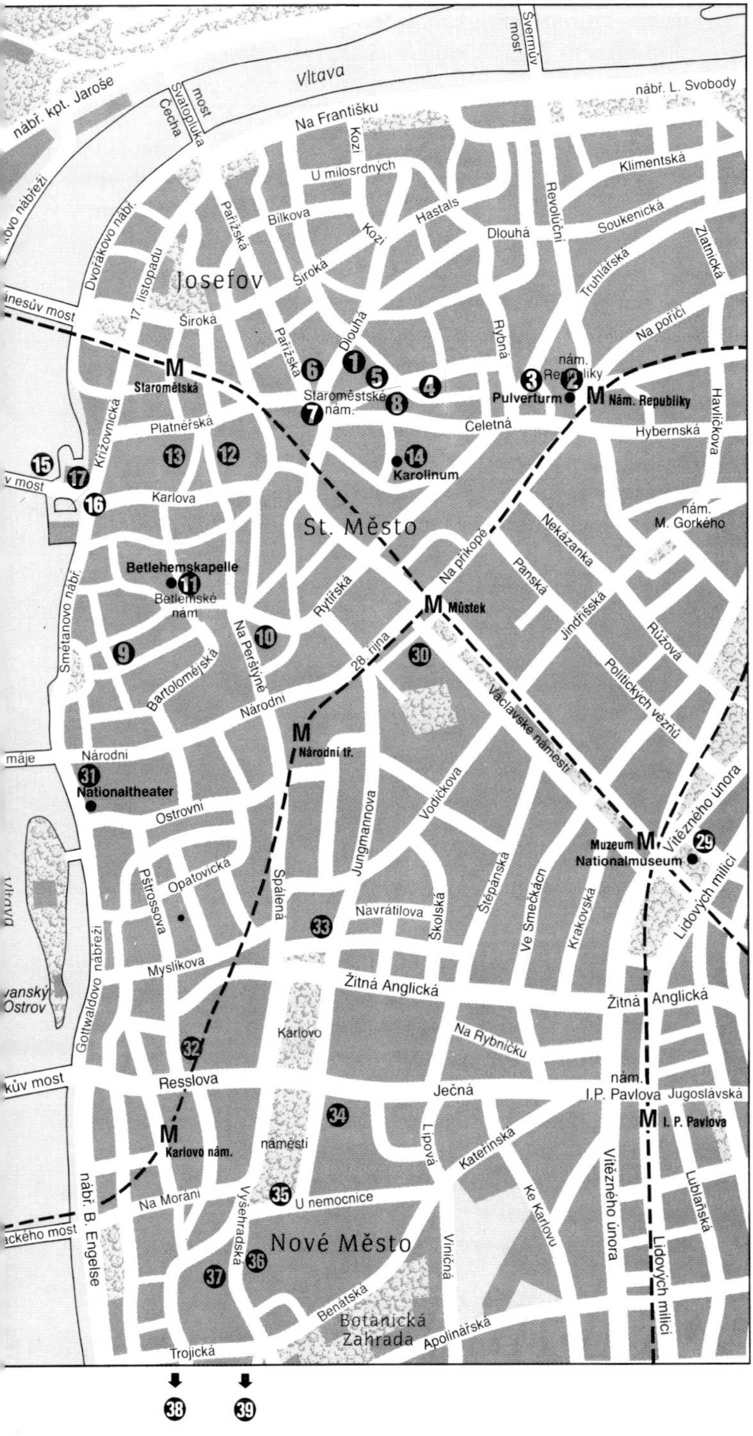
Vltava
Švermův most
nábř. L. Svobody
nábř. kpt. Jaroše
Svatopluka Čecha most
Na Františku
Kozí
U milosrdných
Klimentská
Revoluční
Soukenická
Bílkova
Hastals
Dlouhá
Zlatnická
Pařížská
Kozí
Široká
Truhlářská
Dvořákovo nábř.
17. listopadu
Josefov
Mánesův most
Široká
Pařížská
Dlouhá
Rybná
Na poříčí
nám. Republiky
M Staroměstská
Staroměstské nám.
Pulverturm
M Nám. Republiky
Havlíčkova
Platnéřská
Celetná
Hybernská
Křižovnická
Karolinum
Karlova
nám. M. Gorkého
St. Město
Nekázanka
Na příkopě
Panská
Betlehemskapelle
Betlémské nám.
Rytířská
M Můstek
Jindřišská
Růžová
Smetanovo nábř.
Na Perštýně
28. října
Politických vězňů
Bartolomějská
Václavské náměstí
Národní
M Národní tř.
Národní
Nationaltheater
Ostrovní
Vodičkova
Jungmannova
Vítězného února
Muzeum
Nationalmuseum
Opatovická
Pštrossova
Spálená
Navrátilova
Školská
Štěpánská
Ve Smečkách
Krakovská
Lidových milicí
Myslíkova
Gottwaldovo nábřeží
Žitná Anglická
Žitná Anglická
Ostrov
Karlovo
Na Rybníčku
Resslova
nám. I.P. Pavlova
Ječná
Jugoslávská
M Karlovo nám.
náměstí
M I. P. Pavlova
Lípová
Kateřinská
Na Moráni
nábř. B. Engelse
Vyšehradská
U nemocnice
Ke Karlovu
Vítězného února
Lublaňská
Nové Město
Viničná
Lidových milicí
Benátská
Botanická Zahrada
Apolinářská
Trojická
1
2
3
4
5
6
7
8
9
10
11
12
13
14
15
16
17
29
30
31
32
33
34
35
36
37
38
39

gestaltete, spätgotische Pulverturm ❸. Nach der Gründung der Neustadt verlor er die von seinem Vorgänger erfüllte Funktion als Teil der Befestigungsanlagen, seinen Namen verdankt er dem seither dort gelagerten Schießpulver.

Erst vor kurzem renoviert wurden die Barockfassaden der Celetná (Zeltnergasse). Über den Eingängen vieler im Kern gotischen Häuser finden sich die für Prag typischen Hauszeichen. Doch der »Rote Adler« oder die »Schwarze Sonne« verwiesen nicht auf Gasthäuser, sondern waren Vorläufer der heutigen Hausnummern. Wenige Minuten entfernt liegt in der Malá Štupartská *St. Jakob* (sv. Jakub, ❹). Vor dem Veitsdom Krönungskirche der böhmischen Könige, ist sie heute nach ihm die längste Kirche der Stadt. 1232 romanisch gegründet, 1689-1739 barockisiert, beeindruckt das durch fein modellierte Pilaster in 21 Seitenaltäre geteilte Kircheninnere. Wertvoll ist das Altargemälde »Martyrium des Heiligen Jakobus«, eine Arbeit W.L. Reiners. Häufig finden hier Orgelkonzerte statt.

Gerade rechtzeitig zum 40. Jahrestag der kommunistischen Machtübernahme 1948 konnten in- und ausländische Fachkräfte die Renovierung des Altstädter Rings beenden. In jenen Februartagen hatte Klement Gottwald, der Vorsitzende der KPTsch, eine inzwischen als historisch geltende Rede vom Balkon des *Kinsky-Palais* (Palác Goltz-Kinských, ❺) gehalten. Ein halbes Jahrhundert zuvor besaß der Vater Franz Kafkas in dem 1755-1765 von K. I. Dientzenhofer errichtenen Gebäude ein Geschäft, befand sich in ihm das Gymnasium des Schriftstellers. Neben der Kirche *St. Niklas* (sv. Mikuláš, ❻) kennzeichnet eine Gedenktafel das Geburtshaus des wohl berühmtesten deutschen Prager Juden. An der Westseite des Staroměstské nám. steht das *Altstädter Rathaus* (Staroměstské radnice, ❼). Seine Geschichte beginnt im Jahre 1388 als König Johann von Luxemburg den Bürgern der »alten Stadt Prag« gestattete, eines ihrer Häuser umzubauen. 1346 wurde der Rathausturm hinzugefügt, 1381 die gotische Erkerkapelle. Das spätgotische Portal entstand um 1460, links daneben trägt der Renaissancebau aus der ersten Hälfte des 16. Jahrhunderts (schöne dreiteiligen Fenstergruppe) die bekannte Inschrift »Praga Caput Regni« (Prag, Hauptstadt des Reiches).

Nicht nur die Besucher aus der ganzen Welt, sondern auch die Prager und Pragerinnen selbst erwarten immer wieder das Schauspiel, das die *orloj*, die astronomischen Uhr des Altstädter Rathausturmes, zu jeder vollen Stunde bietet. Es geht die Sage, daß die Ratherren ihren Baumeistern, den Magister Hanuš, blenden ließen, da sie nicht wollten, daß er für eine andere Stadt ein derartiges Kunstwerk - die Uhr zeigt neben dem Vorbeizug der Apostel zahlreiche astronomische Daten - bauen könne. Doch kurz vor seinem Tod sei der blinde Greis auf den Turm gestiegen und hätte das Uhrwerk angehalten. Erst rund 60 Jahre später, in der Mitte des 16. Jahrhunderts konnte der komplizierte Mechanismus wie-

Barockhäuser schmücken den Altstädter Ring. Im Hintergrund die Teynkirche

der in Gang gesetzt werden. Wahrzeichen der Altstadt sind die charakteristischen Türme der *Teynkirche* (Kostel Panny Marie před Teynem, ❽). Bis zur Rekatholisierung des Landes nach der Niederlage am Weißen Berg befand sich hier der Bischofssitz der Utraquisten. 1365 an der Stelle einer romanischen Marienkirche begonnen, wurde der Bau nach langer Unterbrechung durch die Hussitenkriege erst 1511 fertiggestellt. Ungewöhnlich hoch ist der Innenraum, nach einem Brand wurde er im 17. Jahrhundert barockisiert. Beachtenswert sind die älteren Kunstwerke, der Kreuzaltar im nördlichen Seitenschiff, eine gotische Madonna, das zinnerne Taufbecken, die spätgotische Kanzel. Jenseits des Altstädter Ringes werden die Gassen enger, verwinkelter. Auch gute Kenner Prags können sich hier verlaufen und bei der Suche nach dem »rechten Weg« immer wieder Neues entdecken. Unzählige alte und auch modern eingerichtete Weinstuben, Restaurants, Cafés gibt es zwischen dem Kleinen Ring (Malé náměstí) und der Karlsbrücke (Karlův most). In der Ulice Karoliny Světlé steht die romanische *Rotunde Heilig Kreuz* (Rotunda sv. Kříže, ❾), in der Martinská die aus dem Jahre 1180 stammende Kirche *St. Martin in der Mauer* (sv. Martin ve zdi, ❿). In der *Bethlehemskapelle* (Betlémská kaple, ⓫) am Betlémské nám. predigten Jan Hus und Thomas Müntzer, in der Husova bewachen mächtige Giganten das Portal eines der bedeutensten Barockpaläste der Stadt. Das *Palais Clam-Gallas* (⓬) wurde nach Plänen des Wiener Hofarchitekten J.B. Fischer von Erlach 1713–19 errichtet. An ihrem Ende öffnet sich die Hus-Gasse zum

Nám. Primátora Dr. Václava Vacka, er wird begrenzt von der Stadtbibliothek, rechts liegt das Gebäude des heutigen Rathauses, links der Haupteingang des *Clementinums* (⓭). Während von dem *Röthlowschen Haus* (⓮), dem ehemaligen Zentralgebäude der Karlsuniversität (Carolinum) in der Železná 9 nur mehr ein gotischer Erker zu bewundern ist, blieb dieses Konvent der Jesuiten erhalten. Im 17. Jahrhundert war der nach der Prager Burg größte Gebäudekomplex an der Stelle von 32 Häusern, drei Kirchen, sieben Höfen und einigen Gärten entstanden. Heute ist das Collegium Carolinum die Staatsbibliothek der ČSSR. Die Institute der Universität sind in der ganzen Stadt verteilt. So können Interessenten den nahegelegenen Fakultäten der Philosophie (nám. Krasnoarmejců) und des Rechts (nám. Curieových) einen Besuch abstatten.

Die Karlsbrücke

Schön ist es, nach dem abendlichen Besuch eines Wein- oder Bierkellers durch die dunklen Gassen einen Abstecher zur Karlsbrücke zu machen. Schon während des Tages gehört der Blick hinüber auf die Kleinseite, hinauf zum Hradschin, auf die hundert Türme der Altstadt zu den schönsten Prags. In der Nacht jedoch, wenn die Konturen der barocken Heiligen auf beiden Seiten der steinernen Brücke verschwimmen, wenn sich über dem dunklen Wasser der Moldau hellerleuchtet die Burg erhebt, Häuser und Palais in ein seltsames Licht getaucht sind, wird etwas von jener geheimnisvollen Anziehungskraft spürbar, die das »Mütterchen mit den Krallen« nicht nur auf Franz Kafka ausübte.

Bereits im zehnten Jahrhundert überquerte eine Holzbrücke die Moldau. Nachdem im 14. Jahrhundert die steinerene Judithbrücke von den Hochwasserfluten des Flusses fortgerissen worden war, beauftragte Kaiser Karl IV. 1357 Peter Parler mit der Leitung der Bauarbeiten. Doch weder er noch sein kaiserlicher Arbeitgeber sahen die Karlsbrücke vollendet, erst zu Beginn des 15. Jahrhunderts wurde sie fertiggestellt. Die Statue des erzbischöflichen *Generalvikars Nepomuk* ist die älteste und bekannteste der dreißig Heiligenfiguren, die zwischen 1683 und 1938 aufgestellt wurden. Auf einem Relief wird gezeigt, wie Václav IV. den Beichtvater der Königin in die Moldau werfen ließ, da er diesem ihr Beichtgeheimnis nicht verraten wollte. Tatsächlich beabsichtigte der sich in schweren Auseinandersetzungen mit dem hohen Klerus und seinem Adel befindende Wenzel jedoch, ein Exempel an einem hohen Kirchenverwaltungsmann zu statuieren. Neben dem Heiligen Nepomuk, den die Jesuiten in der Zeit der Gegenreformation zu der bekanntesten Brükkenfigur Europas machten, erregt ein goldener, hebräischer Schriftzug über einem Bronzekruzifix vielfache Aufmerksamkeit. Das »Heilig, heilig, heilig ist Gott« wurde 1696 aus der Geldstrafe, zu der ein unbekannter Jude wegen Verächtlichmachung des Kreuzes verurteilt worden war, gezahlt.

Kunstwerk Parlerscher Hochgotik

Erst seit wenigen Jahrzehnten ist die Karlsbrücke für den Verkehr gesperrt

ist der *Altstädter Brückenturm* (Staroměstská mostecká věž, ⑮). Geschmückt mit dem Symbol der böhmischen Könige, dem Eisvogel im Liebesring, machen ihn vor allem die erhalten gebliebenen Figuren Karls und Wenzels IV. zu einem der schönsten Brückentürme Europas. Aber auch als Teil der städtischen Befestigungsanlagen erfüllte er seinen Zweck. Weder die schwedische noch die preußische Armee konnten ihn zerstören, in den Tagen des Prager Maiaufstandes wurden hier Barrikaden errichtet.

Der Altstädter Brückenturm beherrscht den Křižovnické náměstí. Wen es aus den engen Gassen der Altstadt über die Karlsbrücke hinüber auf die Kleinseite zieht, hat kaum einen Blick für die anderen Bauwerke dieses stark befahrenen Platzes. Gegen Ende des 17. Jahrhunderts wurde als Teil des Clementinums *St. Salvator* (sv. Salvátor, ⑯) errichtet. Der Renaissancekirche fügten Carlo Lurago und Francesco Caratti den barocken Portalvorbau an, für den überreichen Vasen- und Figurenschmuck sorgte J. G. Bendl. Barock ist auch die Kirche *St. Franziskus Seraphikus* (sv. František Serafinský, ⑰), im Stil der französischen Frühklassik hielt man ihre Fassade. 1722 malte W.L. Reiner das Kuppelfresko »Jüngstes Gericht«. Aus Anlaß des 500jährigen Bestehens der Prager Karlsuniversität wurde 1848 das gußeiserne Denkmal ihres Gründers aufgestellt.

Die Kleinseite (Malá Strana)

In einem Café in der Nerudova sitzen und Jan Nerudas Kleinseitner Geschichten lesen. Die Bewohner der »kleinen Seite« der Stadt lebendig werden lassen. Handwerker und Händler, Goldmacher und Apotheker wohnten in Häusern mit den Namen und Zeichen »Zu den drei Geigen« (Nr. 12), »Zum goldenen Hufeisen« (Nr.34), »Zum weißen Schwan«. In Nr. 25, dem »Esel bei der Wiege« spielt des Schriftstellers Erzählung »Eine Woche in einem stillen Haus«, in Nr. 47, den »Zwei schwarzen Sonnen« wohnte er von 1845 bis 59 selbst. Angenehm und ruhig scheint es verlaufen zu sein, das Leben zwischen all den barocken Palais, Häusern und Gärten dieses Stadtteils. Nur ab und zu kam es zu einem Streit auf dem Hinterhof, wo sich auf den Pawlatschen die Bewohner von oft nur 20 m^2 großen Wohnungen Freud und Leid ihrer Nachbarn nicht entziehen konnten. Auch heute noch möchten viele Prager am liebsten auf der Kleinseite leben.

1257 hatte König Přemysl Otakar II. die Siedlung am rechten Ufer der Moldau zur Stadt erhoben. Auf seinen Befehl mußte die dort ansässige Bevölkerung aus Norddeutschland kommenden Kolonisten weichen. Sie geben dem Malostranské nám., dem Kleinseitner Ring, die quadratische Form norddeutscher Marktplätze, bringen der Malá strana Magdeburger Stadtrecht.

1541, nach einem verheerenden Brand, und erneut 1620, nach der Niederlage am Weißen Berg, veränderte sich das Aussehen der Kleinseite. Alte Häuserblocks mußten weichen, böhmische und österreichische Adelige ließen sich in unmittelbarer Nähe des Königlichen Hofes prächtige Stadtresidenzen errichten. Erst nachdem die politische Verwaltung Böhmens nach Wien verlegt worden war und der Adel mit ihr Prag verließ, gehörte die Kleinseite wieder ganz den »kleinen Leuten«. Der Weg durch die Nerudova, vom Hradschin auf den Kleinseitner Ring hinab, führt an den — sich gegenüberstehenden — *Palais der Familien Morzin und Thun-Hohenstein* (⑱) vorbei. Geschmückt mit Werken der bekannten Barockkünstler Santini, Braun (Jupiter und Juno) und Brokoff (Löwen, Büsten »Tag« und »Nacht«) sind

Kleinseitner Dächer

heute hier die rumänische und italienische Botschaft untergebracht. Seitdem der Adel 1945/48 endgültig die Tschechoslowakei verließ wurden seine Paläste Ministerien, gesellschaftlichen Organisationen, kulturellen Einrichtungen übergeben.

Wertvollste Barockkirche Prags ist *St. Niklas auf der Kleinseite* (sv. Mikuláš, ⑲). Streiten läßt sich darüber, ob sie auch die schönste ist. Erdrückend scheint ihr Putz, wirken die vier von den Vierungspfeilern herabblickenden Figuren der östlichen Kirchenlehrer. Der an der Stelle eines gotischen Gotteshauses errichtete Bau ist das gemeinsame Werk Christian und Kilian Ignac Dientzenhofers sowie Anselmo Luragos. Das Deckenbild über dem Langhaus zeigt Szenen aus dem Leben des Heiligen Nikolaus (Johann Lukas Kracker, 1760-61), das Kuppelfresko stellt die Verherrlichung des Heiligen und das Weltgericht dar. Ignac Platzer d. Ä. schuf die Figur des Hauptaltars. Auch sie zeigt den Bischof von Myra (4. Jh., Kleinasien), der als Hüter der Gerechtigkeit, als Schutzpatron der Stadtverwaltungen, Kaufleute und Seefahrer verehrt wird.

Zwei Häuser des Kleinseitner Rings stehen in enger Verbindung mit dem zweiten Prager Fenstersturz 1618. Im *Dům Smiřický* (Nr. 18) trafen sich die protestantischen Bürger und Adeligen, im *Lichtenštejnský palác* (Nr. 13), Sitz des königlichen Statthalters Karl Fürst Liechtenstein, wurde das Todesurteil über die 27 Aufständischen, die mit ihrer Tat den Dreißigjährigen Krieg ausgelöst hatten, gefällt. Den Palast (⑳) des bedeutensten Feldherrn dieses Krieges, *Albrecht von Waldstein*, erreichen die Besucher, wenn sie den Malostranské nám. über die Tomášská, vorbei am Kleinseitner Rathaus (Nr.21) verlassen. 23 Häuser, 3 Gärten und eine Ziegelei wurden für ihn abgerissen, am Valdštejnské nám., direkt unterhalb des Burgberges gelegen, wollte der aus einer protestantischen Adelsfamilie stammende »Wallenstein« mit dem vielgliedrigen Gebäude dem Kaiser seine Macht demonstrieren. Italiener entwarfen und bauten das erste Barockpalais Prags, italienisch ist auch seine Sala terrena, der dreibogige, sich zum Garten hin öffnende Arkadenhof. Dieser kann von der Letenská aus betreten werden. In ihr befindet sich auch eines der bekanntesten und größten Prager Bierlokale. Im Thomas-Keller (U svatého Tomáše, Nr.12) wird dunkles, zwölfgrätiges »pivo« ausgeschenkt.

Am Nordende des Malostranské nám. beginnt die Karmelitská, eine verkehrsreiche Einkaufsstraße der sonst so ruhigen Kleinseite. Durch die Innenhöfe des *Palais Vrtba* (Nr.25) gelangen Erholungssuchende in einen der wenigen ihrer derzeit zugänglichen Barockgärten. Die Kirche *Maria de Victoria* (Kostel Panny Marie Vítězné, ㉑) verdient wenige hundert Meter weiter Aufmerksamkeit. Vor allem in Spanien, Italien und den Ländern Lateinamerikas verehren die Gläubigen die hier aufbewahrte Figur des »gnadenreichen Jesuskindes«. Die Harantova, eine linke Seitenstraße der Karmelitská, führt auf den Maltézské nám., ein von drei großen Palais gesäumter

Platz. Nr. 1: frühbarocker Nostitz-Palast, 1660. Nr.6: Rokokopalast Turba, 1767/8. Nr.14: Barocker Strakův-Palast, 1700. Zwischen sie zwängen sich kleine Bürgerhäuser, in ihnen lebten die Schöpfer der Palais. Gegenüber der beliebten Weinstube »U Malířů « steht *»Maria unter der Kette«* (Kostel Panny Marie pod řetězem, ㉒). Die älteste der Kleinseitner Kirchen wurde bereits im 12. Jahrhundert als romanische Basilika gegründet, lediglich ihr Presbyterium wurde barockisiert. Das Bad der Lázeňská, der Badstraße, befand sich im Mittelalter im Haus Nr.6. Im 19. Jahrhundert wurde es zu einem der bedeutendsten Prager Hotels. *Zar Peter I.* und *René de Chateaubriand* zählten zu seinen Gästen. Im Haus Nr. 11, welches den Namen »Zum goldenen Einhorn« trägt, wohnte 1796 *Ludwig van Beethoven.* Auf dem nur wenige Schritte entfernten Velkopřevorské nám. stehen sich *Buquoy-* (rechts) und *Malteser-Großprioratspalast* (㉓) gegenüber. In seinem Garten wird im Sommer Theater gespielt. Am anderen Ende des von alten Bäumen bestandenen Platzes führt eine, seit 1980 viel besuchte Brücke auf die *Halbinsel Kampa.* Denn seit dem Tod des Beatle *John Lennon* befindet sich hier die »John-Lennon-Gedenkwand«, auf der Touristen und Fans aus der ganzen Tschechoslowakei ihre Begeisterung für den Musiker zum Ausdruck bringen. Doch da die Behörden die Sympathiekundgebungen für den westlich-dekadenten Rock noch immer nicht gerne sehen, kommt es hier — v.a. am Todestag des Musikers im Dezember — zu Verhaftungen, werden die zu Frieden und Freundschaft, aber auch zur Anarchie aufrufende Parolen immer wieder überstrichen.

Čertovka, Teufelsbach, heißt der Moldauarm, der die Kampa von der Kleinseite trennt. Warum, das weiß keiner so genau, denn trüb und träge fließ er dahin. Früher gab es auf der Kampa nur Gärten, Orte romantischer Spaziergänge und schöner Ausblicke. So z.B. auf die Mühlen, die der Bach einst trieb, oder aber auf »Klein-Venedig«, eine balkengestützte Häuserreihe, durch die er fließt. Später, seit dem 17. Jahrhundert, wurde auf dem Platz »Na Kampě« ein Töpfermarkt abgehalten. Während der warmen Tage des Jahres können bierdurstige Besucher sich hier erfrischen, unterhab der Treppe, die auf die Karlsbrücke führt, in einem kleine Laden Krüge und Töpfe erstehen.

Die Burg (Pražský hrad)

Eine ausführliche Besichtigung der Prager Burg dauert einen Vormittag. Von der Haltestelle »U Prašného mostu« der Straßenbahnlinie 22 sind es nur wenige Meter, von der Metrostation »Hradčanská« ca. 15 Minuten bis ins Innere der weitläufigen Anlage. Von der Kleinseite erreichen die Besucher den Hradčanské nám., den Burgplatz, über die Nerudova sowie die Alte (Staré zámecké schody) und Neue Schloßstiege (Zámecké schody).

Die Geschichte des Prager Hradschin beginnt im 9. Jahrhundert als *Fürst Bořivoj* an der Stelle einer heid-

Standbild des Hl. Georg vor dem Veitsdom

nischen Begräbnisstätte eine Kirche errichten ließ. In der hölzernen, dreiteiligen Burg residierten — wenn auch mit Unterbrechungen — nicht nur die über Böhmen herrschenden Přemysliden, sondern seit 973 auch der Bischof der neugegründeten Diözese Prag. Bereits 920 und 25 war mit dem Bau zweier weiterer Kirchen, der zukünftigen St.Georgs-Basilika und der St.Veits-Rotunde, begonnen worden. Der erste größere Umbau erfolgte im 11. und 12. Jahrhundert. An der Stelle der Rotunde entstand eine romanische Basilika, ein Steinpalast, neue Türme und Befestigungsanlagen wurden errichtet. Seine größte Blüte erlebte der Hradschin in der Zeit Kaiser Karl IV. Anstelle der romanischen St. Veitskirche ließen *Peter Parler* und *Mathias von Arras* nun eine gotische Kathedrale bauen. Durch die Hussitenkriege unterbrochen wurde ihrem Südtum 1770 ein barockes Zwiebeldach aufgesetzt, das Bauwerk rund 500 Jahre später, 1929, mit der Errichtung der beiden Westtürme und des Westportals fertiggestellt. In der Zeit der Spätgotik entstand das Obergeschoß des Königspalastes. Der von seinem Hof in der Altstadt auf den Hradschin zurückkehrende *Jagellone Vladislav* ließ ihn 1493-1502 errichten. *Kaiser Ferdinand I.*, der erste Habsburger auf böhmischem Thron, und *Rudolf II.* bereicherten die Burg um prachtvolle Renaissancebauten, das Lustschloß Belvedere entstand. Das erste profane Barockbauwerk Prags war das zunächst freistehende, in den zweiten Burghof führende Mathiastor. Der Architekt Maria Therasias, *Nicollo Pacassi,* verband im 18. Jahrhundert die Gebäude der verschiedenen Epochen und gab der Burg damit ihre heutige Einheit.

Durch ein Gittertor, das mit Kopien der *»Kämpfenden Giganten«* Ignac Platzers d.Ä. (1786) geschmückt ist, führt der Rundgang über den Ehrenhof und das *Mathiastor* (1614) auf den zweiten Burghof. Hinter den etwas eintönig wirkenden Fassaden verbirgt sich die Privatwohnung des *Präsidenten der Republik,* rechts führt eine Treppe (Pacassi 1765/66) zu seinen — nicht zugänglichen — Repräsentationsräumen (Thron- und Spiegelsaal). Den Nordflügel bildet der Spanische Saal mit der *Rudolfinischen Galerie.* In der *Heiligkreuzkapelle,* ausgemalt von W. Kandler und J. Navrátil, wird der Schatz des Veitsdomes — Reliquiare, Monstranzen, Kruzifixe — ausgestellt.

Zentrum des Burglebens war der *dritte Burghof,* von hier ging der Hauptverkehrsweg der alten slawischen Siedlung aus. Reste ehemaliger romanischer und gotischer Häuser werden an der Südseite des *St. Veits-Doms* ausgestellt. Sie bildet auch die eindrucksvollste und durch den Blick von der Altstadt herauf bereits bekannte Front der mit 124 m Länge, 60 m Breite, 34 m Höhe größten Kirche der Hauptstadt. Ihr Südturm, durch die Verbindung von gotischen, barocken und Renaissanceelementen eine architektonische Seltenheit, trägt den *Sigmund,* die mit 18 t und 2,56 m größte Glocke Böhmens. Rechterhand liegt der ehemalige Haupteingang des Domes, die *»Goldene Pforte«.* Die dreiteilige, sich nach hinten verjüngende Bogenhalle zeigt u.a. Porträts Karl IV. und seiner Frau Elisabeth von Pommern. Bei dem mehrfach restaurierten Mosaikbild aus dem 12. Jahrhundert sorgt die zwischen Glasstücke gelegte Goldfolie für den Effekt der von venezianischen Künstlern geschaffenen Darstellung des »Jüngsten Gerichts«. Der heutige Eingang St. Veits liegt dagegen auf der Westseite des Doms. Seine drei *Bronzeportale* stammen aus den Jahren 1927-29 und stellen die Baugeschichte des Domes sowie links die Wenzels- und rechts die Adalbertslegende dar. Die im Durchmesser 10,4 m große Fensterrossette zeigt auf fast 27 000 Glasscheiben die Erschaffung der Welt.

Die schönste, wertvollste und berühmteste der 21 Seitenkapellen des Doms ist die gleich links neben dem Südportal liegende *St. Wenzels.* Peter Parler ließ sie auf den Resten der romanischen Rotunde, in der Böhmens Nationalheiliger beigesetzt worden war, erbauen. Ausgeschmückt mit Karaten, Achaten und Amethysten birgt die Kapelle nun den Reliquienschrein des von seinem machthungrigen Bruder ermordeten frommen Fürsten. In der Südwestekke versteckt sich eine kleine, siebenfach verriegelte Tür. Sieben verschiedene kirchliche und weltliche Würdenträger besitzen sieben verschiedene Schlüssel, mit denen der Zugang zu einer Treppe zu öffnen ist, die zu Böhmens Krone und seinen Insignien führt. Nur bei ganz besonderen Anläßen sind sie zu besichtigen. Beachtenswert ist das unter den Fenstern der Kathedrale herumführende Triforium, in welchem 21, aus der Parlerschen Schule stammende Porträtbüsten bedeutender Persönlichkeiten des Landes aufgestellt sind. Gegenüber der Annenkapelle stehen zwei große Holzreliefs G. Brandls (1630), die die Flucht des Winterkönigs Friedrich von der Pfalz nach seiner Niederlage am Weißen Berg zeigen.

Auf der Südseite des Dritten Burghofes befindet sich der Eingang zum *Königspalast.* Über die »Reiterstiege« erreichten die Teilnehmer von Ritterspielen auf ihren Pferden früher den *Vladislavsaal.* Werk Benedikt Rieds aus den Jahren 1486-1502 war er in seiner Zeit mit 62 m Länge, 16m Breite und 13 m Höhe nicht nur der größte Raum Prags, sondern auch der großartigste Profanbau nördlich der Alpen. In ihm feierte *Maria Theresia* ihre Krönung zur Königin von Böhmen, in ihm suchte Rudolf II. bei *Antiquitätenmessen* nach seltenen Stükken, hier lassen sich seit 1934 die Präsidenten der Tschechoslowakischen Republik wählen. Rechts neben dem Eingang liegt der Ludwigspalast mit den Räumen der *Böhmischen Hofkanzlei.* Vier protestantische Adelige stießen am 23. Mai 1618 die kaiserlichen Statthalter und einen Schreiber hier aus einem Fenster. Zwar soll ein Misthaufen ihr Leben gerettet und die Flucht nach Wien ermöglicht haben, doch begann mit dem zweiten Prager Fenstersturz der Dreißigjährige Krieg. Linkerhand der Reitertreppe befindet sich der *Landtagssaal.* Auf der östlichen Stirnseite des Vladislavsaals führt eine kurze Treppe zu der von Peter Parler 1370-1387 errichten *Allerheiligenkapelle.* Das Altarbild des Hochaltar malte W.L. Reiner 1732.

Die älteste erhaltene Kirche der Prager Burg ist die *St. Georgs-Basilika.* 912 gegründet, wurde bei den Renovierungsarbeiten um die Jahrhundertwende und erneut 1959-62 ihr ursprüngliches romanisches Aussehen wiederhergestellt. Ihre weißen schlanken Türmen bestimmen neben dem St. Veits-Dom das Bild des Hradschin, im Inneren bieten der Wechsel von Stützpfeilern und Säulen, die dreibogigen Emporen in dem mächtigen Mauerwerk über den Arkaden eine stimmungsvolle Atmosphäre für die hier häufig stattfindenen Konzerte. An die Basilika grenzt das 973 gegründete Benediktinerinnenkloster St. Georg. Der älteste Klosterbau Böhmens beherbergt eine umfangreiche Sammlung v.a.gotischer Kunst. Die Jiřská ulice führt zum *Goldenen Gäßchen.* Die kleinen, sich an die Befestigungsmauer der Burg anschmiegenden Häuschen gehören zu den beliebtesten Sehenswürdigkeiten der Burg. Die Alchemisten Rudolfs II. sollen hier gelebt und die Herstellung von Gold erprobt haben. Tatsächlich geht der Name der Gasse jedoch auf die Goldschmiede, die hier ebenso wie andere kleine Handwerker und Händler außerhalb der für die Prager Städte geltenden Gesetze lebten und verdienten, zurück. Im dritten, graublauen Haus verbrachte *Franz Kafka* eine kurze Zeit seines kurzen Lebens.

Die Burgstadt (Hradčany)

Da ein Spaziergang durch die dritte und kleinste der Prager Städte nur rund zwei Stunden dauert, kann er gut mit einem Besuch der Kleinseite verbunden werden. Von der Nerudova führt die kurze und steilansteigende Gasse Ke Hradu auf den Hradčanské náměstí. Rings um das ehemalige Zentrum der bereits 1320 gegründeten, aber bis zur Zeit Rudolfs II. dem Burgrafen des Hradschin untertanen Stadt, stehen seit dem großen Brand von 1541 weltliche und geistliche Paläste. Das ehemalige Renaissancegebäude des *Erzbischöfliche Palais* (㉔)an der Nordseite des in seinem Grundriß noch mittelalterlichen Platzes wurde 1669 barockisiert und mit einem Prunkportal versehen. Die heutige Rokokoverzierung mit der Marmorverblendung der Fassade geht wie die prachtvolle Innenausstattung auf J.J. Wirch (1763/64) zurück. Das Museum für Heeresgeschichte ist im ehemaligen *Palais der Schwarzenbergs* (㉕) untergebracht. Mit seinen Giebeln, dem Sgraffitidekor, den Darstellungen antiker Götter und allegorischer Figuren im Inneren ist es ein Musterbeispiel böhmischer Renaissance.

Durch die im Nordosten den Burgplatz verlassende Gasse U Brusnice gelangt man in das frühere Armen- und jetztige Künstlerviertel Nový Svět. Die Lorétanská führt dagegen direkt auf den Lorétanské náměstí. Monumental wirkt die Fassade des Palais Černín- (Baubeginn 1669, ㉖), mit dem sein Namensgeber Jan Humprecht Černín die Macht eines böhmischen Grafen zum Ausdruck bringen wollte. Doch immer wieder mußten die Bauarbeiten, an denen sich manchmal über 100 Mann beteiligten, aus Geldmangel unterbrochen werden. Nie fertiggestellt, diente das nach Vorbildern des italienischen Barock entstandene Werk als Stall und Kaserne, seit 1918 und wieder seit 1945 ist es Sitz des tschechoslowakischen Außenministers. Auf dem Pflaster unter den langen Reihen seiner Fenster wurde nach der kommunistischen Machtübernahme der damalige Außenminister *Jan Masaryk* tot aufgefunden. Ob es Mord oder Selbstmord war, konnte nicht geklärt werden, man und frau sprach vom dritten Prager Fenstersturz.

Eine ganz andere, »anmutige, leichte und warme« Art von Barock zeigt die bekannteste Wallfahrtsstätte Böhmens, das *Loretoheiligtum* (㉗). Im Zuge der Rekatholisierung Böhmens wurde nach dem Vorbild der »Santa Casa«, der Wohnung Marias, die Engel ins italienische Loreto getragen haben sollen, ebenso wie in ca. 50 anderen Orten des Landes 1626 eine Kapelle errichtet. Ihr Inneres schmücken Bilder aus dem Leben Marias, ein silberner Altar und eine aus Zedernholz geschnitzte Madonna. Die Stiftung der Gräfin von Lobkowitz wird von einem zweistöckigen Kreuzgang umgeben. In seiner Mitte steht die nach Plänen Ch.Dientzenhofers begonnene und von seinem Sohn Karl Ignac und Georg Aichbauer 1735 vollendete Kirche *Christi Geburt.* Im reich ausgestatteten Innenraum schmückt ein Gemälde W.L. Reiners die Decke, J.A. Schöpf malte die Anbetung der Hirten sowie die der Hl. Drei Könige. Das Prunkstück der *Schatzkammer* des Loretoheiligtums ist die mit 6222 Diamanten geschmückte Monstranz, die vermutlich nach einem Entwurf J.B. Fischer von Erlach 1699 in Wien hergestllt wurde. Pohořelec — Brandstätte, wird ein Platz genannt, dessen laubenganggeschmückte Häuser im Laufe der Geschichte mehrmals abbrannten. Ein schmaler Treppenaufgang an seiner Südseite führt ins Innere des *Klosterbezirkes Strahov* (㉘). Das ehemalige Prämonstratenserstift war eines der reichsten und angesehensten Abteien Böhmens. Mehrmals zerstört, erlebte es seine Blütezeit unter der Regierung des aufgekärten Josef II. Denn Strahov konnte aus dem Besitz der von dem aufgeklärten Kaiser aufgelösten Klöster wertvolle Manuskripte und Bücher übernehmen. Nachdem sich ähnliches nach der kommunistischen Machtübernahme wiederholt hatte, wurde es in den fünfziger Jahren zu einer »Gedenkstätte des nationalen Schrifftums«. Rund 130 000 Bücher, 1500 Erstdrucke, 2500 Handschriften werden hier aufbewahrt, das Archiv verfügt über ca. 3 Millionen Einzelstücke, eine Ausstellung erläutert die Entwicklung der tschechischen Literatur bis in die Gegenwart. Ältestes Objekt ist das sog. *Strahover Evangeliar* aus dem 9. Jahrhundert, welches zwischen den beiden berühmten Sälen der Bibliothek zu sehen ist. Der kleinere, ältere dieser Räume ist der theologische, hier befindet sich in Barockschrän-

Theologischer Saal des Klosters Strahov

ken die zugelassene, in über den Türen angebrachten verglasten Bücherborden die verbotene theologische Literatur. Nach dem aus Südmähren stammenden Regalen richtete sich die Architektur des *Philosophischen Saals*. 32 m lang, 10 m breit, 14 m hoch wird er überwölbt von einem die Geistesgeschichte der Menschheit schildernden Deckenfresko des Langenargener Künstlers F.A. Maulpertsch. Zu den schönsten Blicken auf die hunderttürmige, goldene Stadt gehört die Aussicht, die den Rundgang durch die Burgstadt jenseits des Osttores des Strahover Klosters beschließt.

Die Neustadt (Nové Město)

Weniger historische Sehenswürdigkeiten, doch dafür um so mehr Restaurants, Hotels, Läden bietet die jüngste der Prager Städte. Die zusammen mit dem Wenzelsplatz (Václavské nám.) das sog. *»Goldene Kreuz«* bildenden Straßen Na příkopě (Am Graben), Národní třída (Nationalstraße) und Ulice 28. října (Straße des 28. Oktober) sind das Einkaufszentrum der Hauptstadt. Behängt mit Päckchen und überladenen Taschen erstehen hier nicht nur die Einheimischen, sondern auch Touristen aus der ganzen Welt böhmisches Glas und Prager Schinken. Am Abend ist der Platz zu Füßen des *Heiligen Wenzel* beliebter Treffpunkt für die Besucher der Kinos, Variétés und Diskotheken, an Gedenktagen wichtiger historischer Ereignisse finden hier offizielle und weniger offizielle Kundgebungen statt.

Am oberen Ende des Wenzelsplatzes, der mit seinen um die Jahrhundertwende entstandenen Häusern mehr einem Boulevard ähnelt, steht das *Nationalmuseum* (Národní muzeum, ㉙). Der 1885-1890 nach Entwürfen von J. Schulz im Stil der Neorennaissance errichtete und mit einer goldenen Kuppel gekrönte Bau beherbergt das älteste, bereits 1818 ge-

Der Wenzelsplatz ist auch in der Nacht belebtes Zentrum der Hauptstadt

gründete Museum der Tschechoslowakei. (Naturwissenschaftliche und geschichtliche Sammlungen, im Pantheon stehen rund 50 Büsten berühmter Tschechen und Tschechinnen.)

Am unteren Ende des Václavské nám. tritt der Besucher durch ein unauffälliges Tor des Franziskaner Pfarrhauses in einen stillen, kleinen Garten, indem sich der Eingang zu der Kirche *»Maria Schnee«* (Kostel Panny Marie Sněžné, ㉚) befindet. Der von Karl IV. am Tage seiner Krönung gestiftete Bau beeindruckt durch die gewaltige Höhe seines Altars. Direkt an der Moldau liegt das *Nationaltheater* (Národní divadlo, ㉛), 1868-81 nach Plänen Josef Zíteks im Stil der Neorenaissance errichtet. Zweimal trug die tschechische Bevölkerung des Landes mit Spenden zu seinem Bau bei. Nachdem es kurz vor der Premiere abgebrannt war, floßen bei der erneuten Sammlung die Spenden großzügiger, schneller — troztziger. Die Inschrift »Národ sobě« - die Nation sich selbst - verdeutlicht das mit dem als schönstes Gebäude der böhmischen Architektur des 19. Jahrhunderts geltenden Theater ein deutliches Zeichen der wiedererwachten Künste gesetzt werden sollte. Im Zusammenhang mit den Renovierungsarbeiten entstand zu Beginn der achtziger Jahre die »Nová Scena«, die Neue Szene, ein modernes Glasgebäude für Sprechstücke. Doch das architektonische Gegenstück des Nationaltheaters mißfällt vielen PragerInnen.

Einen schönen Blick auf die Moldau und den Hradschin genießen in- und ausländische Besucher im Café Slavia. Seit ein Klavier- und Geigenduo das Publikum allabendlich mit leichten Melodien zu unterhalten versucht, haben dagegen einheimische Stammgäste dem über 120 Jahre alten Kaffeehaus den Rücken gekehrt. Vielen Studenten der nahen Kunsthochschulen ist der Eintritt von fünf Kronen zu hoch. Im Sommer trifft sich ein Teil dieser »Szene« der Hauptstadt daher gerne im Biergarten auf der *Slovanský ostrov.* An der romantischen Moldauinsel, die ihren Namen nach dem hier 1848 stattfindenden Slawenkongreß trägt, von den PragerInnen aber meist immer noch »Žofín« (Sophie) genannt wird, und dem Ausstellungssaal Mánes vorbei führt der Spaziergang durch die Neustadt in die *Resslova.* Auf halber Höhe der stark befahrenen Straße liegt rechts die *Kirche St. Kyrill und Method* (sv. Cyril a Metoděj, ㉜). Hier verteidigten sich im Juni 1942 die Fallschirmspringer, die bei einem Attentat den stellvertretenden Reichsprotektor Reinhard Heydrich getötet hatten. Erst als die Kirche unter Wasser gesetzt wurde, konnten sie überwältigt werden.

Wenige Schritte weiter dehnt sich rechts und links der breiten Straße der Karlsplatz (Karlovo nám.) aus, als ehemaliger Viehmarkt eines der Zentren der 1348 von Karl IV. gegründeten Neustadt. Nach 1848 in eine Grünanlage mit Denkmälern tschechischer Schrifsteller und Wissenschaftler umgewandelt, wird die Ausdehnung des mit 530 m Länge und 130 m Breite größten Platzes der Hauptstadt heute kaum mehr deutlich. An der Nordostseite des wichtigen Straßenbahnknotens steht das ursprünglich gotische, im Renaissancestil umgebaute *Rathaus* (Novoměstská radnice, ㉝) dieser v.a. von ärmeren tschechischen Gewerbetreibenden bewohnten vierten der Prager Städte. Als am 13. Juni 1419 eine Volksmenge unter der Anführung des Predigers Jan Želivský gefangengesetzte Hussiten aus ihm befreiten und dabei zwei katholische Ratsherren aus seinem Fenster warfen, gaben sie mit diesem ersten *Prager Fenstersturz* das Signal für den Beginn der Hussitenkriege. Den Barockbau *St. Ignatius* (sv. Ignác, ㉞) an der Oststeite des Platzes schuf zwischen 1665 und 68 der kaiserliche Baumeister Carlo Lurago als Kirche des ehemaligen Jesuitenkollegs. In ihm ist heute eine Abteilung der Poliklinik untergebracht. Dort, wo die Vyšehradská den Karlovo náměstí verläßt, steht links das sogenannte *Fausthaus* (Faustův dům, ㉟). In dem im 16. Jahrhundert erbauten und 1740 barock umgestalteten Palais lebte der englische Scharlatan Eduard Kelly. Er war nach Prag gekommen, um für die Krone Kaiser Rudolf II. Gold herzustellen. Als ihm dies nicht gelang, entstand stattdessen die Sage um den bekannten Alchemisten, der seine Seele dem Teufel verkauft und von hier aus in die Hölle gefahren sein soll. Noch heute ist im Fausthaus eine Apotheke untergebracht. Als einer der schönsten Bauten des Prager Spätbarock gilt *St. Johann Nepomuk am Felsen* (sv. Jan Nepomucký Na skalce, ㊱), der oberhalb der zum Vyšehrad führenden Straße steht. Zu der zweitürmigen, 1730-1739 von K.I. Dientzenhofer errichteten Kirche führt eine doppelarmige Freitreppe, das 1748 geschaffene Fresko stellt die Himmelfahrt des Heiligen dar. Johannes Brokoff schnitzte seine, von der Karlsbrücke bekannte Figur auf dem Hauptaltar. Für die Benediktinermönche des slawischen Ritus wurde bereit 1347 das gegenüberliegende *Emauskloster* (Emauzy, ㊲) gegründet. Kaiser und Kirche wollten mit ihm ihren Einfluß auf die Gläubigen Osteuropas stärken. Im 14. Jahrhundert bedeutendes Kulturzentrum, wurde bis 1546 hier ein Teil des sogenannten Reimser Evangelienbuches, auf das die französischen Könige ihren Eid leisteten, aufbewahrt. 1945 wurde das Kloster bei einem Luftangriff stark zerstört, 1968 gelang die Wiederherstellung der ehemaligen Kirche durch eine Betonwand, die mit ihren beiden goldenen Spitzen zwei Türme imaginiert. In der 1949 aufgehobenen Abtei sind heute Institute der Akademie der Wissenschaften untergebracht.

Auf dem Vyšehrad

Wohl kein Ort Böhmens ist so oft beschrieben und besungen worden wie der Vyšehrad, die »Hohe« oder *»Höhere Burg«* Prags. Auf dem Felsvorsprung hoch über der Moldau soll Libuše, die weise Tochter des Tschechenfürsten Kroks und Gründerin der Stadt gelebt haben, von hier aus regierten die ersten Přemysliden das Land. Erst als ihre Residenz endgültig auf den Hradschin verlegt wurde, verlor die zweite Prager Burg, der romanische Palast Vratislav I. (11. Jh.)

Auf einem Felsen über der Moldau liegt der Vyšehrad

an Bedeutung. Von dieser Epoche zeugt nur mehr die *Rundkapelle St. Martin* (Rotunda sv. Martina, 38), der Codex Vyssegradensis wird heute in der Handschriftensammlung des Clementinums aufbewahrt. Karl IV. ließ umfangreiche Renovierungen vornehmen. Die Anlage wurde mit einem Befestigungsring umgeben, der an die Stadtmauern anschloß. Traditionell nahm der Krönungsweg der böhmischen Könige auf den Hradschin von hier seinen Ausgang. Im späten 17. Jahrhundert wurde die Burg zu einer Festung ausgebaut, 1866 erfolgte ihre Aufhebung, 1911 wurde sie geschleift. Weithin sichtbares Wahrzeichen des Vyšehrad sind die beiden Türme der neugotischen *St. Peter- und Pauls-Kirche* (sv. Petr a Paul, 39). In der zweiten Hälfte des 11. Jahrhunderts gegründet, ließ Karl IV. sie zu einer dreischiffigen Basilika erweitern. Aus der Sammlung Rudolfs II. soll ein Tafelbild im Inneren stammen, welches die Schutz vor Dürre bietende Regenmadonna zeigt. Die Grünanlagen des Vyšehrad — Statuen J.V. Myslbeks — sind beliebtes Ausflugsziel der Prager Familien. Viel besucht wird dabei auch der 1866 nördlich der Kirche angelegte und seitdem zur nationalen Kultstätte gewordene *Ehrenfriedhof* . Ständig frische Blumen auf den Gräbern, zeugen von der Achtung, die die großen Persönlichkeiten der tschechischen Kultur - Dvořák, Sematana, Neruda, Němcová, Čapek - auch heute noch genießen.

Die Josefstadt (Josefov)

Wie alte Chroniken berichten, existierten bereits im Jahre 1091 auf dem Gebiet der heutigen Josefstadt zwei jüdische Siedlungen. In unmittelbarer Nähe des Altstädter Rings verfügten sie über eine eigene Selbstverwaltung, eigene Schulen und Synagogen. Nachdem das Laterankonzil 1215 die Segregation der Juden in eigenen Vierteln beschlossen und ihnen lediglich eine Betätigung als Händler erlaubt hatte, kommt es wiederholt zu blutigen Pogromen, zeitweilig verläßt die jüdische Bevölkerung Prag. 1781 ermöglicht das Toleranzedikt Josef II. eine Übersiedlung der Juden in andere Stadtteile. Während die reicheren Bevölkerungsschichten das seit dem 16. Jahrhundert Ghetto genannte und 1848 zur Stadt erhobene Josefov verläßt, leben die ärmeren Juden, aber auch die hinzuziehenden Christen in hygenisch untragbaren Verhältnissen. Nach langen Diskussionen beschließt der Stadtrat 1893 die Vernichtung der fast tausendjährigen Siedlung. Erhalten bleiben sollten lediglich die als historisch wertvoll betrachteten Bauwerke sowie der jüdische Friedhof.

Ungefähr in der Mitte der am Altstädter Ring beginnenden Pařížská zweigt hinter dem Restaurant »U starého hřbitova« die Červená ab. In ihr befindet sich der Eingang der *Altneusynagoge*, der bekanntesten und ältesten noch als Gebetshaus dienenden Synagogen auf europäischem Boden. Am Beginn ihrer Baugeschichte steht die Errichtung der frühgotischen Südhalle. An den ursprünglichen Hauptraum wurde Ende des 13. Jahrhunderts ein zweischiffiger Saal im Stil der Zisterziensergotik angefügt. Er enthält ein besonders schönes, fünfrippiges Gewölbe. Da im Hauptraum von Synagogen nur Männer beten durften, wurden zusätzliche Frauengalerien errichtet, durch schmale Gucklöcher konnte frau das Geschehen im Inneren verfolgen. Auf der Ostseite des Saales befindet sich in einem Thoraschrein die Pentateuch-Pergamentrolle, die fünf Bücher Moses. In der Mitte erhebt sich, durch ein Gitter abgetrennt, die Kanzel.

Zusammen mit dem *Jüdischen Rathaus* und einer Synagoge in der Neustädter Jeruzalémská gehört die Altneusynagoge zu den Gebäuden, die der durch Vernichtung und Auswanderung klein gewordenen jüdischen Gemeinde heute noch dienen. Von ca. 40 000 Prager Juden, die Kultur, Wissenschaft und Wirtschaft der Hauptstadt v.a um die Jahrhundertwende entscheidend mitbestimmten, überlebten nur 4000 den Zweiten Weltkrieg. Und auch von ihnen beteiligt sich nur mehr 1/4 am Gemeindeleben. Gut besucht ist jedoch das im Rathaus untergebrachte Restaurant, wo die Gäste für 25 Kronen ein aus koscheren Lebensmitteln gekochtes Mittagsmenü erhalten. Am Nordgiebel des 1586 im Renaissancestil ausgeführten und 100 Jahre später barockisierten Gebäudes wurde eine Uhr mit hebräischen Ziffern angebracht. So wie das Hebräische von rechts nach links gelesen wird, läuft auch sie gegen unseren Uhrzeigersinn. Die Gasse U starého hřbitova führt zum *Alten Jüdischen Friedhof* (Starý židovský hřbitov). Einer der bekanntesten Plätze der Hauptstadt »verdankt« den nur an Samstagen, dem Sabbat, abreißenden Besucherstrom aus der ganzen Welt der hier herrschenden Atmosphäre. Krumm, halb im Erdreich versunken, dicht aneinandergedrängt stehen rund 12 000 Grabsteine. 200 000 Menschen sollen insgesamt in bis zu zehn Schichten übereinander unter den dichten Holunderbäumen ruhen. 300 Jahre lang begruben die Juden auf dem Friedhof inmitten des Ghettos ihre Toten. Ihrem Leben und Werk huldigten sie in, nicht immer realistischen, Versen. Segnende Hände und Kannen schmücken die Grabsteine der Priesterfamilien, Weintrauben stehen für die Weisheit aber auch für Angehörige des Stammes Israel. Karpfen, Füchse, Hirsche versinnbildlichen den Namen der Verstorbenen. Zu den bedeutendsten Gräbern gehört die Tumba *Markus Mordejch Maisls* (1528-1601), der während der Regierung Rudolfs II. Bürgermeister der Judenstadt war. Damals erlebte sie ihre wohl beste Zeit. Der Kaiser gab die Einwilligung zur Vergrößerung des Ghettos, zum Bau neuer sozialer Einrichtungen, Maisl finanzierte sie. Auch die Hohe- und die in der Maislova stehende Maislsynagoge wurden von dem vermögenden Bürgermeister, der über 500 000 Gulden hinterließ, erbaut. Nachdem in der ersten Hälfte des 16. Jahrhunderts die Juden aus der Stadt vertrieben worden waren und in Prag nur 15 ihrer Familien zurückblieben, konnte nun eine Einwohnerzahl von über 7000 erreicht werden. Das meistbesuchteste Grab des Alten Jüdischen Friedhofs liegt an der westlichen Friedhofsmauer. Der Großrabbiner *Jehuda Löw ben Bezalel* ist nicht nur in Prag als der Schöpfer des sagenumwobenen künstlichen Menschen, des Golem, bekannt. Aus Ton geformt, wurde er von ihm durch das sog. Schelm-Siegel, einem Zettel mit Zaubersprüchen, den Löw dem Golem in den Mund steckte, am Leben erhalten. Doch als der Rabbi einmal vergaß, dieses wie gewöhnlich am Sabbat herauszunehmen, soll sich die ansonsten gute Kraft des Kunstproduktes in eine vernichtende verwandelt haben. Nachdem es Löw schließlich gelungen war, ihm das Siegel aus dem Mund zu reißen, getraute er sich nicht mehr, den Golem erneut zum Leben zu erwecken. Noch heute kursieren Gerüchte, daß die Lehmfigur bei Aufräumungsarbeiten auf dem Dachboden einer Synagoge gefunden worden sei, immer noch legen die Besucher zum Zeichen ihrer Verehrung Steine auf die Rennaissancetumba, stecken in ihre offenen Ritzen kleine Zettel, mit denen sie den wundertätigen Rabbi um die Erfüllung eines Wunsches bitten. Das älteste Grab ist das des Gelehrten und Dichters *Avigdor Karos.* 1439 wurde der Verfasser einer Elegie über die Opfer des Osterpogromms 1389 beerdigt. Der jüngste Stein stammt aus dem Jahre 1787, bereits 1680 waren auf dem Gebiet der damals noch nicht existierenden Arbeitervorstadt Žižkov zwei jüdische Friedhöfe entstanden. In der Fibichova — heute direkt neben dem neuenstehenden Fernsehturm der Hauptstadt gelegen — begruben die Juden ihre Toten bis 1891, auf dem Prager Zentralfriedhof Olšanská be-

Grab Franz Kafkas auf dem Friedhof Olšanská

findet sich das Grab Franz Kafkas.

Von den übrigen »Objekten« des ehemaligen jüdischen Ghettos können das Zeremonienhaus, die Hohe- und die Klausensynagoge besucht werden. Da Adolf Hitler nach dem »Endsieg« ein »Museum einer ausgestorbenen Rasse« gründen wollte, ließ er in Prag jüdische Kunstwerke, Kultgegenstände, Bücher und Dokumente zusammentragen. Sie bilden heute die umfangreichen Sammlungen des Staatlichen Jüdischen Museums, von denen Teile in den Synagogen gezeigt werden. Im Zeremonienhaus sind dagegen Kinderzeichnungen aus dem Konzentrationslager Theresienstadt zu sehen.

Zum Agneskloster

Durch malerische Gassen führt ein ca. zehnminütiger Fußweg zum Kloster der seligen Agnes (Anežský klášter, Eingang Anežská ulice). Das erste frühgotische Bauwerk Prags wurde 1234 für den Orden der Klarissinen von der Schwester König Wenzel I. gegründet. Später trat Agnes selbst in den Orden ein und wirkte als erste Äbtissin des Klosters. Nach umfangreichen Rekonstruktionen dient das weitläufige Gebäude heute als Ausstellungsort Tschechischer Kunst v.a. des 19. Jahrhunderts.

Bierlokale und Gasthäuser

U Černého vola, Hradčany, Loretánské nám. 1, II. Preisklasse, tgl. 9.30-21 Uhr, nur kleine Gerichte.

U Fleků, Neustadt, Křemencova 11, III. Preisklasse, tgl. 9-24 Uhr.

U Prince, Altstadt, Staroměstské nám., gegenüber dem Altstädter Rathaus, II. Preisklasse, tgl. 9-22 Uhr.

U Schnellů, Kleinseite, Tomášská 2, II. Preisklasse, tgl. 9-23 Uhr.

U svatého Tomáše, Kleinseite, Letenská ulice 12, II. Preisklasse, tgl. 11-15, 16-23 Uhr, Tel. 53 00 64.

U zlatého Tygra, Altstadt, Husova 17, III. Preisklasse, tgl. außer So 15-23 Uhr.

Restaurants

Evropa, Neustadt, Václavské nám. 25, II. Preisklasse, tgl. 11.30-15, 18-23 Uhr, Tel. 26 37 84

Nebozízek, auf halber Höhe des Petřín, neben der Bergbahn, die vom Újezd aus auf den Berg hinauffährt. II. Preisklasse und 10%, tgl. 11-23 Uhr.

Paříž, Altstadt, U Obecního domu 1, II. Preisklasse, tgl. 11-15, 16.30-23 Uhr, Tel. 231 58 93.

Praha-Expo, Prag 7, Letenské sady, Straßenbahnhaltestelle Strossmayerovo nám. I. und II. Preisklasse, tgl. 11.30-16, 17-23 Uhr, Tel. 37 45 46.

Valdštejnská hospoda, Kleinseite, Valdštejnské nám. 7, II. Preisklasse + Zuschlag, tgl. 11-15, 18-23 Uhr, Tel. 53 61 95.

Vikárka, Burg, Vikářská 6, II. Preisklasse, tgl. 11-22 Uhr, im Winter (1.10.-30.4.) bis 20 Uhr, Montag geschlossen, Tel. 53 51 50

Spezialitätenrestaurants

Rybárna, Neustadt, Václavské nám. 43, Passage, II. Preisklasse, Mo-Sa 11-22 Uhr, Tel. 22 77 41, Fischgerichte.

Čínská restaurace, Neustadt, Vodičkova 19, I. Preisklasse, tgl. 12-15, 18-23 Uhr, Tel. 26 26 97, chinesisch.

Dubrovník, Neustadt, Myslíkova 14, II. Preisklasse, Mo-Fr 11-2, Sa 17-2 Uhr, Tel. 29 64 06, Yugoslawische Spezialitäten.

Berjozka, Altstadt, Železná 24, II. Preisklasse +20%, Mo-Fr 11-23 Uhr, Sa bis 15 Uhr, Tel. 22 38 22, russische Spezialitäten.

Indická restaurace, Neustadt, Štěpánská 60, II. Preisklasse, Mo-Sa 12-16, 18-23 Uhr, Tel. 26 19 36, indisch.

Trattoria Viola, Altstadt, Národní třída 7, II. Preisklasse, tgl. 11.30-15 Uhr, 16.30-23 Uhr, Tel. 26 68 22, italienisch.

Sofia, Neustadt, Václavské nám. 33, II. Preisklasse +20% Zuschlag, tgl. 11.30-15, 18-23 Uhr, Tel. 22 60 98, bulgarisch.

Weinstuben

Klášterní vinárna, Neustadt, Národní třída 8, II. Preisklasse, tgl. 10-24, Sa/So-1 Uhr, Tel. 29 48 63

U malířů, Kleinseite, Maltéské nám. 11, II. Preisklasse, tgl. außer So 17-1 Uhr, Tel. 53 18 83

U mecenáše, Kleinseite, Malostranské nám. 10, II. Preisklasse und 10%, So-Fr 17-01 Uhr, Tel. 53 38 81

U zelené žáby, Altstadt, U radnice 8, II. Preisklasse, tgl. 15-23 Uhr, Tel. 26 28 15

U zlaté konvice (Zur goldenen Kanne), Altstadt, Melantrichova 20, I. Preisstufe, tgl. 10-2 Uhr, Tel. 26 21 28.

U Šuterů, Palackého 4, III. Preisklasse, tgl. außer So 11-24 Uhr.

Kaffeehäuser

Malostranská Kavárna, Kleinseite, Malostranské nám. 28, II. Preisklasse, tgl. 7-23 Uhr
Kavárna im Obecní dům, Neustadt, Nám. Republiky 1090, II. Preisklasse, tgl. 7-23 Uhr
Slavia, Altstadt, Národní třída 1, II. Preisklasse, tgl. 8-24 Uhr.
U zlatého hada, Altstadt, Karlova 18, II. Preisklasse, Di-So 11-23 Uhr, Tel. 24 37 65

Museen

Museum der tschechischen Musik
Exposition: Bedřich Smetana, Altstadt, Novotného lávka 1
Exposition: Antonín Dvořák, Prag 2, Ke Karlovu 20
Exposition der Musikinstrumente: Kleinseite, Lázeňská 2
Bertramka — Gedenkstätte W.A. Mozarts und der Eheleute Dušek, Prag 5, Mozartova 169
Museum der Hauptstadt Prag
Bei der Metrostation »Sokolovská«
W.-I.-Lenin-Museum
Neustadt, Hybernská 7
Klement-Gottwald-Museum
Altstadt, Rytířská 29
Militärmuseum
Exposition der Tschechoslowakischen Volksarmee
Praha 3, U památniku 2
Museum des Korps für Nationale Sicherheit und der Streitkräfte des Innenministeriums
Praha 2, Ke Karlovu 453
Kunstgewerbemuseum
Altstadt, 17. listopadu 2
Pädagogisches Museum Jan-Ámos-Komenský
Kleinseite, Valdštejnské nám., im Innenhof des Waldstein-Palais.
Technisches Nationalmuseum
Praha 7, Kostelní 42

Theater

Allgemeiner Kartenvorverkauf für Theater, Konzerte, Kinos, Sport- und gesellschaftliche Veranstaltungen:
SLUNA, Prag 1, Panská 4, pasáž Černá růže, Ruf 22 12 06
SLUNA, Prag 1, Václavské náměstí 28, pasáž Alfa, Ruf 26 16 02, 26 06 93
Mo-Fr 10-18 Uhr

Ausflugsziele

Karlštejn

Die Burg Karlštejn wurde um die Mitte des 14. Jahrhunderts von Karl IV. vor allem zur Aufbewahrung der Kronjuwelen und der kostbaren Heiligenreliquien gegründet, die der fromme Herrscher mit großer Leidenschaft gesammelt hat.

Den Grundstein zu dem gewaltigen Bau legte am 10. Juni 1348 in Vertretung Karls IV. sein Freund und Ratgeber, der Prager Erzbischof Arnošt von Pardubice. Die Pläne für den Burgbau schuf höchstwahrscheinlich der berühmte französische Architekt Matthias von Arras. Das Bauwerk wurde in verhältnismäßig kurzer Zeit vollendet. Bereits 1355 wohnte Karl IV. hier, und zwei Jahre später wurde die Weihe der beiden Burgkapellen vorgenommen. Die

Hl.-Kreuz-Kapelle war die heiligste Stätte der Burg.

Der Gebäudekomplex besteht aus vier Teilen — aus der Vorburg mit dem Burgtor, dem Burggrafenhaus und dem angrenzenden Ziehbrunnenturm, dem eigentlichen Kaiserpalast mit der Marienkirche und schließlich dem dominierenden Großen Turm mit der Hl.-Kreuz-Kapelle.

Das Mauerwerk der Burg ist stellenweise bis sechs Meter, die innere Schutzmauer zwei Meter dick.

Kutná Hora

Im Mittelalter galt Kutná Hora über lange Zeit nach Prag als wichtigste Stadt des Königreiches Böhmen; ihren Ruhm errang sie durch die Silbergewinnung. Unter den weltlichen Bauten ist der Vlašský dvůr (Welscher Hof) am bemerkenswertesten, die ursprüngliche Münzstätte, in der um das Jahr 1300 die Prägung böhmischer Münzen (Prager Groschen) aus den ursprünglich sechs Münzschmieden zusammengefaßt wurde (die Münzstätte wurde erst 1726 aufgehoben). Um die Wende des 14. und 15. Jahrhunderts wurden der Vlašský dvůr und die Münzstätte umgebaut und an ihrer Stelle ein Königspalast errichtet. Die Jakobskirche mit ihrem hohen Turm ist ein gotisches Bauwerk aus den Jahren 1340—1420. Eine einzigartige architektonische Leistung der böhmischen Hochgotik ist die reich gegliederte Barbarakirche, an der vom Ende des 14. bis zur Mitte des 16. Jahrhunderts gebaut wurde.

Jugendstil-Gebäude zwischen Hauptbahnhof und Moldau

- Hauptbahnhof (Hlavní nádraží), Vitězného února, J. Fanta 1900-09
- Reepräsentationshaus (Obecní dům), Nám. Republiky, O. Polivka, A. Balšánek 1903-05
- Länderbank (Zemské banka), Na přikopě 20, O. Polivka 1894-6
- Hotel Europa, Václavské nám. 12, J. Kotěra 1899-1900
- Pražská úvěrní banka, 28. Řínja 13, M. Blecha 1900-02
- Tropičův dům (Čs. spisovatel), Národni 9, O. Polivka 1903
- Versicherung Praha, Národní 7, O. Polivka 1903
- Versicherung Praha, heute Botschaft der DDR, Gottwaldovo nábřeží 32, J. Stibral 1902
- Dům Hlahol, Gottwaldovo nábřeží 16, J. Fanta 1904-05
- Dům U dvou tisíc, Nábřeeží B. Engelse 78, V. Havel 1904
- Dům U Nováků, Vodičkova 30, O. Polivka 1902
- Lucerna, Vodičkova 36, V. Havel, S. Bechyne 1906-13
- Brücke »Svatopluk Čech« in der Höhe des nám. Curievoých, J. Koula, 1904-08

Zwischen böhmischer Braunkohle, böhmischem Manchester und böhmischem Paradies: Fahrt in den Norden des Landes

Als Mitte des 19. Jahrhunderts tschechische Schriftsteller für die bizarren Sandsteinfelsenstädte zwischen *Jičín, Turnov* und *Mnichovo Hradiště* den Begriff »Böhmisches Paradies« prägten, entstanden nur runde 100 km westlich, im Braunkohlebecken um *Most* und *Chomutov* die Grundlagen einer Industrieagglomeration, welche die Romantiker des vergangenen Jahrhunderts wohl nicht ohne Grund als »böhmische Hölle« bezeichnen würden. 67,5 Mio t Braunkohle wurden 1980 hier gefördert, 40% der gesamten Energie-, 11% der Industrieproduktion der ČSSR wird in Nordböhmen erzeugt.

Noch im Jahre 1850 zählte *Ústí nad Labem,* die heutige Hauptstadt des Kreises, lediglich 1500 Einwohner, 50 Jahre später waren es mit Vororten bereits 40 000. »Hier ist die großartige chemische Fabrik des österreichischen Vereins für chemische und metallurgische Produktion, eine der größten Fabriken des Kontinents, welche fast einen ganzen Stadtteil einnimmt und gegen 2000 Arbeiter beschäftigt, im Jahre 1857 von einer Aktiengesellschaft errichtet worden....Sie besitzt eine eigene Gasanstalt, durch welche auch die Stadt mit erleuchtet wird, eine Dampfziegelpresse, 165 Dampfmaschinen mit 1500 Pferdestärken, 38 Kaminen, der höchste ist 67 m hoch« weiß ein Reiseführer des Jahres 1901 nicht ohne Stolz zu berichten.

Neben dem Industriegebiet um Ostrava floß nach Nordböhmen nach dem Ende des 2. Weltkriegs der größte Teil des Investitionsaufwandes und so zählt einer der kleinsten Bezirke der ČSSR heute zu seinen industrialisiertesten.

Most-Litvínov-Teplice

Der Morgenschnellzug nach *Most* (Brüx) verläßt Prag-Holešovice kurz nach halb sieben. Zweieinhalb Stunden später erreicht er nach einer landschaftlich wenig interessanten Fahrt die 65 000 Einwohner zählende Industriestadt an der Bílina. Doch während die Hauptstadt ein klarer Sommertag erwartete, ist 90 km entfernt der Himmel grau verhangen, der Bahnhof scheint wie in Nebel gehüllt. Auch ohne die roten Transparente und Werbesprüche ist offensichtlich: wir sind im bedeutendsten Braunkohleförderungs- und -verarbeitungsgebiet der ČSSR angekommen.

Linkerhand des neuerrichteten, überdimensionierten Bahnhofs der

Tschechoslowakischen Eisenbahn ČSD liegt der nicht weniger überdimensionierte, ebenfalls neue Busbahnhof. Von hier aus bestehen Verbindungen zu den Braunkohlegruben, die Namen wie »Siegreicher Februar«, »Tschechoslowakische Armee«, »Beschützer des Friedens« tragen. Vor uns neuerbaute Wohnblökke, eine Straßenbahn verbindet sie und die Bahnhöfe mit dem Zentrum Mosts.

Wo aber befindet sich dieses? Am neuerrichteten Gebäude des staatlichen Bauunternehmens, an den neuerrichteten Kaufhäusern Prior oder Rozkvět, am neuerrichteten Kulturzentrum? Most, so kann man lesen, sei zugleich eine der ältesten und eine der jüngsten tschechischen Städte. Von der alten, bereits 1041 erwähnten Siedlung ist heute jedoch kein einziges Haus mehr erhalten. Auf der Grundlage einer Studie über Kohlevorkommen unter ihnen wurde in den sechziger Jahren entschieden, die Stadt zu liquidieren und an anderer Stelle neu zu erbauen. Lediglich eine aus dem 16. Jahrhundert stammende Kirche wurde nicht zerstört. In einer vielbeachteten Aktion verschob man sie 1975 um 841 m an den Rand des heutigen Fördergebietes.

Wenige Kilometer nördlich von Most liegt *Litvínov* (Leutensdorf). Die 20 000 Bewohner dieser Stadt sind fast ausschließlich Beschäftigte der »Betriebe der tschechoslowakisch-sowjetischen Freundschaft«, dem größten Chemiekombinat der ČSSR. Die Straßenbahn führt uns durch ihr riesiges Areal. Das Werk wurde während des 2. Weltkriegs von den Deutschen zur Produktion synthetischen Benzins errichtet und gegen Ende des Krieges durch amerikanische Bomben zerstört. Die Sowjetunion, die das Kombinat als Teil ihrer Reparationsleistungen erhielt, schenkte es der ČSSR. Erweitert um einen petrochemischen Komplex verarbeitet es heute in Zusammenarbeit mit chemischen Betrieben der DDR sowjetisches Erdöl. Die kostspielige Produktion der Kohlehydrierung wurde dagegen aufgegeben.

Da in »Neu-Most« die Auswirkungen der industriellen Umweltverschmutzung (noch) nicht geprüft werden können, lohnt ein kurzer Spaziergang durch Litvínov. Während man sich bemüht die historischen barocken Bauwerke um den Marktplatz zu erhalten, wird nur wenige hundert Meter entfernt nahezu ein ganzer Straßenzug nicht mehr bewohnt. Neben diesen immer weiter verfallenden Häusern des beginnenden 20. Jahrhunderts wurden seit den sechziger Jahren ein Dienstleistungszentrum sowie neue Wohnblöcke errichtet. Von ihren Balkonen blickt man nicht nur auf die aus dem 17. Jahrhundert stammende Pfarrkirche, sondern auch auf abbröckelnden Putz, zerbrochene Fensterscheiben, die Hauptverkehrsstraße Litvínovs. Dort wo diese durch das chemische Kombinat führt stehen in regelmäßigen Abständen Schilder : »Bei Warnlicht Motor abstellen, Rauchverbot«.

Zwischen den Industriestädten Most und Litvínov im Westen sowie

Ústí nad Labem im Osten liegt *Teplice* (Teplitz), das älteste tschechische Heilbad. Nach einer Volkssage entdeckte ein Schweinehirt bereits 762 die 42°C heißen, radioaktiven Quellen. Der Fund von römischen und keltischen Münzen belegt dagegen die Benutzung des heilenden Wassers bereits zu Beginn unserer Zeitrechnung.

Die Kurhäuser im Empirestil stammen meist aus der ersten Hälfte des 19. Jahrhunderts. Das Zentrum des historischen Teils der Stadt bildet der Marxovo náměstí mit einem Empirerathaus aus dem Jahre 1806. Durch die Dlouhá ulice ist der Marxplatz mit dem Zámecké náměstí verbunden. An der Stelle eines im 12. Jahrhundert gegründeten Benediktinerklosters erhebt sich dort inmitten eines englischen Parkes ein mehrmals umgebautes, ursprünglich im Renaissancestil errichtetes Schloß. In ihm wurde im Jahre 1813 der Bündnisvertrag der Herrscher Österreichs, Rußlands und Preußens, die sogenannte Heilige Allianz, gegen Napoleon unterzeichnet. Heute befindet sich hier neben dem Kreismuseum zur Geschichte Teplices und seiner Arbeiterbewegung ein Erinnerungssaal für *Ludwig van Beethoven.* Dem ehemaligen Gast zu Ehren findet auch ein nach ihm benanntes Musikfestival statt.

Im zweiten Schloßhof sind die bei Ausgrabungen in den fünfziger Jahren entdeckten Grundriße der ehemaligen dreischiffigen Basilika zu erkennen. Sehenswert sind außerdem die barocke Dekanatskirche St. Johannes des Täufers, erbaut 1700-03, sowie die ebenfalls barocke Dreifaltigkeitssäule, ein Werk *M.B. Brauns* aus dem Jahre 1718.

Teplice ist ein beliebter Ausgangspunkt für Ausflüge in das östliche Erzgebirge (Krušné hory).

Die Elbe durchfließt das Böhmische Mittelgebirge

An der Elbe

Hauptstadt des nordböhmischen Industriegebiets ist das 91.000 Einwohner zählende *Ústí nad Labem* (Aussig über der Elbe). Ihre Bedeutung verdankt die erst seit der 2. Hälfte des 19. Jahrhunderts rasch wachsende Stadt der günstigen geographischen Lage im Schnittpunkt von drei Industriezonen: Elbtal mit chemischer und Nahrungsmittelindustrie, nordöstliche Gebirgszüge mit Textilproduktion, westliches Braunkohlerevier.

An der Mündung der Bílina in die Elbe sowie der Eisenbahnstrecke Prag-Dresden gelegen ist es zugleich wichtiger Verkehrsknotenpunkt. Zu den größten Fabriken in Ústí gehören die Unternehmen der anorganischen Chemie und der Kunstfetterzeugung.

Während sich der historische Teil der Stadt und ihre Industrie im engen Tal der Elbe zusammendrängen, sind auf den Hängen über ihr neue Wohnsiedlungen entstanden. Wertvollstes Baudenkmal ist die gotische Dekanatskirche aus dem Jahre 1318, ihren sich zwei Meter vorneigenden Turm »verdankt« sie der Bombardierung der Stadt 1945. Die bereits 1186 erwähnte Klosterkirche (1731) dient heute als Konzert- und Ausstellungssaal *B. Smetanas.*

Im Süden der Stadt thront auf einem schroffen Felsen 114 m über der Elbe die Ruine der gotischen *Burg Střekov (Schreckenstein).* 1318 errichtet, wurde sie nach einem Brand nicht wieder aufgebaut. Über dem beliebten Ausflugsrestaurant sind noch die Reste der Burgkapelle zu erkennen, auf der Ostseite befinden sich der Palast sowie die zylinderförmigen Türme. *Richard Wagner* sammelte hier Inspirationen zu seiner Oper »Tannhäuser«.

Durch das Elbtal führt uns die Eisenbahnstrecke Ústí-Děčín. Nahrungsmittel- und Chemiefabriken lösen einander ab, den Blick auf die eigentlich reizvolle Landschaft des Böhmischen Mittelgebirges (České středohoří) verdeckend. Kennzeichnend für dieses, sich von *Žatec* (Saaz) in Nordostrichtung bis zum Lausitzer Gebirge (Lužické hory) hinziehenden Hügellandes sind die sich daraus erhebenden Bergkegel vulkanischen Ursprungs. Seit 1976 Landschaftschutzgebiet bilden die Felsenformationen, Terrassen, Steinmeere und Geröllhalden 21 Naturreservate. Dank der fruchtbaren Verwitterungsböden werden die Südhänge des Höhenzuges auch der »Garten Böhmens« genannt. Neben Äpfeln und Birnen gedeihen hier Aprikosen, Pfirsiche, Wein und Edelkastanien - drei Millionen Obstbäume sollen es insgesamt sein. Der Sage nach befinden wir uns nun in dem am längsten von Tschechen bewohnten Gebiet. Als der Urvater Čech vom Gipfel des Berges »Říp« die eigenartige Schönheit und Fruchtbarkeit des Landes erkannte, beschloß er, sich

Děčín

Tor von Pravčice, Böhmische Schweiz

hier mit seinem Volksstamm niederzulassen.

Von *Děčín* (Tetschen) sind es nur mehr wenige Kilometer bis zum Grenzübergang in die DDR bei Schmilka. Dies macht sich natürlich auch in der Stadt bemerkbar. Züge nach Berlin und Dresden unterliegen fast alle der Platzkartenpflicht, aus den verschiedenen Urlaubsgebieten in der Tschechoslowakei kommend legen die deutschen Touristen vor der endgültigen Heimfahrt hier noch einmal eine Pause ein, geben die letzten Kronen aus.

Aus dem nahen Dresden fahren jedoch auch Ausflugsdampfer durch Děčín. Ihre Gäste begeistern sich ebenso wie die meist deutschen Passagiere der tschechischen Schiffe, die von hier aus nach *Hřensko* (Herrnskretschen), einem beliebten Ausgangspunkt in die Böhmische Schweiz (České Švýcarsko), starten, an den steil abfallenden Felsen der Tetschener Wände. Wer genug Zeit hat, sollte sich das Tor von Pravčice, die größte natürliche Felsbrücke in Europa, anschauen, aber auch eine Kahnfahrt oder Wanderungen die romantische Kamenice entlang sind reizvoll — und beliebt.

In der Industriestadt Děčín (56 000) selbst gibt es außer dem sich auf einem Felsvorsprung am rechten Elbufer erhebenden Barockschloß nur wenig zu sehen. Dessen Salla terrena stammt aus der Zeit um 1700, sein Schloßgarten mit Rosenterrasse aus der 1. Hälfte des 18. Jahrhunderts. Der junge *Chopin* war hier 1835 zu Gast. Über den Fluß Ploučnice führt eine spätgotische Brücke mit einer barocken Statuengruppe von *J.M. Brokoff.*

Böhmisches Manchester

Für die rund 90 km von Děčín bis Liberec, über die traditionsreiche Glasbläserstadt *Nový Bor* und *Česká Lípa,* einer dörflich wirkenden Kreisstadt, braucht der Linienbus gute zwei Stunden. Im Norden erhebt sich das relativ niedrige und daher wohl auch seltener besuchte Lausitzer Gebirge, im Süden breitet sich das waldige Hügelland »Máchův kraj« aus. *K.H. Mácha,* der bedeutendste tschechische Lyriker des 19. Jahrhunderts soll die Gegend um das Städtchen *Doksy* besonders geliebt haben. Wer am dortigen See »Máchovo jezero« jedoch heute wie einst der Romantiker Einkehr und Ruhe sucht, wird diese kaum finden. Bei schönem Wetter ist sein Sandstrand dicht besetzt, selbst auf den Waldwegen herrscht Hochbetrieb.

Ein trichterförmiges Bauwerk auf dem Gipfel eines Berges kurz vor Liberec erregt das Interesse der Reisenden. Nachdem 1963 das 60 Jahre alte Hotel auf dem Hausberg dieser Stadt, dem Ještěd, abgebrannt war, beschloß man es durch einen 84 m hohen Fernsehturm mit Übernachtungsmöglichkeit und Aussichtsrestaurant zu ersetzen. Bis 1973 wurde an dem später mit einem internationalen Architekturpreis ausgezeichneten Gebäude gebaut. Mit seiner ungewöhnlichen Form soll es die Gestalt des 1012 m hohen Berges logisch abschließen.

Ještěd heißt auch das zwischen städtischem Busbahnhof und neuer-

Der Machův-See im Hochsommer

Berghotel mit Fernsehsender auf dem Ještěd

richtetem Kulturhaus liegende Einkaufszentrum von *Liberec* (100.000). Daß Reichenberg früher das »böhmische Manchester« genannt wurde und heute hier die Konsumgütermesse »Liberecký výstavení trh« stattfindet, ist in dessen Textilabteilung nicht zu spüren. Genauso einfallslos wie überall ist auch hier das Angebot an Pullovern. Die ausgestellten Kleider, neueste und preisgekrönte Modelle der eben zu Ende gegangenen Messe, hätten einige hundert Kilometer westwärts schon vor zehn Jahren nur schwer einen Käufer gefunden.

Die tschechische Textilindustrie steckt in einer Krise. Auch in offiziellen Zeitungen finden sich Berichte über mangelnde Qualität, ungenügende Auswahl. Während die Produktion aller Industriewaren von 1975 bis 1984 auf 163,11% wuchs, erreichte die Textilerzeugung lediglich 127,24%, nur die Kühl- und Tabakindustrie schnitt noch schlechter ab.

Die in der Textilbranche bezahlten Löhne liegen mit 2400 Kronen 600 Kčs unter dem Durchschnittseinkommen eines Industriearbeiters. Und wie schon vor hundert Jahren stehen an den Webstühlen besonders viele Frauen.

Bereits im Jahre 1579 ließen sich in dem waldreichen, für die Landwirtschaft wenig geeigneten Talkessel der Nisa die ersten Tuchmacher nieder. Sie schufen die Voraussetzung für eine Industrie, die Liberec 400 Jahre später zum Zentrum der Textilproduktion ganz Böhmens machen sollte. Während des dreißigjährigen Krieges unterstützte *Albrecht von Waldstein* die Entwicklung der Textilbranche, indem er für die Handwerker neue Häuser bauen ließ. In den siebziger Jahren des 17. Jahrhunderts entstanden die bis heute erhalten gebliebenen, nach ihm benannten Fachwerkbauten in der Větrná ulice.

Wenige Jahrzehnte später wurden in Liberec die ersten Manufakturen errichtet, in der ersten Hälfte des 19. Jahrhunderts entstanden daraus Industriebetriebe. Damals wurde Reichenberg mit seinen 20 000 Einwohnern nach Prag zur zweitgrößten Stadt Böhmens. Die wachsenden sozialen Probleme machten es zu einem Zentrum der Arbeiterbewegung, in den Jahren 1877-80 hatte das ZK der Österreichischen Sozialdemokratischen Partei hier seinen Sitz. Anarchisten verübten im Oktober 91 auf dem städtischen Bahnhof ein Attentat auf *Franz Josef I.*

Liberec. Im Vordergrund das Kulturhaus der Gewerkschaft, dahinter das Kaufhaus Ještěd

In der zukünftigen »Hauptstadt des Sudetengaus« gab eine fast ausschließlich deutsche Bourgeoisie den Ton an, das Proletariat setzte sich dagegen aus Angehörigen beider Nationen zusammen. Deutsche und Tschechen nahmen im August 1870 an einem in die Geschichte der Bewegung eingegangenen Arbeiterlager auf dem Ještěd teil.

Die sich verschärfenden nationalen Auseinandersetzungen erreichten schließlich jedoch auch das Proletariat. Tschechische Sozialdemokraten und Gewerkschafter fühlten sich von ihren deutschen Genossen majorisiert, nationale Sektionen entstanden. Auf dem Brünner Parteitag 1899 einigte man sich nach langen Diskussionen auf die Forderung nach der Umbildung Österreichs in einen demokratischen Nationalitätenbundesstaat.

Die Entstehung einer selbstständigen tschechoslowakischen Republik und die darauf folgende Besetzung des Sudetenlandes durch tschechisches Militär stieß auch bei sudetendeutschen Sozialdemokraten auf Ablehnung. Aus einer Stellungnahme vom 8.12.1918 : »An den Tagen, da tschechoslowakische Truppen in unsere Stadt einziehen, darf in keiner Fabrik, in keiner Werkstatt gearbeitet werden, darf kein Haustor offenstehen... .Die Tschechen müssen das Gefühl haben, als ob sie in eine tote, eine ausgestorbene Stadt kämen.- Wir werden alles tun, um gegen die Gewalt zu protestieren und unser Recht zu wahren.«

1935 hatten in Reichenberg 28 000 Deutsche und 5 000 Tschechen gelebt. 1950 lag die Einwohnerzahl von Groß-Liberec bei 58 000, 1930 hatte sie 77 885 betragen. Die vertriebenen Deutschen versuchte man durch die Umsiedlung von Slowaken und Zigeunern zu ersetzen. Lediglich Facharbeiter, die man für die Aufrechterhaltung der Industrieproduktion benötigte, sowie antifaschistische Widerstandskämpfer durften in ihrer Heimat bleiben. Heute liegt der Anteil der Deutschen im Kreis Liberec bei etwa 5%. Genaue Zahlen werden jedoch kaum veröffentlicht.

Bereits während des Krieges waren zahlreiche Textilbetriebe liquidiert und in Rüstungsfabriken umgewandelt worden. Da es der Tschechoslowakei nach 1948 nicht gelang, die alten Exportmärkte zurückzugewinnen, sank die Zahl der in diesem Industriezweig Beschäftigten auf die Hälfte des Vorkriegsstandes. Die auf den Bergrücken des Riesen- und Isergebirges verstreut liegenden Kleinbetriebe wurden zu riesigen Unternehmen zusammengefaßt. Neben »Textilany«, »Seba« oder »Kolora« entstanden zur Überwindung der Spezialisierung auf nur eine Branche »LIAZ«, die Liberecer Automobilbetriebe.

Sehenswerte Bauwerke gibt es in Liberec nur wenige. Zu den ältesten gehört das an der Felberova und Gutenbergova ulice gelegene Renaissanceschloß. In seiner Kapelle blieb die wertvolle Innenausstattung erhalten.

Dominante des Hauptplatzes »Kämpfer für den Frieden« (Bojovníků za mír) ist das Pseudorenaissancegebäude des Rathauses. Nach den langen Jahren deutscher Stadt- und Gauverwaltung können sich Deutsche und Tschechen dort heute ungestört zu einem gutbürgerlichen Mittagessen treffen. Ins Plüschkaffeehaus »Pošta« zieht es nicht nur die Besucher des benachbarten F.X.Šalda-Theaters, sondern auch die Jugend der Stadt. Am nahen Sokolovské náměstí steht die dreischiffige Kirche St. Antonín, welche an Stelle einer Holzkirche in den Jahren 1579-88 errichtet wurde. Bei der neugotischen Umgestaltung wurde der Turm auf siebzig Meter erhöht. Damit sollte ein Gegengewicht zu den Fabrikschornsteinen, die mehr und mehr die Silhouette Liberecs prägten, geschaffen werden.

Nicht versäumen sollte man die Besichtigung des Nordböhmischen Bezirksmuseums. In dem 1897 errichteten und mit dem Turm des vernichteten alten Rathauses geschmückten historistischen Gebäude werden Sammlungen zur Entwicklung des Kunsthandwerks und der Geschichte der Stadt gezeigt. Am Ausstellungsgelände der Messe und am Museum vorbei fährt die Straßenbahn bis zum Volksgarten (Lidové sady).

23 km von Liberec entfernt, im nördlichen Vorland des waldreichen Isergebirges (Jizerské hory) liegt *Frýdlant* (Friedland). Besitzer der bereits in der Mitte des 13. Jahrhunderts auf hohem Basaltfelsen entstandenen Burg war *Albrecht von Waldstein,* dem für seine Verdienste im dreißigjährigen Krieg vom Kaiser der Titel »Herzog von Friedland« verliehen worden war.

Kern und ältesten Teil der Anlage bilden der 50 m hohe Rundturm Indica und die gotische Obere Burg. Das vom italienischen Architekten *M. Spazzio* errichtete Untere Schloß ist mit dem alten Flügel durch einen mächtigen Torbogen verbunden. In

Burg Frýdlant

seinen Räumen befinden sich reiche Sammlungen von Gobelins, Glas, Keramik. Interessant ist auch die Gemäldegalerie mit Werken bekannter Barockmaler, unter ihnen *W.L. Reiner, K. Škréta* und *P. Brandl.*

»Parlnmachn«

Die Straßen und Bachläufe des Isergebirges entlang ziehen sich die für die Gegend typischen Dörfer. Nachdem der Linienbus die Stadtgrenze von *Jablonec* (Gablonz, 45 000) erreicht hat, benötigt er noch gut 10 Minuten bis er durch die verstreut liegenden Siedlungen im Zentrum des ehemaligen Waldhufendorfes ankommt. Seit dem 16.Jahrhundert, als im Tal der Nisa nur einige wenige Bauernhäuser standen, hat sich für Jablonec viel verändert. Damals lockte die waldreiche Gegend und die Armut der Gebirgsdörfer Hüttenunternehmer aus Sachsen an. In der Folgezeit wurde die Glas- und Schmuckindustrie der Stadt in der Welt immer bekannter und berühmter, innerhalb der letzten hundert Jahre verzehnfachte sich so die Einwohnerschaft.

Nach und nach mußten die holzgezimmerten Isergebirgshütten Mietskasernen im Stil der Sezession weichen. Nur in den Dörfern ringsum waren sie weiterhin die bestimmende Hausbauweise. »In seiner Urform ist es leicht zu beschreiben: ein Zweigiebelhaus auf rechteckigem Grundriß, ein von der Längsseite durch das ganze Haus laufender Gang, das Vorhaus, teilte das Gebäude in eine Wohnseite und eine Stallseite. Erstere bestand ursprünglich nur aus einem großen Raume, der Küche, Wohn- , Arbeits- und Schlafraum gleichzeitig war. Vom Vorhaus führte eine Treppe auf die 'Bühne', die als Dachboden und Futterspeicher verwendet wurde und meistens auch eingebaute Schlafkammern aufwies.«

In der großen Stube brannte bis tief in die Nacht hinein Licht, denn die Glas- und Schmuckindustrie des Gebietes beschäftigte unzählige Heimarbeiter. Schon früh lernten Frauen und Kinder das »Parlnmachen«. »Ein Blasebalgtisch stand beim Fenster. Da war eine v-förmige Brettervorrichtung an einer Achse, mit der kontinuierlich der Blasebalg getreten werden mußte. Vor dem Perlenbläser stand eine ovale Blechlampe, gefüllt mit 'Kaisrehle'= Kaiseröl, so hieß damals ein besonders gereinigtes und dafür auch teures Petroleum. Schwenkbar zu der Lampe war, vom Balgen kommend, ein bogenförmiges Luftzuführungsrohr, daran eine feine, ausgezogene Spitze, und wenn das richtig in die Linie gebracht war, gab es eine feine Stichflamme. Etwas Erdwachs im gereinigten Petroleum verstärkte die Hitze. Genau in der Flammenzone, welche die größte Hitze ergab, wurden die Stängel erwärmt, erweicht, und, nachdem das Hohlstängel vorher zugeschmolzen worden war, die Perlen ohne Maschine aufgeblasen. Nur ein Größenmaß aus Metall, nach Linien eingeteilt, diente dazu, die gleichen Größen auszusortieren.«

Die exportorientierte Schmuckindustrie war wie kaum eine andere

Glasschleifer

Branche von der politischen und wirtschaftlichen Entwicklung abhängig. »Kriselte« es in einem Teil der Welt, wurde zunächst natürlich auf die Ausgaben für Tand verzichtet, sanken die Einkommen der Isergebirgler. »Mr hon ne gehungert!« stellt ein alter Gablonzer, dessen Wochenspeiseplan aus Kartoffeln in den verschiedenen Variationen bestand, fest. Zum Frühstück gab es im Isergebirge häufig »Kysel-Suppe«, Sauerteigsuppe: »Brotmehl wurde in einem Gefäß angerührt, in welchem ein Rest des Sauerteigs blieb. Am nächsten Tag war alles durchgesäuert, und daraus wurde eine Suppe gemacht. Unsere Mutter konnte uns dann schon einen Schwups Milch in die Kyselsuppe geben. Manchmal ein Rührei, das war am Sonntag, und am Boden lag immer Kümmel.«

Im heutigen Jablonec errinnern an die ehemalige deutsche Bevölkerung fast nur noch die Antiquariate. Ab und zu findet man auch einen Anschlag des »Kulturverbandes der Bürger deutscher Nationalität«. Sie werben für Tagesausflüge, Konzert- und Theatervorstellungen in der DDR.

Am Švermovo náměstí ist in einem schönen Secessionsgebäude das Glas- und Bijouteriemuseum der Stadt untergebracht. Reichhaltige Sammlungen, von den ältesten Glasfunden bis zu den Gegenwartserzeugnissen moderner Designer und Werken der fabrikmäßigen Massenproduktion sind hier ausgestellt.

Am Dukelské náměstí steht die barockisierte Kirche St. Anna. Interessanter als sie ist das sich an ihrer Südseite befindende Sühnekreuz. Aus dem Jahre 1666 stammend, ist es ein Beispiel für die in Nordböhmen häufig anzutreffende Volkskunstplastik. Meist wenig professionell kommt in ihnen das religiöse Empfinden der örtlichen Künstler zum Ausdruck. Ein zweites Beispiel hierfür findet man im Garten der Alten Pfarrei in der Kostelní ulice 6. Die von *Ignác Matinec* 1829 geschaffene Monumentalplastik »Garten Gethsemane« wurde 1966 restauriert und aus dem Dorf Rádla nach Jablonec versetzt.

Romantik

Die Ausläufer des Isergebirges hinab, hinein in die Ebene um das »Böhmische Paradies« (Český ráj) führt unser Weg von Liberec nach *Jičín*. Er gehört wohl zu den schönsten der gesamten Rundfahrt. Wieder sind einige der für die Gegend typischen Bauernhäuser zu sehen, im Norden erhebt sich der Ještěd, im Westen, bereits hinter *Turnov,* wo die berühm-

Nová louka. Ehemaliges Herrenhaus an der »Skimagistrale« im Isergebirge

ten böhmischen Granate zu Schmuckstücken geschliffen werden, erkennen wir in der Ferne *Burg Valdštejn* sowie Schloß und Kirche Hrubá Skála. Mit 220 Sandsteintürmen und 700 Aufstiegsmöglichkeiten ist die gleichnamige Felsenstadt die größte des Böhmischen Paradieses. In dem unterhalb gelegenen *Sedmihorky* hatte es in der zweiten Hälfte des 19. Jahrhunderts seinen Namen erhalten. Bedeutende Vertreter des tschechischen kulturellen, gesellschaftlichen Lebens hatten sich in dem ehemaligen Klimaheilbad und heutigen Erholungszentrum der Gewerkschaft getroffen. Die Stimmung der Zeit der nationalen Wiedergeburt ließ sie für die sie umgebenden Naturschönheiten diese romantische Bezeichnung prägen. Damals begann die touristische Erschließung des etwa 30 x 15 km großen Gebietes.

Attraktion des 1955 zum Naturschutzgebiet erklärten »Český ráj« sind seine nadelförmigen Felsentürme. Verborgen in Fichten- und Kiefernwäldern bilden sie riesige Labyrinthe. Während in früheren Zeiten mit Hilfe einheimischer Führer hier sicher viel zu entdecken war, bewegen sich die Wanderer heute auf vorgeschriebenen Wegen, ist das Erklettern der vielgestaltigen Sandsteingebilde nur mit besonderem Ausweis erlaubt. Die ursprüngliche Schönheit der Grotten, Spalten und Wildbäche, die Rundblicke über die bizarre Felsenwelt kann daher nur noch sehr früh am Morgen genoßen werden. Schon zwischen 9 und 10 Uhr sind die Busse, die von Jičín aus in die »Prachovské Skály« fahren, überfüllt, belagern Kinder- und Jugendgruppen der umliegenden Ferienlager Souvenier- und Erfrischungsstände. Besonders beliebt ist der »Císařská chodba«, der Kaisergang. Benannt nach *Kaiser Franz II.*, der sich 1813 in Jičín aufhielt, führt er von der »Turistická chata« über die Aussichtsplattformen »Český ráj« und »Mír« (Frieden) auf einer Strekke von 1,4 km zurück zu Restaurant und Bushaltestelle. Darüber hinaus werden zahlreiche längere Rundwanderwege angeboten.

Aufgrund der fruchtbaren Böden, vor allem aber wegen der zahlreichen Verstecke, die die Felsenstädte Mensch und Tier boten, war das Böhmische Paradies bereits vor 80 - 100 000 Jahren bewohnt. In den Prachovské skály wurden prähistorische Siedlungen und Grabhügel gefunden, im Museum in *Mnichovo Hradiště* ist das Skelett eines Höhlenbären ausgestellt.

Hervorstechendes Merkmal des Böhmischen Paradieses ist die weithin sichtbare, gotische Burgruine *Trosky*. 12 km vor Jičín breitet sie sich auf dem Rücken zwischen zwei, fast 500 m hohen, erloschenen Basaltkratern aus. Auf ihren Gipfeln zeugen die erhalten gebliebenen Türme - im Volksmund Jungfrau und Großmutter genannt - von den technischen Fertigkeiten der damaligen Baumeister. Der früher von der Bevölkerung geübte Brauch, zur Kirchweih von den Felsen einen lebendigen, gefesselten Ziegenbock herabzustoßen - was man als »Bockwerfen« bezeichnete - war bereits zu Beginn unseres Jahrhunderts abgeschafft.

Jičín, Walditzer Tor. Rechts das Schloß Wallensteins

Jičín (Gitschin), 16.000 Einwohner zählende Kreisstadt unter Denkmalschutz, verdankt die Vielzahl seiner historischen Bauwerke *Albrecht von Waldstein.* Weil er die Stadt zum Zentrum seines Herzogtums Friedland machen wollte, ließ er Schloß und Kirche um- und erbauen, bereitete die Gründung einer Universität und eines Bistums vor.

Im Nordosten der Stadt führt eine fast 2 km lange Lindenallee zu einem alten, mit Platanen, Buchen und Feldahorn bestandenen Park, auch er ein Auftrag Waldsteins. Das 1632 erbaute Lustschloß konnte der Herzog jedoch kaum mehr genießen, in Cheb (Eger) wurde er zwei Jahre später ermordet.

Durch das dreigeschossige spätgotische, mit einer neugotischen Holzgalerie versehene Walditzer Tor (Valdická brána) gelangt man auf den Hauptplatz Jičíns, den 13 000 qm großen Gottwaldovo náměstí. Ganz von Renaissance- und Barockhäusern umgeben, gehört er zu den schönsten Böhmens. Auf der linken Seite fällt der Blick auf die St. Jakobskirche. Ihr fehlender Turm wird auf den frühen Tod des Feldherrn zurückgeführt. Gleich daneben dann das Waldsteinsche Schloß, ein Bau aus den Jahren 1624-33. Auf der Westseite des Platzes befand sich im Haus Nr. 33 das Alte, in Nr. 38 das Neue Rathaus. Die Straße Chelčického führt zum ältesten Bauwerk der Stadt. Bereits in der ersten Hälfte des 14. Jahrhunderts wurde die dreischiffige, gotische Pfarrkirche St. Ignac gegründet. 1622 den Jesuiten

Burg Kost

übergeben befinden sich in ihrer Umgebung zahlreiche von ihnen als Schule, Seminar, Krankenhaus und Wohnheim genutzte Gebäude.

Jičín ist günstiger Ausgangspunkt für Fahrten zu den Sehenswürdigkeiten in und um das Böhmische Paradies. Ein schöner Campingplatz liegt im Teichgebiet von Jinolice, in den Wäldern nordöstlich der Prachovské skály verstecken sich zwei große, jedoch meist belegte Hotels.

Einen Besuch wert ist das nur 35 km westlich Jičíns liegende Mladá Boleslav. Zuvor jedoch lockt oberhalb *Sobotkas,* einer nur 2500 Einwohner zählenden Kleinstadt mit bemerkenswerter Volksarchitektur, das Barockschlößchen Humprecht zu einem Abstecher. Von dem 1666—72 für *Jan Humprecht Černín* auf ellipsenförmigem Grundriß errichteten Bau hat man nicht nur eine prächtige Aussicht, auch die Ausstellung zur Geschichte der Kinderliteratur ist interessant.

4 km nördlich liegt die Burg *Kost.* Sie wurde im 14. Jahrhundert erbaut und hat sich trotz zahlreicher Um- und Neubauten ihren mittelalterlichen Charakter bewahrt. Lediglich die Salla terrena ist eine frühbarocke Ergänzung im Auftrag Albrecht von Waldsteins. Heute sind in Kost Sammlungen spätgotischer Kunst der Nationalgalerie in Prag zu sehen.

Mladá Boleslav (Jung-Bunzlau, 40 000) ist das böhmische Sindelfingen. 60 000 Kronen, ca. 20 Monatslöhne, zahlt eine tschechische Familie für einen der hier produzierten PKWs der Marke Škoda. Doch da meist beide

Ehepartner arbeiten ist der »Škodovka« nicht unerschwinglich und so bestimmte im Sommer 88 das erwartete neue Modell, ein dem Fiat-Uno ähnlicher Kleinwagen, die Stammtischgespräche der Republik. Fernsehen und Rundfunk brachten lange Berichte, die staatliche Lotterie warb mit ihm als Hauptpreis, auch in den traditionellen Ferienmonaten Juli und August wurde in diesem Jahr in den riesigen Produktionsanlagen am Rande der Stadt gearbeitet.

Die Automobilherstellung hat in Mladá Boleslav eine lange Tradition. Bereits 1895 begannen der Mechaniker *V. Laurin* und der Buchhändler *V. Klement* Fahrräder zu bauen. 10 Jahre später fertigten sie den ersten Personenkraftwagen. In den Straßen der Stadt wird heute abwechselnd für die Erfüllung der Beschlüße des letzten Parteitags und den Kauf eines Škodas geworben. »Das Auto bringt die Ferne nah« lautet der geistreiche Spruch der real-sozialistischen Verkaufsmanager. Und auch ein Museum aller produzierten Typen fehlt nicht.

Doch anders als der bundesdeutsche Luxuswagen hat der Škoda der Stadt seiner Produktion scheinbar keinen Reichtum gebracht. Zwar ist in ihrem Norden ein Neu-Neu-Bunzlau entstanden, doch verfällt der Kern der Altstadt immer mehr. Dies wird besonders bei einem Spaziergang um die ehemaligen Befestigungsanlagen deutlich. Hinter den zerbrochenen Einheitsladenschildern kommen die Namen der ehemaligen deutschen Besitzer wieder zum Vorschein. Lediglich mit der Renovierung der wahrscheinlich schon von *Boleslav I.* im 10. Jahrhundert gegründeten Burg wurde bisher begonnen.

Wie in vielen anderen Städten Böhmens mit einem ehemals hohen deutschen Bevölkerungsanteil leben in den langsam verfallenden, meist aus der Zeit des Barock stammenden Häusern, seßhaft gemachte Zigeuner. An warmen Sommertagen baden sie nur 200 m vom »Věnec«, dem »ersten Hotel am Platz« entfernt in einer Zinkbadewanne im Freien. Im Restaurant des Hotels feiert unterdessen ein russischer Soldat mit seiner Mutter Wiedersehen. Seit dem Einmarsch der Warschauer-Pakt-Staaten im August 68 sind in Mladá Boleslav eine unbekannte Anzahl Rotarmisten stationiert.

Neben der ursprünglich gotischen, im Renaissancestil umgebauten Burg haben das Renaissancerathaus mit seinen (noch) erhaltenen Sgraffitis sowie die beiden Barockkirchen historischen Wert. Wirklich sehenswert ist das Stadttheater, ein Secessionsbauwerk der Wiener Architekten *Fellner* und *Helmer* aus dem Jahre 1906. Etwas verborgen liegt es hinter den Bäumen des Stadtparkes.

14 km nördlich Mladá Boleslavs erreicht der häufig verkehrende Linienbus *Mnichovo Hradiště* (Münchengrätz, 7000). Auch hier werden Autos produziert, LKWs der Marke LIAZ.

Auf einer Landzunge über der Iser lockt ein dreiflügeliges Barockschloß. Jede Stunde finden hier Führungen statt. Doch wer meint, in dem verschlafenen Städtchen ihr einziger

Gartenpavillon des Schloßes in Mnichovo Hradiště

Gast zu sein, sieht sich getäuscht. Aus dem verwilderten Park, dem Lapidarium mit Barockstatuen von *Braun, Brokoff* und *Platzer,* vom benachbarten Kapuzinerkloster kommen immer mehr Neugierige. Denn hier in Mnichovo Hradiště liegt in der Kapelle St. Anna der Mann begraben, dem wir bei unserer Fahrt durch Nord- und Ostböhmen immer wieder begegneten. Aus dem Kartäuserkloster Valdic waren die sterblichen Überreste *Albrecht von Waldsteins* 1785 von einem Verwandten hierher überführt worden.

Auf einen Waldstein, den Prager Erzbischof Friedrich, geht auch die im Schloß untergebrachte Bibliothek zurück. Mit viel Liebe wird sie ebenso wie die anderen mit Barock- und Rokokomobiliar wunderschön ausgestatteten Zimmer von der örtlichen Führerin gezeigt. Die in der Regel tschechischen Besucher lauschen gespannt den Geschichten über das Leben der ehemaligen Feudalherrn. Die innerhalb eines Jahres errichtete St.Annen-Kapelle wird mit den Errungenschaften des sozialistischen Wohnungsbaus verglichen, daß viele der früheren, nach 1948 vertriebenen Besitzer der zahlreichen böhmischen Schlößer ihre Erhaltung mit Zahlungen aus dem Ausland unterstützen, wird mit Wohlwollen aufgenommen.

Das Kleinod des Schloßes, die die Wände eines winzigen Kabinetts ganz bedeckende Bildergalerie, ist heute nicht mehr vollständig. Bei den häufig stattfindenden Dreharbeiten verschwand eine der 112 kostbaren Miniaturen in einer Hosentasche.

Im Riesengebirge

Die Krkonoše, das Riesengebirge, sind die schönsten und darum auch meistbesuchtesten Berge Böhmens. Dies liegt wohl nicht zuletzt daran, daß sie auch im Winter mit dem PKW gut zu erreichen sind. Dabei ist gerade der zunehmende Verkehr in den letzten Jahren Gegenstand einer öffentlichen Diskussion geworden. Zwar ist man sich einig, daß es ab einer gewissen Grenze ein Fahrverbot für all die Škodas, Wartburgs und Trabants geben muß, nur wo diese liegen soll ist umstritten. Bisher sind nur Fahrten auf die Kämme verboten, hier verkehren Linienbusse. Währenddessen sterben die Wälder des 1963 zum Nationalpark erklärten Gebirges weiter. Beendet werden konnte inzwischen lediglich der ungehemmte Datschenbau. Nicht nur Privatpersonen, sondern auch Betriebe und gesellschaftliche Organisationen hatten jahrelang ohne Genehmigung und daher in der Regel auch ohne Anschluß an die Kanalisation ihre Wochenendhäuser und Erholungsheime errichtet.

Höchste Erhebung des Riesengebirges ist mit 1602 m die *Sněžka,* die Schneekoppe. Von *Pec pod Sněžkou* führt eine Seilbahn auf ihren Gipfel. Wenige Meter von der Endstation entfernt verläuft, nur durch Holzpfosten markiert, die tschechoslowakisch-polnische Grenze und so kann man mit jedem unbedachten Schritt bereits im Nachbarland sein. Eine Wanderung in den polnischen Teil des Gebirges wissen die strengen Grenzwächter freilich zu verhüten. Sie sind es gewohnt, an die 500 000 Touristen drängen sich jährlich hier. Nicht die Erholung, sondern Gold- und Edelsteine suchten im 15. Jahrhundert die ersten Besucher. Später kamen Bergleute, Holzfäller, Wallfahrer. Die Kapelle auf der Schneekoppe wurde bereits 1681 geweiht.

Eine andere Erhebung des Riesengebirges ist der *Krakonoš* , der 1296 m hohe Rübezahl. Von dort gibt es schöne Wanderwege zur *Elbquelle* (Labská studánka oder pramen), zum *Elbfall* (Labský důl) und der *Kesselkoppe* (Kotel, 1435 m).

Špindlerův Mlýn (Spindlermühle), das größte Touristenzentrum mit zahlreichen Hotels und Gewerkschaftsheimen, liegt zwischen den Ausläufern des Hauptkammes und ist Ausgangspunkt für die letzgenannten Routen. Der beliebte Wintersportort besitzt zwei Schanzen, zwei Renn- und eine Touristenpiste sowie eine Eisbahn. Im Sommer stehen ein Schwimmbad und Tennisplätze zur Verfügung, im Frühling findet auf der Elbe ein Wildwasser-Kanurennen statt.

Trotz der Stillegung zahlreicher Unternehmen ist das Riesengebirge und sein Vorland das bedeutendste Baumwollverarbeitungsgebiet des Staates geblieben. Typisch ist die verstreute Lage älterer, kleinerer Produktionsstätten in einer Reihe von Gemeinden. Die größten Städte sind *Trutnov* (30 000) und *Náchod* (21 000). Das Bild dieses im Norden des Adlergebirges (Orlické hory) nur 15 km von der polnischen Grenze entfernt liegenden Heimatortes des Schriftstellers *Alois Jirásek* wird von seinem Schloß bestimmt. Die ursprüngliche

Mumlover Wasserfall im Riesengebirge

Die Schneekoppe

Wachtburg zeigt aufgrund verschiedener Umbauten ihrer Besitzer - auch unter ihnen wieder *Albrecht von Waldstein* - die Stile des 13. - 18. Jahrhunderts.

Gezimmerte Stockwerke haben die Türme der Pfarrkirche auf dem Ringplatz. Ungleich massiv errichtet werden sie im Volksmund Adam und Eva genannt.

7 km südlich Náchods lohnt das unter Denkmalschutz stehende *Nové Město nad Metují* (Neustadt an der Mettau, 8000) einen Abstecher. Die Stadt wurde 1501 gegründet und nach der Feuersbrunst im Jahre 1526 im Renaissancestil neu aufgebaut. In der Nordwestecke des von Arkadenhäusern umsäumten Marktplatzes erhebt sich das frühbarocke Schloß, ursprünglich eine gotische Burg. Zu Beginn des 20. Jahrhunderts fast verfallen, kaufte es ein örtlicher Textilindustrieller und ließ es von dem Architekten *D. Jurkovič* erneuern. Dabei entstand der mit gemalten Jugendstilornamenten verzierte »Rippensaal« sowie Kunstsammlungen — historische und neuere Gemälde tschechischer Künstler, 24 Zwerge Braunscher Art.

Im Südwinkel des Marktplatzes wurde bald nach Gründung der Stadt eine spätgotische Kirche gebaut. Eine Kostbarkeit ihrer Innenausstattung bildet ein goldener gotischer Kelch, auf dessen Fuß in Form eines Reliefs das Abendmal dargestellt ist.

Sehenswert ist auch das Renaissancerathaus, sowie die erhalten gebliebenen Teile der mächtigen Stadtbefestigung. Wegen ihrer romantischen Lage auf einem Hügel hoch ober der Metuje, von der sie an drei Seiten umflossen wird, hat Nové Město den Beinamen »böhmisches Bethlehem« erhalten.

15 km südlich von Nové Město liegt das Schloß Opočno

Kukser Barock

Auf der Weiterfahrt nach Hradec Králové kommt man 8 km südlich Náchods durch *Česká Skalice*. Die alte, aus Holz errichtete Schule besuchte in den Jahren 1824-29 die wohl bekannteste tschechische Schriftstellerin *Božena Němcová*. Ihr zu Ehren wurde nicht nur ein Museum eingerichtet und ein Denkmal aufgestellt. Auch das Tal der hier fließenden Úpa wurde nach der »Großmutter«, dem Hauptwerk Němcovás »Babiččino údolí« genannt. Die erhalten gebliebenen Handlungsorte des Romans - Schloß Ratibořice, die Alte Bleiche, Wehr und Mühle - werden als Erinnerungsstätte sorgfältig gepflegt.

Wer barocke Plastiken liebt, sollte an *Kuks*, 8 km nördlich von Jaroměř gelegen, nicht vorbeifahren. Das Dorf an der Elbe verdankt seine fast europäisch zu nennende Bedeutung der Sammlung von Arbeiten des Bildhauers *M.B. Braun*. Graf *Franz Anton Sporck*, aufgeklärter Zeitgenosse des Barockkaisers *Karl VI.*, holte den berühmten Tiroler nach Böhmen. Nachdem im Jahre 1694 in Kuks eine Mineralquelle entdeckt worden war, ließ der Graf nicht nur einen eleganten Badeort für den Adel, sondern auch ein Heim für die Alten und Kranken der Umgebung errichten. Von den ehemals luxuriösen Gebäuden - ein Sommerschloß mit Wannenbad und Bibliothek, ein Holztheather — ist nur mehr dieses erhalten. Und hier, vor der 1717 der Hl. Dreifaltigkeit geweihten Spitalkirche, stehen auch die Plastiken Brauns. Erhöht, auf einer Terrasse, die Gruppe »Glückseligkeit«, rechts und links von ihr, aneinandergereiht, die Allegorien der Laster und der Tugenden.

3 km westlich von Kuks warten in *Betlem* weitere Arbeiten Brauns auf ihre notwendige Renovierung. Neben dem Hauptwerk »Christi Geburt«, welches dem Waldstück seinen Namen gab, finden wir verstreut an Wanderwegen die z.T. leider schon stark beschädigten Werke »Maria Magdalena«, »Ankunft der Heiligen Drei Könige« sowie Reste des Jakobsbrunnens. Eine Kopie des »Onuphrius« repräsentierte die böhmische Barockkunst auf der Weltausstellung in Japan.

Moderne Industriestädte

Zurück auf der Hauptstraße erreichen wir 35 km hinter Jaroměř *Hradec Králové.* Ihr deutscher Name Königsgrätz ruft bei Besuchern aus Wien und Berlin Erinnerungen an den Geschichtsunterricht wach. Bei Königsgrätz wurde am 3.7.1866 die letzte Schlacht des preußisch-österreichischen Krieges geschlagen.

Fragt man jedoch Einheimische nach Chlum, wo heute ein Mausoleum und ein Museum an die Entscheidung für die »Kleindeutsche Lösung« erinnert, stößt man häufig nur auf Schulterzucken. Und dabei hatten auch viele Tschechen im multinationalen Heer der Habsburger gekämpft. Anders als den Ungarn brachte ihnen deren Niederlage jedoch keinen Gewinn. 1867 kam es zu einem österreichisch-ungarischen, nicht aber zu einem österreichisch-tschechischen Ausgleich.

An der Handelsstraße von Prag nach Krakau, am Zusammenfluß von Elbe und Adler (Orlice) gelegen, entstand Hradec Králové bereits in der Zeit des großmährischen Reiches. Ihr Name leitet sich vom Witwensitz der böhmischen Königinnen ab, die die Stadt im 14. Jahrhundert zu einer der bedeutendsten des Landes machten. Zur Zeit der Hussitenkriege hielt es Hradec Králové mit der revolutionären Bewegung und erhielt so die Bezeichnung »Klein-Tábor«. Im 17. Jahrhundert war es nach den Zerstörungen während des dreißigjährigen Krieges dann jedoch ein Zentrum der Gegenreformation.

Heute besteht die fast 100.000 Einwohner zählende Industriestadt nicht nur aus einer, sondern aus zwei Städten. Umgeben von barocken Festungsmauern bildet der dreieckige Žižkovo náměstí den Kern der Altstadt . Noch mehr als so viele andere Marktplätze der meist von deutschen Siedlern gegründeten Städte Böhmens hat er den Großteil seiner ursprünglichen Funktion seit langem verloren. Denn bereits gegen Ende des vergangenen Jahrhunderts war nach Plänen *J. Kotěras* und *J. Gočárs* am rechten Elbufer eine moderne Neustadt erbaut worden. Aus ihren kleinen Renaissancehäusern zog es Handel und Verwaltung in die großzügigen, funktionalistischen Gebäude. Nicht nur an Wochenenden wirken viele Gassen der Altstadt daher wie ausgestorben.

Das wertvollste Bauwerk Hradec Královés, die gotische Backsteinkathedrale »Heilig Geist« steht am Žižkovo náměstí. Sie gilt als die

Hradec Králové, Marktplatz

einzige stilrein erhaltene frühgotische Kirche des Landes (1307 erbaut). Ihr benachbart ist der 68m hohe, 1574-80 errichtete Weiße Turm. Der sich anschließende ursprünglich gotische Bau des alten Rathauses wurde im Stil des 16. Jahrhunderts umgestaltet. An der Südseite des Platzes wird die Maria-Hilf-Kirche, ein Werk *C. Luragos,* 1654-66, gerade renoviert. Bilder von *Peter Brandl* sind hier sehenswert. Mit ihr ist das zu Beginn des 18. Jahrhunderts errichtete barocke Jesuitenkolleg verbunden. Die bischöfliche Residenz erhielt 1777 ein Spätbarockantlitz und beherbergt heute die Bezirksgalerie.

Die Chemieindustrie bestimmt die Farben der beiden Flüße Orlice und Elbe. Neben Nahrungsmitteln und Schwermaschinen ist Hradec Králové aber v.a. für seine Musikinstrumente bekannt. 25 000 Posaunen, Hörner und Trompeten verlassen jährlich das Werk mit dem traditionsreichen Namen Amati. Dem Firmengründer *V. F. Červený,* der 1861 mit der Herstellung der Blasinstrumente begann, wird der bekannte Spruch »Jeder Tscheche ein Musikant« zugeschrieben. Im Pianowerk Petrof werden jedes Jahr neben einigen Meisterwerken 10 000 Klaviere, 800 Konzertflügel und 26 000 Resonanzböden produziert.

Der »Umbau« (přestavba), die tschechische »perestroika«, machte die beiden Werke zum »Staatsbetrieb«. Mit diesem neuen Prädikat wurden seit 1.1.89 rund 600 Betriebe des Landes ausgezeichnet. Aufgrund der bisherigen, guten Produktionsergebnisse sollen diese nun fast vollständige Autonomie erhalten. Wirtschaftliche Rechnungsführung, Selbstfinanzierung, Eigenverantwortung sind die Schlagworte.

Größere Verantwortung für ihr Werkstück bringt die »přestavba« den tschechischen ArbeiterInnen. Reklamationen schlagen sich nun in der Höhe des Lohnes nieder. Mit rund 3500 Kronen liegt er um fast 1000 Kronen über dem Durchschnittseinkommen eines Arbeitnehmers in der ČSSR. Weniger verdienen die ungelernten weiblichen Arbeitskräfte, sie stellen die Hälfte der Amati-Belegschaft.

Böhmische Musikinstrumente haben auch im Ausland einen guten Ruf. 85% der Petrov-Klaviere werden exportiert, in der »Weltrangliste« steht die Tschechoslowakei hier nach den USA, der Sowjetunion und Japan an vierter Stelle. Viele ČSSR-Besucher bringen von ihrem Aufenthalt eine Gitarre, eine Flöte oder gar ein Saxophon mit nach Hause. Da beim Einkauf im Lande die Exportzuschläge von bis zu 100% entfallen, sind die Preise niedrig. 30 DM kostet z.B. eine Gitarre.

Als Hauptstadt des Bezirks Ostböhmen befindet sich Hradec Králové in ständiger Rivalität mit der etwas kleineren Nachbarstadt *Pardubice* (Pardubitz, 94 000). Unter Berücksichtigung des kulturellen Angebots scheint sie in der Auseinandersetzung die Jugend jedoch bereits verloren zu haben. Die avantgardistischen Musikgruppen Prags meiden die — als von besonders linientreuen Kommunisten verwaltet geltende Stadt —

Pardubice, Secessionsgebäude des Stadttheaters

und spielen lieber 16 km weiter südlich.

Aber auch der Marktplatz Hradec Královés, der als einer der schönsten des Landes gilt, wird vom Pardubicer übertroffen. Durch das gotische »Grüne Tor« betritt man ihn, der Blick fällt auf geschlossene Häuserreihen, Renaissance, Barock, Klassizismus, breite Eingangstüren erinnern an ihren gotischen Kern. Und anders als bei so vielen »toten« Marktplätzen Böhmens gibt es auf dem Pernštejnské náměstí nicht nur ein mit bunten Eisbechern lockendes Straßencafe, sondern auch ein Restaurant mit Biergarten.

Die Pernsteins, Vater Wilhelm und seine Söhne, waren es, die Pardubice nach einem Großbrand im Jahre 1507 von italienischen und einheimischen Künstlern neu schaffen ließen. An die einheitliche, im Renaissancestil errichtete Stadt erinnern jedoch nur noch Fragmente. Im dreißigjährigen Krieg brannte sie erneut. Bei einem Spaziergang durch die Stadt stößt man auf wunderschöne Jugendstilhäuser und das Pardubicer Schloß. Wie so viele historische Bauwerke Böhmens warten seine grauen Fassaden auf eine baldige Renovierung.

In Europa ist Pardubice als Austragungsort eines der schwersten Hindernisrennen des Kontinents bekannt. Seit 1874 findet alljährlich der »Große Pardubicer Steeple-Chase« (Pferderennen) statt. Seit 1929 wird bei einem Motorradrennen um den »Goldenen Sturzhelm der ČSSR« gekämpft.

Hradec Královė und Pardubice bieten sich als Ziel eines Tagesausflugs an, bis Prag sind es noch 100 km.

Brno

In dem dreihundert Seiten starken, 1906 erschienenen Taschenreiseführer »Brünn und Umgebung« wird mit leicht anklagendem Unterton berichtet, daß »die Fremden gleichgültig den ehemaligen Sitz des mährischen Markgrafen umfahren würden« und nicht ahnen, »daß sich hier die Ursprünge der mährischen Kultur befinden«.

Heute ist Mähren zwar nur ein Teil der Tschechischen Sozialistischen Republik, Brünn lediglich die Hauptstadt eines der beiden mährischen Kreise, seine Bedeutung hat es bis heute jedoch bewahrt. Es ist eines

Burg Pernštejn

der größten Industriezentren der Tschechoslowakei, Veranstaltungsort zweier Messen, einer Reihe spezialisierter technischer und ökonomischer Ausstellungen und wissenschaftlicher Symposien, Sitz von sieben Hochschulen und zahlreichen Forschungseinrichtungen. Brno verfügt über sieben ständige Theater und fünf ethnographische Museen. Die staatliche Philharmonie hat europäischen Ruf. Auf dem Messegelände ist ganzjährlich ein Kultur- und Erholungspark mit Restaurants, einem Aussichtsturm und einem Kino geöffnet.

Schwimmern und Seglern bietet der Brünner Stausee (Brněnská přehrada) gute Möglichkeiten, Sportflieger, Schützen, Radfahrer sowie der Motorsport haben ein eigenes Zentrum. Regelmäßig wird der »Große Preis der Tschechoslowakei« ausgetragen.

Brno ist Ausgangspunkt für Ausflüge in den Mährischen Karst (Moravský kras) mit den größten Tropfsteinhöhlen Mitteleuropas. In der näheren Umgebung der Stadt sind die erhalten gebliebene gotische *Burg Pernštejn* (35 km NW), sowie ein Barockschloß in *Rájec-Jestřebí (30 km N)* mit einer Bildergalerie holländischer Meister sehenswert. Im vierzig Kilometer nördlich liegenden *Boskovice* ist außer einem Empireschloß und einer gotischen Burgruine eine aus dem 17. Jahrhundert stammende Synagoge mit einem jüdischen Friedhof interessant. In *Slavkov* (Austerlitz, 20 km O) errang Napoleon im Jahre 1805 in der sogenannten Dreikaiserschlacht den Sieg über die Truppen des österreichischen Kaisers und des russischen Zaren. Etwa dreißig Kilometer südlich der Stadt beginnt eine Kette von Weinbergen, welche sich in Richtung Znojmo und Mikulov bis zur österreichischen Grenze hinziehen.

Brünn liegt am Zusammenfluß der Svratka mit der Svitava. Ihre beiden silbernen Bahnen auf rotem Grund bilden das Wappen der Stadt. Im Westen reichen die Ausläufer des Böhmisch-mährischen Berglandes (Českomoravská vrchovina), im Norden und Süden die der Drahanská vrchovina bis an die Stadtgrenzen. Die Silhouette Brünns wird von der Burg Špilberk auf einem fast im Zentrum der Stadt gelegenen Berg sowie den neugotischen Türmen der St. Peter und Pauls Kirche (sv. Petr a Pavel, Petrov, Bischofskathedrale) bestimmt. Symbole der Stadt sind der Brünner Drache und das Brünner Rad, beide hängen - zusammen mit den dazugehörigen Texten der Stadtsagen - im Alten Rathaus.

Der breite Kessel, in welchem die Stadt liegt, ist nach Süden hin geöffnet. Von Süden, über die Donau und die Morava kamen auch die Händler, die auf ihrem Weg nach Böhmen, Schlesien und Polen hier Station machten. Diese günstige Lage nutzten auch bereits die Angehörigen prähistorischer Kulturen sowie die Kelten. Auch die Römer hatten etwa 45 km südlich Brnos in *Mušove* eine kleine Siedlung. Im unweit liegenden *Dolní Věstonice* wurde die berühmte Kultfigur der Věstonicker Venus entdeckt, geschnitzt von einem Mammutjäger der Urzeit. Die Sla-

Die berühmte »Venus aus Věstonice« aus der jüngeren Steinzeit (80 000—10 000 v. Chr.)

wen kamen zwischen dem 5. und 7. Jahrhundert hierher.

Die erste schriftliche Erwähnung Brünns stammt aus dem Jahre 1091. Seit dem 11. Jahrhundert vergrößert sich die Burg auf dem Petrov um eine unterhalb liegende Stadt, wo sich außer den Slawen nach und nach auch Handwerker und Händler aus Österreich, dem Unteren Rheingebiet sowie Flamen und Walonen niederlassen, gleichzeitig ensteht eine jüdische Siedlung. In der Mitte des 13. Jahrhunderts erhielt die Stadt ein Verzeichnis der Rechte und Gesetze, die Festung Špilberk wurde gegründet, Befestigungsmauern errichtet. Zur Ringstraße geworden ist ihr ehemaliger Verlauf im Plan der Stadt bis heute gut zu erkennen. Von der Befestigung selbst blieb jedoch nur ein Tor erhalten. (Měninská brána, Orlí ulice).

Ständiger Sitz der mährischen Markgrafen — unter ihnen der spätere Kaiser *Karl IV.* — wurde Brünn während des 14. Jahrhunderts. Ein erster Höhepunkt der Stadtentwicklung war erreicht. Es entstanden eine Reihe gotischer Kirchen und Klöster, deren Gebäude, mehrmals umgebaut, bis heute erhalten blieben. Den gotischen Charakter bewahrten sich die beiden größten Objekte, die Steinkirche St. Jakob (sv. Jakub, Jakubské nám.) und der Ziegelbau der Kirche Nanebevzetí P. Marie am Mendlovo nám.

Da die Bürger der Stadt überwiegend katholischen Glaubens waren, wurde sie zu Beginn des 15. Jahrhunderts zweimal von den Hussiten belagert. Den Angriffen konnte man standhalten und sogar schließlich den antireformatorischen Prediger der Franziskaner *Jan Kapistran* beherbergen. Ein Jahrhundert später wurde der Miterbauer des Wiener Stephansdoms *Anton Pilgram* gefeiert, der sowohl an der bereits erwähnten spätgotischen Kirche St. Jakob, als auch am Portal des Alten Rathauses (Stará radnice, Radnická 8) arbeitete.

Die zweite Stufe der baugeschichtlichen Entwicklung der Stadt hängt mit dem ganz Mitteleuropa drohenden Einfall der Türkenheere zusammen. Gegen Ende des 16. Jahrhunderts wurde Brno weiter befestigt, die Handwerker erhielten unzählige

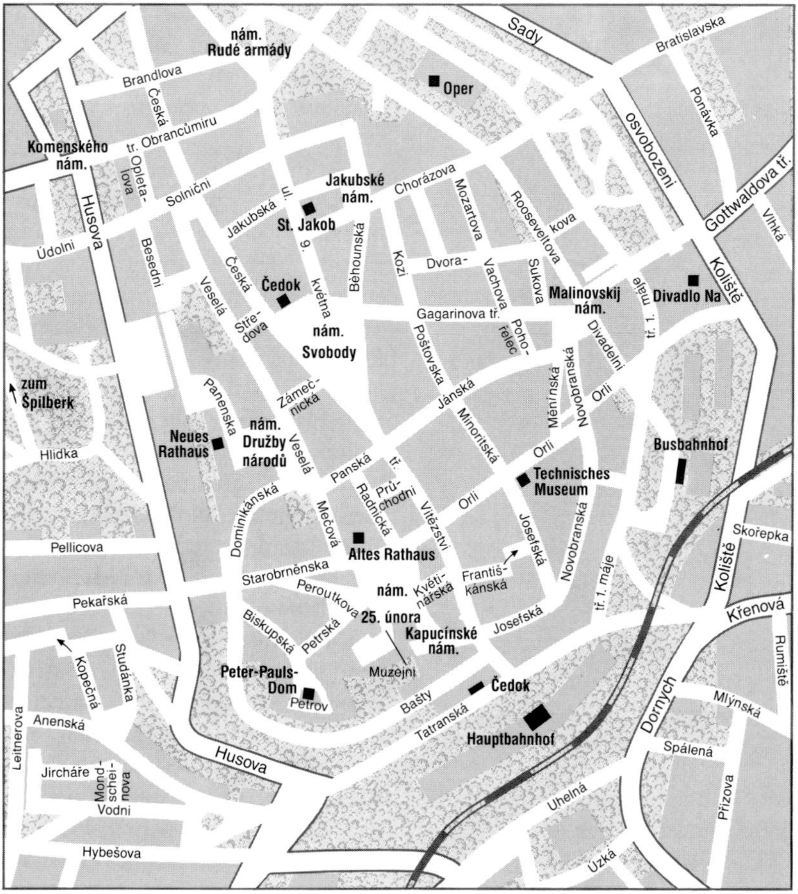

Zentrum Brnos

Aufträge, die Bürger konnten investieren. So entstanden eine Reihe von Renaissancebauwerken, welche von italienischen Künstlern wie v.a. den Brüdern *Gabri* entworfen worden waren (z.B. Dům pánů z Lipé, náměstí Svobody 17). Die Gebäude wurden während des Dreißigjährigen Krieges, in dem Brünn zweimal von der schwedischen Armee belagert wurde, beschädigt. Aber auch diese konnten die Stadt nicht einnehmen.

In die zwanziger Jahre des 18. Jahrhunderts fällt die dritte Etappe der Entstehung Brünns. Nun erhielt es durch Neu- oder Umbau zahlreicher öffentlicher Gebäude, wie z.B. dem Neuen Rathaus (Nová radnice, náměstí Družby národů 1), ein barockes Aussehen. Mit ihm sind bis heute die Namen der wichtigsten Leiter der Arbeiten *Jan Křitel Erna* und *Moric Grimm* verbunden.

Die Industrialisierung der Stadt

beginnt mit dem Jahre 1763. Damals entstand in einer Vorstadt die erste Textilmanufaktur. Die Zahl der Einwohner, besonders der ärmeren, begann stark zu wachsen. 1814 wurden in der näheren Umgebung Brnos die Grundlagen eines Maschinenbauunternehmens gelegt, die sich auf Dampfmaschinen spezialisieren sollte. Nach den Napoleonischen Kriegen, die auch den berühmten Besuch der gekrönten Häupter brachte, wurde im ersten Drittel des 19. Jahrhunderts die Militärfestung Špilberk geschliffen und in eine der schrecklichsten Gefängnisse für politische Gefangene der Habsburger umgewandelt. An der Stelle der Stadtbefestigungen wurden schrittweise große, bis in die Gegenwart erhalten gebliebene Gärten angelegt. In dem an den Straßen Pionýrská und Lidická gelegenen Park Lužánky wachsen heute seltene Bäume.

Die vierte Entwicklungsetappe gipfelte in den Jahren 1861 und 1901 in zwei Wettbewerben für richtungsweisende Aufbaupläne. An ihnen beteiligten sich die besten Architekten Europas. Ohne Beeinflußung durch die kurze preußische Besetzung während des Jahres 1866, die von einer Choleraepidemie begleitet war, entstand das neorenaissancehafte Besední Dům (Vereinshaus, Komenského náměstí 8, T. Hansen) - Zentrum der tschechischen Bemühungen um ein nationales Wiedererwachen -, das pompöse Deutsche Haus und das Haus der deutschen Künstler, die Gebäude der deutschen und tschechischen Technischen Hochschule sowie das provisorische tschechische Theater, an das heute nur mehr eine Gedenktafel erinnert. An den Häusern entstand die »Galerie über den Köpfen»: Karyatiden, Büsten, symbolische Skulpturen. Das städtische Theater aus dem Jahre 1882 hatte als erstes Europas ein eigenes Stromaggregat, das ohne Störung bis nach dem 2. Weltkrieg arbeitete. Die Tradition der Handelsbeziehungen beschleunigte den Bau der Eisenbahnstrecke Wien-Brünn 1839 und Brno-Česká Třebová-Praha 1849. Die seit 1869 bestehende städtische Pferdebahn wurde um die Jahrhundertwende elektrifiziert. Die erste Dampflokomotive sowie andere Wagen und Anhänger werden heute im Technischen Museum (Technické muzeum, Josefská 1) ausgestellt. Bei feierlichen Anläßen gehen die rund achtzig Exponate noch einmal auf die Schienen.

Während der zweiten Hälfte des 19. Jahrhunderts stabilisierte sich die progressiv orientierte Arbeiterbewegung, die eng mit den Wiener Sozialdemokraten zusammenarbeitete. Einer der Vorkämpfer des Sozialismus war *Josef Hybeš*, Abgeordneter des österreich-ungarischen Reichsrates und Redakteur der »Rovnost« (Gleichheit). Die älteste Arbeitertageszeitung Europas war 1885 gegründet worden.

In der Zwischenkriegszeit erlebte Brno die fünfte Etappe seines Aufbaus, welche noch nicht beendet ist. Mit damals 200 000 Einwohnern wurde es zur zweitgrößten Stadt der selbstständigen Tchechoslowakischen Republik. Ein Zeichen für ihre Bedeutung war die zum zehnjährigen Jubiläum hier stattfindende Ausstellung der Gegenwartskunst. Zu diesem Anlaß entstand ein Areal mit funktionalistischen Ausstellungspavillons, die bis heute internationalen Messen dienen (Výstaviště, Písárky). Brünn wurde Zentrum der avantgardistischen Urbanistik und Architektur, *Bohuslav Fuchs, Arnošt Wiesner, Adolf Loos* und der Erbauer der fuktionalistischen Villa Tugendhat (Černopolní 45) *Ludwig Mies van der Rohe* gaben nun in der Stadt den Ton an. Die weitere Entwicklung wurde unterbrochen durch die deutsche Okkupation 1939-45, während der die Nationalsozialisten den Maler *Jaroslav Kral*, den Regisseur *Josef Skřivan*, den Literaten *Bedřich Václavak* und eine Reihe anderer Persönlichkeiten des öffentlichen Lebens umbrachten.

Der progressive Kulturtrend der Zwischenkriegszeit setzte sich nach 1945 fort. Es entstanden neue Schulen, Hotels, öffentliche Gebäude und ein vorzüglich ausgestattetes Kinderkrankenhaus. 1965 wurde die Oper (Janáčkovo divadlo, Rooseveltova 17) errichtet. Lediglich ein eigener Konzertsaal fehlt bis heute. Auf den Brünn umgebenden Hügeln wuchsen Siedlungen - eine jede für ca. 15-30 000 Bewohner - mit eigenen Kultureinrichtungen. Seit dem Jahre 1906 verdreifachte sich die Zahl der Brünner auf 380 000.

Ihnen allen bietet die Stadt zahlreiche Kultur- und Freizeitmöglichkeiten. Wer Theatervorstellungen oder Konzerte besuchen möchte, erinnert sich an die Opern *Leoš Janáčeks*, 1854-1928, von denen die Mehrheit ihre Premiere in Brno erlebte. Im Brünner Schauspieltheater leitete der avantgardistische Regisseur, Dramatiker und Komponist *Emil František Burian* seine »voice bands«. Nach dem Krieg inszenierte er moderne Volkspoesie ebenso wie klassische Stücke. Heute geht das »Divadlo Na Provázku« (Theater an der Leine, Malinovského náměstí 2) schon seit einigen Jahren den Sonderweg einer Experimentalszene. Für ihre Inszenierungen werden sie ein eigenes Gebäude im Stil der Elisabethanischen Zeit erhalten, der Grundstein dafür wurde 1987 gelegt.

In den Galerien und öffentlichen Gebäuden der Stadt hängen berühmte Bilder des Begründers des tschechischen Modernismus *Antonín Procházka* und des Kubisten *Oldřich Lacina*, Schmuck verschiedener Plätze sind die Statuen *Vincenc Makovskýs*.

Im bis heute erhaltenen Klostergarten der erwähnten Kirche Nanebevzetí P. Marie in Staré Brno züchtete der Augustinerabt *Johann Gregor Mendel* seine Bohnen.

Von Prag und Bratislava aus erreicht man Brünn über die Autobahn. Die Zugverbindungen (Bahnhof ČSD am náměstí Československé lidové armády) sind gut, Flugzeuge verkehren nur während der Messe. In der Saison fahren Busse nach Jugoslawien und Italien, eine regelmäßige Verbindung besteht mit Wien (Busbahnhöfe ČSAD: Třída 1. máje und Zvonařka 9. Karten- und Platzkartenvorverkauf: Novobranská 20).

Sanfte Hügel, architektonische Perlen, dunkle Weine: Fahrt nach Südmähren

»Ebenen grün und goldgelb, in der Ferne fein gesäumt von lang hinziehenden Hügelketten, Hügel, weich modelliert, wie sie sich schwerelos fortsetzen, in stiller und großer Bewegung fortsetzen bis in den Himmel hinein, Landstriche, die mit Wiesen, Wäldern, Buschwerk, Gestein, Teichen wie elegische Parks zuseiten der Kirschbaumalleen liegen, einsam dunkelgestimmte Wälder und verwilderte enge Täler mit tiefen Schluchten und gewundenen Bächen, auch breit gestaffelte, kräftige Gebirge — immer aber Himmel und Erde im Gleichgewicht: ein leichter Himmel über einer milden Erde. Nicht von ungefähr hat Auguste Rodin den mährischen Gebreiten antike Züge zugesprochen. Und in den Film der Landschaft werden sich Bilder der Architektur schieben: Arkadenhöfe von kühler Noblesse, Herrenhäuser, die mit großer Geste Besitz von der Landschaft ergreifen, stämmige Laubenhäuser und Gasthöfe mit breitmäuligen Toreinfahrten auf geräumigen Marktplätzen, barockes Kirchengekuppel, exzentrische Rathausturmhauben, und in jedem Dorf das weiße Figurengetürm einer Dreifaltigkeitssäule«. So beschreibt *Lillian Schacherl* Mähren 1968. Unverwundeter als in Böhmen oder der Slowakei erscheinen uns noch heute weite Landstriche. Und *August Scholtis* sagt: »Im wundersamen Land der Mährer, wo alle irdischen Dinge auf verkehrten Plätzen liegen, so herrlich ausgetauscht und verwunschen und gesegnet durcheinander gerüttelt... kreuzen sich die Himmelsrichtungen Mitteleuropas.« In Mähren und dem dazugehörigen früheren Österreich-Schlesien begegnete sich das Österreichische mit dem Preußischen, mischte sich das Tschechische mit dem Deutschen, dem Slowakischen, Polnischen und Ungarischen. Weltenbummler *Gottfried Seume* stellte fest: In Mähren scheint mir durchaus mehr Liberalität und Bonhomie zu herrschen als in Böhmen.

Leider jedoch kam und kommt die Region zwischen Mikulov und Ostrava, Jihlava und Gottwaldov bei Reisen oft zu kurz. Früher wechselte man auf der Fahrt von Wien nach Prag oder Breslau in Znojmo und Olomouc nur die Pferde, heute ist die Stadt des Eisenbahnknotenpunktes Břeclav kaum einen Besuch wert. »Und Gast auf den verwöhnten Schlössern zu sein, tagtäglich einen Cranach, einen Tizian, einen Veronese vor Augen, das war freilich nur wenigen Auserwählten gegönnt: Beethoven, Grillparzer, Liszt, Karl Kraus, Ferdinand von Saar und natürlich den hochmögenden Schlachtherren, die sich selbst dahin einluden: Napoleon, Fridericus Rex, Bismarck, Moltke.« Doch da Mähren auch schon vor Jahrtausenden ein Siedlungs- und Durchzugsland war, gilt es neben liebenswerter Landschaft, bewunderungswürdigen Städten und Schlößern in Věstonice, Břeclav, Mikulčice, Pohansko auch interessante Ausgrabungsstätten zu besuchen.

Wichtigstes Industriezentrum Mährens ist neben Brno das im Nordosten, nahe der polnischen Grenze liegende *Ostrava* (Ostrau, 327 000). In dem traditionsreichen Steinkohleabbaugebiet werden 3/4 des tschechoslowakischen Roheisens und Stahls erzeugt. Die wichtigsten Probleme des Reviers sind neben der starken Luft- und Wasserverschmutzung die Sanierung und Beseitigung der Halden. Für soziale Konflikte sorgt der Zuzug von Slowaken in ein bisher von einer starken polnischen Minderheit bewohntes Gebiet. Regionales Kulturzentrum ist die frühere Hauptstadt Österreich-Schlesiens *Opava* (Troppau, 62 000).

Die Grenzlage Südmährens hemmt die industrielle Entwicklung dieses Landesteiles. Auch zahlreiche touristische Objekte sind aus kriegsstrategischen Gründen nicht zugänglich. Grundlage der Nahrungsmittelproduktion ist eine entwickelte Agrar- und Viehwirtschaft. In der Milch- und Eierproduktion des Staates nimmt die Region eine führende Stellung ein. Zu den wichtigsten Kartoffel- und Leinanbaugebieten der ČSSR gehören ihre höhergelegenen Ebenen, zwischen Znojmo (bekannt auch wegen seiner Gurken) und Břeclav wachsen die Trauben für einige der besten tschechischen Weine.

Über *Třebíč* (37 000, dreischiffige Klosterkirche aus dem 13. Jahrhundert) erreicht man 75 km westlich Brnos *Telč*. Dank dem einzigartigen Nebeneinander von stilechten Renaissance- und Barockbauten sowie einer vorbildlichen Denkmalpflege gehört die nur 6000 Einwohner zählende Stadt heute neben Český Krumlov zu den architektonisch wertvollsten der Tschechoslowakei. Ein einzigartiges Juwel ist ihr von Arkaden gesäumter Marktplatz. Erhalten geblieben sind aber auch Teile der spätgotischen Stadtbefestigung sowie zwei spätgotische Kirchen. Geschnitzte und gemalte Renaissancedecken schmücken die Säle des Telčer Schloßes. Im 16. Jahrhundert an der Stelle einer gotischen Burg prächtig umgebaut, paßte es nach Meinung des Besitzers Zacharias aus Hradec nicht mehr zu den damals noch schäbigen Holzhäuschen der Stadt. Daher ließ er sie abreißen und stattdessen die heute zu bewundernde »Renaissancesymphonie« errichten.

Kleine Straßen führen über Dačice, Jemnice und Vysočany nach *Bítov*. Auf einem Felsvorsprung, auf drei Seiten von der in einem tief eingeschnittenen Tal fließenden Želetavka umgeben, erhebt sich als Teil der Grenzanlagen gegen Österreich eine ehemals stark befestigte Burg. Jedoch sind von dem frühmittelalterlichen Bauwerk nur zwei Türme er-

Telč

halten. Den Fassaden des Hofes gab die Renaissance ein einheitliches Aussehen. Nach den Hussitenkriegen wurden die Verteidigungsanlagen ausgebaut, barocker Stil kennzeichnete die Wirtschaftsgebäude. Das heutige Gesicht erhielt die Burg im romantisierenden 19. Jahrhundert durch eine pseudogotische Rekonstruktion. Im Augenblick wird sie renoviert, die Innenräume sind nicht zugänglich.

Die Unterburg, das Städtchen Bítov, versank in den dreißiger Jahren in den Fluten des entstehenden Stausees Vranov. Ein neues Dorf wurde zwischen 1930 und 33 nach Plänen des Architekten *J.K. Říha* angelegt. Die »Vranovská přehrada« ist heute ein beliebtes Erholungsgebiet, die zahlreichen Buchten bilden abgeschlossene Winkel mit Bademöglichkeiten, zwei Campingplätze sind vorhanden. Über den See fahren Ausflugsboote nach *Vranov.* Von einer steil abfallenden Landzunge blickt ein eindrucksvolles, kunsthistorisch bedeutendes Barockschloß auf die Dyje (Thaya) herab. Trotz zahlreicher Umbauten hat ihre Silhouette nichts von ihrem mittelalterlichen Aussehen verloren.

Wie Bítov als Teil der Grenzbefestigungen bereits im 11. Jahrhundert entstanden, befand sich die ursprünglich landesfürstliche Burg seit 1421 im Besitz der Lichtenburks, 1618 erhielten sie die Althans. Sie waren es auch, die 1678 mit dem Umbau des im Dreißigjährigen Krieg stark beschädigten Bauwerks begannen. Die Pläne erstellte unter der Mitarbeit *Dominico Martinellis* und *Antonio E. Martinelli Johann Bernhard Fischer von Erlach.* Im Verlauf des 19. Jahrhunderts gelangte das Schloß.in

Polygonale Scheune aus dem Jahre 1680 in der Vysočina

den Besitz zweier polnischer Adelsfamilien, zu Beginn des 2.Weltkriegs wurde es für *Gebhard von Wense* konfisziert. Der Öffentlichkeit ist das Schloß seit 1948 zugänglich.

Vom mittelalterlichen Kern blieb ein Teil des Mauerwerks sowie drei Türme - unter ihnen der mächtige Vorturm - erhalten. Die Renaissance-Wohngebäude wurden neogotisch renoviert. Der ursprüngliche Burgpalast stand an der Stelle des heutigen Ahnensaals, diesem räumlich eigenwilligen Werk des Wiener Barockmeisters. Er ist mit Fresken *J.M.Rottmayrs* (1695) und Skulpturen *Tobias Krackers* geschmückt. Die angefügten Wohnflügel schließen den Burghof auf drei Seiten ab, von einer Terrasse hat man einen schönen Blick auf das Tal und den Stausee. Gegenstück des Ahnensaales bildet die Kapelle der Heiligen Dreifaltigkeit (1698-1700).

Das Interieur des Schloßes wurde im Stil des Klassizismus gehalten, ergänzt von Steingut örtlicher Manufakturen (1799-1882). Hauptsaal, Empfangssalon, Schlafzimmer, Bad, das Freimaurer- und das exotische Zimmer, der Schweizer Raum, Galerie und Bücherei bilden eine selbstständige unikate Einheit, die sich voneinander nur in der Ausdruckstärke der Formen unterscheiden. Besucht werden kann eine historische Ausstellung, in den Monaten August und September findet auf dem Schloß der Vranover Kultursommer statt, er bietet ein reichhaltiges Musik-, Theater- und Ausstellungsprogramm.

Seine nunmehr vor eintausend Jahren erfolgte Gründung verdankt

Znojmo (Znaim)seiner strategischen Lage an der Strecke Wien-Prag. Die 37000 Einwohner zählende Kreisstadt steht dank des bewahrten mittelalterlichen Grundrißes unter Denkmalschutz. Obwohl jedoch im historischen Zentrum neben einigen Patrizierhäusern auch ein Teil der Befestigungen und der spätgotischen Bastionen erhalten geblieben sind, wirkt es heute stark heruntergekommen. Zugleich wurden neue Gebäude — wie z.B. das Kaufhaus Dyje am Marktplatz — mit wenig Rücksicht in die alten Gassen gesetzt.

Das Panorama des Stadtkerns prägt die imposante Kirche St.Niklas (sv. Mikuláš, 14. Jahrh.) mit ihren gotischen Plastiken. In unmittelbarer Nähe gründete man auf dem Fundament der Befestigung die doppelstökkige St. Wenzels-Kapelle (sv. Václav, 1520). Bei dem aus der Mitte des 15.Jahrhunderts stammenden gotischen Rathausturm befindet sich der Eingang zu den mittelalterlichen, unterirdischen Gängen, die durch die Verbindung der Kellerräume der Bürgerhäuser entstanden. Auf einer Fläche von 40 ha sind bisher 1 km Gänge in drei Geschoßen zugänglich. Im Westteil der Stadt liegt das Areal des Minoritenklosters (Minoritský klášter, Ende 13. Jahrh.) mit seinem schönen gotischen Kreuzgang. Heute befindet sich hier ein naturwissenschaftliches und archäologisches Museum.

Im nördlichen Hradiště sv. Hippolyta wurde an der Stelle einer großmährischen Burgstätte die gotische, barock umgestaltete Kirche St. Hippolyt gegründet. Ihre Kuppel ist mit Fresken von *F.A. Maulpertsch* geschmückt. Am nördlichen Rand des Areals erhebt sich ein Dominikanerkloster mit der Kirche Heilig Kreuz (sv. Kříže, 17. Jahrh.), auch hier sind Malereien Maulpertschs zu sehen. Unterhalb der zu Beginn des 18.Jahrhunderts umgebauten Burg liegt das nationale Kulturdenkmal der Rotunde der Heiligen Katerina (rotunda sv. Kateřiny), ein romanischer Bau aus der Mitte des 11.Jahrhunderts. Ihre gewölbte Kuppel wurde 1134 mit wertvollen Malereien, die biblische Gestalten und die Legende der Premysliden zum Thema haben, ausgestaltet.

Znojmo ist Ausgangsort für Ausflüge zum 18 km nordwestlich liegenden Stausee Vranov.

Nur noch zwei Kilometer von der tschechisch-österreichischen Grenze entfernt ist man in *Mikulov* (Nikolsburg, 7000). Bereits im frühen Mittelalter befand sich hier ein Handelsplatz. Seit dem 15. Jahrhundert existierte am Westhang des Schloßberges ein jüdisches Ghetto, bis ins vergangene Jahrhundert war die Stadt Sitz des höchsten Rabbiners Mährens. Erhalten blieben eine gotische Synagoge (heute Museum) und einer der größten jüdischenFriedhöfe Europas. Im 16. Jahrhundert entwikkelte sich Mikulov zum Zentrum der Wiedertäufer, die hier eine eigene Druckerei hatten.

Bis zu dieser Zeit war die Nikolsburger Herrschaft im Besitz der Lichtensteins gewesen, danach übernahm sie bis 1945 die Familie Dietrichstein. Sie bauten die sich über der Stadt erhebende gotische Burg in ein

Burg Vranov und das Tal der Thaya

befestigtes Renaissanceschloß um, später erhielt es Barockfassaden. Aufgrund der bedeutenden Stellung der Adelsfamilie in der Habsburgermonarchie wurde ihr Sitz mehrmals Schauplatz politischer Ereignisse. *Maria Theresia* nahm hier die Huldigung der mährischen Stände entgegen, 1805 diente es während der Friedensverhandlungen nach der Schlacht von Austerlitz als Residenz *Napoleons*. 1866 schloß *Bismarck* mit Österreich den Frieden zu Nikolsburg.

Der repräsentative Palast mit reichen kunsthistorischen Sammlungen wurde 1945 von der flüchtenden deutschen Wehrmacht niedergebrannt. Seit der Wiederherstellung ist er Sitz des Regionalmuseums, hier sind Ausstellungen zur Geschichte und Wirtschaft der Umgebung zu sehen. Bekannt ist ein aus dem Jahre 1643 stammendes Weinfaß mit einem Fassungsvermögen von 1010 hl.

Nach der Vertreibung der deutschen Bevölkerung wurden in Mikulov Tschechen und Slowaken aus dem Landesinneren angesiedelt. Nachdem die historischen Bauwerke lange Zeit verfielen, zeichnet sich in den letzten Jahren eine gewisse Besserung ab. Daneben bemüht sich Mikulov, Zentrum des mährischen Weinbaugebietes, nun auch um die Ansiedlung neuer Unternehmen mit ökologisch ›sauberer‹ Produktion.

Am Fuß des Schloßberges steht die Pfarrkirche St. Wenzel (sv. Václav, 1173), ein gotischer Bau mit Renaissance- und Barockelementen. Auf dem Marktplatz verdienen ein ganz mit Sgraffitis verziertes Eckhaus sowie der Komplex der Domherrenhäuser Beachtung. Sie rahmen den Blick auf die mit Skulpturen geschmückte Fassade der Dietrichsteinschen Gruft, welche Mitte des vergangenen Jahrhunderts aus der Kirche St. Anna enstanden ist, ein. Unterhalb des Platzes erreicht man an der Straße Wien-Brünn das ehemalige Piaristengymnasium. Hier studierten nicht nur der tschechische Naturforscher *J. E. Purkyně,* sondern auch die österreichischen Bundespräsidenten *Karl Renner* und *Adolf Schärf.* In der Kirche daneben sind Fresken *F.A. Maulpertschs* erhalten. Gegenstück des Schloßberges bildet der »Heilige Hügel« (sv. Kopeček) mit der Barockkapelle St. Stephan (sv. Štěpán), von hier bietet sich eine prächtige Aussicht über den Höhenzug Pavlovské vrchy sowie weit nach Österreich hinein.

Begrenzte Übernachtungsmöglichkeiten bestehen im Schloßhotel. Bestes Restaurant der Stadt ist »U Konšelů«.

Das 4000 Einwohner zählende Städtchen *Valtice* im Zentrum des mährischen Weinbaugebietes war von 1387-1945 die Residenz der Herren von Liechtenstein. Die historischen Fassaden der Bürgerhäuser litten unter späteren Renovierungen. Aufmerksamkeit verdient die Kirche Nanebevzetí P. Marie, die auf den Mauern eines gotischen Baus in den Jahren 1641-71 nach Plänen *G. G. Tencallas* als manieristisches Werk mit reichen Stuckverzierungen entstand. Die Pestsäule des Marktplatzes schuf 1680 *M. Gunst.* Das Kloster der Barmherzigen Brüder (Milosrdných bratří) mit Spital und Kirche St. August (sv. Augustín, 1670) entstand auf Initiative der Liechtensteins als erstes seiner Art diesseits der Alpen. Die Kirche mit dem Skulpturenschmuck *Ignac Lengelachers* ist ebenso wie die Gebäude des Klosters, in dem ein Krankenhaus untergebracht ist, nicht zugänglich.

Auf einer leichten Anhöhe steht an der Stelle einer wahrscheinlich aus dem 12. Jahrhundert stammenden Burg ein frühbarockes Schloß. Der manieristische Bau, ein Projekt *G. G. Tencallas,* wurde von *Dominik Martinelli* vereinheitlicht, dabei entstanden eine Reitschule und Wirtschaftsgebäude. Im Verlauf des 18. Jahrhunderts legte man den später in einen englischen Park verwandelten barocken Schloßgarten an. Am südlichen Horizont zeichnet sich das Panorama der Stadt ab.

Im Schloß sind eine historische Ausstellung und eine Gemäldegalerie zu besichtigen. Als besonders wertvoll gelten die noch intakte Schloßkapelle sowie der marmorne Speisesaal. Im linken Flügel des Schloßes ist das Hotel Humbertus untergebracht (Tel. 94537). Anfang Mai findet in der Reitschule eine internationale Weinmesse statt.

Die Straße von Valtice ins 7 km nordöstlich liegende *Lednice* kreuzt vier sich in einer Linie hinziehende Fischteiche. Zwischen 46 und 322 ha groß, sind sie Naturreservate und bedeutende Vogelnistplätze. Am Nordufer des Teiches Prostřední ist in einem eingeschossigen klassizistischen Schlößchen eine ornitologische Station untergebracht. Der Pferdezucht dient dagegen Nový Dvůr, ein Areal von im Empirestil errichteten Wirtschaftsgebäuden bei den Gewässern Mlýnský und Prostřední. Am Westufer des Teiches Hlohovecký liegt ein langgezogenes, eingeschoßiges Gebäude mit drei Pavillons. Hier verlief die historische Grenze zwischen Mähren und Österreich.

Lednice: Der uralte Herrensitz, von 1249 bis 1945 im Besitz der Adelsfamilie Liechtenstein, wird bereits im Jahre 1222 erwähnt, als er einen Stützpunkt in der sumpfigen Grenzlandschaft bildete. Im 16. Jahrhundert entstand aus der ehemaligen Festung ein Renaissanceschloß mit Garten, gegen Ende des 17. Jahrhunderts begann der Barockumbau. Von ihm blieb der monumentale Komplex der Reitschule und der Pferdeställe erhalten, errichtet nach dem Projekt *Johann Bernhard Fischer von Erlachs.* Nach Veränderungen in den jeweils zeitgemäßen Stilen des Klassizismus und des Empire wurde in den Jahren 1846-1858 erneut umgebaut, diesmal neugotisch nach den Plänen *Georg Wingelmüllers.*

Acht Flügel und vier Höfe bilden den oft als Perle Mährens bezeichneten Schloßpalast heute. Erhalten blieb das barocke Mauerwerk, alte und neue Teile wurden durch dekorative neogotische Elemente vereinheitlicht. Berühmt ist das aus dem Jahre 1845 stammende Glashaus des englischen Konstrukteurs *Devien,* eine der ersten Gußeisenkonstruktionen des Landes. Das Interieur des Schloßes umfaßt außer einigen vollendeten Arbeiten des Handwerks aus der Zeit des Romatismus eine Reihe wertvoller Kunstgegenstände, so z.B. das gotische Relief »Tod der Jungfrau Maria«, um 1500. Der Öffentlichkeit ist die Schloßausstellung in einem Teil des Hauptgebäudes zugänglich. Das landwirtschaftliche Museum informiert über Wein- und Gemüsebau, über die Entwicklung der Gärten und Parkanlagen sowie der Jagd. Das Schloß ist Sitz des Lehrstuhls für Gartenbau der Hochschule für Landwirtschaft in Brno (Schloßhotel, Tel. 982 20).

Das Lednicer Schloß wird von einem ausgedehnten Park umgeben. Ursprünglich im Renaissancestil gehalten, wurde er 1805-11 in einen englischen Garten verwandelt. Architekt *Fanti* legte einen Teich mit 5 Inseln an, gemeinsam mit dem Botaniker *Van der Schott* leitete er den Fluß Dyje um, pflanzte überwiegend aus Amerika stammende Bäume und Büsche. Die riesige Parkanlage erstreckt sich bis in das Areal des Schloßes Valtice. Immer wieder trifft der Besucher in der natürlichen Landschaft auf kleinere Bauten vom Ende des 18. und beginnenden 19. Jahrhunderts. Für *Jan I. Liechtenstein* entwarfen sie die Architekten *Hardtmuth* und *Kornhäusel.*

Orientalisch ist das im Terrain der Fassanen (Lednice) auf einem Holzrost errichtete, 60 m hohe Minaret. Seine dreiachsigen Arkaden sind von einem mehrgeschossigen Turm gekrönt, auf seinem Helm glänzt ein goldener Halbmond. Einst waren hier orientalische Büchersammlungen zu bewundern, momentan wartet das Minaret auf seine Rekonstruktion.

Das Jagdschloß *Janohrad* ähnelt der Ruine einer mittelalterlichen

Österliche »Geißelung« in Südostmähren

Burg. Vier Ecktürme begrenzen den Grundriß, im Erdgeschoß des Traktes befindet sich der Gesellschaftssaal. Eine Pappelallee durch den Park Lednices zeigt den Weg zu ihm.

10 km östlich der beiden Schlösser liegt *Břeclav,* Eisenbahnknotenpunkt zwischen Prag, Wien, Budapest, Bratislava und Warschau. In der 26000 Einwohner zählenden Kreisstadt gibt es außer einem im 19. Jahrhundert umgestalteten Renaissanceschloß wenig Sehenswertes. Jedoch bildetet sie das Zentrum der Podluží, einer Region, in der bis heute die überlieferte, von Dorf zu Dorf sich unterscheidende Volkskunst - Tänze, Lieder, Bräuche - gepflegt werden. Im nahen Strážnice findet alljährlich ein Folklorefestival statt.

Auf der Autobahn sind es von hier bis Brno ca 60 km. Der Weg über Land- und Europastraßen führt durch das Flußgebiet der Dyje und den Pavlover Höhenzug (Pavlovské vrchy). Dutzende von Städtchen und Gemeinden mit Weinkellern säumen die breiten Talauen . Die Wälder auf den Höhenzügen sind reich an Hoch- und Schwarzwild, Bezoarziegen und Wildschafe weiden auf den Ebenen. An den Hängen reifen die besten südmährischen Trauben.

Bratislava

Bratislava (Preßburg) ist die Hauptstadt der Slowakischen Sozialistischen Republik, der zweiten der beiden Teilrepubliken der Tschechoslowakei. Infolge der Industrialisierung nach dem 2. Weltkrieg veränderte sich die bis dahin ruhige Provinzstadt mit etwa 120 000 Einwohnern in ein wichtiges Wirtschaftszentrum. Bald wird hier mehr als 20% der gesamten Industrieproduktion der Slowakei konzentriert sein, die Einwohnerzahl verdreifachte sich. Nach der Föderation der ČSSR 1969 wurde Bratislava Sitz der slowakischen Regierung mit den dazugehörigen Ministerien. Zahlreiche Staaten - v.a diejenigen Osteuropas sowie Österreich, nicht aber die Bundesrepublik und die Schweiz - eröffneten konsularische Vertretungen.

Das vor nahezu 700 Jahren gegründete Preßburg ist eine Stadt der Jugend. Junge Leute prägen das Straßenbild, angezogen von guten Arbeitsmöglichkeiten sowie zahlreichen Ausbildungsstätten lassen sich immer mehr in der Hauptstadt nieder. An fünf Hochschulen - der Komenius-Universität UK, der Technischen Hochschule SVŠT, der Ökonomischen Hochschule VŠE, der Hochschule für Musik und Drama VŠMU und der Hochschule für Bildende Kunst VŠVU - sind über 30 000 Studenten immatrikuliert.
Bratislava, im südwestlichen Teil der Slowakei gelegen, dehnt sich an beiden Ufern der Donau auf einer Fläche von 370 km^2 aus. Während Altstadt und Zentrum am linken Ufer des grauen Flußes liegen, entstanden in den letzten Jahren auf seinem rechten riesige Neubausiedlungen. Von hier sind es bis zur Grenze nach Ungarn etwa 10km. Ins 60 km entfernt liegende Wien fuhren die Preßburger früher ins Theater. Heute verkehren hier Linienbusse, die schneller sind als die lange an der Grenze stehenden Züge. 200 km beträgt die Strecke bis Budapest; 320 km, vier Stunden mit dem Auto, 5-7 Stunden mit der Bahn, 30 Minuten mit dem Flugzeug sind es bis Prag. In der Sommersaison verkehrt zwischen Wien, Bratislava und Budapest ein Schnellboot.

Die Stadt am Fuße der Kleinen Karpaten ist von fruchtbaren Böden umgeben. Sie sichern ihr eine gute Versorgung. Samstags zwischen 6 und 12 findet man auf den Märkten der Privathändler in der Miletičova und Žilinská ulica ein üppiges Gemüseangebot. Für viele überraschend ist die Bedeutung des Weinbaus in Bratislava. Mit mehr als 1000 Hektar ist sie die größte Weinbaugemeinde der ČSSR. Am besten sind die trockenen Weissweine, alljährlich im September finden in den nahegelegenen Dörfern traditionelle Weinfeste statt.

Blick über die Donau auf die Burg Bratislavas. Rechts der St. Martins-Dom

Geschichte

Die ersten Spuren der Besiedlung reichen bis in die Steinzeit zurück. Interessant ist die in der Burg untergebrachte Ausstellung der paläo- und neolitischen Ausgrabungen der näheren Umgebung Bratislavas. Während der Herrschaftszeit der Römer war in Gerulata, dem heutigen Grenzort Rusovce, eine Legion stationiert. Eine Burg namens Pressalauspurch wird zum erstenmal in den Salzburger Annalen zu Beginn des 10. Jahrhunderts erwähnt. Älter als sie ist die heutige Burgruine und ehemalige sagenumwobene Wachtburg Devín, hoch über dem Zusammenfluß von March (Morava) und Donau (Dunaj) gelegen (Linienbus 29).

Nach der Invasion der Hunnen wird die Slowakei Teil des Ungarischen Königreiches, 1293 erhält Preßburg die Rechte einer freien königlichen Stadt. Während der türkischen Besetzung der anderen Landesteile werden in ihr die ungarischen Könige - seit 1526 Habsburger - gekrönt.

Im 19. Jahrhundert wird Bratislava zum Zentrum der nationalen Wiedergeburtsbestrebungen der Slowaken. Da die Slowakei seit Jahrhunderten unter ungarischer Herrschaft steht, ist die offizielle Sprache ungarisch. In den Schulen wurde ungarisch gesprochen, Zeitungen erschienen auf ungarisch, alle kulturellen Institutionen waren in den Händen der Ungarn. Erst 1843 wird durch den revolutionären Schriftsteller und Pädagogen *Ludovít Štúr* die slowakische Sprache kodifiziert, mehr und mehr prägen junge slowakische Intellektuelle die Kultur des Landes. Während der Zeit der deutschen Klassik macht die slowakische Literatur ihre ersten Gehversuche. 150 Jahre danach umfaßt sowohl die offizielle als auch die - seit Beginn der »perestroika« in der Sowjetunion wieder florierende - inoffizielle Kultur ein breites Angebot. Doch bleibt die Kultur weiterhin von den verschiedenen Bevölkerungsgruppen bestimmt. Neben dem traditionellen ungarischen, deutsch-österreichischen, slowakischen macht sich in den letzten Jahren infolge der Migration auch ein ukrainisch-ostslowakischer Einfluß bemerkbar.

Der erste Weltkrieg beendet die Zeit der Österreichisch-Ungarischen Monarchie, 1918 entsteht die Tschechoslowakische Republik. *Milan Rastislav Štefaník,* Mitarbeiter Masaryks, vertritt die Interessen der Slowakei in ihrer Regierung. Etwa eine Stunde von Bratislava entfernt befindet sich in Brezová pod Bradlom seine letzte Ruhestätte. Das hier aufgestellte Denkmal des Künstlers *Dušan Jurkovič,* einem bedeutenden Vertreter der slowakischen Sezession, ist eines der schönsten seiner Art.

Während des zweiten Weltkriegs entwickelt sich Bratislava zu einem Zentrum des antifaschistischen Widerstandes. Hier werden von den Kommunisten *L. Novomestský, K. Šmidke* und *G. Husák* die Vorbereitungen für den slowakischen Nationalaufstand getroffen. In der ČSSR meist als SNP abgekürzt, tragen Straßen, Plätze, Brücken ... nicht nur in Bratislava seinen Namen.

Heute ist Bratislava *das* kulturelle Zentrum der Slowakei. Die Slowakische Akademie der Wissenschaften, Nationaltheater, Nationalmuseum und -galerie sowie die Philharmonie haben hier ihren Sitz, Rundfunk und Fernsehen strahlen ihre Sendungen aus. Dank der günstigen geographischen Lage können die Bewohner aber auch die TV-Programme Ungarns und Österreichs empfangen. Obwohl mit Ausnahme der Blätter der Kommunistischen Parteien Westeuropas keine aus kapitalistischen Ländern stammende Zeitungen zu kaufen sind, ist so für gute und vielseitige Information gesorgt. Der Tschechoslowakische Rundfunk sendet täglich auf der Frequenz 1050AM und 102,1 FM in deutscher Sprache.

Spitzenniveau erreichen die Bratislavaer Musikfestspiele, die jedes Jahr Ende September bis Mitte Oktober stattfinden. Alle zwei Jahre lockt die Biennale der Illustration im September und November unzählige Besucher. In der letzten Oktoberwoche kommen zu den »Bratislava Jazz-Days« alljährlich Musiker aus der ganzen Welt. Wie auch beim Theater-Hochschulfestival Istropolitana herrscht eine kreative und entspannte Atmosphäre. Die Vorführungen aus Sydney, Moskau, Peking, Paris....sind ein absolutes *Muß.* Da nur geladene Gäste Einlaß finden, sollten Interessierte sich einige Monate vorher anmelden: Vysoká škola Muzických umeni, Sekretariat Istropolitana, Jiráskova 3, Bratislava, Termin : in den ersten beiden Juniwochen in Jahren mit ungeraden Zahlen.

Seit einiger Zeit haben es junge, alternative, kritische Künstler leichter. In Klubs, Redaktionsräumen, Cáfes organisieren sie Symposien

Slowakisches Nationaltheater

und Workshops, oft sogar unterstützt von offiziellen Stellen. Vorschriften, was man kann, darf und soll werden immer weniger. Einblick in die Rock- und Alternativszene vermittelt ein Besuch des Čertovo Kolo (Teufelsrad), ein Konzertfestival der nonkonformistischen Bands aus der gesamten Tschechoslowakei. Malerei und Design zeigen die Ausstellungen »Junge Schöpfung« (für Künstler bis 35, Herbst), »Kunst und Wohnen« (Dezember), »Salon der Kunst« (Frühling). »Exteriér« ist eine Skulpturenausstellung im Freien. Außer den beiden großen Theatern Národní divadlo und Nová Scená gibt es ein »Naives Theater« (Radošinské naivné divadlo), das Studio S, sowie die kleineren Ensembles Faust, Divadialko spod kobyly. Die Gruppen der Theaterakademie spielen im Haus der Philharmonie.

Die Chemieindustrie Bratislavas - das hier ansäßige Chemiekombinat ist das größte der ČSSR - zeigt ihre Leistungen bei der alljährlich Ende Mai/Anfang Juni stattfindenden internationalen Messe Incheba, Gartenarchitektur und Dekoration bietet die ebenfalls internationale Messe Flora.

Geraume Zeit wird bereits am Ausbau des Hafens gearbeitet. Nach Fertigstellung des Rhein-Main-Donau-Kanals wird Bratislava ein wichtiger Umschlagplatz für den Warentransport vom Schwarzen Meer bis in die Nordsee sein.

Die Trollejbusse der Linien 213 und 217 fahren vom Mierové náměstí zur *Burg* (Hrad). Vor mehr als 800 Jahren errichtet hat sie mehrmals Form, Zweck und Besitzer gewechselt. Heute ist sie ein Museum mit Konzertsaal und Repräsentations-

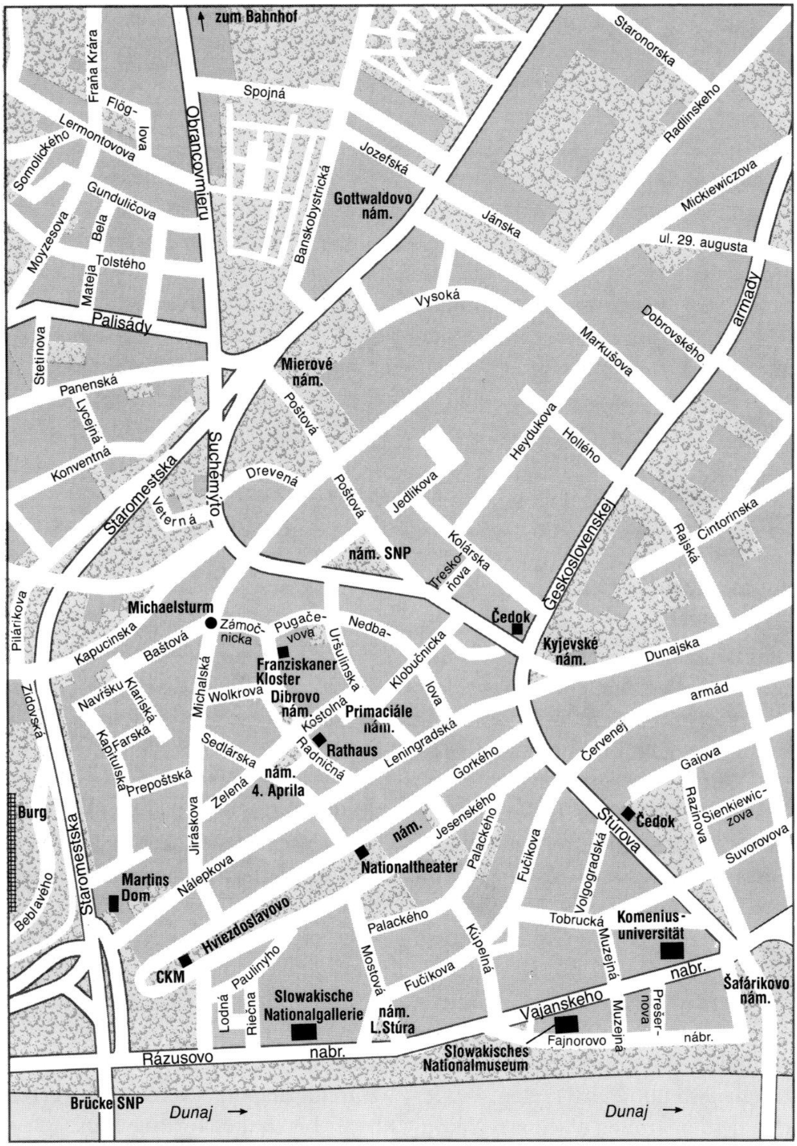

Zentrum Bratislavas

räumen der Regierung. Im 18. Jahrhundert diente sie *Maria Theresia* vor ihrer Machtübernahme als Zufluchtsort. Ihr Schwiegersohn *Herzog Albrecht von Sachsen-Teschen* regierte von hier aus nicht nur als Statthalter Ungarn sondern sammelte auch die heute in der Wiener Albertina zu sehenden Kunstschätze. 1811 durch eine Feuersbrunst zerstört war die

Burg fast 150 Jahre dem Verfall preisgegeben. Erst 1953 wurde nach Plänen des sogenannten theresianischen Umbaus mit ihrer Renovierung begonnen. Das gotische Osttor führt in die Altstadt. Einen guten Blick hat man auf die 431 m lange, von einem einzigen Pfeiler getragene *Donaubrücke SNP.* In seiner Spitze befindet sich in ca. 80m Höhe ein beliebtes Panorama-Cafe. Ein schmales Rokokohäuschen steht direkt an der die Altstadt rücksichtslos teilenden Stadtautobahn.

Auf der Spitze des Turms von *St. Martin* thront die ungarische Königskrone. Legendenumwoben ist ihr schiefes Kreuz, es soll bei einer überstürzten Flucht unter den Röcken einer Hofdame verborgen worden sein. In den Jahren 1563-1830 wurden hier 11 Könige und 7 Königinnen - unter ihnen Maria Theresia - gekrönt. Im Inneren des aus dem 14. Jahrhundert stammenden gotischen Doms sind v.a. das Chorgestühl, eine den Heiligen Martin darstellende Bleiplastik des Wiener Bildhauers *J.R. Donner,* ein gotisches Bronzetaufbecken sowie drei Tafelbilder an der Südwand des Presbyteriums sehenswert.

Durch die Kapitulská, vorbei an renovierungsbedürftigen Barockgebäuden erreicht der Besucher das in der Farská stehende *Klarissinenkloster.* Da dem Bettelorden von Grund auf gemauerte Kirchtürme untersagt waren, wird der zierliche gotische Turm nur von einem Pfeiler getragen. Ein Durchgang führt auf die Michalská, eine der belebtesten Einkaufsstraßen der Stadt. Das an ihrem Ende stehende *Michaeler-Tor* ist das einzig Erhaltene der ehemals drei Stadttore. In den Gassen ringsum finden sich die Stadtpalais des ungarischen Hochadels, Rokoko-, Klassizismus-, Barockbauwerke der Eszterházys, Palffys und anderer. Dort wo die Michaelerstraße in die Jiráskova übergeht steht die der böhmischen Hofkanzlei in Wien nachempfundene *Ungarische Hofkammer*

»Seit 1945 ist die Altstadt permanent vernachlässigt worden. Bis 1969 riß man 120 historische, geschützte Gebäude ab. Nahezu 60% der Häuser sind stark renovierungsbedürftig, Wasser- und Gasleitungen müßten erneuert werden, das Telefonsystem ist veraltet und bricht häufig zusammen. 80% des städtischen Verkehrs muß das Zentrum durchkreuzen, das Straßenbahnsystem wurde kaum erweitert, die Bewohner der Trabantensiedlungen müssen für ihre Fahrt zur Arbeitsstelle die langsamen, überfüllten Busse benutzen. Auch sie verschmutzen die Umwelt stark.« Diese Informationen wurden dem vom Slowakischen Umweltschutzverband herausgegebenen Buch »Bratislava Nahlas« entnommen. Obwohl es nur an Mitglieder verteilt werden sollte, wünschte die Regierung keine Verbreitung des erschreckenden Datenmaterials. So wurde es Ende 1987 eingestampft, nur wenige Exemplare blieben übrig.

Das in Bratislava ansäßige Chemiekombinat ist das größte der ČSSR, 50% der Chemischen Industriebetriebe der Slowakei produzieren in der Hauptstadt und machen sie so zu einer der verschmutztesten Regionen des Landes. Einige Dutzend Arbeiter der Dimitrov-Werke, welche Viskose herstellen, werden ständig im Krankenhaus behandelt. Sie sind durch das Einatmen von hydrogenen Monosulphiden, deren Konzentration in der Umgebung der Fabrik den erlaubten Höchstwert um das zwanzigfache übersteigt, geisteskrank geworden. Hinzu treten weitere Umweltschäden: Verschmutzung der Donau durch fehlende Kläranlagen, Absinken des Grundwasserspiegels, Austrocknen der Donauauen, Vernichtung von Parkanlagen. Siebzig Kilometer von Bratislava entfernt steht in Jaslovské Bohunice ein Kernkraftwerk, geplant ist der Bau eines sowjetischen VR-1B Reaktors auf dem städtischen Universitätsgelände. Mit einer Kapazität von 1 MW soll er Studenten praktische Erprobungsmöglichkeiten bieten. Daß Bratislava mit einem Grad von 6—7 MCS zu den erdbebengefährdeten Gebieten gehört, auf denen keine AKWs gebaut werden dürfen, wurde nicht berücksichtigt.

(1753-56). In der heutigen Universitätsbibliothek tagte einst der ungarische Ständerat.

Durch die Wolkrova gelangt man auf den Dibrovovo náměstí. Gegenüber des vor kurzem renovierten *Mirbachův palác,* der als schönstes Rokokopalais der Stadt gilt (Städtische Galerie) steht das *Franziskanerkloster.* Auf den gotischen Chor, den interessanten sechseckigen Turm und die doppelstöckige Begräbniskapelle der barock umgestalteten, heute der ungarischen Minderheit dienenden Kirche hat man von den Straßen Pugačevova und Ursulínska einen guten Blick. Durch sie gelangt man auf einen der geschlossensten Plätze der Stadt, auf den Primaciálné náměstí. Im Spiegelsaal des reich gegliederten klassizistischen *Primatialspalastes* unterzeichneten im Jahre 1805 *Napoleon I.* und *Kaiser Franz von Österreich* den bekannten Preßburger Friedensvertrag. Heute dient der prachtvolle Raum feierlichen Audienzen des Oberbürgermeisters, außerdem beherbergt der Palast eine Kollektion wertvoller Tappiserien. Gegenüber liegt das moderne Gebäude des Neuen, rechts das gotische des *Alten Rathauses.* Bei den zahlreichen Umbauten erhielt es seinen barocken Rathausturm sowie die malerischen Renaissancearkaden des Innenhofes. Im Sommer finden hier Freiluftkonzerte statt, die Räume des Rathauses dienen Ausstellungen des Städtischen Museums. Erhalten geblieben ist die Kassettendecke des Sitzungssaales sowie die Stuckverzierungen im danebenliegenden Gerichtssaal.

Der náměstí 4. apríla war einst Markt-, Versammlungs- und Richtplatz. Heute erstreckt sich über das ganze Gebiet der mittelalterlichen

Altstadt eine Fußgängerzone. Kleine Geschäfte, Galerien und Cafés werden immer zahlreicher und machen sie so zu einer angenehmen Promenaden- und Einkaufsalternative. An dem nur wenige Minuten entfernten Hviezdoslavovo náměstí stehen das *Slowakische Nationaltheater,* ein Neorenaissancegebäude der Wiener Architekten *Fellner* und *Helmer* sowie das heruntergekommene Hotel Carlton. Seine Bedeutung als »erstes Hotel am Platz« hat es inzwischen an das sich am Kyievské náměstí erhebende dreizehnstöckige Kyiev abgeben müssen. Neben ihm liegt »Prior«, das größte Kaufhaus der Stadt, zahlreiche Busse und Straßenbahnen halten hier.

Adressen

Shopping: Volkskunst und Kunstgewerbe bieten die Läden der UĽUV am náměstí SNP 12 und in der Michaiská. Erschwingliche, aus der DDR stammende Bücher in deutscher Sprache gibt es in der Sedlárska in der Fußgängerzone. Das beste Kristall- und Porzellansortiment führen die Tuzex (Devisen-) Läden in der Gorkého. Benetton in der Palackého verkauft für harte Währung Kleidung, die meist billiger als in Österreich oder der Bundesrepublik ist.

Unterhaltung: Wie überall im Lande schließen auch in Bratislava Restaurants und Kneipen früh. Jedes größere Hotel verfügt jedoch mindestens über einen Nachtklub. Empfehlenswert ist die Bar des Juniorhotels Sputnik, Drieňová 14. Sie hat bis 2 Uhr nachts geöffnet und liegt, mit den Straßenbahnen 8, 9 und 12 erreichbar, etwa 15 Minuten vom Stadtzentrum entfernt. Inhaber der International Student Identity Card gehen in den V-Klub am náměstí SNP. Am Rande des Zentrums wird bis Mitternacht Musik und Unterhaltung geboten. Kein Geheimtip, doch einer der beliebtesten Treffpunkte junger Leute.

Unterkunft: Studentenheim »Družba«, nábr. arm. gen. L. Svobodu 33 (Platz des Armeegenerals Ludwig Svoboda), Studentenheim »Mlyny«, Asmolovova 36, Dusche auf dem Korridor.

Reisebüro: Čedok, Štůrova 13, Infos, Geldwechsel, Zimmervermittlung (auch Privat), Ausflugsangebote in die nähere Umgebung.

ČKM, Hviezdoslavovo náměstí 16, Reisebüro für junge Leute, gleiches Angebot wie Čedok, jedoch kein Geldwechsel.

Ostwärts liegt ein aufstrebendes Land

Fahrt in die Slowakei

Prag, die Hauptstadt der Tschechoslowakei, ist nicht die geographische Mitte des Landes. Und auch Bratislava, Hauptstadt der Slowakei, befindet sich nur am südwestlichen Rand der SSR. Noch 400 km dehnt sie sich bis zur sowjetischen Grenze nach Osten aus, Gebiete, die von den sich Mitteleuropa zugehörig fühlenden Böhmen meist als zurückgeblieben beurteilt werden. Dort beginne, so heißt es, »Asien«. Die Bewohner des äußersten Zipfel des Landes sind die Ostfriesen der ČSSR.

Angesichts der historisch bedingten Rückständigkeit der Slowakei war diese Einschätzung lange Zeit nicht unberechtigt. Jahrhundertelang zum Königreich Ungarn gehörend konnten sich die überwiegend in der Landwirtschaft tätigen Bewohner hinsichtlich Lebensstandard und Bildungsniveau nicht mit der Bevölkerung der entwickelten Ländern der böhmischen Krone vergleichen. Inzwischen jedoch wirken viele Dörfer zwischen Nitra, Martin und Košice moderner als jene Nord-, Süd- oder Westböhmens. Überall wird gebaut und die sich im Privatbesitz befindenden Ein- und Zweifamilienhäuser könnten mit bundesdeutschen Gegenstücken durchaus konkurrieren.

Die Slowakei ist ein Land im Aufbruch. Jedoch brachte die beschleunigte Entwicklung der Produktionsmittel auch die Nachteile einer modernen Industriegesellschaft mit sich. Größere Städte haben sich bis zur Unkenntlichkeit verändert. Während an ihren Rändern Neubausiedlungen und Industrieanlagen entstanden, verfielen die historischen Zentren. Erst seit einigen Jahren werden zur Erhaltung und Renovierung der Straßenzüge in den Haushaltsplänen mehr Mittel zur Verfügung gestellt.

Gegenüber Böhmen und Mähren hat die Slowakei einigen Boden gut machen können. Während dort das Nationalprodukt zwischen 1948 und 85 von 100 auf 562% wuchs, erhöhte es sich im östlichen Landesteil auf 989%. Der jeweilige Anteil von Landwirtschaft und Industrie am Nationalprodukt war in beiden Republiken 1985 ungefähr gleich hoch.

Weiterhin im Rückstand ist die Slowakei jedoch auf kulturellem Gebiet, was in der Zahl ihrer Büchereien, Kinos und Theater zum Ausdruck kommt.

Durch die Republik

550 km beträgt die Strecke von Prag nach Poprad, dem wichtigsten Ausgangsort für Aufenthalte in der Hohen Tatra. Am besten bringen man und frau sie mit dem Zug hinter sich.

In manchen Teilen der Slowakei beträgt der Anteil der Zigeuner über 50%

Das ist billig - 100 Kronen kostet die einfache Fahrt - und bequem - wenn rechtzeitig bei Čedok ein Schlafwagenplatz reserviert wurde. Während der Nachtfahrt kann nicht nur ein halber dem Pflichtumtausch unterliegender Aufenthaltstag, sondern auch die in der Hohen Tatra hohen Übernachtungskosten gespart werden. Wer ohne Zelt reist, sollte bereits zu Hause Zimmer vorbestellen. Während der Saison bleibt in dem stark frequentierten Touristengebiet kein Bett leer.

Autofahrer erreichen sowohl über Jihlava, Brno (siehe S. 241) und Gottwaldov, als auch über Pardubice (siehe S.) und Olomouc Žilina.

An der ehemaligen Grenze zwischen Böhmen und Mähren liegt als größte Stadt der Českomoravská vrchovina (Böhmisch-Mährisches Bergland) *Jihlava* (Iglau). Die heute 54 000 Einwohner zählende Kreisstadt steht unter Denkmalschutz und war bis zum 14. Jahrhundert zweitgrößte Silberfundstätte Europas; ihr Marktplatz (náměstí míru) gilt als einer der größten des Kontinents. Seit jedoch in seine Mitte das moderne Kaufhaus Prior gesetzt wurde, hat er viel von seiner ursprünglichen Wirkung verloren. Das Rathaus, eingerahmt von gotischen, Renaissance-, Barock- und Empirehäusern — im wertvollsten, Nr. 58, befindet sich das

Museum der Vrchovina — wurde zwischen dem 16.und 18. Jahrhundert mehrmals umgebaut. Dicht an der Stadtmauer blieb die romanische Minoritenkirche aus dem 13. Jahrhundert erhalten. Die Pfarrkirche St. Jakob am Marktplatz, deren 1250 begonnener Bau erst im 14. Jahrhundert fertiggestellt wurde, zeichnet sich durch wertvolle gotische Platiken — Madonna, Hl. Katherina, Pieta — aus. In der barocken Ignatiuskirche steht das sogenannte Přemyslidenkreuz. In Jihlava verbrachte der Komponist *Gustav Mahler* seine Kindheit.

Jihlava

Kroměříž (26 000), 38 km nordwestlich Gottwaldovs, sollte der Reisende sich nicht entgehen lassen. Im Schloß zu Kremsier, einer weitläufigen Barockanlage, tagte im Revolutionsjahr 1848 der erste österreichische Reichstag. Nachdem es ebenso wie die Stadt im Dreißigjährigen Krieg von den Schweden zerstört worden war, hatte Bischof *Leopold von Egk* seine Residenz prachtvoll renovieren lassen. Das Deckenfresko im Lehensaal stammt von dem v.a. in Wien tätigen Künstler *F.A. Maulpertsch,* die Stukkaturen schuf *F. Hirnle.* Bemerkenswert sind auch die Sammlungen: eine Bibliothek, eine Musikabteilung mit Handschriften Haydns und Mozarts, eine Gemäldegalerie. Hier finden sich kostbare Originale : Tizians »Appolon läßt Marsyas schinden« van Dycks »Karl I. mit Gemahlin«, sowie Werke L. Cranachs d.Ä., Veroneses, P. Breughels u.a. In einem Seitenflügel ist die ständige Gedächtnisausstellung für den in Kroměříž geborenen Impressionisten *Max Švabinský* (1873-1962) untergebracht.

Auserlesene Werke der Gartenarchitektur sind der Schloßpark mit seinem System künstlicher Teiche, malerischen Winkeln und überraschenden Ausblicken sowie der französische Květná zahrada. In ihm erstreckt sich eine 230 m lange Kolonnade mit Büsten und Statuen aus der Antike. An warmen Sommerabenden finden hier Konzerte statt.

Weitere Sehenswürdigkeiten in Kroměříž sind die gotische Moritzkirche, die barocke Marienkirche und die Johanniskirche des Piaristenordens. Von den Profanbauten ist neben alten Bürgerhäusern am Marktplatz v.a. das alte, in mehreren Bauabschnitten zwischen dem 16.

und 17. Jahrhundert errichtete, Rathaus interessant.

Das nach dem »ersten Arbeiterpräsidenten« *Klement Gottwald* genannte frühere Zlín (86 000) war während der ersten Tschechoslowakischen Republik wegen der hier ansässigen Bat'a-Schuhwerke bekannt. Durch Fließbanderzeugung, Taylorsystem und Gewinnbeteiligung der Arbeiter beherrschte Tomáš Bat'a nicht nur die heimische Schuhproduktion. Daneben besaß er Gummiplantagen und Rinderfarmen, fertigte Socken, Fahrräder, Reifen — und im Krieg auch Panzerplatten. Nach 1945 wurden die Bat'a-Werke nationalisiert, *Gottwaldov* blieb zwar Zentrum der tschechoslowakischen Schuhindustrie, doch die real-sozialistischen Erzeugnisse haben deren Ruf schnell zerstört.

In der rasch wachsenden Industriestadt entstanden zahlreiche Filmateliers. Neben Kultur- und Kurzfilmen werden in einem von *Le Courbusier* mitprojektierten Villenviertel auch die in Westeuropa bekannten und beliebten Zeichentrickfilme gedreht.

Olomouc (106 000), 1253 zur königlichen Stadt erhoben, war bis zum 17. Jahrhundert die zweitgrößte, nach Prag wichtigste Stadt der Länder der böhmischen Krone. Im Verlauf des dreißigjährigen Krieges mußte Olomouc seine Vorrangstellung an Brno abtreten. Die ältesten, romanischen Baudenkmäler befinden sich auf dem Václavské náměstí (Wenzelsplatz): Reste des Fürstenpalastes der Přemysliden aus dem 12. Jahrhundert mit reichen Steinverzierungen sowie der 1106 gegründete St. Wenzels-Dom. Mehrmals umgebaut

Rathaus in Olomouc

wurde er 1883-1890 regotisiert. In einer 1839 errichteten Kapelle am Wenzelsplatz steht eine der bedeutendsten spätgotischen Plastiken der Tschechoslowakei — eine Madonnenfigur aus dem Jahre 1483. Einen beeindruckenden Anblick bietet die befestigte gotische Mauritiuskirche. Sie besitzt die größte Orgel in der ČSSR. Sehenswert sind auch die gotischen Renaissance- und Barockhäuser. Die während des Krieges zerstörte astronomische Kunstuhr des Rathauses wurde nach 1945 erneuert (náměstí Míru). Einen barocken Reiz erhält Olomouc durch zahlreiche Brunnen und Skulpturen. Auf dem Rathausplatz stehen der Cäsaren- und der Herkulesbrunnen sowie die Statuengruppe der Heiligen Dreifaltigkeit. Neptun- und Jupiterbrunnen findet man auf dem Platz der Roten Armee (náměstí Rudé armády).

Žilina (92 000), wichtiger Verkehrsknotenpunkt, ist Ausgangsort für Ausflüge in das stark zerklüftete Gebirge *Malá Fatra* (Kleine Fatra).

Ankunft in Poprad

Poprad-Tatry, Bahnhof der Hohen Tatra. Züge aus Prag und Dresden, Budapest und Krakau treffen hier ein. Unterführungen fehlen, Menschen in Jogging-Anzügen und Wanderstiefeln stolpern über die Gleise. Die Bahnsteige ohne Nummern und Fahrzielangabe werden erst bei der Abfahrt zu einem Problem. Orientierungshilfe bietet dann nur die Richtung, aus welcher der Zug in den Bahnhof einfährt. Die Abfahrtszeiten entsprechen nicht immer dem Fahrplan.

Das Buffet im zweiten Stockwerk scheint das Vorurteil »Asien« zu bestätigen. Das Angebot ist spärlich, dunkelhäutige Zigeuner lassen die Rumflasche kreisen. Auf dem Poprader Markt verkaufen sie Heidelbeeren und Pfifferlinge. Seltene Kostbarkeiten. Im Bahnhofsrestaurant nebenan stehen die Tische in Reih und Glied. Der Raum ist groß und kahl, doch es herrscht Urlaubsstimmung, keine Hektik. Das Essen schmeckt besser als in vielen Hotels.

An Regentagen kommen die Wanderfreunde von den Bergen herab. In *Poprad* (47 000), als Industriezentrum Sitz der Unternehmen Tatra (Waggons) und Tatramat (Waschmaschinen), wird in erster Linie eingekauft. Touristisch Interessantes bietet lediglich der Stadtteil Spišská Sobota. Bürgerhäuser aus der Zeit der Renaissance blieben hier erhalten. Die auf romanischem Kern erbaute gotische St. Georgskirche besitzt zwei von dem berühmten Meister Paul aus Levoča geschaffene Altäre.

Alpine Gipfel, tiefe Seen

Die *Hohe Tatra* (Vysoké Tatry) ist das einzige alpine Gebirge der ČSSR. Als Teil der Westkarpaten zieht sich der Hauptkamm 26,5 km die polnisch-tschechoslowakische Grenze entlang. Höchste Erhebung des kleinsten Hochgebirges der Welt ist mit 2655 m der *Gerlachovský štít,* am häufigsten besucht wird der etwas niedrigere *Lomnický štít* (2632m). Auf seinen Gipfel fährt von *Tatranská Lomnica* aus eine Schwebebahn. Unter den rund 100 Bergseen nimmt der *Vel'ké*

Wanderung in der Hohen Tatra

Hincovo pleso mit einer Fläche von 20 ha und einer Tiefe von 53,2 m den ersten Rang ein. *Mengusovská dolina, Vel'ká* und *Malá Studena doliná* sind die Namen der drei wichtigsten Täler der Hohen Tatra.

Der steile Höhenanstieg des Bergmassivs über den Hängen der Flüße Poprad und Váh (Waag) bewirkt mit seinen unterschiedlichen klimatischen Bedingungen rasch wechselnde Vegetationsstufen, die von Steppenkulturen bis zu arktischen Phänomenen reichen. Die Konzentration landschaftlicher Reichtümer auf einer kleinen, durch hohe Besucherzahlen leicht zerstörbaren Fläche war der entscheidende Grund dafür, daß das gesamte Gebiet der Hohen Tatra und der Belianské Tatry 1949 zum Tatra-Nationalpark (Abkürzung TANAP) erklärt wurde. Wie die gesamte Vegetation so ist auch die Fauna ausnahmslos geschützt. Nach einer 1984 erfolgten Zählung leben 501 Hirsche, 519 Rehe, 53 Wildschweine, 25 Luchse, 20 Bären, 12 Wölfe, 597 Gemsen und etwa 700 Murmeltiere auf dem Gebiet des Parkes. Mit der gesetzlichen Institutionalisierung des TANAP wurde jede wirtschaftliche Nutzung — wie das Sammeln von Pflanzen und Früchten, die Gewinnung von Steinen und Sand, Weidewirtschaft, Jagd und Fischfang — verboten. Die Forstwirtschaft fügt sich den strengen Schutzabsichten und dem Bestreben die ursprüngliche Struktur des Pflanzenbestandes wiederherzustellen. Dennoch sind große Teile der Fichtenwälder heute stark geschädigt. Für die weitere Entwicklung der Touristikzentren, Verkehrsverbindungen und Sporteinrichtungen wurde ein Limit festgesetzt, »das die Belastungsfähigkeit der Umwelt im Verhältnis zu den ihr abverlangten Funktionen berücksichtigt«. Jedoch überschreitet der Touristenverkehr inzwischen bereits die festgesetzte Grenze. Um weitere Umweltzerstörungen zu verhindern, dürfen Besucher die eine Strecke von rund 225 km umfassenden markierten Wanderwege nicht verlassen.

Längste und wichtigste Strecke ist die mit roten Farbstreifen gekennzeichnete Magistrale (magistrála), die parallel zum Hauptkamm über die Südhänge der Hohen Tatra führt. Von *Podbanské* im Westen bis zum See *Bielé pleso* ist sie 46,25 km lang. An allen Ausgangspunkten der Wanderwege sowie an Kreuzungen und Abzweigungen sind Wegweiser mit Zeitangaben angebracht. Eine bessere Orientierung als die in allen Orten aufgestellten Panoramabilder bieten die vom 1. Juli-31. Oktober geltenden Wanderkarten.

Volk der Tatra

Trotz der im Mittelalter herrschenden abergläubischen Vorstellungen und trotz der damaligen Scheu vor der geheimnisvollen Welt des noch nicht erforschten Hochgebirges

Dorfmuseum bei Zuberec in der Westtatra

widmeten die oft an der Stelle urzeitlicher Burganlagen siedelnden Bewohner des Tatravorlandes der wirtschaftlichen Nutzung der Berge große Aufmerksamkeit. Aus den am höchsten gelegenen Wäldern brachten sie unter großen Anstrengungen Zirbelkiefern, die dauerhaftes, schönes und qualitativ gutes Nutzholz lieferten, ins Tal. Sie jagten Gemsen und Murmeltiere, deren Fleisch sie einen besonderen Nährwert sowie heilende und magische Kräfte zuschrieben. Im Sommer trieben die Dorfbewohner ihre Schafe, Rinder und Pferde bis auf die steilen Hänge des Lomnický hrebeň. Die Pflanzen- und Bodendecke wurde durch die Tiertritte so stark beschädigt, daß es zu einer Erosion durch Wasser kam, die aus dem einstigen Tal Lomnická dolina eine »Skalnatá dolina«, ein Felsental werden ließ. Zur frühen Umweltzerstörung trug auch die bis zur ersten Hälfte des 14. Jahrhunderts dauernde ungebremste Kolonisation bei, die einen starken Holzverbrauch mit sich brachte.

An den Hängen der Tatra drangen die Bergleute mit ihren Schürfversuchen in immer größere Höhen vor: Seit dem 15. Jahrhundert suchte man — ohne Erfolg — nach Gold, etwas später begann der Abbau von Kupfer und Eisen. Das Volk der Tatra arbeitete aber auch in Sägewerken, Papiermühlen und Müllereien, verdiente Geld mit dem Anfertigen von Dachschindeln und der Flößerei.

Die Reihe der Berichte über erste Expeditionen, die die Erkundung des Gebirges zum Ziel hatten, beginnt mit einem Chronikvermerk aus dem Jahre 1564, in dem von einem Ausflug einer größeren Gesellschaft, die aus Bürgern Kežmaroks bestand, zum Bergsee Zelené pleso die Rede ist. Den Kern dieser Gesellschaft bildeten vermutlich Professoren des dortigen Lyzeums, die später regelmäßig naturkundliche Gebirgsexkursionen organisierten und damit das Sammeln von Naturalien für das Schulkabinett verbanden. Das zunehmende Interesse an der Hohen Tatra führte im Jahre 1793 zur Errichtung erster Touristenunterkünfte. *Starý Smokovec,* das älteste und bis heute am meisten besuchte touristische und heilklimatische Zentrum des Gebirges entstand. Wegen des hier vorkommenden Mineralwassers, das heute jedoch seine frühere Qualität verloren hat, besaß der Ort zusammen mit den jüngeren Siedlungen in der Nachbarschaft den Ruf eines erfolgreichen Kurbades.

Noch im ersten Jahrzehnt nach dem Bau der durch Poprad führenden Eisenbahnstrecke Bohumín-Košice hatten Hotels und Sanatorien nur im Sommer Gäste, seit jedoch in den Jahren 1881/82 und 82/83 mit Erfolg versuchsweise die Wintersaison eröffnet worden war, blieben sie ganzjährig geöffnet.

1889 wurde in Vel'ká Lomnica eine Werkstätte für Volkskunstprodukte eröffnet. Souvenirs aus Holz, Stein und Keramik sollten den sozial schwachen Schichten der Bevölkerung neue Erwerbsmöglichkeiten schaffen. Doch obwohl aus dem oberen Liptov-Gebiet jährlich 15 Waggons Holz für Spazierstöcke nach Wien und Berlin ausgeführt wurden, konnte die Heimarbeit die damalige Auswanderung nach Amerika nicht verhindern.

Nach dem 2. Weltkrieg erlebte die Region einen gewaltigen Aufschwung. Über 4 Mio. Besucher — Tagesgäste nicht mitgerechnet — lassen jedes Jahr ihr Geld hier. So mußten Berghütten vergrößert, riesige Campingplätze angelegt und Hotels aller Kategorien errichtet werden. Die meisten Besucher nehmen heute betriebliche Erholungsstätten, der »neue Typus von Freizeiteinrichtungen« auf. Durch den Bau von Wohnsiedlungen in den wichtigsten Touristenzentren, die einer kommunalen Infrastruktur bedurften, löste man das Problem einer Stabilisierung der Arbeitskräfte, die zuvor zum großen Teil als Pendler aus den Ortschaften und Städten der Umgebung hierher fahren mußten oder an ihrem Arbeitsort in notdürftigen Unterkünften lebten. Beklagt wird von Ethnographen inzwischen jedoch der Verlust der traditionellen Lebensweise der Tatra-Bevölkerung. Das Streben nach städtischem Wohlstand führe zur Aufgabe und zum Verlust alter Bräuche und Fertigkeiten.

Urlaubsorte

Von Poprad aus fährt eine elektrische Kleinbahn in die meist besuchtesten Urlaubsorte der Hohen Tatra, nach Starý Smokovec, Štrbské Pleso und Tatranská Lomnica. Schneller sind die Busse, die von dem in unmittelbarer Nähe des Bahnhofs liegenden Busbahnhof abfahren. Die Cesta Slobody (Straße der Freiheit) verbindet die einzelnen Gebirgsdörfer.

Štrbské Pleso (1335m, 1000 Einwohner) ist der höchstgelegene Luftkurort der ČSSR. Einen schöneren Platz als oberhalb des gleichnamigen Sees, dessen dunkelblau schimmerndes Wasser im Sommer bis zu 20°C warm werden soll, gibt es für ein Wintersportzentrum wohl nur selten. 1935 fanden hier die ersten Skiweltmeisterschaften statt, 1970 war Štrbské Pleso Austragungsort der nordischen WM-Wettbewerbe.

Erholungsheime, Hotels, Restaurants und andere touristische Einrichtungen bestimmen auch das Bild von *Starý Smokovec* (900-1050m, 3200 Einwohner). Von den zu Beginn des 19. Jahrhunderts enstandenen Blockhäusern ist noch die Villa Flora erhalten, die heute für Ausstellungen genutzt wird. Der Kurort ist Ausgangspunkt für Touren in die reizvollsten Teile der Hohen Tatra. Die Wanderwege beginnen am Hrebienok, der Bergstation der Standseilbahn. In die Vel'ká Studená dolina folgt man der blauen Markierung. Nach ungefähr 2 1/2 Stunden Aufstieg wird die Berghütte Zbojnikká (1960 m) erreicht. Die grüne Markierung weist in die Malá studená dolina und zur Berghütte Téry (2015m). Ein etwas schwieriger Weg führt von dort über das Joch Priečné sedlo (2352m).

Für die Entwicklung der Sommerfrische war sowohl in Starý Smokovec als auch in *Tatranská Lomnica* (850 - 920 m, 2000 Einwohner) die Zipser Kreditbank verantwortlich. Ihre unternehmungstüchtige Leitung ließ 1893 das Hotel Lomnica bauen, das in den folgenden Jahren das größte

Popradské Pleso

und attraktivste der Hohen Tatra war. Unmittelbar danach enstand das inzwischen abgetragene Slowakische Haus, das bescheidenere Hotel Lomnička sowie ein repäsentatives Badehaus mit einer Eingangshalle im maurischen Stil, wassertherapeutischen und heilgymnastischen Einrichtungen und einem Hallenbad. Diese Gebäude werden z.Zt. rekonstruiert. Aus Gründen der Werbung ermöglichte man es einflußreichen Interessenten, einen Teil der Baugrundstücke zu erwerben und sich hier Sommerhäuser zu errichten. Noch heute ist für Besucher von Tatranská Lomnica die ehemalige Villa der ungarischen Adelsfamilie Széchenyi, die im Tudorstil erbaut ist, eine Attraktion. Das Hotel Grand, heute »Praha«, entstand 1905.

In Tatranská Lomnica befindet sich das Museum des Tatra-Nationalparks. In seinen Räumen sind Landschaftsarrangements mit Pflanzen und Lebewesen des TANAP sowie eine Ausstellung über Naturschutz, die Geschichte der Tatra und ihre Volkskunst zu besichtigen.

Ausflug nach Ždiar

An sonnigen Sommernachmittagen kommt die Gebirgssiedlung zur Ruhe. Während der Großteil der Wanderer inzwischen das Ziel seiner Tagestour erreicht hat, klappen die im Tal Zurückgebliebenen ihre Liegestühle auf. Im Park beginnt ein Kurkonzert.

Weniger Gelassenheit bestimmt dagegen die Stimmung zwischen 7 und 9 Uhr. Nun gilt es einen Platz in

Aufbruch zu einer Wanderung in die Spišská Magura

den Bussen, die zu den Ausgangspunkten der Wanderwege fahren, zu ergattern. Bepackt mit überquellenden Rucksäcken, Schlafsack und der obligatorischen Gitarre ist dies nicht immer einfach. Tschechische Jugendgruppenleiter bitten deutsche Familien doch etwas näher zusammenzurücken. Diese freilich haben Angst, die richtige Haltestelle zu verpassen. Böse Bemerkungen fallen, eine Verständigung fällt schwer. Auffällig jedoch ist die »Zahldisziplin«. (Fast) niemand fährt hier schwarz. Selbst wer auf Grund des Platzmangels hinten einsteigt, löst später eine 1- 5 Kronen teure Karte.

Deutsche Sprachfetzen bestimmen auch die Fahrt nach Ždiar (30 km nördlich Poprads). In dem beliebten Ausflugsort will sich die aus Gera stammende Familie vor mir noch einmal etwas ganz besonderes leisten. Angesichts der 30 Mark, die die DDR ihren Tschechoslowakei-Reisenden pro Tag zubilligt, ist ein Essen im Restaurant nicht jeden Tag möglich. Bei einem Wechselkurs von 1:3 verschlingt es über ein Drittel der 90 Tageskronen.

Das in den meisten Reiseführern als »charakteristisches Gebirgsdorf« beschriebene Ždiar hat in den letzten Jahren viel von seinen ethnographischen Besonderheiten verloren. Nur am oberen Ortsende und an einigen entlegenen Stellen in den Tälern sind noch typische, aus drei Räumen bestehende Blockhäuser, die mit ihren Wirtschaftsgebäuden abgeschlossene atriumartige Höfe bilden, erhalten geblieben. Die neue Bauweise dagegen ordnet sich bereitwillig den praktischen kommerziellen Bedürfnissen des Fremdenverkehrs unter. 1600 meist von Besuchern aus der DDR gemietete Privatzimmer stehen den Touristen zur Verfügung. Gepflegt wird weiterhin die volkstümliche Holz- und Schnitzkunst. Die Goralen-Trachten werden dagegen an Werktagen heute kaum mehr getragen. Berühmt sind die Ždiarer Hochzeiten, bei denen nicht nur das Brautpaar, sondern auch die Hochzeitsgäste in der traditionellen Kleidung des Gebietes erscheinen.

Daß auch bei anderen feierlichen Anläßen noch Tracht getragen wird, können wir wenig später feststellen. In der bis auf den letzten Stehplatz gefüllten Dorfkirche findet im Rahmen des Sonntagsgottesdienstes eine Taufe statt. Nach der Messe werden Eltern und Taufpaten zu begehrten Photoobjekten der im Laufe des Vormittags immer zahlreicher gewordenen Touristen. Während der Pfarrer sich zum Gottesdienst in das nahe der polnischen Grenze liegenden Javorina aufmacht, beginnt für sie die Suche nach freien Plätzen in einem der meist vollbesetzten Restaurants des Ortes. Besonders beliebt ist die Ždiarer Stube (Ždiarský dom), ein mit hellen Holzmöbeln und bunten Tischdecken eingerichteter Gasthof. Ihm angeschlossen ist ein volkstümlicher Ždiarer Wohnraum mit originalen Dekorations- und Einrichtungsgegenständen : eine Wiege aus dem 18. Jahrhundert, ein 200 Jahre altes Bett, ein riesiger Ofen, ein Webstuhl, Teppiche, Dekken, Keramikgeschirr.

Da der östliche Teil der Belianské Tatry 1978 für Touristen gesperrt wurde, bieten sich von Ždiar nur noch Wanderungen in die Spišská Magura an. Die Wege beginnen am Ferienheim der Gewerkschaft ROH-Tatry.

Die Zips

Eine deutsche Sprachinsel bildeten die 24 Städte des Zipser Komitats (Spiš). Zur Abwehr der Tataren hatte der ungarische König im 12. Jahrhundert die später Zipser Sachsen genannten Siedler an den Südostfuß der Tatra geholt.

Zentrum von Spiš war *Kežmarok* (Käsmark, 19 000, 15 km von Poprad), dem 1380 der Titel einer königlichen Freistadt verliehen worden war. Ihre auf schmalen Parzellen erbauten mittelalterlichen Häuser erhielten zum größten Teil im 18. Jahrhundert ihr heutiges Aussehen. Typisch sind zwei Stockwerke, das obere durch drei Fenster gegliedert. Die Bürgerhäuser besitzen eine breite Durchfahrt und zweifach gestufte hohe Schindeldächer. Vollständig erhalten sind sie am Starý trh (Altmarkt) und in der Hradná ulica (Burggasse). In den Seitengassen gibt es noch einige typische eingeschossige Handwerkerhäuser, deren Besitzer hauptsächlich Gerber und Leinenweber waren. Attraktivstes Baudenkmal der Stadt ist die spätgotische Burg, die in den sechziger Jahren des 15. Jahrhunderts an Stelle einer älteren erbaut und am Ende des 16. Jahrhunderts im Renaissancestil umgestaltet worden war. Dabei entstanden ein prunkvoller Rittersaal sowie komfortable Pferdeställe. Künstlerisch wertvoll ist die einschif-

Typisches Haus in Kežmarok

fige, ursprünglich gotische Burgkapelle mit ihrer 1657 von italienischen Meistern geschaffenen reichen Stuckverzierung. Ein Denkmal im Burghof erinnert an eine Hinrichtungsstätte der Gestapo.

Mitten auf dem Stadtplatz steht das im Renaissancestil errichtete Rathaus. 1799 erhielt es nach einem Brand eine Fassade mit Elementen des stilistischen Übergangs vom Rokoko zum Klassizismus. Dem Rathausturm wurde ein barockes Zwiebeldach aufgesetzt. Ältestes sakrales Baudenkmal ist die aus dem 14. Jahrhundert stammende Heiligkreuzkirche. Ursprünglich hatte sie den Charakter einer Burg. Besonders schön sind ihre spätgotischen Altäre sowie das Filigran des Netzgewölbes. Daneben erhebt sich der älteste Zipser Renaissanceglockenturm, reich mit Sgraffitis verziert. Kežmaroks Besonderheit ist seine evangelische Holzkirche. Auf Grund eines Beschlusses des Ödenburger Landtages von 1681 war es den Protestanten im ungarischen Herrschaftsbereich zwar gestattet, Kirchen zu bauen, jedoch nur außerhalb der Städte und nur aus Holz. Diese evangelischen Kirchen durften keine Fundamente haben und mußten innerhalb eines Jahres fertiggestellt sein. So entstand 1717 auf dem Grundriß in der Form eines griechischen Kreuzes ein auf gewundenen Pfeilern aus Tannenholz ruhendes mächtiges Gotteshaus, in welchem über 1400 Menschen Platz fanden. Von Wellblechzäunen umgeben kommt die auf ihre Renovierung wartende Holzkirche neben der 1892 im byzantinischen Stil erbauten mächtigeren zweiten evangelischen Kirche kaum mehr zur Geltung. Dem Werk des Wiener Architekten *T. Hansen* wurde 1909 ein Mausoleum angegliedert, in dem der ungarische Adelsherr *Imrich Thököly*, der Anführer eines gegen die Habsburger gerichteten Aufstandes, die letzte Ruhestätte fand. Aus der Türkei hatte man seine sterblichen Überreste feierlich in seinen Heimatort überführt.

Romantisch, aber auch abenteuerlich ist eine Floßfahrt auf dem Dunajec. Von Kežmarok aus verkehren Linienbusse bis zum Červený Kláštor (Rotes Kloster, 55 km von Poprad), der Anlagestelle der plte genannten Flöße. Hier, an der Grenze zur Volksrepublik Polen — Zeltplatz und die neuerrichtete Holzkirche auf der anderen Seite des Flußes stehen schon auf dem Gebiet des Nachbarlandes — bahnt sich der Dunajec einen Weg zwischen bewaldeten Höhen und steilen Felsen in den für seine zahlreichen, sonst in Europa ausgestorbenen Pflanzenarten bekannten Pieniny-Nationalpark. Neben dem im 14. Jahrhundert gegründeten und ausgezeichnet erhaltenen ehemaligen Kartäuserkloster stößt man oberhalb des Flußes auf einen schönen Campingplatz.

In ständiger Konkurrenz zu Kežmarok stand die langjährige Hauptstadt des Komitats *Levoča* (Leutschau, 12 300, 26 km von Poprad). Doch nach dem Bau der Eisenbahnstrecke Bohumín-Košice, die durch keine der beiden Städte führt, verlor die eine wie die andere entscheidend an Bedeutung. Und auch der Reichtum der deutschen Händler und Handwerker gehört seit Auswanderung im 19. und Vertreibung im 20. Jahrhundert der Vergangenheit an.

Jedem Feind zu trotzen scheint die aus dem 14. Jahrhundert stammende mächtige Stadtmauer Levočas. Durch drei Tore gelangt man ins Zentrum. Dort ist von dem slawischen Nürnberg, wie deutsche Kunstwissenschaftler die Stadt gern nennen, wenig zu erkennen. Zwar sind viele der renovierungsbedürftigen Patrizierhäuser inzwischen eingerüstet worden, doch wird das Bild der Stadt wohl noch lange von aufgerissenen Straßen, herumliegendem Bauschutt, verwesenden Müllhaufen bestimmt werden.

Allein das mit Arkadengängen umgebene Renaissancerathaus hat seine alte Schönheit zurückerhalten. Hier ist das Zipser Museum untergebracht. Vor ihm ein Prangerkäfig, Dokument mittelalterlichen Gerichtsvollzugs. Als Museum wird auch die gotische Jakobskirche betrachtet. Montags bleibt es — wie in der Tschechoslowakei üblich — geschlossen. An allen anderen Tagen können die wunderschönen Schnitzarbeiten aus der Schule Meister Pauls bewundert werden. Sehenswert ist v.a. der 18m hohe und 6m breite Hochaltar des aus Levoča stammenden Künstlers. Der größte erhalten gebliebene spätgotische Altar Europas zeigt die Muttergottes mit dem Kind, das Martyrium der Heiligen Jakob und Johannes, das letzte Abendmahl. Während der Fastenzeit verschließen die Altarflügel mit acht Tafelbildern der Passion Christi das Innere des Schreins. An der linken Seitenwand der Kirche wurden hervorragend erhaltene Wandmalereien freigelegt. Die eine berichtet vom Leben der Heiligen Dorothea, die andere zeigt neben den sieben Tugenden drastische Darstellungen der sieben Todsünden. Hochmut, Eitelkeit, Unkeuschheit, Völlerei, Geiz, Zorn und Neid reiten auf Tieren in den gähnenden Höllenschlund.

Rathaus und Jakobskirche in Levoča

Zigeuner

Auf der Fahrt von Levoča nach Košice taucht sie überraschend vor uns auf: *Spišský hrad,* die Zipser Burg, größte Burgruine auf dem Gebiet der ČSSR, architektonisches Monument im Zerfall. Auf einer 634 m hohen Kalksteinkuppe, auf dessen unterer

Spišský hrad

Hälfte abwechselnd Mais und Kartoffeln gedeihen, erstreckt sich ihre weitläufige Anlage. Urkundlich bereits 1209 erwähnt, widerstand sie 1241 den Angriffen der Tataren. Der langgestreckte romanische Palast bildet das älteste und kunsthistorisch wertvollste Bauwerk. Nahezu unbeschädigt scheint der über 19 m hohe mächtige Wehrturm inmitten des oberen Hofes; er entstand 1270.

Die weitere Entwicklung der Burg kann an den Ruinen und den einigermaßen erhalten gebliebenen Wohngebäuden aus dem 13. bis 18. Jahrhundert verfolgt werden. Ein Labyrinth an Vorhöfen, Versammlungsplätzen, Säulen, Gemächern, Sälen, Kammern und Mauern teilen ihr Inneres mannigfaltig auf.

Als Sitz der Zipser Komitatsbehörden und als gut gerüstete Festung hatte die Anlage eine außerordentlich große strategische und verwaltungsmäßige Bedeutung. Sie war abwechselnd Eigentum der ungarischen Könige und bedeutender Adelsgeschlechter und wurde 1780 durch einen Brand zerstört. Ihre Massen an Stein, zerbröckelt, in Blöcken und Trümmern, dienten lange als Baumaterial der Bewohner der Umgebung.

Busstation ist das 3500 Einwohner zählende *Spišské Podhradie* (40km). Hier befindet sich auch das Zipser Domkapitel (Spišská Kapitula), ein durch Mauern befestigtes geistliches Städtchen rund um eine romanische Domkirche. An sie wurde im 15. Jahrhundert die Zapolski-Kapelle angebaut. Besonderen Reiz erhält die malerische Anlage durch die aus dem 15.-17. Jahrhundert stammenden Häuser der Mitglieder des Domkapitels.

Wenige Kilometer hinter Spišské Podhradie: Auf einem steilen Hang oberhalb der Straße stehen baufällige Häuschen, wellblechbedeckte

Hütten. Vor ihnen sitzen Männer in der Sonne, waschen Frauen ihre Wäsche. Auf den lehmigen Wegen spielen Kinder, die kleineren ohne Kleider, die größeren ohne Zähne. Neben der Bushaltestelle Plumpsklos, zur Straße hin offen.

Bewohner dieser sowie der anderen etwa 300 ähnlichen »Siedlungen« auf dem Gebiet der Tschechoslowakei sind Zigeuner, in der Mehrzahl Romas. Nach dem 2. Weltkrieg zur »Seßhaftigkeit« gezwungen, ist das System bis heute nicht in der Lage ihnen Wohnungen zur Verfügung zu stellen. Von den 361000 1986 gezählten Zigeunern leben 17 000 in Slums, 8500 in mangelhaften Wohnungen. Aber auch andere die »historische und ethnokulturelle Determination der gesellschaftlichen Integration der Zigeuner-Romas« betreffende Zahlen sind erschrekkend. 64% der in der Slowakei in Pflegeheimen untergebrachten Säuglinge stammen aus Zigeunerfamilien, im nahegelegenen Spišská Nová Ves waren es 1984 sogar 100%. 1979 verließen 43,8% der Roma, aber nur 0,9% Tschechen bzw. Slowaken vor der achten Klasse die Schule. Die Jugendkriminalität der Zigeuner liegt um ein zehnfaches über dem Durchschnitt. Während sie in Prag nur 0,75% der Bevölkerung stellen, sind sie für 14,3% der Straftaten verantwortlich. Zwischen 1981 und 84 stieg die Anzahl der Delikte um die Hälfte.

Eine überdurchschnittlich hohe Geburtenrate gilt Wissenschaftlern als Beweis für die fehlende Integration in die moderne Industriegesellschaft: »Seit 1970 erhöhte sich die Zahl der Zigeuner um 64%, 600 000 sollen es im Jahr 2000 sein. In der SSR gibt es 56 Kreise, in denen der Anteil der Zigeuner an der Bevölkerung 30 und mehr Prozent erreicht, und 18 Kreise mit mehr als 50% . Im Ostslowakischen Bezirk ist jeder 13. Bürger ein Zigeuner, aber schon jedes siebte Kind.«

Bei der Suche nach Möglichkeiten zur Beseitigung der sozialen Unterschiede wird die bereits erfolgte Integration eines Großteils der in Städten lebenden Romas hervorgehoben. Sie seien nicht mehr »Objekt der Fürsorge der Gesellschaft, sondern Mitsubjekt der Bemühungen«. Nachdem so in einer ersten Stufe die »Romsozietät auf das Niveau der übrigen Gesellschaft konsolidiert« werde, trete in der zweiten Phase die »allmähliche«, »gleichberechtigte« und »stabile Verschmelzung« mit ihr ein. Integration, Assimilation, Adaption, Verschmelzung — diese Begriffe stehen in Arbeiten über die gesellschaftliche Situation der Zigeuner meist undifferenziert nebeneinander.

Bisher freilich widersetzt sich v.a. die tschechische und slowakische Öffentlichkeit den Integrationsbemühungen. Immer wieder trifft man auf die gleichen Bilder: Zigeuner sind faul, dreckig, kriminell. Gefordert wird daher von Seiten der Ethnographen und Sozialwissenschaftler die »Verwendung der positiven Elemente der Zigeunerkultur«. Ihre Folklore müße systematisch gesammelt und bearbeitet werden, ihre künstlerische Tätigkeit sei zu fördern, in Literatur, Film und Theater soll der »gute Zigeuner« positive Identifikation ermöglichen.

Laut einer Aussage der Tschechischen Akademie der Wissenschaften »werden Zigeuner in den geltenden Rechtsnormen nirgendwo als Nation bezeichnet«. Anders als Ungarn, Ukrainer, Polen und Deutsche werden sie seit 1945 nicht mehr als nationale Minderheit erfaßt. Anders als diese haben sie daher keine eigenen Schulen, Theater und Parlamentsabgeordnete.

Prešov und Košice

Zentrum der ukrainischen Minderheit ist Prešov (82 000, 84 km von Poprad). Hier befindet sich ihr ständiges Theater, ein Verlag, der Sitz des Kulturverbandes. Viele Geschäfte tragen zweisprachige Aufschriften. Nach Abtretung der Karpatho-Ukraine an die Sowjetunion nach dem 2. Weltkrieg sank die Zahl der oft auch als Ruthenen bezeichneten Gruppe von 550 000 auf 70 000. Dennoch galt sie weiterhin als Gefahr für die »nationalen Interessen der Slowaken«. Im August 51 mußte der ukrainische Nationalrat aufgelöst werden. Gemäß der herrschenden Ideologie vertrat die Kommunistische Partei die Interessen aller Bürger, politische nationale Organe waren daher nicht nötig. Erst 1954 erhielten die nationalen Minderheiten eigene politische Vertreter in Parlamenten und Nationalausschüßen, in den Verfassungen der Jahre 60 und 68 wurde ihnen das Recht auf Bildung in der Muttersprache und kulturelle Entwicklung zugestanden. Dennoch nahm die Zahl der sich der ukrainischen Minderheit zurechnenden Bürger weiter ab, eine Assimilation erfolgte meist durch Mischehen. Die daraus hervorgehenden Kinder gelten in der Regel als Tschechen bzw. Slowaken.

Als die bedeutendsten Bauwerke Prešovs sind die gotische Niklaskirche aus dem 14. Jahrhundert sowie eine evangelische Kirche aus den Jahren 1637—42 hervorzuheben. Barock umgestaltet wurde das aus dem 15.Jahrhundert stammende orthodoxe Gotteshaus. Basteien und Gräben der ehemaligen Stadtbefestigung sowie das Renaissancegebäude des sogenannten Caraffa-Kerkers blieben erhalten. Wertvollstes der Barock- und Renaissancehäuser am Marktplatz ist das Doppelhaus der Adelsfamilie Rákóczi.

Ein etwas längerer Abstecher führt 100 km nordwärts über das im zweiten Weltkrieg völlig zerstörte Svidník zum *Duklapaß*. Hier kann anhand von rekonstruierten Bunkern, Schützengräben und Gefechtsständen der Verlauf der Entscheidungsschlacht des Frühsommers 1944 nachvollzogen werden. Am Sattel Drahovské sedlo erinnert ein Rosengarten an die dabei gefallenen 22 000 Sowjetsoldaten.

In *Svidník* und *Bardejovské Kúple,* 7 km nordwestlich des mittelalterlichen *Bardejovs* gelegen, sind Freilichtmuseen für Volkarchitektur einen Besuch wert. Unterwegs gibt es in *Hervartov, Komárnik* und vielen anderen Dörfern orthodoxe Holzkirchen zu entdecken.

Mit 222 000 Einwohnern ist *Košice* (Kaschau, 120km) nach Bratislava zweitgrößtes wirtschaftliches, kulturelles und administrativ-politisches Zentrum der Slowakei. Zur frühen Entwicklung der 1290 eigenes Recht erhaltenden Stadt trug ihre günstige geographische Lage am Hornád bei. Dort wo der Fluß aus den östlichen Ausläufern der Slovenské rudohorie (Slowakisches Erzgebirge) in ihr hügeliges Vorland eintritt und sein Tal sich beträchtlich weitet, kreuzten sich bedeutende Handelswege. Da Košice im Gegensatz zu großen Teilen Ungarns nicht von den Türken besetzt war, erhielt es 1657 eine Universität. Aufgrund der hier ansäßigen starken ungarischen Minderheit beanspruchte Reichsverweser *Horthy* die Abtretung ostslowakischer Gebiete an Ungarn, eine Forderung, die ihm erst 1938 von Hitler erfüllt wurde. Nach der Befreiung der Slowakei war Košice vorübergehend Sitz der neugebildeten Regierung der Nationalen Front. Das Kaschauer Programm, Grundlage der Nachkriegspolitik der Tschechoslowakei, wurde am 5. April 1945 im Komitatshaus in der Leninova ulica 31 verkündet.

An der langgezogenen Leninstraße liegen auch fast alle anderen sehenswerten historischen Bauwerke der Stadt. Auf der zur Fußgängerzone umgewandelten Straße promenieren am Abend Liebespärchen, ruhen sich alte Kaschauer auf den Bänken vor dem Staatstheater aus, strömen die Gläubigen in den St. Elisabeth-Dom. An dieser kostbarsten und schönsten gotischen Kirche der Slowakei wurde bis 1508 fast 130 Jahre lang gearbeitet. Noch älter sind die nebenstehende Michaelskapelle sowie die später barockisierte Dominikanerkirche mit ihrem sechsteiligen Gewölbe. Interessant sind Blicke in die Innenhöfe der Häuser. Während es bei den klassizistischen Palais Desseffy und Forgaćs Loggien und Arkaden zu bewundern gibt, sind andere in ihrem Verfall fast schon wieder romantisch. Z. Zt. wird das Mikúlaš-Gefängnis (Miklošová Väznica) in der E. Adyho renoviert. Im 16. Jahrhundert aus zwei gotischen Häusern entstanden, blieben Zellen, Folterkammer und Wohnräume erhalten.

In der Hauptstadt der Ostslowakei wurden in den letzten 25 Jahren rund 40 000 Wohnungen gebaut. Eine der größten Siedlungen der Republik — Košice Nové Mesto (Neustadt) — bietet in 14 000 Wohnungen Wohnraum für 60 000 Menschen. 13.000 Studenten besuchen die P.J. Šafarik Universität sowie die Technische und Veterinärhochschule. An der stürmischen Entwicklung der Stadt hatten die mit Hilfe der UdSSR erbauten Ostslowakischen Eisenhüttenwerke einen großen Anteil. In dem größten Industriebetrieb der Slowakei sind heute mehr Arbeiter als 1945 in der gesamten Industrie dieses Landesteiles beschäftigt. Über *Čierna nad Tisou,* dem größten Binnenlandhafen der ČSSR, liefert eine Breitspurbahn sowjetisches Eisenerz direkt in den Betrieb. Unweit Košices verlaufen außerdem die Erdölleitung »Družba« (Freundschaft) sowie die Trasse der internationalen Hochspannungsleitung »Mir« (Frieden). Bis zur sowjetischen Grenze sind es noch 100 km.

Städte, Schlösser, Landschaften von A—Z

Banská Bystrica
(78 500, Mittelslowakei)

Eine der schönsten Städte der Slowakei. Im Mittelalter Zentrum des Silber- und Kupferbergbaus. Um sich vor den Angriffen von außen, aber auch vor den Aufständen der Bergleute zu schützen, ließen wohlhabende Patrizier den ausgedehnten Burgkomplex errichten. In ihm befindet sich auch das mit Arkaden geschmückte Renaissance-Rathaus (1564—65) mit den Museumssammlungen des Slowakischen Nationalaufstandes, dessen Brennpunkt Banská Bystrica war. Das älteste Baudenkmal, die romanisch-gotische Pfarrkirche, stammt aus der 2. Hälfte des 13. Jahrhunderts.

Banská Štiavnica
(9000, Mittelslowakei)

Seit dem 13. Jahrhundert eine wohlhabende königliche Freistadt. V.a. im 15. und 16. Jahrhundert verdankt sie ihre Bedeutung den ergiebigen Silbervorkommen. Da die Stadtverwaltung nach der Besetzung der ungarischen Hauptstadt Buda das Vordringen der türkischen Heere auch auf slowakisches Gebiet erwartete, entschloß sie sich, eine ursprünglich romanische, 1497—1515 gotisch umgestaltete Kirche zu einer Burg umzubauen. 1546—59 verwandelte man das Mittelschiff in einen Burghof, umgab das Objekt mit einer hohen Mauer, sicherte es durch Basteien und eine Zugbrücke. In der Stadt selbst sind einige Häuser aus der Zeit der Spätgotik und der Renaissance erhalten geblieben. Das Hellenbachsche Haus, in dem einst das Gericht der oberungarischen Bergbaustädte tagte, ist als Montanmuseum eingerichtet.

České Budějovice
(94 000, Südböhmen)

Zusammen mit einem Dominikanerkloster (reich ausgestattete Marienkirche) gründete König *Přemysl Otakar II.* 1265 die wunderschöne und daher vielbesuchte Stadt an der Moldau. Ihr Zentrum bildet einer der größten Marktplätze Europas, alle ihn umgebenden Häuser haben Laubengänge, in seiner Mitte steht der Samson-Brunnen, eine Arbeit *J. Dietrichs* aus dem Jahre 1727. Das barocke Rathaus, Werk *A. E. Martinellis,* wurde 1731 an der Stelle eines älteren Bauwerkes errichtet. Sehenswert sind außerdem die bischöfliche Residenz, 2. Hälfte des 18. Jahrhunderts, der 72 Meter hohe und einen schönen Ausblick bietende Schwarze Turm sowie die im 13. Jahrhundert gegründete und mehrmals umgebaute St. Niklaus-Kirche. Während des Dreißigjährigen Krieges wurden hier in einer streng bewachten Kapelle die böhmischen Krönungskleinodien sowie das königliche Archiv aufbewahrt. Von České Budějovice aus führte die erste, 1827—32 entstandene Pferdeeisenbahn des Kontinents ins oberösterreichische Linz. Ihre Überreste sind ein »Nationales Kulturdenkmal«. In der Hauptstadt Südböhmens wird das weltweit bekannte Budweiser Budvar gebraut, produziert die Bleistiftfabrik Koh-I-Noor. Bemerkenswerte Volksarchitektur gibt es in Opatovice, Munice und Holašovice.

Český Krumlov
(13 600, Südböhmen)

Die Moldau teilt den alten historischen Stadtkern in die eigentliche Stadt und in die Burg mit der darunter liegenden Ansiedlung Latrán. Sehenswert sind eine Reihe von Häusern im Stil der Gotik, der Renaissance und des Barock, unter ihnen das Rathaus. Die gotische Hauptkirche wurde 1407—39 umgebaut, gotisch ist auch das teilweise noch erhaltene Befestigungssystem, das Tor Budějovická brána stammt aus dem Jahre 1598. Das Kloster, welches im 17. Jahrhundert barock umgebaut wurde, hat einen gut erhaltenen Kreuzgang aus dem Jahre 1491. Zu den bedeutendsten Renaissancebauten gehören das Jesuitenkolleg, das Zeughaus und die Brauerei. Die die Stadt überragende Burg teilt sich in den sog. Hrádek mit dem charakteristischen runden Turm aus der zweiten Hälfte des 13. Jahrhunderts und der zwischen 1320 und 1340 errichteten Oberen Burg. Neben dem Prager Hradschin bildet sie die größte Burganlage Böhmens, wie die Stadt wurde das Krumlauer Schloß von den Rosenbergs, einem der mächtigsten Adelsgeschlechter Südböhmens, gegründet. Sehenswert sind die Innenräume, v.a. der sog. Maskensaal mit seinen plastisch wirkenden Malereien aus dem Jahre 1748. Im Schloßtheater sind wertvolle historische Barockdekorationen und als europäische Rarität der Bühnenmechanismus erhalten geblieben. Über einen breiten Weg erreicht man das im Park liegende Lustschloß Bellaria, in ihm befindet sich auch die Reitschule sowie ein Freilichttheater.

Hluboká nad Vltavou
(Südböhmen)

Nördlich von České Budějovice erhebt sich über der Moldau der monumentale neogotische Bau des Schlosses Hluboká. Im 13. Jahrhundert als königliche Burg gegründet war sie später im Besitz verschiedener Adelsgeschlechter, nicht nur die mächtigen Schwarzenbergs ließen sie mehrmals — im jeweils gerade herrschenden Stil — umbauen. Durch den sich bis zum Burggraben erstreckenden Park, über eine gewölbte Brücke mit Wachtürmen, durch zwei Durchfahrten und über einen engen ersten Schloßhof, erreichen die Besucher das Hauptgebäude. Seine reich verzierte Fassade birgt den mächtigen zweigeschossigen Stiegenaufgang mit dem sog. Eggenbergschen Baldachin. Zur Schau gestellt sind eine Fülle von Waffen, Rüstungen, Porzellanvasen und Holzschnitten, in den zahlreichen Räumen des Schlosses wird diese überreiche Ausschmückung fortgesetzt.

Wertvoll sind das chinesische und Delfter Porzellan im Arbeitszimmer, die Brüsseler Gobelins des großen Speisesaals. Barockschränke aus einem Würzburger Kloster schmükken die Bibliothek. In der neogotischen Kapelle zeigt ein spätgotischer Altar eine Darstellung Christi aus dem 15. Jahrhundert.

Höhlenwelt von Demänova
(Demänovské jaskyne Slobody, Mittelslowakei)

Der Höhenkomplex entstand durch einen unterirdischen Fluß, von dessen Lauf bisher 20 km bekannt und 12 km zugänglich gemacht worden sind. Ihren Schmuck bilden in Europa nahezu einzigartige Tropfsteine, Höhlenperlen und Wasserrosen, zwiebelförmige und andere kristalline Kalksteingebilde. Die Eishöhle Dračia ládová jaskyňa wird bereits seit dem 13. Jahrhundert von Wanderern besucht. Ausgangsort: *Chopok* in der Niederen Tatra.

Jindřichův Hradec
(22 000, Südböhmen)

Der Name der Stadt leitet sich von der 1220 von Jindřich aus dem Geschlecht der Vítek gegründeten Burg (Hradec) ab. Die prunkvoll ausgestattete Residenz ist noch heute Hauptanziehungspunkt der an dem Fluß Nežárka und dem Teich Vajgar gelegenen Stadt. Sie birgt wertvolle Gemälde, so z.B. *Petr Brandls* »Josef von Ägypten«, erhalten blieben gotische Malereien aus der ersten Hälfte des 14. Jahrhunderts sowie die sog. Madonna von *Jindřichův Hradec* (15. Jh.). Daneben sind die gotischen Kirchen — u.a. St. Johannes der Täufer, Maria-Himmelfahrt — einen Besuch wert.

Mährisch-schlesische Beskiden
(Movravskoslezbké Beskydy, Nordmähren)

Bis zu einer durchschnittlichen Höhe von 8—900 Metern erheben sich an der Grenze zwischen Mähren und der Slowakei die Kämme der Westbeskiden. Forellen und Äschen leben in den Gebirgsbächen, die in tiefen Tälern fließen. Geschlossene Nadel- und Mischwälder, auf den Plateaus gute Bedingungen für Wintersport. Höchste Erhebung ist der *Lysá hora* (1324 m). Zu den beliebtesten Touristenzielen gehört die Umgebung des *Radhošť* mit dem Ausflugsort *Pustevny*, zu dem von *Trojanovice* ein Sessellift führt. Ausgangsort: *Nový Jičín.*

Niedere Tatra
(Nationalpark Nízke Tatry, Mittelslowakei)

Dieses Gebirgsmassiv erstreckt sich zwischen den malerischen Tälern des Váh und des Hron auf einer Strecke von 80 km von West nach Ost. Drei Gipfel des Hauptkammes — der *Dumbier*, der *Chopok* und der *Dereše* — erreichen eine Höhe von knapp über 2000 m. In den Wäldern des nach der Hohen Tatra meistbesuchtesten Gebirges der Slowakei leben noch Bären, für Angler anziehend ist das Tal des Flüßchens Čierný Váh. Bekanntes Wintersportgebiet ist der Sattel *Čertovica* (1250 m), zahlreiche Schlepp- und Sessellifte stehen im Skifahrerzentrum rings um den Chopok zur Verfügung. Hauptausgangsort: *Liptovský Mikuláš.*

Prachatice (11 200, Südböhmen)

Außerordentlichen Wohlstand erlangte Prachatice durch den Majestätsbrief *Václav IV.*, der bestimmte, daß die gesamte Salzeinfuhr Böhmens über die nur wenige Kilometer von der Grenze entfernt liegende Stadt erfolgen mußte. Reste der mächtigen, um 1323 erbauten Stadtmauer sowie das Tor Písecká brána (15. Jh.) blieben erhalten. Auf dem Marktplatz der nach einer Feuersbrunst neuerrichteten Stadt steht das mit biblischen und antiken Motiven verzierte Alte Rathaus (1571). Einige der Malereien entstanden nach Motiven *Hans Holbeins.* Wertvolle Sgraffitis schmücken die Alte Schule (Nr. 29), das ehemalige Salzhaus mit einem Erker aus dem Jahre 1573 ist wegen seiner Deckengemälde sehenswert. Auffallend ist der hohe Dachstuhl der gotischen St. Jakobskirche, einer ihrer beiden Türme blieb unvollendet.

Südböhmische Fischteiche

Allein in der Umgebung von *Třeboň* und *České Budějovice* gibt es einige tausend Teiche. Sie wurden bereits im 13.–16. Jahrhundert angelegt und durch ein System von Kanälen verbunden. Der größte von ihnen, *Rožmberg,* nimmt eine Fläche von 721 ha ein. Bekannt sind die südböhmischen Teiche v.a. wegen ihrer Karpfenzucht, doch zieht es auch viele Badelustige hierher.

Stausee Lipno
(Kreis Český Krumlov, Südböhmen)

Der gleichnamige beliebte Urlaubsort befindet sich in der Nähe des Staudamms am Oberlauf der Moldau. Sandstrand.

Stausee Orava
(Kreis Dolný Kubín, Mittelslowakei)

Unweit der polnischen Grenze gelegen ist der 35 km^2 große See besonders bei Seglern beliebt. Sandstrand.

Stausee Slapy (Mittelböhmen)

Ein in den Jahren 1950 bis 1957 am Unterlauf der Elbe errichteter Staudamm bildet einen 44 km langen See, an dessen Ufern sich unzählige Wochenendhäuser, Erholungsheime und Urlaubsorte — *Nová Rabyně, Živohošť, Hrazany* u.a. — befinden. Naherholungsgebiet der PragerInnen. Sandstrand.

Tábor (34 400, Südböhmen)

1420 während der Hussitenkriege gegründet, spielte die nach dem biblischen Berg Tábor genannte Stadt eine dominierende Rolle besonders für die Prag freiwillig verlassenden Anhänger des radikaleren Flügels der Reformbewegung. Im spätgotischen Rathaus (1440–1515) ist ein Museum zu ihrer Geschichte untergebracht. In der während der ersten Hälfte des 14. Jahrhunderts gegründeten Burg befindet sich heute eine Brauerei. Die zwischen 1440 und 1512 erbaute gotische Hauptkirche hat einen Renaissancegiebel aus der Mitte des 16. Jahrhunderts, die frühbarocke ehemalige Klosterkirche stammt aus dem 17. Jahrhundert.

Unter dem Marktplatz verläuft ein System von unterirdischen Gängen.

Talsperre Orlík
(Kreis Písek, Südböhmen)

An diesem Bauwerk am Mittellauf der Moldau liegen verschiedene Urlaubsorte, von denen die bekanntesten *Orlík nad Vltavou, Zvíkovské Podhradí* und *Podolsko* sind.

Trenčín (55 000, Westslowakei)

Oberhalb der an dem Fluß Váh, zwischen dem Gebirge *Strážovské vrchy* und den *Weißen Karpaten* (Biele Karpaty) gelegenen Stadt ragt malerisch eine imposante Burg empor. Im 13. Jahrhundert, als *Matúš Čák* von ihr aus die gesamte Slowakei beherrschte, erlangte sie ihren größten Ruhm, ihre größte Macht. Obwohl die Türken 1663 Trenčín eroberten, gelang es ihnen nicht, die Burg zu bezwingen. Doch nachdem sie 1790 durch ein Feuer zerstört worden war, begann man erst 1954 mit ihrem Wiederaufbau. In der ehemaligen Geschützbastei und in den Wohnpalästen wurden Ausstellungsräume eingerichtet. Die Felswand am Fuße der Festung trägt die älteste Inschrift auf dem Boden der ČSSR. Sie stammt aus dem Jahre 179 und bezeugt den Aufenthalt römischer Legionen.

Trnava (70 000, Westslowakei)

Wegen ihrer vielen Kirchen und Klöster wurde die älteste königliche Freistadt der Slowakei (Stadtrecht seit 1238) als das slowakische Rom bezeichnet. Ältestes Gotteshaus ist die um die Mitte des 14. Jahrhunderts erbaute Elisabeth-Kirche, der monumentale gotische Dom St. Niklas diente als erzbischöfliche Kathedrale, eine der größten Kirchenbauten des Landes ist die mit prächtigem Stuckwerk geschmückte barocke Jesuitenkirche. In der Altstadt sind neben Bürgerhäusern im Stil der Renaissance, des Barock und des Empire das ehemalige erzbischöfliche Palais (1562) sowie die Bauten der Universität, die sich von 1635—1777 in Trnava befand, sehenswert.

Třeboň (Südböhmen)
Urlaubsort inmitten eines Systems künstlich angelegter Teiche, Karpfenzucht. Umgeben von Befestigungsmauern blieben eine Reihe Renaissance- und Barockhäuser erhalten, das Rathaus stammt aus der Mitte des 16. Jahrhunderts. Das älteste und größte Archiv der ČSSR ist in dem zwischen dem 15. und 18. Jahrhundert entstandenen Schloß, einer ehemaligen Burg, untergebracht. Die im 14. Jahrhundert erbaute Kirche mit Kloster gehört mit ihren erhalten gebliebenen gotischen Fresken zu den wertvollsten der Tschechoslowakei. Aus dem alten Zeughaus entstand das Barockgebäude der Brauerei.

Tips und Informationen

Adressen

Čedok:

Prag: Na příkopě 18 (Tel. 224251-59, Fahrkarten, Platzkarten, Wechselstube), Panská 5 (Tel.225657, Zimmervermittlung), Bílkova 6 (Tel. 2318769, Stadtrundfahrten, Ausflüge, Eintrittskarten)
Bratislava: Štúrova 13.
BRD: Kaiserstr. 54, 6000 Frankfurt/Main, Tel. 069/232975-77
Österreich: Parkring 12, 1010 Wien, Tel. 0222/520199.
Schweiz: Urania Str. 34 II, 8001 Zürich, Tel. 01/2114245-46.

ČKM:

121 05 Prag, Žitná 9, Tel. 299941.

Autoturist:

Prag, Opletalova 29, Tel. 223544-9

Botschaften:

BRD: Botschaft der ČSSR, Ferdinandstr. 27, 5300 Bonn 1, Tel. 0228/285287, 285292. Konsular und Visaabteilung, Tel. 285081, 282490.
Österreich: Botschaft der ČSSR, Penzingerstr. 11-13. 1040 Wien. Tel. 0222/822626-29
Schweiz: Botschaft der ČSSR, Muriastr. 53, 3006 Bern. Tel. 031/445678

Botschaften in Prag: BRD: Vlašská 19, 118 00 Prag 1, Tel. 532351. Österreich: Viktora Huga 10, 125 43 Prag 5, Tel. 546550. Schweiz: Pevnostní 7, 125 53 Prag 6, Tel. 320406.

Anreise

Von der BRD aus kann über folgende Grenzübergänge in die ČSSR eingereist werden: Schirnding/Pomezí ; Waidhaus/Rozvadov; Furth i.W./Folmava; Bayrisch Eisenstein/Železná Ruda; Philippsreuth/Strážný . Die Züge aus Nürnberg werden in Schirnding/Cheb, diejenigen aus München in Furth i.W./Domažlice abgefertigt. Die österreich-tschechisch bzw. slowakischen Grenzübergänge sind in: Berg/Petržalka (Bratislava), Drasenhofen/Mikulov; Laa an der Thaya/Hevlín; Klein Haugsdorf/Hatě ; Grametten/Nová Bystřice; Neunagelberg/Halámky; Gmünd/České Velenice; Wullowitz/Dolní Dvořiště ; Weissenbach/Studánky, daneben existieren vier Grenzstationen für den Zugverkehr. Wer von Budapest in die Tschechoslowakei reist, benützt den Übergang Rajka/Rusovce bei Bratislava.
Für die Einreise mit dem PKW sind nationaler Führerschein und nationaler Kraftfahrzeugschein erforderlich. Auch die grüne Versicherungskarte sollte mitgenommen werden. Alle Besucher aus dem westlichen Ausland benötigen für einen Aufenthalt in bzw. Fahrt durch die ČSSR ein Visum, bzw. ein Transitvisum (siehe Reisedokumente).

Ärztliche Hilfe

Polikliniken und Krankenhäuser

bzw. sonstige Einrichtungen des Gesundheitsdienstes bestehen in den Bezirks- und Kreisstädten, Ambulatorien in allen größeren Gemeinden. Erste ärztliche Hilfe bei Unfällen und plötzlichen Erkrankungen wird allen Ausländern unentgeldlich erteilt. Weitere ärztliche Behandlung wird nach Tarif berechnet. Auskünfte über ihre Leistungen in der ČSSR geben die Krankenkassen. Da die inländischen Medikamente oft von sehr niedriger Qualität sind, ist es ratsam das Wichtigste mit auf die Reise zu nehmen.

Auskunft

Alle tschechoslowakischen Reisebüros gewähren und vermitteln sowohl einheimischen als auch ausländischen Touristen sämtliche Arten von Dienstleistungen, insbesondere Unterkunft, Verpflegung, Standart- und spezielle Programme, Kuraufenthalte, Transportdienste, Fremdenführer, Dolmetscher, Eintrittskarten, Rundfahrten usw. Das größte tschechoslowakische Fremdenverkehrsunternehmen Čedok hat rund 160 Zweigstellen. Bestellungen aus dem Ausland können bei den Čedok-Vertretungen in den einzelnen Ländern selbst oder direkt in Prag (Tel. 0042-2-2127111, Telex 121109) vorgenommen werden. Siehe Adressen.

Das Jugendreisebüro des Sozialistischen Jugendverbandes ČKM-SSM vermittelt Zimmer für junge Leute, erteilt Auskünfte und organsiert Ausflüge. Zweigstellen in allen größeren Städten.

Autotouristen hilft das Reisebüro des Zentralen Automobilklubs der ČSSR Autoturist. Prag, Opletalova 29, Tel. 223544-49. Beim Prager Informationsdienst, Na příkopě 20, Tel. 544444 erhält man u.a. das monatliche Kulturprogramm der Hauptstadt.

Auto

Auskunft erteilt das Reisebüro Autoturist, Prag, Opletalova 29, Tel. 223544-9.

Verkehrsregeln:

In der Tschechoslowakei gibt es ein gut ausgebautes Straßennetz. Jedoch sind viele auch der internationalen Fernstraßen in einem relativ schlechten Zustand. Die Verkehrregeln entsprechen denen anderer europäischer Länder, allerdings besteht für den Fahrer absolutes Alkoholverbot, Strafen für Verkehrsdelikte sind außerordentlich hoch. Die Höchstgeschwindigkeit beträgt in Ortschaften für alle Fahrzeuge 60 km/h, PKWs dürfen auf der Autobahn 110 km/h, auf allen anderen Straßen 90 km/h, Motorräder auf allen Straßen 80, Busse 70 km/h fahren.

Tanken:

Das Tankstellennetz ist weniger dicht als in der BRD, oft müssen längere Wartezeiten in Kauf genommen werden. Es existieren kaum Zapfsäulen für bleifreies Benzin. Kraftstoffpreise: 9 Kčs für Super, 96 Oktan, 8 Kronen für Normalbenzin, 90 Oktan. Für Diesel benötigt man »Tusex-Gutscheine«, die man an der Grenze sowie bei Čedok, dem Automobilklub, in Hotels und Tusex-Filialen erhält. Ein Liter Diesel kostet ca. 1,20 DM.

Pannenhilfe:
Die »Gelben Engel«, der Straßenservice unterhält ca. 30 Bereitschaftsstationen, auch Autoturist leistet Pannenhilfe. Verkehrsunfälle müssen dem Büro für gesetzliche Haftpflicht, Prag, Spálená 14 gemeldet werden.
Autovermietung:
Ausländische Besucher können zu allerdings sehr hohen Preisen Personenkraftwagen (mit und ohne Fahrer) mieten. Nähere Informationen erteilt Pragocar, Štěpánská 42. Tel. 240089, 248485, Zweigstellen befinden sich in den großen Touristengebieten.

Einkaufen

In einen Kaufrausch verfallen die meisten Touristen in der ČSSR. Für die Besucher aus dem Westen sind viele Waren nicht nur mit »schwarzen« Kronen ausgesprochen billig, viele Reisende aus Polen und der DDR fahren zum Einkaufen von Ersatzteilen oder Gütern, die in ihrem Land gerade knapp sind, über die Grenze. Um diesem unkontrollierten »Export« oft auch im Inland rarer Produkte einen Riegel vorzuschieben, erließ die tschechoslowakische Regierung Ende 1988 neue Zollvorschriften (s.u.).
Beliebte und teure »Mitbringsel« sind böhmisches Glas und Porzellan, v.a. der traditionsreichen Firma Moser. Viel gekauft werden aber auch Prager Schinken, Karlsbader Becherovka, mährischer Sliwowitz, Bücher, Schallplatten sowie die Arbeiten der tschechischen und slowakischen Volkskunst. In den einst berühmten Prager Antiquariaten findet sich nur noch mit viel Glück und Ausdauer ein wertvolles Stück. Erinnerungen an die ehemals deutschen Bewohner wecken viele Antiquariate in den Städten der Grenzgebiete.
Die meisten Läden sind werktags von 7 oder 8 Uhr (Lebensmittel) bzw. von 8.30 oder 9 Uhr (Industriewaren) bis 18 Uhr, freitags bis 19 Uhr geöffnet. Kaufhäuser und Geschäfte im Zentrum bleiben von Montag-Freitag bis 19 Uhr geöffnet. Kleine Verkaufstellen schließen über die Mittagszeit, samstags sind die Geschäfte meist bis 12 Uhr geöffnet. An Sonntagen - und in machen Städten auch an Montagen, bzw. am Montagvormittag - sind die Läden geschlossen, geöffnet haben nur Konditoreien und eine begrenzte Zahl von Verkaufsstellen in den größeren Touristengebieten. Spitzenprodukte der tschechoslowakischen Wirtschaft sowie Waren aus dem westlichen Ausland werden in den sog. Tusex-Läden gegen Devisen bzw. die für Devisen erhältlichen Tusex-Bons verkauft. Diese Bons gibt es bei Banken. Tusex-Zweigstellen wurden in 18 Städten eingerichtet.

Feiertage

Arbeitsfreie Feiertage: 1. Januar, Ostermontag, 1. Mai, 9. Mai (Staatsfeiertag), 28. Oktober (Der Gründungstag der ersten Tschechoslowakischen Republik wurde erst 1988 wieder zum Staatsfeiertag erhoben), 25. Dezember. Gearbeitet werden muß am 29. August, dem Gedenktag des Slowakischen Nationalaufstandes 1945, sowie am 2. Weihnachtsfeiertag.

Geld

Gesetzliches Zahlungsmittel ist die Tschechoslowakische Krone (Koruna=Kčs). Eine Krone ist in 100 Heller (Haléř=hal) unterteilt. Es gibt Banknoten zu 10, 20, 50, 100 und 1000 Kčs, sowie Münzen zu 1, 2, 5 Kčs und 5, 10, 20 und 50 hal. Währungen sozialistischer Staaten — also auch tschechische Kronen — dürfen weder ein- noch ausgeführt werden. Alle anderen Währungen können dagegen unbegrenzt und ohne Deklaration mitgeführt werden. Pro Tag und pro Person müssen 30.-DM umgetauscht werden. Kinder zwischen 6 und 15 Jahren »zahlen« die Hälfte. Vom Mindestumtausch befreit sind Besucher mit Kreditkarten, Gäste, die Dienstleistungen in der ČSSR bereits bezahlt haben (z.B. Pauschalreisende), sowie Personen die auf offizielle (d.h. nicht private) Einladung reisen. Diese Einladung muß dem Visumsantrag beigefügt werden. Weiteres Geld kann an der Grenze, in Hotels, Wechselstuben und Banken getauscht werden.

Fast jedem Touristen werden im Hotel oder auf der Straße »schwarze« Kronen angeboten. Der Umtausch zu einem den offiziellen Kurs um das drei- bis vierfache übersteigenden inoffiziellen ist gesetzlich verboten und kann unter Umständen streng bestraft werden. Bei der Ausreise darf nur das Geld zurückgetauscht werden, welches zusätzlich zum Pflichtumtausch gewechselt und auch auf dem Visum eingetragen wurde!

Literatur

Siehe die Artikel Samizdat und Literatur. Weiterführende Sachbücher:

Bohmann, Alfred, Bevölkerung und Nationalitäten in der Tschechoslowakei, Köln 1975

Collegium Carolinum, Tschechoslowakei, München-Wien 1977

Fehr, Götz, Prag - Stadt an der Moldau, Geschichte, Kunst, Kultur, München 1979

Gruša, Jiří /Kosta, Tomas, Prager Frühling-Prager Herbst, Köln 1988

Hejzlar, Zdeněk, Reformkommunismus, Zur Geschichte der Kommunistischen Partei der Tschechoslowakei, Köln-Frankfurt/Main 1976

Herzogenberg, Johanna Baronin, Prag, München 1985[7]

Herzogenberg, Johanna Baronin, Zwischen Donau und Moldau, Passau 1968

Hoensch, Jörg K., Geschichte Böhmens, München 1987

Hoensch, Jörg K., Geschichte der Tschechoslowakischen Republik 1918-1978, 1978

Mikus, Josef A., Slowakia and the Slowaks, Washington D.C. 1977

Kantůrkova, Eva, Verbotene Bürger: Die Frauen der Charta 77, München 1982

Kaplan, Karel, Die politischen Prozeße in der Tschechoslowakei 1948-1954, München 1986

Köhler-Wagnerová , Elena, Die Frau im Sozialismus, Beispiel Tschechoslowakei, Hamburg 1974

Kosta, Jiří , Abriß der sozialökonomischen Entwicklung der Tschechoslowakei 1945-77, Frankfurt/Main 1978

Kusin, Vladimir V., From Dubček to Charter 77, Edinburgh 1978

Lammich, Siegfried/Schmid, Karin,

Die Staatsordnung der Tschechoslowakei, Berlin-West 1979
Mestan, Antonín, Geschichte der tschechischen Literatur im 19. und 20. Jahrhundert, Köln-Wien 1984
Oschlies, Wolf, Jugend in der Tschechoslowakei, Köln-Wien 1985
Oschlies, Wolf, Böhmens Flure und Haine sterben, Wien-Köln-Graz 1985
Rosenbladt, Sabine, Der Osten ist grün?, Hamburg-Zürich 1986
Schacherl, Lillian, Mähren, Passau 1968
Šimečka, Milan, The Restauration of Order, The Normalization of Czechoslowakia, Bratislava-Norfolk 1984
Skála, Jan, Vom Prager Frühling zur Charta 77, Berlin 1977
Sperling, Walter, Tschechosloawkei, Stuttgart 1981
Volbrachtová, Libuše, Über Volkskultur, Politik und Identität, Tübingen 1983

Öffentliche Verkehrsmittel

Busse und Bahnen:

In der Tschechoslowakei gibt es ein sehr gutes Eisenbahn- (ČAD) und Autobusnetz (ČSAD). Die Orientierung fällt in der Regel leicht, meist liegen die riesigen Busbahnhöfe in unmittelbarer Nähe der Zugbahnhöfe, auf allen Bahnhöfen und Haltestellen gibt es Fahrpläne. Geachtet werden sollte auf die Erläuterungen (s.u), denn einige Züge/Busse sind platzkartenpflichtig, andere fahren nur an bestimmten Tagen. Platzkarten (místenky) für Reisen in die Hohe Tatra sollten einige Tage vor der Abfahrt gekauft werden, da sie schnell ausverkauft sind. Die Preise sind im Vergleich zur BRD niedrig, eine Strecke von 100 km kostet 27 Kronen, für die Fahrt Prag-Poprad müssen ca. 100 Kronen gezahlt werden. Bei kurzen Strecken wird bei der Benützung von Schnellzügen (rychlík) ein Zuschlag erhoben. In Bussen muß man für größeres Gepäck einige Kronen extra zahlen. Auf allen Bahnhöfen und an größeren Busbahnhöfen gibt es Gepäckaufbewahrungsstellen (úschovna zavazadel). Interessanter als die Zugfahrt ist die Reise mit dem Bus, da sie durch die Städte fahren sieht frau viel, da sie in ihren Zentren halten, spart man sich den Weg von den oft außerhalb liegenden Zugbahnhöfen.

Stadtverkehr:

Auch das städtische Verkehrssystem (MHD) ist meist gut ausgebaut. In Prag kann mit der Metro bis in einige Neubauviertel hinausgefahren werden. Nachts, zwischen 24 und 5 Uhr, verkehren in den größeren Städten Nachtbusse und Straßenbahnen. Fahrkarten zu einer Krone gibt es außer in den Hotels an Automaten sowie den Zeitungskiosken PNS. Bei jedem Umsteigen - außer in der Metro - muß eine neue Karte entwertet werden. Obwohl sie in jeder Stadt fast gleich aussehen, sind sie nicht übertragbar.

Flugzeug:

Eine Direktverbindung nach Prag besteht von den Flughäfen Frankfurt/Main, Zürich und Wien. In der ČSSR werden nur Bratislava und Poprad (Hohe Tatra) von Prag aus regelmäßig angeflogen. Büros der tschechoslowakischen Fluggesellschaft

ČSA befinden sich in Prag in der Revoluční 1 (Tel. 2146, hier halten auch die Busse vom und zum Flughafen Ruzyně) in Bratislava in der Mostová 3 (Tel. 37559, 34244).

Schiffsverkehr:

In den Sommermonaten existiert eine Verbindung zwischen Bratislava und Wien. Ausflugsfahrten auf Moldau und Elbe.

Nachtleben

Da in der ČSSR der Tag früh beginnt, schließen viele Lokale bereits zwischen 22 und 23 Uhr. Kino- und Theatervorstellungen, Rock- und klassische Konzerte enden zwischen 21 und 22 Uhr, Spätvorstellungen gibt es nicht. Nachtschwärmern bleibt in vielen Städten so nur die Bar der großen Hotels, bereits in Bratislava und Brno ist das Angebot an Diskotheken und Nachtclubs stark begrenzt. Auf gute Kleidung und »Benimm« wird in den meist sehr teuren Prager Diskotheken rund um den Wenzelsplatz geachtet, die beiden Jazzklubs in der Národní třída 20 und 25 sind zu Treffpunkten ausländischer Jugendgruppen geworden.

Öffnungszeiten

Siehe auch Einkaufen. Galerien und Museen sind in der Regel zwischen 9 und 16 bzw. 17 Uhr von Dienstag bis Samstag geöffnet. Manchmal wird zwischen 12 und 13 Uhr eine Mittagspause eingelegt. Allgemeingültiger »Ruhetag« ist der Montag. Burgen und Schlößer v.a in den weniger stark besuchten Touristengebieten sind während der Wintermonate (Oktober-April) häufig nicht zugänglich, viele haben aber auch nur eingeschränkte Öffnungszeiten. Gasthäuser und Restaurants öffnen zwischen 9 und 11 Uhr, in vielen kann nur bis etwa 14 Uhr zu Mittag gegessen werden. Weinstuben haben bis 23 oder 24 Uhr geöffnet, Gasthäuser und Restaurants schließen meist bereits gegen 22 Uhr. Schon um 6 oder 7 Uhr öffnen Buffets (v.a. auf den Bahnhöfen). Hier erhält man im Unterschied zu den Restaurants oft auch noch bis zehn Uhr abends kleine, warme Mahlzeiten.

Orientierung

Wer mit der Bahn reist, wird oft vor dem Problem stehen, von den außerhalb liegenden Bahnhöfen ins Zentrum der Stadt zu gelangen. Da Stadtpläne meist ausverkauft sind, kann man sich an den Linien und Haltestellen des öffentlichen Nahverkehrs orientieren. Hauptstraßen und -plätze der Städte tragen fast ohne Ausnahme Namen, die mit der - revolutionären - Geschichte und Gegenwart des Landes verbunden sind (Nám. Vítězného února=Platz des siegreichen Februars; Mírové nám.=Friedensplatz, Nám. Rudé armády=Platz der Roten Armee; Bojovníků za mír=Kämpfer für den Frieden, Gottwaldova, Husitská usw.)

Einen Laden für Karten aller Art gibt es am Altstädter Ring in Prag (am Beginn der Celetná gelegen). Kleinere Stadtpläne enthalten auch die überall käuflichen, allerdings tschechischsprachigen Reiseführer des Verlags Olympia.

Photographieren

ist überall gestattet, wo nicht ein deutlich sichtbares Schild es verbietet. Da es sehr schwierig ist, westliche Produkte zu erhalten, sollte genügend Filmmaterial mitgenommen werden.

Post

Die Zustellfrist für Sendungen aus der ČSSR in die BRD, nach Österreich und in die Schweiz beträgt im allgemeinen 5-10 Tage. Posttarife: Innerhalb des Landes/sozialistisches Ausland: Briefe (dopis) 1 Kčs, Postkarte (dopisnice) 0,50 Kronen. Übriges Ausland: Brief 4 Kronen, Postkarte 3 Kronen. Für Einschreiben und Eilsendungen wird ein Zuschlag erhoben, Telegramme werden nach der Anzahl der Worte berechnet. »Známka« ist das tschechische Wort für Briefmarke.

Preisermäßigungen

Schüler und Studenten zahlen in Museen, Galerien....die Hälfte; Theater- und Kinovorstellungen sind nicht ermäßigt. Nützlich ist der Ausweis der International Union of Students (I.U.S.). Bahnfahrten bis zur Grenze und ins sozialistische Ausland, jedoch nicht innerhalb der Tschechoslowakei werden dadurch um 50% billiger. Der Ausweis ist im Gebäude der Studentenunion am Nám. Curieových gegen Vorlage einer Immatrikulationsbescheinigung erhältlich. Paßbild nicht vergessen, jährliche Wertmarke: 15 Kronen.

Reisedokumente

Der Reisepaß bzw. bei Reisenden aus Westberlin der Personalausweis muß noch mindestens 3 Monate gültig sein. Das Lichtbild sollte mit dem Aussehen des Reisenden grundsätzlich übereinstimmen (Frisur, Haarfarbe, Bart). Für die Einreise in die ČSSR besteht Visumszwang. Dies gilt auch für Kinder unter 16 Jahren mit einem eigenen Kinderausweis oder Reisepaß. Anträge sind bei den diplomatischen Vertretungen sowie in Reisebüros erhältlich. Dem vierseitigen Formular müssen zwei Paßbilder beigefügt werden, es kann direkt an die Botschaften geschickt oder bei Reisebüros abgegeben werden. Diese erheben für die Bearbeitung eine geringe Zusatzgebühr. Die Erledigung der Visumsanträge dauert zwischen einer Woche und einem Monat, in der Regel geht es jedoch sehr schnell. In dringenden Fällen werden Visa innerhalb von zwei Tagen erteilt, seit dem 1.1.89 werden sie zwischen 7 und 19 Uhr direkt an einigen Grenzübergängen (BRD: Waidhaus/Rozvadov, Österreich: Wullowitz/Dolní Dvořiště, Klein Haugsdorf/Hatě, und Berg/Bratislava) ausgestellt (keine Transitvisa!). Die Gebühr berägt z.Zt. ca. 40.-DM, für die an der Grenze erteilten Visa müssen 60.- DM gezahlt werden. Das Visum ist für einen einmaligen, maximal dreißig Tage dauernden Besuch der ČSSR gültig. Die Grenzvisa sind nur zur sofortigen Einreise zu verwenden, die anderen werden auf eine Dauer von drei Monaten ausgestellt. Wer länger als dreißig Tage bleiben möchte, wendet sich an die örtliche Polizeistation, bei diesen müssen sich Reisende, die privat wohnen, auch anmelden. Das Visum ist nur gültig, wenn der obligatorische Pflichtumtausch erfolgt ist.

Sprache

Auch ohne Kenntnisse des Tschechischen und Slowakischen hat man in der ČSSR kaum Verständigungsprobleme. Ältere Leute sprechen meist einige Worte Deutsch, die jüngeren lernen deutsch, englisch, seltener französisch auf dem Gymnasium. Russisch ist zwar Pflichtfach auf allen Schulen, doch wird es von keiner Generation gern gesprochen.

Aussprachebesonderheiten des Tschechischen

Die tschechische Schrift ist im Grunde genommen phonetisch. Es gibt keine Umlaute, keine Doppellaute und außer »ch« keine zusammengesetzten Buchstaben, »sch« wird getrennt s-ch ausgesprochen.

Ein Strich über dem Vokal bedeutet Verlängerung: á—sprich ah, é—sprich eh, í—sprich ie, ó—sprich oh, ú oder ů—sprich uh, ý—sprich ie. Ein Häkchen (»Hatschek«) über dem Buchstaben bedeutet eine »Erweichung« des Lautes, d.h. es wird ein »j« eingeschoben oder Zischlaute werden um ein ch erweitert:

č—sprich tsch	z.B. Čech—Tschech
ě—sprich je	Země—Semje
ň—sprich nj	méňe—mehnje
ř—sprich rsch	pořád—porschahd
š—sprich sch	škola—schkola
t'—sprich tj	at'—atj
Ž—sprich sh	železo—scheleso

Der Hauptunterschied bei der Schreibweise gegenüber dem Deutschen ist, daß das »z« wie ein sehr weiches s ausgesprochen wird, während der Laut »z« als c geschrieben wird. d.h., »za« wird wie ein weich klingendes sa gesprochen, »celá« wird zelah ausgesprochen, »v« wird als w gesprochen, w gibt es nicht. Im Tschechischen wird stets die erste Silbe betont.

Besonderheiten des Slowakischen

Zwischen dem Tschechischen und dem Slowakischen bestehen eine Reihe sprachlicher Unterschiede, doch im allgemeinen versteht man in der Slowakei auch tschechisch. Das Slowakische enthält einige Schriftzeichen, die es im Tschechischen nicht gibt.

ä—nach den Buchstaben p, m, b wird als offenes, breites e ausgesprochen, z.B. pät=fünf;

ô—dieser Buchstabe hat den Charakter eines Doppellautes ou. Er wird kurz augesprochen, z.b. bô=Schmerz.

l'—ist ein weiches l vor den Buchstaben a, o, u, m, l, z.B. l'ad-Eis; sol'-Salz; král'-König.

l',r'—zwischen 2 Vokalen werden lang ausgesprochen napl'nát—füllen;

Das Wichtigste

tschechisch	slowakisch	deutsch
dobré jítro	dobré jutro	Guten Morgen
dobrý den	dobrý den	Guten Tag
dobrý večer	dobrý večer	Guten Abend
dobrou noc	dobrú noc	Gute Nacht
na shledanou	do videnia	Auf Wiedersehen
ano, prosím	áno (hej), prosím	ja, bitte
ne	nie	nein
dekuji	ďakujem	danke
promintě	odpustite	Verzeihung
snídaně	raňajky	Frühstück
oběd	obed	Mittagessen
večeře	večera	Abendessen
budu platit	zaplatím, budem platiť	Zahlen!

Orientierungsfragen

Mluvíte německy?	Hovoríte nemecky?	Sprechen Sie deutsch?
Kde je, prosím	Kde je, prosím	Wo ist, bitte ...
Jedu správně do ...?	Idem dobre do ...?	Fahre ich richtig nach ...?
Jak se dostanu do kempu?	Ako sa dostanem do kempu	Wie komme ich zum Campingplatz?
Kde je parkoviště?	Kde je parkovisko?	Wo ist ein Parkplatz?
Kde je pošta?	Kde je pošta?	Wo ist die Post?
Kde je obchodní dům?	Kde je obchodný dom?	Wo ist ein Kaufhaus?
Jak se dostanu na hlavní silnici?	Ako sa dostanem na hlavnú cestu?	Wie komme ich auf die Hauptstraße?
Kterou tramvaj mám použit?	Ktorou elektríčkou mám ísť?	Welche Straßenbahn soll ich nehmen?
Kterým autobusem se dostanu do ...?	Ktorým autobusom mám ísť do ...?	Welchen Autobus nehme ich nach ...?
Co stojí ubytováni?	Čo stojí ubytovanie?	Was kostet die Unterkunft?

Kde je benzinové čerpadlo?	Kde je benzinové čerpadlo?	Wo ist eine Tankstelle?
Kde je koupaliště?	Kde je kúpalisko?	Wo ist das Schwimmbad?
Kudy vede cesta na hrad?	Kadial' (kade) ide chodník (cesta) na hrad?	Wie komme ich auf die Burg?
Kde je autoservis?	Kde je autoservis?	Wo ist eine Autowerkstatt?

Wochentage

pondělí	pondelok	Montag
úterý	útorok	Dienstag
středa	streda	Mittwoch
čtvrtek	štvrtok	Donnerstag
pátek	piatok	Freitag
sobota	sobota	Samstag
neděle	nedelá	Sonntag

Tageszeit

ráno	ráno	morgens
poledne	poludnie	mittags
odpoledne	odpuludnie, populudnie	nachmittags
večer	večer	abends
hodina	hodina	Stunde
den	den	Tag
noc	noc	Nacht

Zahlen

jeden	jeden	eins
dva	dva	zwei
tři	tri	drei
čtyři	štyri, štyria	vier
pět	päť, piati	fünf
šest	šesť, šiesti	sechs
sedm	sedem, siedmi	sieben
osm	osem, ôsmi	acht
devět	devät', deviati	neun
deset	desať, desiati	zehn
jedenáct	jedenást', jedenásti	elf
dvanáct	dvanást', dvanásti	zwölf

dvacet	dvadsat' dvadsiati	zwanzig
sto	sto	hundert
dvěstě	dvesto	zweihundert
třista	tristo	dreihundert
čtyřista	štyristo	vierhundert
pětset	päťsto	fünfhundert
tisíc	tisíc	tausend

Lebensmittel

hovězí maso	hovädzí mäso	Rindfleisch
vepřové maso	bravčové mäso	Schweinefleisch
uzené maso	údené mäso	Rauchfleisch
telecí maso	tel'ací mäso	Kalbfleisch
salám	saláma	Wurst
párky	párky	Würstchen
kuře	kurča	Huhn
kachna	kačica	Ente
husa	hus	Gans
chléb	chlieb	Brot
rohlík	rožok	Hörnchen
houska	žemla	Semmel
mouka	múka	Mehl
vejce	vajce	Eier
pivo	pivo	Bier
víno	víno	Wein
čaj	čaj	Tee
káva	káva	Kaffee
limonáda	malinovka	Limonade
čokoláda	čokoláda	Schokolade
kakao	kakao	Kakao
hrách	hrášok	Erbsen
čočka	šošovica	Linsen
brambory	zemiaky	Kartoffeln
citróny	citróny	Zitronen
pomeranče	pomeranče	Apfelsinen
jahody	jahody	Erdbeeren
třešně	čerešně	Kirschen
jablka	jablka	Äpfel
hrušky	hrušky	Birnen
švestky	slivky	Pflaumen
zelenina	zelenina	Gemüse
rýžě	ryža	Reis
cukr	cukor	Zucker

těstoviny	cestoviny	Teigwaren
olej	olej	Öl
máslo	maslo	Butter
margarín	margarín	Margarine
džem	lekvár, džem	Marmelade
sýr	syr	Käse
mléko	mlieko	Milch

Tafeln und Aufschriften

Pozor!	Pozor!	Achtung!
vstup	vstup	Eintritt
Vstup zakázán	Vstup zakázaný	Eintritt verboten
vchod	vchod	Eingang
východ, výstup	Východ, výstup	Ausgang
Průjezd zakázán	Priechod zakázaný	Durchfahrt verboten
objížďka	obchôdzka	Umleitung
nekuřácí	nefajčiari	Nichtraucher
Kouření zakázáno	Fajčenie zakázané!	Rauchen verboten
stanice SNB	SNB	Polizeistation
Zdravotní středisko	zdravotné stredisko	Ärztliche Hilfe
lékař	lekár	Arzt
první pomoc	prvá pomoc	Erste Hilfe
zubní lékař, zubní středisko	zubný lekár, zubné stredisko	Zahnarzt,
nemocnice	nemocnica	Krankenhaus
lékárna	lekáreň	Apotheke
divadlo	divadlo	Theater
nádraží	stanica (železničná)	Bahnhof
pošta, poštovní úřad	pošta	Postamt
dámy, ženy	dámy, ženy	WC Frauen
muži	muži	WC Männer
záchod	WC	WC
stanice	zastávka	Haltestelle
staveniště	stavenisko	Baustelle
koupaliště	kúpalisko	Schwimmbad
třída	trieda	Straße
ulice	ulica	Gasse
náměstí	námestie	Platz
vlevo	vľavo	links
vpravo	vpravo	rechts
Koupání zakázáno!	Kúpanie zakázané!	Baden verboten!
Stanování zakázáno!	Stanovanie zakázané!	Zelten nicht erlaubt!

Cestovní informační služba	Cestovnár kanceléria	Reisebüro
rekreační oblast	Rekreačná oblasť	Erholungsgebiet
turistická ubytovna	turistická ubytovňa	Touristenherberge
Chráněná oblast	chránená oblasť	Naturschutzgebiet
na vlastní nebezpečí	Na vlastné nebezpečenstvo	Auf eigene Gefahr
Na zdraví!	Na zdravie!	Prost!

Firmenschilder, Geschäfte, Gaststätten

Restaurace	Reštaurácia	Restaurant
Hostinec	Hostinec	Gasthaus
Jídelna, Pohostinství	Jedáleň, Pohostínstvo	Gaststätte
Kavárna	Kaviareň	Café
Cukrárna	Cukráreň	Konditorei
Mlékárna	Mliekáreň	Molkerei, Milchgeschäft
Pečivo	Pečivo	Bäckerei
Zelenina	Zelenina	Gemüse
Ovoce	Ovocie	Obst
Prádelna	Práčovňa	Wäscherei
Obuv	Obuv	Schuhe
Autoopravna	Autoopravovňa	Autoreparaturwerkstatt
Opravna	Opravovňa	Reparaturen
Obchodní dům	Obchodný dom	Kaufhaus
Potraviny	Potraviny	Lebensmittel
Lahůdky	Lahôdky	Delikatessen
Nápoje	Nápoje	Getränke
Kuchyňské potřeby	Kuchynské potreby	Küchengeräte
Holič, Kadeřnictví a holičství	Holič, Kaderníctvo	Friseur

Strom

220 V Wechselstrom, in einigen Städten noch 120 V Wechselstrom.

Taxis

können telefonisch bestellt, an den Standplätzen gemietet bzw. durch Winken angehalten werden. Sinnvoll ist es vor dem Einsteigen mit dem Fahrer über den Preis zu verhandeln. V.a. in Prag zahlen ausländische Touristen oft deutlich überhöhte Preise.

Theater, Kino, Konzert

Um Karten für Theater- und Konzertveranstaltungen sollte man sich rechtzeitig, d.h. mindestens eine Woche vorher kümmern. Denn da in der ČSSR viele Karten direkt an die Betriebe verteilt werden, ist das Angebot im freien Verkauf niedrig. Der Vorverkauf findet in eigenen Verkaufsstellen oder an den Veranstaltungsorten selbst statt. Aber auch bei Čedok-Zweigstellen und dem Fremdenverkehrsdienst der Interhotels können Eintrittskarten bestellt werden. Kinokarten erhält man in der Regel noch an der Abendkasse.

Telefon

Es gibt zwei Arten von Telefonapparaten, gelbe bzw. blaue für Orts-, graue, größere für Ferngespräche. Da für Telefonate ins Ausland oder in andere Städte meist eine größere Anzahl von Münzen benötigt werden — ein dreiminütiges Gespräch nach Frankfurt kostet 60 Kčs — empfiehlt es sich, von einem Postamt zu telefonieren. Man hinterlegt an der Kasse ca. 100 Kronen und kann dann selbst wählen. Billiger ist es, wenn der im Ausland Angerufene das Gespräch bezahlt. Man verlangt eine Verbindung »na učet volaného«. Direktwahl nach Westberlin ist nicht möglich. Vorwahlen: BRD: 0049; Österreich: 0043; Schweiz: 0041. Ortsgespräche kosten eine Krone.

Trampen

ist in der Tschechoslowakei nur auf der Autobahn, nicht aber den Autobahnzubringern verboten. Da die meisten Fahrer jedoch keine zusätzliche Versicherung der Autoplätze haben, scheuen viele das Riskio, bei einem Unfall mit Personen- und Sachschaden auch für den Anhalter zu haften.

Unterkunft

Obwohl immer wieder neue Hotels fertiggestellt werden, reicht die Zahl der verfügbaren Betten in den frequentiertesten Touristengebieten (Prag, Hohe Tatra, Riesengebirge) nicht aus. Wer eine Reise in diese Gegenden plant und im Hotel übernachten möchte, sollte sich sein Zimmer daher schon einige Monate vorher reservieren lassen.
Am einfachsten ist es sich an die Auslandsvertretungen des Reisebüros Čedok zu wenden. Allerdings haben sie häufig nur sehr teure Zimmer der oberen Klassen im Angebot. Čedok-Zweigstellen im Land selbst sind auch bei der Zimmersuche in den einzelnen Städten zuständig bzw. behilflich. In Prag befindet sich die Zimmervermittlung in der Panská ulice 5 (Tel. 225657), billigere Unterkünfte auch in Privatzimmern vergibt Pragotur, U Obecního Domu 2 (Tel. 2317281). Jedoch ist die Anfrage hier nicht nur mit langen Wartezeiten verbunden, sondern meist auch erfolglos. Oft ist es sinnvoller sich ein Taxi zu mieten, denn die Fahrer sind gegen ein gutes Trinkgeld gerne bereit, ihre Gäste zu Hotels mit freien Zimmern zu fahren.
Die Preise für ein Hotelzimmer richten sich nach der jeweiligen Kategorie sowie nach der touristischen Bedeutung des Ortes in dem sie sich befinden. Für ein Doppelzimmer in einem Hotel der obersten Klasse A*de luxe muß in Prag pro Nacht bis zu

1400 Kronen (ca. 250.-DM) gezahlt werden. Bedeutend preiswerter sind die Hotels der untersten Kategorien B und C. Hier wird in Touristengebieten zwischen 40 und 70 DM verlangt, in kleineren Städten kann man Doppelzimmer bereits für 25 DM mieten. Beachtet werden muß, daß die Übernachtungspreise für Reisende aus kapitalistischen Staaten höher sind als diejenigen, die Einheimische und Gäste aus dem sozialistischen Ausland zu zahlen haben.
Jugendherbergen gibt es in der Tschechoslowakei nicht. Während der Sommermonate Juli und August stehen in einigen wenigen größeren Städten billige Übernachtungsmöglichkeiten in Studentenwohnheimen zur Verfügung. Auskunft erteilt das Jugendreisebüro ČKM.
Für Campingplätze ist keine Vorbestellung notwendig. Pro Person und Tag zahlt man 5.-DM, für Caravan, Auto oder Zelt weitere 5.-DM. Auf einigen Plätzen können auch Bungalows gemietet werden. »Wildes« Campen ist verboten. Verzeichnisse der Zeltplätze sind bei Čedok zu erhalten.

Veranstaltungen

Monat	Ort	Art der Veranstaltung
Februar	Sokolov	Festival des politischen Liedes
	Prag	Kirmesattraktionen während des Matthias-Festes im Julius-Fučík-Park für Kultur und Erholung
März	Prag	Woche neuer Werke tschechoslowakischer Komponisten
Frühlingsanfang	Prag	Rockfest
Mai	Prag	Internationale Friedensfahrt (Radrennfahrt) Prag-Berlin-Warschau
Mai–Juni	Prag	Prager Frühling — Musikfestspiele unter hervorragender internationaler Beteiligung
Mai–Juni	Hluk	Königsritt (Pfingstsonntag)
	Vlčnov	Königsritt (Pfingstsonntag)

Juni	Bratislava	Liederfestival »Bratislavská lyra«
	Bratislava	Musikfestspiele
	Ostrava	Ausstellung Wohnkultur und Umweltgestaltung
	Starý Hrozenkov	Volksfest der tschechischen und slowakischen Grenzbewohner
Juni	Prag	Internationales Fernsehfilm-Festival
	Lipnice nad Sázavou	Hašeks Lipnice — Festival des Humors und der Satire
Juni—Juli	Strážnice	Folklore-Festival — bedeutendste Folkloreveranstaltung der ČSSR
	Piešťany	Musikfestspiele
Juli	Karlovy Vary	Internationales Film-Festival (alle zwei Jahre)
	Východná	Festival slowakischer Volkslieder und -tänze
	Rožnov pod Radhoštěm	Fest der Lieder- und Volkstanzgruppen
August	Domažlice	Chodenfest — Volkskunstfestspiele Westböhmens
	Jablunkov	Goralen-Trachtenfest
	Terchová	Folklorefest im Geburtsort des »Volkshelden« Jánošík
	Hronov	Jiráskův Hronov — Wettbewerb der Liebhabertheater
August—September	Nitra	Slowakisches Erntefest — Ausstellung »»»Agrokomplex«
September		
	Žatec	Hopfenerntefest (Hopfenkranzfest)
	Rychnov nad Kněžnou	Wettbewerb der 8-mm-Film-Amateure
	Špindlerův Mlýn	Tourfilm-Wettbewerb des Touristikfilms

September—Oktober	Bratislava	Musikfestspiele
	Bratislava	Tage der tschechischen Konzertkunst
	Brno	Internationales Musikfestival
Oktober	Bratislava	Internationales Jazz-Festival
	Bratislava	BIB — Biennale der Illustration (alle zwei Jahre)
	Jablonec nad Nisou	Internationale Bijouterie-Ausstellung
	Košice	Internationaler Friedensmarathonlauf
	Pardubice	Große Pardubicer Steeple-Chace — eines der größten Hindernisrennen Europas mit 100jähriger Tradition und internationaler Beteiligung
November	Jihlava	Vokalmusikfestival

Einen jährlichen Veranstaltungskalender gibt das tschechische und slowakische Ministerium für Handel und Fremdenverkehr heraus. Erhältlich beim Prager Informationsdienst, Na příkopě 20.

Zeichen bei öffentlichen Verkehrsmitteln

Werktage: Montag bis Freitag (falls keiner von ihnen staatlich anerkannter Feiertag ist) und andere staatlich bestimmte Werktage;
Freizeit-Tage: Samstage (falls diese nicht staatlich bestimmte Werktage, oder staatlich anerkannte Feiertage sind);
Ruhetage: Sonntage (falls diese nicht staatlich Werkttage sind) und staatlich anerkannte Feiertage.

x	= verkehrt an Werktagen
b	= verkehrt an Werktagen und an Freizeit-Tagen
g	= verkehrt täglich außer an Freizeit-Tagen
a	= verkehrt an Freizeit-Tagen und an Ruhetagen
V	= verkehrt am Werktag vor einem Freizeit-Tag oder vor einem Ruhetag

d	= verkehrt an Werktagen außer V
A	= verkehrt am Werktag vor einem Freizeit-Tag oder vor einem Ruhetag, verkehrt jedoch nicht am Werksamstag
S	= verkehrt am Freizeit-Tag
†	= verkehrt am Ruhetag
N	= verkehrt am Ruhetag vor einem Werktag
P	= verkehrt am Werktag nach einem Ruhetag
y	= verkehrt an Werktagen außer P
r	= verkehrt nicht am 24. und 31.12.
c	= verkehrt nur an Tagen mit Schulunterricht
w	= verkehrt nicht ab 1.7. bis 30.8. und ab 23.12. bis 1.1.
®	= es ist möglich, eine Platzkarte mit der Fahrkarte zu kaufen
🅁	= es ist notwendig, eine Platzkarte mit der Fahrkarte zu kaufen
AMS	= automatisiertes Platzkartensystem
l	= senkrechte Linie statt der Zeitangabe = der Bus fährt durch
‹	= Wellenlinie statt der Zeitangabe = der Bus fährt in eine andere Richtung
◖	= Haltestelle nur für das Aussteigen
◗	= Haltestelle nur für das Einsteigen
×	= nur Bedarfshaltestelle
	= die Eisenbahnstation ist höchstens 1 km entfernt
	= anschließende Busstrecken sind im Verzeichnis der Bushaltestellen herauszusuchen
MHD	= Haltestelle ist im Gebiet des städtischen Personennahverkehrs

Zeit

Es gilt die Mitteleuropäische Zeit (MEZ), entsprechend den westeuropäischen Ländern wird die Uhr in den Sommermonaten (April-September) um eine Stunde vorgestellt.

Zeitungen

In deutscher Sprache erscheinen die Volkszeitung und die Prager Presse. An den Kiosken finden sich einige Zeitungen und Zeitschriften aus der DDR, manchmal gibt es die Wiener Volksstimme oder die französische l'Humanité. Andere westliche Publikationen sind dagegen nur unregelmäßig in den größeren Hotels, sowie in einer Verkaufsstelle in der Prager Jungmannova zu erhalten.

Ortsregister